Ümit Koşan

Interkulturelle Kommunikation in der Nachbarschaft

Gender and Diversity

Herausgegeben von
Prof. Dr. Marianne Kosmann, Prof. Dr. Katja Nowacki
und Prof. Dr. Ahmet Toprak, alle Fachhochschule Dortmund

Band 7

Interkulturelle Kommunikation in der Nachbarschaft

Analyse der Kommunikation zwischen den Nachbarn mit türkischem und deutschem Hintergrund in der Dortmunder Nordstadt

Ümit Koşan

Centaurus Verlag & Media UG

Über den Autor
Dr. Ümit Koşan ist Diplom-Pädagoge und Diplom-Ingenieur, er arbeitet als Vorstandsvorsitzender des Verbundes sozialkultureller Migrantenvereine e.V. (VMDO e.v.) und ist Geschäftsführer der gemeinnützigen Gesellschaft für interkulturelle Dienstleistungen mbH (ggID mbH). Er hat zahlreiche Aufsätze in Fachzeitschriften und Sammelbänden veröffentlicht.

Bibliografische Informationen der Deutschen Nationalbibliothek
Die Deutsche Nationalbibliothek verzeichnet diese Publikation in der Deutschen Nationalbibliografie; detaillierte bibliografische Daten sind
im Internet über http://dnb.d-nb.de abrufbar.

Gedruckt auf säurefreiem und chlorfrei gebleichtem Papier.

ISBN 978-3-86226-177-2   ISBN 978-3-86226-913-6 (eBook)
DOI 10.1007/978-3-86226-913-6
ISSN 2192-2713

Alle Rechte, insbesondere das Recht der Vervielfältigung und Verbreitung sowie der Übersetzung, vorbehalten. Kein Teil des Werkes darf in irgendeiner Form (durch Fotokopie, Mikrofilm oder ein anderes Verfahren) ohne schriftliche Genehmigung des Verlages reproduziert oder unter Verwendung elektronischer Systeme verarbeitet, vervielfältigt oder verbreitet werden.

© *CENTAURUS Verlag & Media KG, Freiburg 2012*
www.centaurus-verlag.de

Umschlaggestaltung: marqs. Ab. Quelle: www.photocase.de
Umschlaggestaltung: Jasmin Morgenthaler, Visuelle Kommunikation
Satz: Vorlage des Autors

Inhaltsverzeichnis

Vorwort		11
1 Einführung		**15**
1.1	*Entstehung der Arbeit und persönliches Interesse*	15
1.2	*Zielsetzung*	16
1.3	*Aktuelle Bedeutung der Untersuchung*	17
1.4	*Aufbau der Arbeit*	20
2	**Theoretische Grundlagen**	**22**
2.1	*Begriffe*	22
	2.1.1 Kommunikation	22
	2.1.2 Kultur und Kommunikation	26
	2.1.3 Interkulturelle Kommunikation	31
2.2	*Forschungsstand*	35
	2.2.1 Kulturkontrastiver bzw. -vergleichender Ansatz	38
	2.2.1.1 Kulturdimensionen von Hall	39
	2.2.1.2 Kulturdimensionen von Hofstede	40
	2.2.1.3 Kulturdimensionen von Trompenaars	44
	2.2.2 Interaktionistischer Ansatz aus kommunikationspsychologischer Sicht	47
2.3	*Untersuchungsansätze dieser Arbeit*	54
	2.3.1 Kommunikationspsychologischer Ansatz von Schulz von Thun	55
	2.3.2 Kommunikations- und sozialpsychologischer Ansatz von Auernheimer	59
	2.3.3 Soziologischer Ansatz von Elias: „Etablierte-Außenseiter-Beziehungen"	62
	2.3.4 Kommunikationsstile in der Nachbarschaft	64
3	**Methoden und Charakterisierung der Erhebung**	**67**
3.1	*Der Sozialraum als Kommunikationsraum*	67
3.2	*Dortmunder Nordstadt als Erhebungsort*	74
3.3	*Bevölkerungsstruktur und Migration in der Nordstadt*	74
3.4	*Etablierte-Außenseiter-Konstellation in der Dortmunder Nordstadt im Zuge des Umwandlungsprozesses*	78
3.5	*Das Leben in der Nordstadt*	82

3.6	*Dortmunder Nordstadt in den Medien*	83
3.7	*Methoden und Charakterisierung der Erhebung*	87

4   Durchführung der Datenerhebung — **90**

4.1   Erstellung des Interviewleitfadens — 90

4.2   Interviews — 90

   4.2.1 Gewinnung der Interviewpartner — 91

   4.2.2 Transkription des Datenmaterials — 92

   4.2.3 Auswertung der gewonnenen Daten — 92

      4.2.3.1   Geschlecht — 93

      4.2.3.2   Altersgruppe — 93

      4.2.3.3   Familienstand — 94

      4.2.3.4   Einkommen — 95

      4.2.3.5   Bildung — 95

      4.2.3.6   Aufenthaltsdauer — 96

      4.2.3.7   Bildung der Kategorien — 97

4.3   Zusammenfassung — 98

5   Auswertung der gewonnenen Interviewdaten — **101**

5.1   Wahrnehmung nachbarschaftlicher Kommunikation — 102

   Zwischenfazit — 109

5.2   Grundlagen für eine gute nachbarschaftliche Kommunikation — 110

   5.2.1 Fazit — 112

5.3   Orte für nachbarschaftliche Gespräche — 113

   5.3.1 Fazit — 117

5.4   Wohndauer und Ort der Gespräche — 118

   5.4.1 Ort und Wohndauer — 120

      5.4.1.1   Ort und Einkommensart bzw. Beschäftigungssituation — 121

      5.4.1.2   Orte der Gespräche – Einkommen „untereinander" — 123

         5.4.1.2.1   Privater Raum — 123

         5.4.1.2.2   Teilöffentlicher und öffentlicher Raum — 125

      5.4.1.3   Orte der Gespräche und Schulbildung — 126

   5.4.2 Fazit — 127

5.5	*Themen der Gespräche*	128
5.5.1	Gesprächsthemen nach Wohndauer	132
5.5.2	Gesprächsthemen nach Einkommen	135
5.5.3	Gesprächsthemen nach Bildungsstand	138
5.5.4 Fazit		142
5.6	*Häufigkeit der Kommunikation*	143
5.6.1	Häufigkeit der Kommunikation nach Wohndauer	145
5.6.2	Häufigkeit der Kommunikation nach Einkommen	146
5.6.3	Häufigkeit der Kommunikation nach Bildung	149
5.6.4 Fazit		150
5.7	*Zufriedenheit mit dem Stadtteil bzw. Zugehörigkeit*	151
5.7.1	Gute Einkaufsmöglichkeiten	154
5.7.2	Interkulturelles Gesicht der Nordstadt	154
5.7.3	Heimatgefühl	155
5.7.4	Sicherheitsgefühl	155
5.7.5	Zukunft der Kinder	156
5.7.6	Probleme im Stadtteil/Unzufriedenheit	156
5.7.7 Zufriedenheit mit dem Stadtteil nach Wohndauer		158
5.7.8 Zufriedenheit mit dem Stadtteil nach Bildung		160
5.7.9 Zufriedenheit mit dem Stadtteil nach Einkommen		161
5.7.10 Fazit		162
5.8	*Nachbarschaftliche Kommunikation gehört zur Normalität*	163
6	**Schlussbetrachtungen**	**167**
6.1	*Zusammenfassung der Untersuchungsergebnisse*	167
6.2	*Ausblick*	181
Literaturverzeichnis		**183**
Anhang		**189**
Anlage 1: Interviewleitfäden		189
Anlage 2: Weitere ausgewertete Interviewthemen		194

Abbildungsverzeichnis:

Abbildung 1: Modell des Kommunikationsprozesses nach Robbins 24
Abbildung 2: Interaktionsmodell der interkulturellen Kommunikation von Gudykunst/Kim 25
Abbildung 3: Vier Seiten einer Nachricht von Schulz von Thun 26
Abbildung 4: Kulturen im Riemann-Thomann-Modell 58
Abbildung 5: Sozialraum (eigene Darstellung) 70
Abbildung 6: Struktur, Raum, Ort 72
Abbildung 7: Die Innenstadt-Nord 77
Abbildung 8: Bevölkerung mit Migrationshintergrund 2005 (in % der Bevölkerung) 77
Abbildung 9: Geschlecht (eigene Darstellung) 93
Abbildung 10: Altersgruppe (eigene Darstellung) 94
Abbildung 11: Familienstand (eigene Darstellung) 94
Abbildung 12: Einkommen (eigene Darstellung) 95
Abbildung 13: Bildung (eigene Darstellung) 96
Abbildung 14: Aufenthaltsdauer (eigene Darstellung) 97
Abbildung 15: Variable für die nachbarschaftliche Kommunikation (Türkisch-Türkisch, Türkisch-Deutsch) 98
Abbildung 16: Verständnis von nachbarschaftlicher Kommunikation 103
Abbildung 17: Grundlagen für nachbarschaftliche Kommunikation 110
Abbildung 18: Gesprächsorte 114
Abbildung 19: Wohndauer 118
Abbildung 20: Wohndauer – Gesprächsorte (gesamt) 119
Abbildung 21: Ort und Wohndauer 120
Abbildung 22: Einkommensart 121
Abbildung 23: Orte der Gespräche – Einkommen allgemein 122
Abbildung 24: Orte der Gespräche – Einkommen nach Herkunft 123
Abbildung 25: Orte und Schulbildung 127
Abbildung 26: Gesprächsinhalte/Themen der Gespräche 129
Abbildung 27: Gesprächsthemen nach Herkunft untereinander 130
Abbildung 28: Gesprächsthemen miteinander 131
Abbildung 29: Gesprächsthemen nach Wohndauer 132
Abbildung 30: Gesprächsthemen nach Wohndauer untereinander 133
Abbildung 31: Gesprächsthemen nach Wohndauer miteinander 134
Abbildung 32: Gesprächsthemen nach Einkommen 136
Abbildung 33: Gesprächsthemen nach Beschäftigung untereinander 137
Abbildung 34: Gesprächsthemen nach Beschäftigung miteinander 138
Abbildung 35: Gesprächsthemen nach Bildungsstand 139
Abbildung 36: Gesprächsthemen nach Bildung untereinander 139

Abbildung 37: Gesprächsthemen nach Bildung miteinander 140
Abbildung 38: Häufigkeit der Kommunikation 143
Abbildung 39: Häufigkeit der Kontakte nach Wohndauer 145
Abbildung 40: Häufigkeit der Kommunikation nach Wohndauer untereinander 146
Abbildung 41: Häufigkeit der Kommunikation nach Wohndauer miteinander 146
Abbildung 42: Häufigkeit – Einkommen 147
Abbildung 43: Häufigkeit – Einkommen untereinander 148
Abbildung 44: Häufigkeit – Einkommen miteinander 148
Abbildung 45: Häufigkeit – Bildung 149
Abbildung 46: Häufigkeit – Bildung miteinander 150
Abbildung 47: Zufriedenheit mit dem Stadtteil „Nordstadt" 152
Abbildung 48: Zufriedenheit mit dem Stadtteil nach Wohndauer 159
Abbildung 49: Zufriedenheit mit dem Stadtteil nach Bildungsstand 161
Abbildung 50: Zufriedenheit mit dem Stadtteil nach Einkommen 162

Tabellen:

Tabelle 1: Migration und Integration: Statistisches Bundesamt 18
Tabelle 2: Ausländer nach Geschlecht und Staatsangehörigkeit in den Stadtbezirken 78

Vorwort

Ümit Koşan arbeitet seit vielen Jahren im Dortmunder Norden – rund um den Borsigplatz – an der Verbesserung der sozialen Situation der Bewohner dieses bunten und lebendigen Stadtteils, der in vieler Hinsicht vernachlässigt wurde und von vielen als „sozialer Brennpunkt" wahrgenommen wird.

In dieser Arbeit wird das Kommunikationsverhalten von Bewohnern der Dortmunder Nordstadt in der Nachbarschaft untersucht. Dabei wird sowohl das Kommunikationsverhalten von Personen mit deutschem Hintergrund als auch von solchen mit türkischem Hintergrund erfragt, und zwar einerseits innerhalb der ethnischen Gruppen und andererseits zwischen Angehörigen beider ethnischer Gruppen. Die Grundlage der Untersuchung bilden je einhundert Interviews mit Angehörigen beider ethnischer Gruppen.

Meines Wissens ist mit dieser Anlage der Arbeit und mit dieser Fragestellung eines Vergleichs des Kommunikationsverhaltens sowohl innerhalb dieser ethnischen Gruppen als auch über die Gruppengrenzen hinweg Neuland betreten worden.

Ein zentraler Befund von Ümit Kosan ist, dass Art, Häufigkeit und Dichte der Kommunikation in der Nachbarschaft nicht in erster Linie durch ethnische und/oder kulturelle Merkmale oder Zuschreibungen erklärt werden können. Vielmehr spielen Alltagsbedürfnisse, soziale und sozioökonomische oder auch Bildungshintergründe zentrale Rollen bei der Ausgestaltung des Kommunikationsverhaltens in der Nachbarschaft. Unterschiede im Kommunikationsverhalten werden zwar einerseits durchaus entlang gängiger Stereotype aus der veröffentlichten Meinung interpretiert, diese Interpretation spielt aber offenbar für die konkrete Interaktion nur eine untergeordnete Rolle. Ganz offenbar stellt die Wohndauer in der Nachbarschaft einen entscheidenden Faktor für Kommunikation über Alltagsthemen „miteinander" dar, bei langer Wohndauer und entsprechendem Alter der Nachbarn sinkt die Häufigkeit der Kommunikation. Die – angesichts der Probleme des Stadtteils – bemerkenswerte Identifikation mit dem Stadtteil erklärt die relativ entspannte Kommunikation in der Nachbarschaft.

Dieses Ergebnis stellt die aktuell modische Fokussierung auf kulturalistische und/ oder ethnisierende Interpretationen von Kommunikationsverhalten nachhaltig in Frage. Damit wird in dieser Arbeit ein bedeutender Beitrag zur Aufklärung einer ideologisch angeleiteten Perspektive des mainstreams geleistet.

Prof. Dr. Georg Hansen   Bremen, im Juni 2012

Vorwort

Interkulturelle Kommunikation wird in der wissenschaftlichen Praxis und im gesellschaftlichen Alltag als Mittel zur Verständigung zwischen Menschen aus unterschiedlichen Kulturen angesehen. Sie ist in aktuellen Debatten über Integration und Migration allgegenwärtig und bestimmt unterschiedliche Richtungen dieser Diskussionen. Häufig wird aber interkulturelle Kommunikation als ein Gegenstand misslungener Kommunikationssituationen wahrgenommen und jede nicht gelungene Kommunikation auf kulturelle Unterschiede reduziert. Obwohl Deutschland seit einigen Jahrzehnten eine „gesellschaftliche Vielfalt" darstellt, ist die interkulturelle Kommunikation erst seit einiger Zeit in den Mittelpunkt der Untersuchungen gerückt. Die vorhandenen Untersuchungen beschäftigten sich im Auftrag der Politik, der Wirtschaft und der Wissenschaft mit unterschiedlichen Themenfeldern, die von der sozial-gesellschaftlichen Kommunikation zwischen Menschen aus unterschiedlichen Kulturen entfernt waren. Daher wird die interkulturelle Kommunikation häufig je nach Feld einseitig und getrennt von sozialen, gesellschaftlichen und wirtschaftlichen Strukturen wahrgenommen. Nachbarschaftliche Kommunikation steht im Mittelpunkt der alltäglichen Interaktion von Menschen, die unter dem Einfluss von vielen Faktoren dynamisch und vernetzt abläuft.

Diese an der Fakultät für Kultur- und Sozialwissenschaften der FernUniversität in Hagen vorgelegte Dissertation verfolgt die Zielsetzung, die Rolle dieser Faktoren in der nachbarschaftlichen Kommunikation herauszufinden und durch eine empirische Studie auf die Relevanz der interkulturellen Kommunikation in der Nachbarschaft aufmerksam zu machen. Die Arbeit sollte auch eine weitere theoretische und praktische Beschäftigung mit dem Thema „das Zusammenleben" in Sozialräumen anregen.

Ich habe den folgenden Personen zu danken: Prof. Dr. Georg Hansen, Prof. Dr. Raimund Pfundtner und, den Interviewern und Interviewten.

Prof. Dr. Georg Hansen danke ich sehr für seine Ermutigung zu dieser Untersuchung, für seine fachliche Betreuung, Unterstützung und sein unermüdliches Interesse sowie für seine Geduld mit mir. Ebenfalls geht mein Dank an Prof. Dr. Raimund Pfundtner für seine wertvollen Vorschläge und seine Kritik. Ich möchte auch meinen Interviewern für die Durchführung der Interviews und den Interviewten, die mich an ihren Meinungen teilhaben ließen, danken.

Schließlich danke ich meiner Familie sehr für das Verständnis und ihre Hilfe und Unterstützung in diesen Jahren.

Ümit Koşan   Dortmund, 25.05.2012

1 Einführung

1.1 Entstehung der Arbeit und persönliches Interesse

Am 31. Oktober 1961 unterzeichneten Deutschland und die Türkei ein Abkommen zur Anwerbung von Arbeitskräften aus der Türkei. Daher wurde im Jahr 2011 das 50. Jahr des Anwerbeabkommens mit der Türkei gefeiert. Über 50 Jahre leben nun die Menschen mit Migrationshintergrund in unterschiedlichen Bereichen des Arbeits- und Lebensalltags nebeneinander bzw. miteinander. Es gibt kaum einen Lebens- und Arbeitsbereich, der ohne Gestaltung, Unterstützung und Mitwirkung von Menschen mit Migrationshintergrund zu denken ist. Diese gesellschaftliche, soziale und wirtschaftliche Teilhabe von Menschen mit Migrationshintergrund ist fast in allen Lebensbereichen in der alltäglichen Kommunikation sichtbar und erfassbar.

Die interkulturelle Kommunikation zwischen Menschen mit und ohne Migrationshintergrund ist seit mehr als zwanzig Jahren ein Gegenstand der Wissenschaft, vor allem in Bezug auf schulische und arbeitsmarktliche Integration von Menschen mit Migrationshintergrund. In dieser Hinsicht sind zahlreiche Publikationen erschienen. Die vorliegende Untersuchung mit einem empirischen Teil über die interkulturelle Kommunikation zwischen Menschen mit deutschem und türkischem Hintergrund in der Nachbarschaft bekommt durch die gegenwärtige Diskussion zur interkulturellen Kommunikation große Aktualität. Dabei spielt die Kommunikation vor allem in der Nachbarschaft eine wichtige Rolle; dort wird bestimmt, wie die Menschen trotz kultureller Unterschiede miteinander leben, sich verstehen, Konflikte lösen und vor allem die nachbarschaftlichen Beziehungen regeln.

Die vorliegende Arbeit wird von drei zentralen Aspekten geleitet.

Erstens: Es gibt seit ca. zehn Jahren intensive Diskussionen und vielfältige Untersuchungen über interkulturelle Kommunikation in Deutschland, die im Laufe der Zeit unterschiedliche Bereiche der Wirtschaft und Wissenschaft unterschiedlich stark dominieren. Diese Studien und theoretischen Erklärungsversuche befassen sich überwiegend mit der Kommunikation in folgenden Themenfeldern:

- Globalisierung der Wirtschaft
- Entstehung des EU-Binnenmarktes
- zunehmende internationale Managementbeziehungen
- demografische Entwicklung, Veränderungen in der Bevölkerungsstruktur
- Fachkräftemangel

- Kosten-Nutzen-Relation in der Erstphase der Migration (Die Hauptuntersuchungsbereiche liegen im Marketing mit der Vorbereitung der MitarbeiterInnen auf Auslandstätigkeiten und mit der interkulturellen Öffnung der Kommunen.)
- Kommunikation im schulischen Kontext (Lehrer – Schüler – Eltern)
- sprachliche Integration von MigrantInnen (Deutsch als Fremdsprache) etc.

Zweitens: In den letzten Jahren gibt es vermehrt Veröffentlichungen über interkulturelle Kommunikation. Im Internet findet man unter dieser Rubrik ca. 1,7 Millionen Treffer. Das zeigt auch, welchen Stellenwert diese Thematik hat. Es gibt bereits einige Studien über das Zusammenleben in Stadtteilen und auch einen kurz gefassten Entwurf in Bezug auf das Leben in der Nachbarschaft auf theoretischer Ebene. Es war aber keine empirisch fundierte wissenschaftliche Untersuchung zu finden, die sich ausschließlich mit den interkulturellen Kommunikationsinhalten in der Nachbarschaft befasst. Aus diesem Grund fiel die Entscheidung für die vorliegende Arbeit zugunsten einer empirischen Untersuchung mit der Methode „qualitatives Interview mit BewohnerInnen mit türkischem und deutschem Hintergrund in der Dortmunder Nordstadt", um herauszufinden, welche Dimensionen die nachbarschaftliche Kommunikation beinhaltet bzw. wie die nachbarschaftliche Kommunikation abläuft.

Drittens: Es besteht ein persönliches Interesse aus beruflichen Gründen an einer derartigen Untersuchung über die interkulturelle Kommunikation in der Nachbarschaft. Der Verfasser der vorliegenden Arbeit ist sowohl durch den langjährigen Aufenthalt in der Nordstadt als auch durch die berufliche Tätigkeit im Bereich der Beratung, Qualifizierung und Bildung für Menschen mit Migrationshintergrund in der Nordstadt und auch als Trainer oft mit interkulturell bezogener Kommunikation und entsprechenden Konflikten konfrontiert. Besonders spielen hier die Medien eine wichtige Rolle, weil die Nordstadt und die BewohnerInnen insgesamt pauschal stark mit sozialen und migrationsbezogenen Problemen belastet dargestellt werden.

1.2 Zielsetzung

Im Mittelpunkt dieser Arbeit steht die Untersuchung, die im vorangegangenen Abschnitt genannte interkulturelle Kommunikation in der Nachbarschaft in den Fokus zu nehmen, sie aus unterschiedlichen Aspekten zu analysieren. Vor diesem Hintergrund soll mit dieser Arbeit erkundet werden, wie die Einheimischen und die Zuwanderer ihre alltägliche nachbarschaftliche Kommunikation gestalten. Wie greifen die kulturellen Einflüsse in diese Kommunikation ein, welche kulturellen Unterschiede werden von beiden Seiten wahrgenommen, welche Auswirkungen haben sie auf ihre Kommunikation? In dieser Hinsicht setzt diese Arbeit sich zum Ziel, die Grundlagen der Kommunikation in der Nachbarschaft zwischen den Menschen mit deutschem und türkischem Hintergrund zu verstehen und die benutzten Kommunikationsformen insoweit zu untersuchen, welche Aspekte dabei eine wesentliche Rolle spielen, kulturelle bzw. sozio-ökonomische, und ob sich die benutzten Kommunikationsformen nach ethnischer Struktur unterscheiden. Ein weiteres Ziel ist es, einen Beitrag zur interkulturellen Kommunikationsrecherche aus dieser Sicht zu leisten und dies mit dem Aspekt „interkulturelle Kommunikation in der Nachbarschaft" zu erweitern.

Auf Grundlage dieser Intention resultieren folgende drei Leitfragestellungen, die im Mittelpunkt dieser Arbeit stehen:

1) Wie kommunizieren die Nachbarn deutscher Herkunft und die Nachbarn türkischer Herkunft „untereinander" und „miteinander"?

   a) Wie häufig und wo treffen sie sich?

   b) Worüber unterhalten sie sich?

2) Welche Faktoren prägen die nachbarschaftliche Kommunikation zwischen den Bewohnern türkischer und deutscher Herkunft? Gibt es kulturelle Unterschiede? Beeinflussen die sozialen und wirtschaftlichen Faktoren die nachbarschaftliche Kommunikation?

3) Sind sie mit ihrem Stadtteil zufrieden und können sie sich mit ihrem Stadtteil identifizieren?

Es fiel die Wahl darauf, mit BewohnerInnen türkischer und deutscher Herkunft qualitative Interviews zu führen, um dadurch umfangreiches empirisches Material zu sammeln. So können genauere Informationen und Zusammenhänge über die Inhalte der geführten nachbarschaftlichen Kommunikation in der Nordstadt erhoben werden, um den Rahmen dieser nachbarschaftlichen Kommunikation im interkulturellen Kontext zu erforschen und die Forschungsfragen zu beantworten.

Diese Fragen wurden nach drei Indikatoren ausgewertet: *Bildung, Wohndauer und Beschäftigung.* Diese ausgewählten Indikatoren weisen unterschiedliche Lebensweisen bzw. Kommunikationsstile in der Kommunikation zwischen den Menschen mit deutschem und türkischem Hintergrund nach und geben wichtige Hinweise über die Gestaltung der Kommunikation in der Nachbarschaft.

In diesem Zusammenhang wird auch der Frage nachgegangen, ob die Kommunikation von soziodemografischen Faktoren wie Bildung, Beschäftigung und Wohndauer der im Quartier lebenden Menschen abhängig ist.

1.3 Aktuelle Bedeutung der Untersuchung

Deutschland ist seit vielen Jahrzehnten mit Migrationsbewegungen konfrontiert, die wesentlicher Bestimmungsfaktor der Bevölkerungsentwicklung sind und wichtige Aspekte der Sozialstruktur beeinflussen. Wegen dieser Entwicklung ist die heutige Gesellschaft in Deutschland durch ethnische Vielfalt gekennzeichnet. Es leben in Deutschland als Ergebnis der vielfältigen Migrationsströme bereits insgesamt ca. 6,5 bis 7 Millionen Ausländerinnen und Ausländer. Somit haben ca. 8 % der legal ansässigen Bevölkerung einen Migrationshintergrund. Von den ca. 7 Millionen Migranten mit einem Ausländerstatus stammen über 5 Millionen aus Nicht-EU-Ländern, davon ca. 4 Millionen aus muslimischen Herkunftsländern.

Migration und Integration			
Bevölkerung nach detailliertem Migrationsstatus			
Insgesamt	2006	2007	2008
	in 1000		
Bevölkerung	82 369	82 257	-
Personen mit Migrationshintergrund im engeren Sinne	15 143	15 411	-
Ausländische Bevölkerung	6 751	6 745	6 728
Einbürgerungen	125	113	-

Tabelle 1: Migration und Integration: Statistisches Bundesamt[1]

Wird statt der Unterscheidung Ausländer und Nicht-Ausländer der Geburtsort zugrunde gelegt, ergibt sich eine Zahl von gut 11 Millionen Menschen, die nicht in Deutschland geboren sind, aber hier leben.[2] Dem Mikrozensus 2005 nach sind dieser Zahl noch die Menschen mit deutscher Staatsangehörigkeit hinzuzurechnen, also z. B. eingebürgerte Ausländer oder eingebürgerte Kinder von Ausländern, Spätaussiedler sowie die Kinder von Spätaussiedlern und Heimatvertriebene aus der ehemaligen Sowjetunion.[3] Danach leben ca. 15,5 Millionen Menschen mit Migrationshintergrund in Deutschland, das entspricht einem Anteil von 19 % der Bevölkerung. Diese Tendenz wird sich in den nächsten Jahrzehnten weiterentwickeln, weil der Anteil der Menschen mit Migrationshintergrund in den jüngeren Altersgruppen deutlich höher ist als bei den älteren. Damit ist Deutschland in noch höherem Maße ein Einwanderungsland als die USA. „Deutschland beherbergt (gemessen an seiner Gesamtbevölkerung) mehr im Ausland geborene und später zugewanderte Personen als die USA. In den USA beträgt der Anteil der Zugewanderten derzeit etwas über 10 %."[4]

---

[1] http://www.destatis.de/jetspeed/portal/cms/Sites/destatis/Internet/DE/Navigation/Statistiken/ Bevoelkerung/MigrationIntegration/MigrationIntegration.psml.
[2] Beck-Gernsheim (2004), S. 130.
[3] Statistisches Bundesamt (2006a), S. 9.
[4] Münz (2002), S. 395; Klammersetzung im Original.

Die Zahl der türkischstämmigen Menschen betrug zum Zeitpunkt 2008 insgesamt ca. 2 527 000[5], von diesen besitzen 1 764 041 Personen einen türkischen Pass und ca. 600 000[6] die deutsche Staatsangehörigkeit.

Die Menschen mit Migrationshintergrund sind hauptsächlich Arbeitsmigranten und deren Nachfahren, die ursprünglich als sogenannte „Gastarbeiter" vorübergehend für eine bestimmte Zeitspanne nach Deutschland gekommen sind. Im Laufe der Jahre der Migration sind sie aus wirtschaftlichen und soziokulturellen Gründen ansässig geworden. Die Familienangehörigen dieser MigrantInnen unterziehen sich in der Regel einer erzwungenen Migration, weil sie in die Entscheidungsfindung des zuerst eingewanderten Familienmitgliedes nicht oder nur teilweise eingebunden sind.

Aufgrund damaliger wirtschaftlicher Gründe wurden die MigrantInnen in „benachteiligten" Stadtteilen der Großstädte angesiedelt. Sie blieben bis heute überwiegend in diesen Stadtteilen, deren Strukturen seitdem von MigrantInnen geprägt wurden. Wenn man auf diese industriell geprägten Stadtteile mit dichtem Gemisch aus Wohnbevölkerung, Gewerbebetrieben, Handel und Industrie, Wohn-, Verkehrs- und Gewerbeflächen schaut, dann findet man im Vergleich zu anderen Stadtteilen sehr viel größere Anteile an Menschen mit Migrationshintergrund – z. T. bis zu 60 %. In diesen Stadtteilen nehmen Menschen mit und ohne Migrationshintergrund gemeinsam am alltäglichen Leben teil, das unterschiedliche Lebens- und Arbeitsbereiche umfasst. Somit befinden sie sich – bewusst oder unbewusst – permanent in einem Kommunikationsprozess mit unterschiedlichen Erwartungen und entwickeln vielfältige Kommunikationsstile und -formen, die durch diverse Faktoren bzw. Einflüsse bestimmt sind.

Stadtteile sind die Orte, an denen die interkulturelle Kommunikation zwischen Menschen mit unterschiedlichem kulturellem Hintergrund stattfindet. Besonders ist die nachbarschaftliche Kommunikation von großer Bedeutung. Daher wurde die Dortmunder Nordstadt für diese Arbeit als Untersuchungsort und als Kommunikationsraum bzw. als Quartier der Kommunikation zwischen den Nachbarn mit unterschiedlichem Hintergrund ausgewählt.

Die Dortmunder Nordstadt spiegelt die kulturelle Vielfalt und die ökonomischen, sozialen und kulturellen Verflechtungen der verschiedenen Ethnien wider. Der Anteil von Menschen mit Migrationshintergrund beträgt insgesamt ca. 53 % und dies kennzeichnet ein plurales Stadtquartier. Die Nordstadt ist ein Ort, an dem die kulturellen, politischen und ökonomischen Ausdrücke in eigener Dynamik vermischt zu sehen sind. Die Dortmunder Nordstadt ist heute zu einem Ort der Vielfalt, auch zu einem Sammelbecken einkommensschwacher und bildungsarmer Gruppen mit unterschiedlichen kulturellen Hintergründen geworden, die seit vielen Jahrzehnten in dem gleichen Sozialraum leben und dort miteinander im Alltag in unterschiedlicher Art und

---

[5] Statistisches Bundesamt (2007), S. 64.
[6] http://www.bpb.de/themen/GWGCUY,3,0,Bevoelkerungsentwicklung:Soziale_Auswirkungen.html

Weise kommunizieren. Die alltägliche Kommunikation in der Nachbarschaft beinhaltet unterschiedliche Dimensionen zwischen den Menschen dieser Gesellschaftsgruppen. Diese neuen Formationen und Vernetzungsstrukturen bieten den StadtteilbewohnerInnen aus verschiedenen Kulturkreisen zahlreiche Möglichkeiten, im Alltag in eigener Art miteinander zu kommunizieren. Daher stellt die nachbarschaftliche Kommunikation für die Beteiligten eine besondere Art der Kommunikation dar, die bis jetzt in vorhandenen Studien nicht untersucht worden ist.

1.4 Aufbau der Arbeit

Die Studie gliedert sich in einen fachtheoretischen und einen empirischen Teil, um die verschiedenen Aspekte des Themas „Interkulturelle Kommunikation in der Nachbarschaft" zu erschließen. Im nächsten Kapitel wird auf die Begriffe eingegangen und diese werden erklärt, wie „Kommunikation", „Kultur und Kommunikation" und „interkulturelle Kommunikation". Besonders die Anknüpfungspunkte zwischen der Kultur und der Kommunikation werden dargestellt. Anschließend gehe ich dieser Arbeit auf verschiedene theoretische und methodologische Ansätze zur Untersuchung der interkulturellen Kommunikation ein: den kulturtheoretischen Ansatz nach Hall, Hofstede und Trompenaars, den kommunikationspsychologischen Ansatz nach Schulz von Thun und Auernheimer und den soziologischen Ansatz nach Elias. In dieser Darstellung werden sowohl die positiven als auch kritischen Seiten dieser Ansätze vorgestellt.

Nachfolgend wird in Kapitel 3 die methodische Herangehensweise der Arbeit erörtert. Die Dortmunder Nordstadt wird als Untersuchungsfeld in ihrer Vielfalt beschrieben, weil dieser Stadtteil auch ein Ort ist, an dem interkulturelle Konflikte und Missverständnisse in der Öffentlichkeit thematisiert werden.

Anschließend werden die Vorgehensweise der vorliegenden Untersuchung, das Datenmaterial und die ausgewählten Erhebungsmethoden aufgezeigt. Nachfolgend werden als Indikatoren Merkmale wie Geschlecht, Einkommens- und Bildungssituation und Wohndauer vorgestellt, um einen Überblick über die im Alltag stattfindenden Interaktionen zu erhalten. Mithilfe dieser Indikatoren können Informationen über unterschiedliches Kommunikationsverhalten ausgewertet werden.

Im vierten Kapitel werden die durchgeführten Interviews analysiert und die Ergebnisse grafisch vorgestellt. In dieser Auswertung wird das interkulturelle Kommunikationsverhalten der Nachbarn wie z. B. „Ort der Gespräche", „Gesprächsthemen", „Wohndauer" und „Identifikation mit dem Stadtteil" nach folgenden Variablen ausgewertet: „Einkommen", „Wohndauer", „Schulbildung". Dabei sollten die von beiden Seiten erkannten Verhaltensunterschiede und Gemeinsamkeiten und unterschiedlichen Präferenzen für bestimmte Kommunikationsstrategien verdeutlicht werden.

Abschließend, im letzten Kapitel, werden die Untersuchungsergebnisse zusammengefasst und die Leitfragestellungen der Arbeit beantwortet. Auch wird ein Ausblick auf die künftige Forschung im interkulturellen Kontext gegeben.

2 Theoretische Grundlagen

2.1 Begriffe

In diesem Kapitel wird die grundlegende Definition der Kommunikation erläutert, bevor auf die besonderen Aspekte interkultureller Kommunikation eingegangen wird. Daher werden Begriffe wie Kommunikation, Kultur und interkulturelle Kommunikation vorgestellt, die in dieser Arbeit benutzt werden. Diese Begriffe sind sowohl in der Alltagssprache als auch in der sozialwissenschaftlichen, kommunikationspsychologischen und linguistischen Fachwelt zu Mode- bzw. Schlagworten geworden, obwohl ihr Inhalt und ihre Bedeutung immer noch nicht eindeutig bestimmt werden können. Die vorliegende Arbeit untersucht die interkulturelle Kommunikation bzw. die kommunikativen Verhaltensweisen zwischen BewohnerInnen türkischer und deutscher Herkunft in der Nachbarschaft in einem Dortmunder Stadtteil. Vor diesem Hintergrund wird davon ausgegangen, dass die Erläuterung der Begriffe hilft, um die nachbarschaftliche Kommunikation besser verstehen zu können.

2.1.1 Kommunikation

Kaum ein Wort wird so häufig und vielfältig verwendet wie „Kommunikation". Zudem ist dies ein in unterschiedlichen Disziplinen sehr breit verwendeter Begriff, der dem Verwendungsfeld entsprechend unterschiedlich erfasst und definiert wird. Merten sprach schon in seiner Begriffsanalyse in den 1970er-Jahren über 160 verschiedene Definitionen von Kommunikation an.[7] Es ist nicht beabsichtigt, sämtliche Verwendungsbereiche des Begriffs „Kommunikation" in dieser Arbeit zu behandeln. Nachfolgend wird eine Auswahl der wichtigsten und für diese Arbeit relevantesten Definitionen vorgestellt. Pólya gesteht die Unklarheit der Definition ein: „Kommunikation ist ein Sammelbegriff, dessen Definition selbst die Fachleute [...] nicht mit der in anderen Wissenschaften üblichen Rigorosität angeben."[8]

Im Duden wird die Kommunikation als „Verständigung untereinander; als zwischenmenschlicher Verkehr bes. mit Hilfe von Sprache, Zeichen: sprachliche, nonverbale Kommunikation"[9] definiert.

Nach Keller ist die Kommunikation ein Bedeutungsaustausch und beinhaltet alle Verhaltens- und Ausdrucksweisen:

> „Kommunikation soll jedes intentionale Verhalten genannt werden, das in der Absicht vollzogen wird, dem anderen auf offene Weise etwas zu erkennen zu geben. Kommunizieren in dem hier relevanten Sinne heißt Mitmenschen beeinflussen, und zwar dadurch, dass man dem anderen mittels Zeichen (im weitesten Sinne) zu erkennen gibt, wozu

---

[7] Merten (1977) S. 29.
[8] Zitiert in Csaba Földes, S. 8.
[9] Duden (2007) S. 983.

> *man ihn bringen möchte, in der Hoffnung, dass diese Erkenntnis für den anderen ein Grund sein möge, sich in der gewünschten Weise beeinflussen zu lassen."*[10]

Samovar und Porter (1991) definieren die Kommunikation als einen dynamischen Prozess, der auf das Verhalten der Beteiligten einwirkt.

> *"In diesem dynamisch gestalteten Prozess verhalten sich die beteiligten Personen mit dem Vorhaben, um eine spezielle Antwort oder Reaktion von einer anderen Person hervorzurufen."*[11]

Adler weist ähnlich auf die Komplexität einer Kommunikation hin, die für ihn einen vielseitigen und dynamischen Prozess der Bedeutungsvermittlung darstellt. (vgl. Adler 1991, 64) Kim[12] schreibt, dass „man kommunizieren durch Kommunizieren lerne". Je besser die Kommunikationskompetenz sei, desto besser vollziehe sich der Prozess der Adaption an die neue soziokulturelle Umgebung. Er unterscheidet grundsätzlich zwei Typen der Kommunikation, nämlich die persönliche und die soziale Kommunikation. Unter persönlicher Kommunikation versteht er mentale Prozesse, die einer Person helfen, sich zu einem und in einem soziokulturellen Milieu zu organisieren, durch das Entwickeln einer bestimmten Art und Weise zu sehen, zu hören, zu verstehen und sich zu verhalten. Die wichtigsten Variablen bei der Kommunikation in fremder Umgebung sind die kognitive Struktur, das Wissen über fremde Kommunikationsmuster und -regeln, „self-image" und die Motivation. Alle diese Fähigkeiten erleichtern den Kommunikationsprozess.[13]

Die persönliche Kommunikation ist mit der sozialen Kommunikation besonders eng verknüpft, wenn zwei oder mehrere Personen, entweder bewusst oder unbewusst, in Interaktion zueinander stehen. Die soziale Kommunikation ist der Prozess hinter der Intersubjektivität. Durch die soziale Kommunikation werden die Gefühle, Gedanken und Aktionen miteinander geregelt.[14] Hall fügt hinzu:

> *"Das Verhalten der Menschen, das aus der sozialen Interaktion in Gruppen stammt, ist in erster Linie sozial. Diese soziale Interaktion kann verbal oder nicht-verbal sein."*[15]

Es wurden zahlreiche Erklärungsversuche gegeben, um die komplexen und dynamischen Kommunikationsprozesse durch unterschiedliche Modelle darzustellen. Nachfolgend werden einige dieser Kommunikationsmodelle kurz vorgestellt.

Robbins visualisiert diese Verbindung in seinem Kommunikationsmodell wie folgt:

---

[10] Keller (1994), S. 194; Klammersetzung im Original.
[11] Samovar/Porter (1991), 7 f.
[12] Samovar/Porter (1991).
[13] Kim (1991), S. 383 ff.
[14] Ebd.
[15] Hall (1959), S. 22 ff.

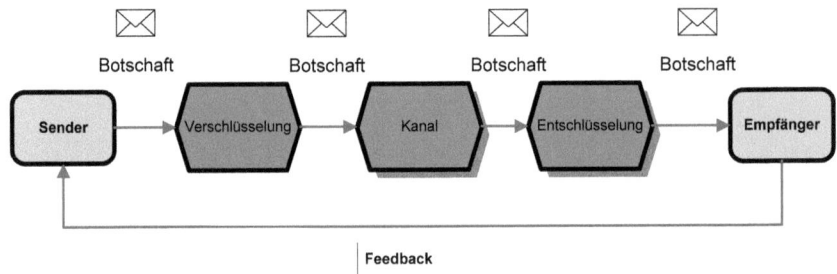

Abbildung 1: Modell des Kommunikationsprozesses nach Robbins[16]

Allerdings hat dieses Kommunikationsmodell seine Grenzen. Nach diesem Modell von Robbins ist die Kommunikation ein einfacher eingleisiger Prozess und die Botschaften werden ohne Bezug zur Umwelt und zur Abfolge vergangener und erwarteter zukünftiger Ereignisse gesendet und empfangen. Kommunikation ist eine Wechselwirkung, ein dynamischer Prozess in zwei Richtungen. Die gesendeten Botschaften sind dann in einem definierten sozialen Rahmen bedeutungsvoll.

Bei der Kommunikation findet die Informationsvermittlung statt, die sich nicht nur auf die Übertragung der Informationen, sondern auch auf die Entstehung der Emotionen, Meinungen, Reaktionen, Vorstellungen etc. bezieht. Hier gibt es zwischen Senden und Empfangen eine unmittelbare Verbindung.

Gudykunst und Kim (2003) erweiterten diesen Prozess um weitere drei kulturbezogene Einflüsse: um den kulturellen, soziokulturellen und psychokulturellen Einfluss. Nach diesem Modell wird das Abfassen der Nachricht seitens des Sprechers, das Verschlüsseln der Gedanken, Meinungen, Informationen usw. als „Enkodieren" bezeichnet. Das Entschlüsseln der Nachricht heißt hier „Dekodieren". Enkodierung und Dekodierung der kommunikativen Mitteilung sind interaktive Prozesse, die von kulturellen, soziokulturellen und psychokulturellen Faktoren beeinflusst werden. Nach diesem Modell beschreiben Gudykunst und Kim die Entwicklung einer Kommunikation mit kulturellen Unterschieden, weil die kulturspezifische De-/Enkodierung von anderen Faktoren beeinflusst wird.

Kommunikation findet dann statt, wenn die Botschaft den Empfänger erreicht hat. Der Sender verschlüsselt seine Botschaft verbal und nonverbal und der Empfänger entschlüsselt die versendete Botschaft, je nachdem, wie er den Kommunikationscode verstanden hat.

---

[16] Robbins (1996), S. 378 ff.

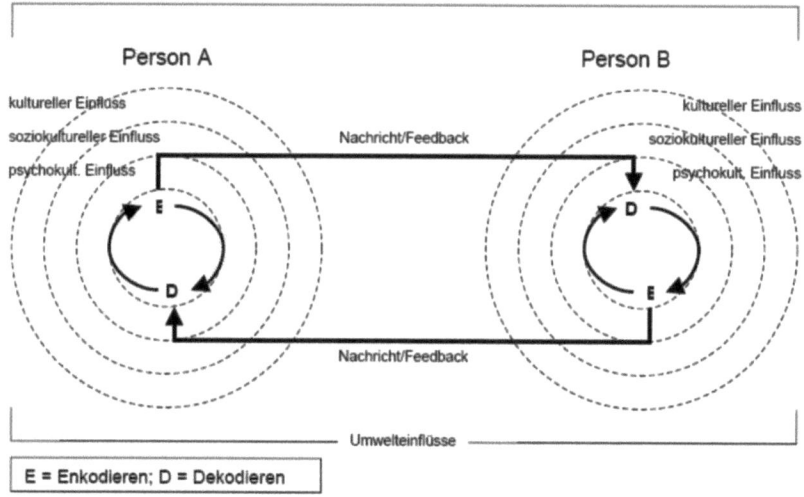

Abbildung 2: Interaktionsmodell der interkulturellen Kommunikation von Gudykunst/Kim[17]

Blom/Meier verstehen unter Kommunikation als einen Prozess der Vermittlung von Bedeutung.

> *„Kommunikation ist der Prozess der Vermittlung von Bedeutung zwischen Sender und Empfänger. Kommunikation ist erst dann erfolgreich, wenn der Empfänger die Botschaft so versteht, wie sie der Sender gemeint hat."*[18]

Der Empfänger muss die gesendete Botschaft, also die Worte, das Verhalten und die Symbole, richtig entschlüsseln und sie wieder in eine bedeutungsvolle Botschaft zurückverwandeln. Dabei spielen mehrere Bedingungen und Einflüsse eine Rolle, z. B. das soziokulturelle System, Normen und Wertvorstellungen, Vorurteile, Stereotype. Je größer diese Unterschiede zwischen den Kommunikationspartnern sind, desto größer sind die Unterschiede zwischen Wort-, Verhaltens- und Symbolbedeutungen.

Watzlawick[19] unterscheidet zwei Aspekte der Kommunikation: den Inhalts- und den Beziehungsaspekt. Dabei sieht er fünf Grundsätze:

- *Die Beziehung bestimmt die inhaltliche Bedeutung.*
- *Man kann nicht nicht kommunizieren.*
- *Interpunktion bedingt Kommunikationsablauf.*
- *Menschliche Kommunikation vollzieht sich digital und analog.*
- *Kommunikationsabläufe sind entweder symmetrisch oder komplementär.*

---

[17] Gudykunst/Kim (2003), S. 45.
[18] Blom/Meier (2002), S. 74.
[19] Watzlawick/Beavin/Jackson (1971), S. 46.

Schulz von Thun ergänzt diesen Ansatz um drei weitere Aspekte:

Er[20] illustriert seine vierdimensionale Kommunikationstheorie mit dem sogenannten Nachrichtenquadrat. Die vier Seiten des Quadrats symbolisieren die vier Seiten (Aspekte) einer Nachricht: den Sachinhalt, die Selbstoffenbarung, die Beziehung und den Appell.

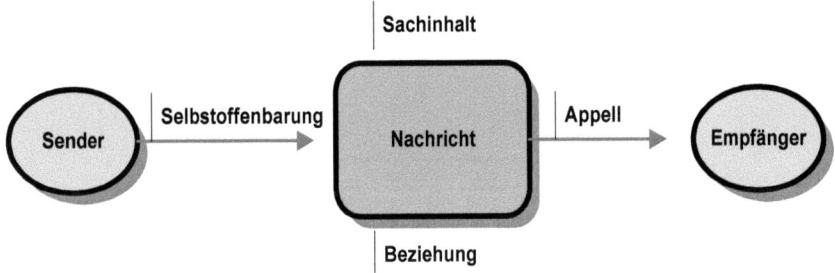

Abbildung 3: Vier Seiten einer Nachricht von Schulz von Thun[21]

Die gesendete Botschaft enthält also vier Aspekte. Sie entspricht nicht unbedingt der empfangenen Nachricht, die Rückmeldung des Empfängers vermittelt wiederum Botschaften mit allen vier Aspekten. „Jederzeit, auch innerhalb einer Kultur, kann es vorkommen, dass die vier Botschaften, die der Sender gemeint hat, und die vier Botschaften, die beim Empfänger ankommen, unterschiedlich sind, auch wenn die Verständigung akustisch einwandfrei ist.

In der interkulturellen Kommunikation kommt die Schwierigkeit hinzu, dass verschiedene Kulturen die vier Seiten höchst unterschiedlich gestalten."[22] Matoba (1997)[23] unterscheidet diese Kommunikationsebenen nach der relativen Macht, die den Prozess einer Kommunikation unmittelbar prägt bzw. bestimmt. Diese relative Macht entsteht nach Matoba aus unterschiedlichen Faktoren: z. B. aus Erfahrungen, Geschlecht, sozialer Schicht, Fähigkeiten, Alter, sozial-situativer Rolle, sozialem Status, akademischer Karriere, Rasse oder materiellem Reichtum. Durch die Einflüsse dieser Faktoren kommt eine große Vielfalt von Kommunikationsebenen zustande, die den Verlauf einer Kommunikation stark bestimmen.

2.1.2 Kultur und Kommunikation

In der Definition „interkulturelle Kommunikation" sind „Kultur" und „Kommunikation" miteinander verwoben und werden meist gemeinsam verwendet. Daher wird die Rolle der Kultur in der aktuellen Diskussion über interkulturelle Kommunikation

---

[20] Schulz von Thun, Friedemann, (2004), S. 14, 26 ff.
[21] Quelle: eigene Darstellung.
[22] Kumbier/ Schulz von Thun, S. 12 f.
[23] Matoba (1997).

zweifach überbetont: einerseits Kultur als Dimension, die gravierende Missverständnisse, Kulturschocks und Kulturkonflikte erzeugen kann, andererseits wird sie als Erklärungsbegriff für alle Kommunikationsprobleme herangezogen. Somit besteht die Gefahr, den Erfolg bzw. das Scheitern der Kommunikation immer aus der Perspektive der Kultur zu betrachten. So entsteht eine Steigerung bzw. Überbetonung kultureller Aspekte und Einflüsse in der Kommunikation. Aus dem Blick gerät, dass jede Kultur aus Individuen mit unterschiedlichen Lebenserfahrungen und Erfahrungshintergründen besteht, weil jedes Individuum in einer Gesellschaft mit allen Gegebenheiten lebt.

Kultur hat – je nach Verwendungsfeld und Disziplin – unterschiedliche Definitionen. Das „Centre for Contemporary Cultural Studies" (CCCS) der Universität Birmingham weist auf unterschiedliche Definitionsbereiche der Kultur auf:

> *„Die Kultur einer Gruppe oder Klasse umfasst die besondere und distinkte Lebensweise dieser Gruppe oder Klasse, die Bedeutungen, Werte und Ideen, wie sie in den Institutionen, in den gesellschaftlichen Beziehungen, in Glaubenssystemen, in Sitten und Bräuchen, im Gebrauch der Objekte und im materiellen Leben verkörpert sind. [...] Kultur enthält ‚Landkarten der Bedeutung', welche die Dinge für ihre Mitglieder verstehbar machen. [...] Diese ‚Landkarten der Bedeutung' [...] sind in den Formen der gesellschaftlichen Organisationen und Beziehungen objektiviert, durch die das Individuum zu einem ‚gesellschaftlichen Individuum' wird. Kultur ist die Art, wie die Beziehungen einer Gruppe strukturiert und geformt sind; aber ist auch die Art, wie diese Formen erfahren, verstanden und interpretiert werden. Männer und Frauen werden daher durch Gesellschaft, Kultur und Geschichte geformt und formen sie selbst."*[24]

Kalpaka und Räthzel (1994) betonen die Verwobenheit verschiedener Ebenen, die in die Kultur eingehen: Kultur „ist klassen- und geschlechtsspezifisch, aber auch ethnienspezifisch und zwar dies alles gleichzeitig".[25]

Habermas (1981) verwendet dagegen den Begriff „Kultur" zusammen mit denen der Gesellschaft und der Persönlichkeit, die die strukturellen Komponenten der „Lebenswelt" eines Individuums darstellen.

> *„Kultur nenne ich den Wissensvorrat, aus dem sich Kommunikationsteilnehmer, indem sie sich über etwas in der Welt verständigen, mit Interpretationen versorgen. Gesellschaft nenne ich die legitimen Ordnungen, über die die Kommunikationsteilnehmer ihre Zugehörigkeit zu sozialen Gruppen regeln und damit Solidarität sichern. Unter Persönlichkeit verstehe ich die Kompetenzen, die ein Subjekt sprach- und handlungsfähig machen, also instand setzen, an Verständigungsprozessen teilzunehmen und dabei die eigene Identität zu behaupten. [...] Die zum Netz kommunikativer Alltagspraxis verwobenen Interaktionen bilden das Medium, durch das sich Kultur, Gesellschaft und Person reproduzieren."*[26]

Es findet eine aktive Auseinandersetzung des Einzelnen mit kulturellen Werten und Ideen statt. Vergesellschaftung ist nicht als eine einfache Prägung von oben nach

---

[24] Clarke u. a. (1979), S. 14 f.
[25] Ebd., S. 47.
[26] Habermas (1981), S. 209.

unten oder als eine Übernahme vorgegebener Rollen zu sehen, sondern als ein komplexer Prozess, in dem sich die Individuen Dinge und Bedeutungen aneignen, indem sie sie entsprechend ihrer Voraussetzungen und Lebensbedingungen transformieren. Dies impliziert einen prozesshaften, veränderlichen Charakter von Kultur.

Knapp beschreibt Kultur im Zusammenhang von Verständigung und Missverstehen:

> *„Kulturen sind nicht homogen, sondern variieren intern: Innerhalb dessen, was man mit gewissem Recht noch ‚die deutsche' oder ‚die englische' Kultur – im Sinne von mainstream-Kultur – bezeichnen kann, gibt es erhebliche soziale, regionale, altersspezifische Unterschiede. Dass auch Verständigung zwischen Alten und Jungen, zwischen Arbeiter/innen und Akademiker/innen nicht immer gelingt, ist zwar trivial, aber in diesem Kontext doch wieder zu betonen."*[27]

Auch in der interkulturellen Kommunikation auf der Straße, in der Nachbarschaft, am Arbeitsplatz usw. können andere Faktoren wie z. B. wirtschaftliche, soziale und politische Umstände einen erheblichen Einfluss nehmen.

In seiner Analyse von Problemen in der betrieblichen Kommunikation hat Karlfried Knapp (1998) herausgearbeitet, dass die von einigen der Beteiligten vorgenommene kulturelle Ursachenzuschreibung für ein Kommunikationsproblem inadäquat war und dass eigentlich unternehmensinterne Interessenkonflikte Ursache für das Scheitern der Kommunikation waren. Die interkulturelle Kommunikation findet in einem Gesamtkontext statt, in dem die Außenfaktoren sowie soziale und wirtschaftliche Faktoren eine bedeutende Rolle spielen können. In dieser Hinsicht kann man sagen, dass nicht jede Kommunikation kulturbedingt verläuft. Gerade diese Faktoren prägen die Kommunikation zwischen den Personen unmittelbar, die im selben Haus wohnen, im selben Sozialraum leben und einigermaßen von den gleichen sozialen, politischen und wirtschaftlichen Entwicklungen betroffen sind. Also nicht alles, was Kultur beinhaltet, ist auch kulturell bedingt. Das Hauptziel der zwischenmenschlichen Kommunikation war und ist es noch immer, eine Form der Verständigung zu erreichen, deren Verwirklichung nicht unabhängig von dem Gesamtsystem möglich ist.

Eine grundsätzliche Einigkeit besteht bei der Definition der interkulturellen Kommunikation in folgender Hinsicht: Eine interkulturelle Kommunikation findet dann statt, wenn die Kommunikationspartner verschiedenen Kulturen angehören.

> *„Als interkulturell werden alle Beziehungen verstanden, in denen die Beteiligten nicht ausschließlich auf ihre eigenen Codes, Konventionen, Einstellungen und Verhaltensformen zurückgreifen, sondern in denen andere Codes, Konventionen, Einstellungen und Alltagsverhaltensweisen erfahren werden. Dabei werden diese als fremd erlebt und/oder definiert. Interkulturell sind daher alle jene Beziehungen, in denen Eigenheit, Fremdheit, Identität und Andersartigkeit, Familiarität und Bedrohung, Normalität und Neues zentral Verhalten, Einstellung, Gefühle und Verstehen bestimmen. Interkulturell*

---

[27] Knapp (1997), S. 65.

sind alle jene menschlichen Beziehungen, in denen die kulturelle Systemhaftigkeit durch die Überschreitung der Systemgrenzen erfahren wird. "[28]

Menschen mit unterschiedlichem ethnischen bzw. kulturellen Hintergrund können miteinander im Alltag beruflich oder privat in Berührung kommen. Da jeder Mensch sich ständig für etwas einsetzt, können sie laut Watzlawick nicht nicht kommunizieren. Menschen kommunizieren verbal oder nonverbal. Dabei hat jeder Mensch eine eigene Wahrnehmung und eine eigene Sicht der Wirklichkeit. Hinzu kommt noch der Einfluss des Kontextes und des Umfeldes auf diese zwischenmenschliche Kommunikation. Während dieser Begegnungen findet zwischen Angehörigen beider Kulturen ein bewusster oder unbewusster Informationsaustausch statt. Dabei machen beide von ihren gewohnten Kommunikationsstilen Gebrauch.

Kommunikation ist ein selbstständiger Prozess von wechselseitigen Mitteilungen, der von der Kultur nicht unabhängig ist, aber nicht allein von ihr bestimmt wird, denn jeder Kommunikationspartner aus unterschiedlichen Kulturen in einer Gesellschaft wie Deutschland erlernt die Normen und Regeln der Interaktion nicht durch einen einseitigen Kulturalisierungsprozess, sondern durch einen wechselseitigen, dynamischen und komplexen Gesamtinteraktionsprozess.

Wie Goodenough (1964) formuliert, ist „Kultur nichts Materielles". Sie besteht also nicht aus Gegenständen, Menschen, Verhaltensweisen oder Gefühlen. Kultur bedeutet vielmehr das Zusammenspiel all dieser Dinge; Kultur sind die Formen, die all diese Dinge in den Köpfen der Menschen annehmen; Kultur sind die Modelle, wie die Menschen die Dinge wahrnehmen, wie sie die Dinge zueinander in Beziehung setzen und wie sie diese Dinge interpretieren. Deshalb ist alles, was die Menschen sagen oder tun, was sie untereinander als sozial vereinbaren, ein Produkt oder Nebenprodukt ihrer Kultur.

Missverständnisse zwischen den Menschen aus unterschiedlichen Kulturkreisen werden oft auch durch vorhandene Kulturunterschiede erklärt. Dabei werden die unterschiedlichen Einflussfaktoren nicht miteinbezogen, die die Kultur in der Migration in unterschiedlichen Formen prägen. So vertritt z. B. die erste Generation türkischer Arbeiter heute auf keinen Fall mehr die vor 40 Jahren mitgebrachten türkischen Werte und Normen, da die vierte Generation von dieser übertragenen türkischen Kultur weit entfernt ist.

> *„Die Angehörigen einer Kultur gehen in der Kommunikation auch innerhalb von ‚Kulturen' und Interaktion mit den Angehörigen einer anderen Kultur in der Regel von ihren gewohnten Normen, Regeln und anderen Selbstverständlichkeiten aus. Wenn die andere Seite jedoch ganz andere Normen und Regeln für selbstverständlich hält, kann es zu Irritationen, Verärgerung, Enttäuschung oder mehr führen."*[29]

Der Untersuchungsgegenstand dieser Arbeit ist die interkulturelle Kommunikation in der Nachbarschaft in einem Stadtteil, die ein Ergebnis eines von unterschiedlichen

---

[28] Bruck (1994), S. 345.
[29] Ropers (1997) S. 212 f.

Faktoren bestimmten Zusammenlebens darstellt. Die veränderten gesellschaftlichen Rahmenbedingungen beeinflussen das Zusammenleben im Quartier mehr als je zuvor. Diese fundamentalen gesellschaftlichen Veränderungsprozesse erzeugen heute noch mehr Krisen und Risiken, die unabhängig von ihrer Herkunft in ihrem konkreten Alltag zur Überforderung von Individuen führen können. Wir beobachten und stellen fest, dass die Menschen in Sozialräumen permanent mit den Folgen der kulturbezogenen, vor allem auch wirtschafts- und sozialbezogenen Probleme im Alltag konfrontiert sind. Deshalb ist es wichtig, nicht alle Missverständnisse, Verärgerungen, Konflikte zu überkulturalisieren. Die Reduktion der nicht gelungenen Kommunikation auf die kulturellen Unterschiede kann die vorhandene Realität der Außenfaktoren ausblenden.

> *„Nicht allein ‚Kultur' gibt den Ausschlag, d. h. nicht alle kommunikativen Besonderheiten sind allein auf der Folie von Kultur bzw. Interkulturalität zu erklären."*[30]

Was die Individualisierung und die damit verbundene Vielfalt von diversen Lebensformen von MigrantInnen heute betrifft, kann man von einer Ablösung aus den Herkunftsländern stammenden Lebensformen sprechen. Nach fünfzig Jahren Migration kann nicht behauptet werden, dass die aus unterschiedlichen Gebieten der Türkei stammenden Menschen noch immer gleiche Werte und Normen pflegen und vertreten. In dem Migrationsprozess haben sich viele Elemente der mitgebrachten Kultur entsprechend der Lebensumstände in der hiesigen Gesellschaft und in der Interaktion mit unterschiedlichen Kulturen bzw. den Einheimischen umgewandelt und eine neue Form bzw. Darstellung angenommen. Daher kann man nicht sagen, welche Kultur wo anfängt und welche Grenzen und Einflüsse sie hat. Das bedeutet aber nicht, dass die alten Bindungen und Traditionen sich vollkommen aufgelöst haben, die die Kommunikation unmittelbar beeinflusst haben. Der Individualisierungsprozess führt einerseits bei MigrantInnen zur Auflösung alter kultureller und sozialer Bindungen, die vor allem von der ersten Generation getragen werden. Anderseits formt das Leben in dieser Hinsicht mit der neuen Lebenskomplexität neue Formen des Miteinanders.

Das Alltagsleben im Quartier schichtet sich in Lebensbereiche wie Arbeit, Wohnen, Bildung, Verkehr, Freizeit, Familie, etc. Es ist davon auszugehen, dass das Leben der Menschen aus unterschiedlicher Herkunft durch andere Faktoren geprägt wird als durch kulturbedingte Verhaltensweisen und Kommunikationsprobleme, z. B. durch Arbeitslosigkeit, Fremdenfeindlichkeit, politische Entwicklungen, Bildung.

Földes weist auf vier Anteile in einer Interaktion hin.

> *„Folglich muss man bei der Analyse kommunikativer Handlungen vier Anteile differenzieren: (a) die persönlichen (d.h. individuumsspezifischen), (b) die kulturellen (gruppenspezifischen), (c) die strukturell-kontextuellen (situationsspezifischen) und (d) die universellen Parameter. Auf die Art und Weise, wie die kommunikativen Ereignisse entstehen, wirkt sich nämlich eine Bandbreite teilweise sehr unterschiedlicher Faktoren aus. Es handelt sich um ein komplexes Faktorenbündel, das die inneren (individuellen)*

---

[30] Földes (2007), S. 19.

und äußeren (kulturellen und situativen) Rahmenbedingungen für kommunikative Prozesse konstituiert."[31]

Bukow weist auf die Mischung bzw. neue Form für ein städtisches Leben hin.

„Alte Fertigkeiten, wie wir sie seit langem aus dem kommunalen Zusammenleben kennen, kommen dann unter einem veränderten Vorzeichen zum Ausdruck. Und alte Notwendigkeiten, vertraute Erfordernisse des städtischen Zusammenlebens erscheinen in einem neuen Licht."[32]

Die strukturellen Veränderungen in Sozialräumen bieten den Bewohnern andere Grundlagen, auf denen sie ein gemeinsames Kommunikationsverhalten entwickelt haben, da der Alltag aus einer Verkettung von unterschiedlichen Kommunikationsformen besteht. Sie besitzen eigene Logik und Relevanzstrukturen, die in unterschiedlichen Lebensbereichen und Kontexten differenziert erscheinen.

2.1.3 Interkulturelle Kommunikation

Interkulturelle Kommunikation wird als ein Begriff des neuen Wissenschaftsgebiets in unterschiedlichen theoretischen Ansätzen viel diskutiert. Ihr noch schwankender Status wird in der Kommunikation unklar dargestellt; mal als „Disziplin", dann als „neuer interdisziplinärer Wissenschaftsbereich", einmal als ein Wissensgebiet.[33]
Földes weist auf diese Definitionsprobleme hin.

„Interkulturelle Kommunikation – was ist das eigentlich? Es wird viel darüber geredet und geschrieben, aber die Vorstellungen von diesem Konstrukt sind noch immer vager Natur. Zugespitzt formuliert: (1) Wir wissen noch nicht, was IKK ist, m.a.W., was eigentlich unser Gegenstand ist. (2) Wir wissen deshalb nicht (oder zumindest gibt es keinen Konsens darüber), wie wir das nennen wollen, von dem wir nicht wissen, was es ist. (3) Wir wissen nur, dass das, was wir meist als IKK betrachten, unterschiedlich benannt wird (= rangübergreifendes Terminologie-Problem) und dass die Linguistik dazu noch nicht hinreichend Stellung bezogen hat (= Linguistik-internes Problem). Wissenschaftstheoretische und -methodologische Diskurse legen nahe, dass bei einem fachlichen Produkt (wie einer Monographie, einem Artikel oder einem Vortrag) weniger maßgeblich sei, ob bzw. was es für Antworten präsentiert."[34]

Die interkulturelle Kommunikationsforschung beginnt in den 1970er-Jahren. Das Ziel dieser Forschungen war es, herauszufinden, inwieweit die unterschiedlichen Kommunikationsstrukturen, Verhaltensweisen und Organisationsformen der verschiedenen Kulturen den Kommunikationsprozess beeinflussen, welche Schwierigkeiten und Probleme sie verursachen können und wie man diese Missverständnisse

---

[31] Földes (2007), S. 19.
[32] Bukow, Nikodem, Schulze, Yildiz (2001), S. 46.
[33] Urban, (2005) S. 311.
[34] C. Földes (2007), S. 8.

bzw. Konflikte in der interkulturellen Kommunikation lösen könnte. Földes[35] stellt diese Vielfalt in seiner Untersuchung dar.

Es gibt bereits unterschiedliche Definitionen der Kommunikation im kulturellen Kontext, die sich grundsätzlich nicht voneinander unterscheiden: z. B. „interkulturelle Kommunikation", „internationale Kommunikation", „cross-cultural communication", „inter-ethnic communication", „inter-racial communication" und „intracultural communication".

In dieser Arbeit steht die Beschreibung der interkulturellen Kommunikation im Fokus, daher werden die anderen Begriffe nicht detailliert definiert.

„Cross-cultural", „interethnisch" und „interkulturell" stehen mehr oder weniger austauschbar nebeneinander. Ihre Differenzierung ist zumeist disziplinären Beschränkungen und Vorlieben geschuldet.[36] So findet sich die englische „cross-cultural communication" verstärkt in der Psychologie und Sozialpsychologie und bevorzugt die komparative vor der interaktionalen Perspektive. „Cross-racial" oder „interracial-communication" ist aus guten Gründen nicht ins Deutsche übernommen worden. Es lässt sich am ehesten mit „interethnische Kommunikation" wiedergeben.[37]

„Interrassische Kommunikation" bezieht sich meist auf die Differenz von Hautfarben und Rassen; typisch ist hier die schwarz-weiße Kommunikation in den USA.[38] Dabei stehen Probleme von Diskriminierung und Rassismus durchaus im Vordergrund.

---

[35] C. Földes (2007), S. 25. Die Bezeichnung IKK figuriert auf der Objektebene in den verschiedenen Werken mit unterschiedlichen Bedeutungen; um nur einige Beispiele zu nennen: „internationale Zusammenarbeit" (z. B. LICHTENBERG 1994), „bilateraler Wissenschaftsdiskurs" (z. B. TAKAHASHI 2002), „fremdsprachendidaktisches Konzept" (z. B. HÜLLEN 1992: 8), „Vermittlungsinhalt im Fremdsprachenunterricht" (z. B. DZURIKOVÁ 2004: 582), „Erweiterung der kulturellen Handlungskompetenz" (z. B. FRITZ 1998), „Übersetzung in andere Sprachen" (z. B. SCHILLY 2004), „zwischensprachliche Lehnbeziehungen" (z. B. NYOMÁRKAY 2006: 5 f.), „kulturvergleichende Kommunikationsforschung" (z. B. SORAYA 1998), „Dialog zwischen Minderheiten- und Mehrheitskulturen" (z. B. KRAMSCH 2003: 82), „weiterentwickelte Variante der Disziplin, Landeskunde'„ (z. B. DETHLOFF 1992), „Begegnung mit dem ‚Fremden' in literarischen Werken ‚interkultureller' Autoren" (z. B. KARAKUŞ 2001), „Rezeption von (literarischen) Werken" (z. B. KIM 1999) etc. Das heterogene, unreife Konzept wird auch daran deutlich, dass IKK manchmal in ein und derselben Arbeit in unterschiedlichem Sinne gebraucht wird, z. B. bei LICHTENBERG (1994: 27, 28, 39), aber auch bei ZUSMAN (2003: 328ff.), der von der mehrsprachigen Terminologiearbeit bis zur Übersetzung recht Verschiedenes unter IKK subsumiert. In manchen Werken herrscht völlige Konfusion, etwa bei NEČASOVÁ (2004: 90), wenn sie konstatiert: „Grundsätze der interkulturellen Kommunikation beginnen in den letzten Jahrzehnten auch in den Fremdsprachenunterricht einzudringen" oder es „ergibt sich die Notwendigkeit der Durchdringung der Problematik der interkulturellen Kommunikation in den Fremdsprachenunterricht" [sic!] (2004: 91)."

[36] Harms (1973), 39 ff.; Dodd (1982), 16 ff.; Reimann (1992), 13 f.

[37] Elwert (1989) S. 28.

[38] Smith (1973); Kochman (1981), S. 3.

Interethnisch wird gern verwendet in Bezug auf Kommunikation von Gruppenmitgliedern mit starker ethnischer Identität.[39] *Internationale Kommunikation* findet zwischen politischen Strukturen wie z. B. Regierungen und Nationen statt und bezieht sich in erster Linie auf Medien, Institutionen, Körperschaften; als Begriff ist sie in den politischen, soziologischen und Kommunikationswissenschaften gängig, vor allem in Bereichen wie der Diplomatie und der weltumspannenden Organisationskommunikation. Grundsätzlich wird unter interkultureller Kommunikation im Allgemeinen eine Kommunikation zwischen Angehörigen verschiedener Kulturkreise verstanden.

Nach Ting-Toomey (1999) spricht man von interkultureller Kommunikation, wenn die Faktoren unserer kulturellen Gruppenmitgliedschaft (z.b. kulturelle Normen und Manuskripte) unseren Kommunikationsprozess beeinflussen. Das kann auf bewusster oder unbewusster Ebene geschehen. Die Individuen können sich darüber bewusst sein, dass es kulturelle Unterschiede zwischen ihnen und den Mitgliedern der anderen Gruppe gibt. Jedenfalls müssen sie die erforderlichen Kenntnisse und Fähigkeiten erwerben, um mit diesen Unterschieden konstruktiv umzugehen. Interkulturelle Kommunikation ist als ein symbolischer Austauschprozess definiert, wobei Individuen aus zwei oder mehreren verschiedenen kulturellen Gemeinschaften gemeinsame Bedeutungen in einer interaktiven Situation besprechen.

Maletzke[40] beschreibt die interkulturelle Kommunikation als eine Kommunikation zwischen zwei Menschen aus unterschiedlichen Kulturen. „Wenn Menschen verschiedener Kulturen einander begegnen, bezeichnen wir die Prozesse, die dabei ablaufen, als ‚interkulturelle Kommunikation' oder auch als ‚interkulturelle Interaktion'."[41] Litters beschreibt ähnlich: „Wenn eine interpersonale Kommunikationssituation zwischen Mitgliedern verschiedener kultureller Gruppen vorliegt, kann diese Interaktion als ‚interkulturelle Kommunikation' bezeichnet werden."[42] Hinnenkamp erweitert diese Definition: „Jeder Beitrag hat einen Gegenbeitrag, jede Kommunikation ist sozial eingebunden."[43]

Kim und Gudykunst definieren „interkulturelle Kommunikation" wie folgt:

> *„Intercultural communication is defined as the communication process that takes place in a circumstance in which communicators' patterns of verbal and nonverbal encoding and decoding are significantly different because of cultural differences. We are primarily concerned here with communication situations of direct, face-to face encounters between individuals of differing cultural backgrounds. The term culture is used broadly and inclusively to refer to the collective life patterns shared by people in social groups such as national, racial, ethnic, socioeconomic, regional, and gender groups. Communication situations are considered intercultural to the extent that the participants carry*

---

[39] Giles/Saint-Jacques (1979); Kim (1986).
[40] Maletzke (1996), S. 37.
[41] Maletzke (1996), S. 37.
[42] Litters (1995), S. 20.
[43] Hinnenkamp (1994), S. 11.

> *different cultural and subcultural attributes. The more the participants differ in their cultural and subcultural attributes, the more intercultural the communication is.*"[44]

Was alle Definitionen verbindet, findet in dieser Formulierung eine Anerkennung: Wenn eine Person aus einer Kultur eine Botschaft an einen Angehörigen einer anderen Kultur sendet, findet interkulturelle Kommunikation statt. Daher werden die Begriffe „Kultur" und „Sprache" Gegenstand der unterschiedlichen Forschungs- und Praxisfelder. In Deutschland stand in der Forschung mehr die sprachliche und arbeitsmarktliche Integration und weniger die Interaktion zwischen Einheimischen und Einwanderern im Vordergrund. In den 1980er-Jahren gab es einen Wandel zu dialogischen Untersuchungsfeldern: von der Untersuchung der Sprachen und Kulturen der Immigranten zur Untersuchung der Interaktion von Sprachen und Kulturen der Einheimischen. Aus dem „Gastarbeiterdeutsch" wurde „interkulturelle Kommunikation".[45]

Nach Auernheimer wird interkulturelle Kommunikation nicht nur von kulturellen Auffassungen, sondern auch von gesellschaftlichen Parametern determiniert.

> *„Die Erwartungen der Kommunizierenden werden nicht nur durch ihre jeweiligen kulturellen Bedeutungshorizonte bestimmt, sondern auch von gesellschaftlichen Rahmenbedingungen (Über- und Unterordnung, In-Group – Out-Group). Anders gesagt: die gesellschaftlichen Strukturen sind in den Bedeutungshorizonten präsent. Eine interkulturelle Kommunikationssituation ist für mich dadurch gekennzeichnet, dass die Kommunikationsteilnehmer sich gegenseitig als Mitglieder einer Out-Group wahrnehmen. Wir haben hier, in der Sprache der Sozialpsychologie, Intergroup-Relations vor uns."*[46]

Die Darstellung der Definitionen lässt sich von den folgenden Überlegungen leiten:

1. Interkulturelle Kommunikation ist ein Gegenstand sowohl der disziplinären als auch der interdisziplinären Fachbereiche, der durch empirische und praxisorientierte Untersuchungen präzisiert werden muss.

2. Die genannten Kommunikationsansätze haben trotz ihrer Einseitigkeit und Schwäche alle ihre Berechtigung. Sie untersuchen das Phänomen aus jeweils einer spezifischen Perspektive und bringen spezifische Einsicht in die Definition bzw. Beschreibung.

3. Es ist nicht stimmig, wenn man behaupten würde, dass alle Konflikte, Missverständnisse bzw. Probleme in der interkulturellen Kommunikation kulturbedingt seien und über Kultur zu erklären sind. Das Gegenteil zu behaupten, dass jedes Kommunikationsverhalten kulturneutral bzw. wertfrei sei, ist ebenfalls nicht objektiv.

4. Jede Kommunikation ist von unterschiedlichen Faktoren abhängig und von diesen determiniert, die in jeder Gesellschaft entsprechend dieser sozio-ökonomischen Umstände geprägt sind.

---

[44] Kim/Gudykunst (1988), S. 305 f.
[45] Hinnenkamp (1990a).
[46] Auernheimer, S. 2.

5. Die vorhandenen Studien und auch die gegenwärtige Diskussion beschäftigen sich sehr wenig mit den nachbarschaftlichen Kommunikationsstrukturen in Stadtteilen, die von außen unbedingt mit den Kulturunterschieden jeweiliger Ethnien erklärt werden. Auch die Forschungen über „interkulturelle Kommunikation am Arbeitsplatz" sind nicht vergleichbar mit der interkulturellen Kommunikation in der Nachbarschaft, da man in der interkulturellen Kommunikation in der Nachbarschaft anderen Codes, Konventionen, Einstellungen und Verhaltensformen begegnet.

6. Nicht jede interkulturelle Begegnung leidet unter kommunikativen Störungen, sondern diese werden von den Kommunikationspartnern in der Interaktion jeweils erst „hergestellt". Es soll aber nicht ausgeschlossen werden, dass Individuen auch fähig sind, sich in interkulturellen Situationen fremden Kommunikationskonventionen anzupassen und neue kommunikative Ausdrucksformen zu erlernen und anzuwenden.

2.2 Forschungsstand

Der Bereich „interkulturelle Kommunikation" wird seit einiger Zeit als eine wissenschaftliche Fachrichtung behandelt, die in unterschiedlichen Disziplinen (z. B. in Pädagogik, Soziologie, Psychologie, Betriebswirtschaft, Kommunikationswissenschaft, Linguistik, Geschichtswissenschaft) geografieanthropologisch verankert wurde. Daher umfasst er eine Vielzahl von unterschiedlichen Theorien und Positionen und ist als Untersuchungsgegenstand dieser Fachbereiche in unterschiedlichsten Literaturen sehr verbreitet.

„Interkulturelle Kommunikation" ist ein neues Wissenschaftsgebiet mit unterschiedlichen theoretischen Ansätzen, die je nach Fachdisziplin differenziert untersucht werden. Daher gibt es eine Vielzahl von Veröffentlichungen zur „interkulturellen Kommunikation", die diese bei der Begriffserklärung nach diversen Forschungsbereichen unterschiedlich deuten. Kumbier/Schulz von Thun[47] beschreiben, dass „der Bereich der interkulturellen Kommunikation ein lebhaftes und gut beackertes Forschungs- und Praxisfeld ist". Müller-Jacquier beschreibt die Inhalte dieser Studien wie folgt:

> „Über 90 % der empirischen Arbeiten unter dem Titel ‚Interkulturelle Kommunikation' mit vergleichenden Einstellungsversuchen zu kulturspezifischen Wertorientierungen, die als Dimensionen (Hofstede) oder Kulturstandards (Thomas) in verschiedenen Maßnahmen der Auslandsvorbereitungen eingehen."[48]

Alois Moosmüller beschreibt diese Entwicklung aus ethnologischer Sicht.

> „Wem es gelingt, kulturelle Verschiedenheit als Ressource zu nützen und Synergien zu erzeugen (Adler 1991), der wird von der Globalisierung profitieren. Das gilt für Organisationen wie für Individuen, für öffentliche wie für private Institutionen, für profit-

---

[47] Kumbier/Schulz von Thun (2006), S. 12.
[48] Müller-Jacquier (2004), S. 106.

orientierte wie für gemeinnützige Einrichtungen. Interkulturalisten, also interkulturelle Trainer und Berater, treten helfend zur Seite, die an den ‚Quellen des Fortschritts' teilhaben wollen. Aus diesem Praxisbedarf hat sich das interdisziplinäre Fach Interkulturelle Kommunikation entwickelt."[49]

Der Begriff „interkulturelle Kommunikation" wurde erstmals durch eine Veröffentlichung des US-amerikanischen Ethnologen und Verhaltensforschers Hall mit dem Werk „The Silent Language" (1959)[50] bekannt. Die Kommunikationswissenschaftler Everett Rogers, William Hart und Yoshitaka Miike[51] bezeichnen das Buch als Gründungsdokument der interkulturellen Kommunikation. Damit begann interkulturelle Kommunikation als ein neues Untersuchungsfeld mit unterschiedlichen theoretischen Ansätzen erst in den 1960er-Jahren, vor allem aus dem Kontext der Immigrationsforschung in den USA[52] und in Kanada. Die im Kontext der Migration und der Bildung einer multikulturellen Gesellschaft entstandenen Probleme waren Grundlage und wichtiger Anstoß für Forschungen in den Fachdisziplinen Soziologie, Psychologie, Anthropologie und Pädagogik. Seit den 1970er- und 1980er-Jahren wird das Thema „interkulturelle Kommunikation" sehr verbreitet verwendet; siehe Veröffentlichungen von R. Alsina 1999; Samovar/Porter 2003; Müller-Jacquier 2004a;

---

[49] Moosmüller (2004), S. 45.
[50] Lüsebrink (2005), S. 3.
[51] Rogers; Hart; Miike (2002), S. 10 f.
[52] Müller (2007), S. 13. Die wissenschaftliche Beschäftigung mit interkultureller Kommunikation ist in einer besonderen Situation in den USA entstanden. Nach den Erfahrungen von „dreißig Katastrophenjahren, die von Krieg, Depression, Tyrannei und internationaler Anarchie geprägt waren", machen sich die USA daran, die Welt neu zu ordnen. (Judt 2003: 383) Die Vereinbarungen von Bretton Woods am 22. Juli 1944 stellen die Weichen für die internationale Entwicklung, für das Wirken des Internationalen Währungsfonds und der Weltbank, wie auch für die Ankerfunktion des Dollar im internationalen Währungssystem und somit für die Vormachtstellung der USA in den Institutionen, die daraus entstanden sind. Aus der von US-Präsident Roosevelt gemeinsam mit Churchill 1942 geschaffenen Atlantik-Charta geht die Charta der Vereinten Nationen hervor, das wesentliche Instrument der Friedenssicherung der neuen Ära. Es folgen die Verabschiedung der Konventionen Flüchtlinge, Menschenrechte, Völkermord, Rüstungskontrolle, Kriegsverbrechen etc. Mit der Pax Americana sollte die internationale Zusammenarbeit durchgesetzt und die „Gefahr des Kommunismus" eingedämmt werden. (Muschlinski 2005) Amerika beginnt, die Welt nach seinem Bild zu formen. Mit dem Slogan „You can be like us" wird in europäischen Ländern für den Marshallplan geworben. (Czembel 2002) Um diese Mission umzusetzen, schickten die amerikanische Regierung sowie öffentliche und private Institutionen Berater und Fachleute in alle Welt, und um den Auslandseinsatz möglichst effektiv zu gestalten, sollten sie entsprechend auf die jeweilige Situation in den verschiedenen Ländern und Regionen vorbereitet werden. Der Kulturanthropologe Edward T. Hall wurde mit der Entwicklung und Durchführung geeigneter Schulungsprogramme zur Auslandsvorbereitung beauftragt. Die Idee war, das reichhaltige Wissen der Kulturanthropologie über „fremde Völker und Kulturen" für die Schulungsprogramme nutzbar zu machen. Bald stellte sich jedoch heraus, dass das ethnografische Wissen über die Zielländer bzw. -regionen von den Teilnehmern kaum aufgenommen, geschweige denn angewandt werden konnte, da es sich nicht gut auf den tatsächlichen Praxisbedarf abstimmen ließ. Nach Halls Schätzung war das Problem jedoch vor allem dem unreflektierten kulturellen Bias der Schulungsteilnehmer geschuldet, die daher gar nicht im Stande waren, ethnografisches Wissen sinnvoll zu verarbeiten.

Olejárová 2004; Zaki 2004; Privalova 2005.[53] Interkulturelle Kommunikation entwickelte sich im Rahmen der universitären Disziplin Speech Communication wissenschaftlich weiter und etablierte sich als eine eigenständige Disziplin[54] (Rogers u. a. 2002).

Interkulturelle Kommunikation hat sich aus der Kulturanthropologie heraus entwickelt. Je nach Entwicklungsbereich wurde sie unterschiedlich als Schwerpunkt von jeweiligen Fachdisziplinen wahrgenommen. Wie die Entwicklung der interkulturellen Kommunikation zeigt, war sie meistens ein Gegenstand des Managements und der Unternehmungsführung in Bezug auf Wirtschaft. Interkulturelle Kommunikation umfasst eine Vielzahl von unterschiedlichen Theorien und Positionen und ist als Untersuchungsgegenstand dieser Fachbereiche in unterschiedlichsten Literaturen sehr verbreitet verwendet. Diese Ansätze werden in zwei Richtungen „kulturkontrastiv" und „interaktionistisch" erfasst. Lüsebrink stellt diesen Unterschied zwischen beiden Ansätzen wie folgt dar:

„Für die Analyse interkultureller Interaktionsprozesse ist die Unterscheidung von zentraler Bedeutung. Kulturkontrastive (englisch: cross-cultural) Ansätze gehen von der Feststellung grundlegend verschiedener Kulturstandards, Kommunikationsstile und Verhaltensweisen in unterschiedlichen Kulturen aus und leiten hieraus potenzielle Probleme bzw. Konflikte in der Interkulturellen Kommunikation ab. (...) Interaktionistische Ansätze der Analyse interkultureller Interaktionssituationen basieren überwiegend auf linguistischen Analysemethoden. Diese zielen auf die Dynamik interkultureller Interaktionssituationen und gehen davon aus, dass sich Kommunikationspartner in solchen Situationen anders verhalten als in eigenkulturellen Kommunikationssituationen. Sie greifen aufgrund ihres Vorwissens bzw. vorgeprägter Vorstellungsmuster der Kultur des Gegenübers (die auch sehr stereotyp sein können) nicht nur auf modifizierte sprachliche und non-verbale Verhaltensmuster zurück, sondern gleichen diese in Kommunikationssituationen selbst aufgrund der beobachteten Reaktionen der Interaktionspartner auch beständig an."[55]

Nach Müller-Jacquier weisen beide Forschungslinien „cross-cultural" und „intercultural" unterschiedliche Erklärungspotenziale auf.

„Eine Durchsicht einschlägiger Bibliographien (u.a. Hinnenkamp 1994) – unterstützt durch Online Recherchen – ergibt, dass beide Begriffe Anfang der 70er Jahre eingeführt und in zahlreichen Publikationen bis ca. 1976 synonym verwendet wurden, und dass sich schließlich der Terminus intercultural communication durchsetzte. In Deutschland war bis auf wenige Ausnahmen von Anfang an der Begriff Interkulturelle Kommunikation bestimmend. Möglicherweise war es die Fokussierung der europäischen Forschungsansätze auf das im wörtlichen Sinn Inter-kulturelle von transnationalen Kommunikationssituationen, die die methodische und dann terminologische Differenzierung bewirkte, wobei die Bedeutung von cross-cultural eine vor allem vergleichende, konstatierende Interessensausrichtung annahm."[56]

---

[53] Földes (2007), S. 10.
[54] Moosmüller (2006), S. 17.
[55] Lüsebrink (2005), S. 43 ff.
[56] Müller-Jacquier (2004), S. 71.

In der Forschung in Europa bzw. in Deutschland stand dagegen weniger die Interaktion zwischen Einheimischen und Einwanderern im Vordergrund als vielmehr die Wirtschaftskommunikation, wie bei der Entsendung der Manager ins Ausland oder bei Trainings der MitarbeiterInnen im Marketingbereich bzw. der Fachkräfte aus sozialen Bereichen und besonders aus der Verwaltung in Bezug auf das Erlernen der interkulturellen Kompetenz und der interkulturellen Pädagogik (Vermeidung und Umgang interkultureller Konflikte in pädagogischen Feldern).

Im Laufe dieser managementorientierten Entwicklung sind weitere Forschungsbereiche bzw. Forschungsrichtungen in den letzten zehn Jahren im Rahmen der Sozialpsychologie, der Anthropologie, der Ethnologie, der Kommunikationswissenschaft, der Pädagogik, der Fremdsprachendidaktik, der Kulturwissenschaft, der Gesellschaftstheorie, der Managementwissenschaft entstanden. Hier sind einige Forschungsbereiche zu nennen: z. B. in dem Bereich der interkulturellen Medienanalyse (vgl. Lüsebrink/Walter 2003), der psychologisch bezogenen Kulturstandardtheorie (vgl. Thomas/Knast/Schroll-Machl 2003), der Sozialen Arbeit (vgl. Hinz-Rommel 1994), der Kommunikationspsychologie (vgl. Kumbier/Schulz von Thun 2006) und der interkulturellen Pädagogik (vgl. Auernheimer 2002) sowie der Linguistik (vgl. Knapp/Kapp-Potthoff 1990; Clyne 1997; Hidasi 2004; Schugk 2004; Oksaar 2005; Földes 2007).

Zu diesen vorhandenen Forschungen gehören auch weitere Untersuchungen über Kulturdimensionen von Hofstede (1991) sowie Trompenaars und Hampden-Turner (1997). Auch Rodrigo Alsina 1999; Samovar/Porter 2003; Müller-Jacquier 2004a; Olejárová 2004; Zakil 2004; Privalova 2005 verfolgten in ihren Veröffentlichungen[57] den Kulturansatz. Aus diesem Bereich entwickelte der US-amerikanische Anthropologe Dell Hymes (1979) in den 60er-Jahren in der Auseinandersetzung mit der linguistischen Anthropologie die Ethnografie der Kommunikation. Hier findet der kulturvergleichende Ansatz von Hofstede eine große Bedeutung.

2.2.1 Kulturkontrastiver bzw. -vergleichender Ansatz

Die meisten Kulturtheorien basieren auf Kulturvergleichsstudien und zielen darauf ab, die Kulturunterschiede, Konflikte und Missverständnisse sowie die Gemeinsamkeiten aus kulturellen Variablen zu erklären. Die Vertreter dieser Theorien strebten an, Kommunikationsstile und Verhaltensweisen durch einen Kulturvergleich zu charakterisieren und die Differenzen zwischen den Kulturen darzustellen. Zu den meistzitierten Autoren in der interkulturellen Forschung aus diesem Ansatz[58] gehören vor allem Hall, Hofstede, Kluckhohns, Trompenaars und Pinto, denen sich noch der Regensburger Psychologe Thomas in Deutschland mit seinem Konzept „Kultur-

---

[57] C. Földes (2007), S. 10.
[58] Tommy Dahlén (Ethnologe) stellt fest, dass die meisten Forscher dieses Ansatzes auf ähnliche Konzepte zurückgreifen und es eine Art „main stream knowledge" der interkulturellen Kommunikation gebe.

standards" anschloss. Alle diese Autoren kommen aus dem Bereich der Wirtschaftskommunikation (z. B. Management) und beziehen ihre Theorien auf eine Reihe von in unterschiedlichen Unternehmen durch quantitative Untersuchungen identifizierten kulturellen Variablen. Die vorhandenen Theorien lassen sich auf den kulturtheoretischen Ansatz von Edward T. Hall[59] zurückführen. Ebenfalls behandelten nach Korzenny/Korzenny (1984: 87), LaPiere, Kelman (1965) und Levine/Campbell (1972) kommunikative Verhaltensweisen in unterschiedlichen Kulturen in ihren Veröffentlichungen. Brislin (1981) stellte in seiner Untersuchung eine Verbindung zwischen der Kommunikation und der Sozialpsychologie her.

2.2.1.1 Kulturdimensionen von Hall

Nach seiner Kulturtheorie nimmt die Kommunikation einen besonderen Platz ein, den er mit der Kultur gleichsetzt. Er bezeichnet sogar Kultur als Kommunikation und Kommunikation als Kultur (communication ist culture, culture ist communication).[60] Diesem Verständnis folgend ist die Art und Weise einer Kommunikation vom Kontext abhängig. Zur „Sprache des Verhaltens" zählt Hall den Umgang mit Raum und Zeit; er unterscheidet die Beziehung zu Raum und Zeit. Nach seiner Auffassung ist die Nutzung und Wahrnehmung von Raum und Zeitgefühl kulturell variabel und ein zu beachtender Faktor in interkulturellen Begegnungen. In dem Verständnis von Hall nimmt der Kontext in unterschiedlichen Kulturen unterschiedliche Stellenwerte in der Kommunikation ein, die er als „*high context culture*" und „*low context culture*" bezeichnet. Entsprechend unterteilt Hall die Gesellschaften in Gruppen: z. B. in „*high context culture*" und „*low context culture*" und in solche mit „*monochromer*" (zeitverplanender Kultur) und „*polychroner Zeit*" (Kulturen mit flexibler Zeiteinteilung). In „low context"-Kulturen wird direkt und explizit, in „high context"-Kulturen dagegen implizit kommuniziert.[61] Nach seiner Auffassung zeichnen sich „niedrigkontextuelle Kulturen" durch eine scharfe Trennung zwischen Beruf und Privatsphäre aus und „hochkontextuelle Kulturen" durch enge Beziehungsgeflechte.[62] Nach seinem Kontextverständnis ist die Zeitdimension ein besonderes Kulturmerkmal, das die Kommunikation stark beeinflusst. In monochron ausgerichteten Kulturen[63] (z. B. in Deutschland oder den USA) müssen Verabredungen zu bestimmten Zeiten eingehalten werden, während in polychron ausgerichteten Kulturen[64] (z. B. in arabischen Ländern) die Zeit eine untergeordnete Rolle spielt. Dort tendiert

---

[59] Als Begründer des Fachgebiets der interkulturellen Kommunikation arbeitete der US-amerikanische Ethnologe Edward T. Hall zwischen 1950 und 1955 als Ausbilder am Foreign Service Institute (FSI), einer Behörde des US-Außenministeriums, die Entwicklungshelfer, Diplomaten und Regierungsbeamte auf ihren Auslandsdienst vorbereitete.
[60] Hall (1959); zitiert nach Litters (1995), S. 21.
[61] Blom/Meier (2002), S. 32.
[62] Hall (1973), S. 38.
[63] Schugk (2004), S. 146.
[64] Ebd., S. 147.

man dazu, unterschiedliche Aufgaben zur gleichen Zeit zu erledigen und Unpünktlichkeit und Unterbrechungen problemlos zu akzeptieren. Während in „low context"-Kulturen viele Informationen vermittelt werden müssen, um eine Arbeit gut zu erledigen, verfügen Mitarbeiter in „high context"-Kulturen schon von vornherein über die nötigen Zusatzinformationen.

Grundsätzlich ist es problematisch, die unterschiedlichen Kulturen nach dem Aspekt des jeweiligen Kontextbezugs pauschal zu kategorisieren bzw. zu schematisieren, obwohl viele dieser Einsichten die Realität unterschiedlicher Arbeitskulturen und Kommunikationsstile reflektieren. Somit bereitet dies den Boden für eine Klassifizierung der Kulturen und entwickelt entsprechende Kommunikationsschablonen, um die Welt in unterschiedliche kulturell bedingte Schemata mit quantifizierbaren Variablen einzuteilen. Somit berührt Hall zentrale Themen der interkulturellen Kommunikation nicht und geht auf spezifische Aspekte der interkulturellen Kommunikation nicht ein.

2.2.1.2 Kulturdimensionen von Hofstede

Hofstede[65] untersuchte in seinen Studien ähnliche Grundunterscheidungen im kulturellen Verhalten wie Hall länderspezifisch und länderübergreifend. Die in seinen Studien gestellten Fragen beziehen sich auf die landesspezifischen Werte der Angestellten des US-Konzerns IBM in unterschiedlichen Ländern. Er ermittelte für jedes untersuchte Land Durchschnittswerte und verglich diese miteinander, um unterschiedliche kulturelle Arbeits- und Verhaltensweisen der Angestellten zu erklären.[66] Hofstede erweiterte seine Forschungen, die er mit einem speziellen Forschungsprojekt des IRIC (Institute for Research on Intercultural Cooperation)[67] in 20 Unternehmenseinheiten in Dänemark und den Niederlanden fortsetzte. Hofstede identifizierte dabei fünf Dimensionen „nationaler Kulturen"[68], die er anhand umfangreicher Korrelations- und Faktorenanalysen erarbeitete:

- *Machtdistanz*
- *Kollektivismus versus Individualismus*
- *Maskulinität versus Femininität*
- *Unsicherheitsvermeidung*
- *Langfristige Orientierung – Kurzfristige Orientierung*

---

[65] Hofstedes Daten stammen aus einer quantitativen Forschung von 120 000 Mitarbeitern von IBM aus fünfzig Ländern und drei Länderregionen in der Zeit von 1968 bis 1972. Alle Teilnehmer hatten vergleichbare Positionen inne, und ihnen wurden die gleichen Erhebungsfragen gestellt.
[66] Hofstede (2001), S. XXII.
[67] Hofstede (2001), S. 24.
[68] Hofstede (2001), S. 16.

Anhand dieser ermittelten Dimensionen kennzeichnet Hofstede jedes Land in dem Modell mit einer für jede der vier Dimensionen erreichten Punktzahl.[69] Die Zusammenhänge beschreibt er so:

> *„Eine Dimension vereinigt eine Reihe von Phänomenen in einer Gesellschaft, die empirischen Untersuchungen zufolge in Kombination auftreten, auch wenn auf den ersten Blick nicht immer eine logische Notwendigkeit für ihre Verknüpfung zu bestehen scheint. Die Logik von Gesellschaften entspricht aber nicht der Logik der die Gesellschaften betrachtenden Individuen. Die Zusammenfassung der verschiedenen Aspekte einer Dimension basiert immer auf statistischen Beziehungen, d.h. auf Trends, dass diese Phänomene in Kombination auftreten und nicht auf untrennbaren Verbindungen. Einige Aspekte in manchen Gesellschaften können gegen den allgemeinen Trend stehen, der sich in den meisten anderen Gesellschaften ergibt. Da man Dimensionen mit Hilfe von statistischen Methoden ermittelt, lassen sie sich nur auf der Grundlage von Informationen über eine bestimmte Anzahl von Ländern nachweisen."*[70]

- *Machtdistanz*: Mit dieser Dimension erläutert Hofstede, welche Gesellschaft wie mit Machtunterschieden umgeht bzw. was die weniger mächtigen Mitglieder von Institutionen, Organisationen, Familien etc. eines Landes erwarten, hinnehmen und akzeptieren. Damit beschreibt er die Umgangsart einer Kultur mit Ungleichheit und Autorität. In dieser Hinsicht unterscheidet er die Kulturen mit geringer und hoher Machtdistanz. Auf Basis der gegebenen Antworten entwickelte Hofstede einen Machtdistanzindex (MDI) auf einer Skala von 0 bis 100, mit dem er für unterschiedliche Kulturen Machtdistanzwerte ermittelte.

In Kulturen mit hoher Machtinstanz ist die Kindererziehung stark von Gehorsam gekennzeichnet, weil die Eltern von ihren Kindern Gehorsam erwarten und als Autoritäts- bzw. Respektpersonen angesehen werden möchten. Dagegen werden Kinder in Kulturen mit geringer Machtdistanz schon früh in ihrer Persönlichkeitsentwicklung gestärkt und zur Selbstständigkeit erzogen. Der Führungsstil in Kulturen mit einem hohen Machtabstand wird oft mittels Symbolen dargestellt und ist eher autoritär oder patriarchalisch ausgerichtet. Der Führungsstil in Kulturen mit einem geringen Machtabstand neigt eher zu einer demokratischen Struktur.

Nach den Ergebnissen der Studie von Hofstede liegt in Ländern wie der Türkei, Guatemala oder Griechenland eine hohe Machtdistanz vor, dagegen in Ländern wie Deutschland, Schweden, Dänemark eine geringe Machtdistanz.

- *Individualismus versus Kollektivismus:* Die zweite Dimension bezieht sich auf die Differenzierung von Kulturen in zwei Kategorien. Hofstede unterscheidet hierbei individualistisch und kollektivistisch orientierte Kulturen. Er erklärt diese Kulturdimension folgendermaßen:

> *„Individualismus beschreibt Gesellschaften, in denen die Bindungen zwischen den Individuen locker sind: man erwartet von jedem, dass er für sich selbst und seine un-*

---

[69] Hofstede (2001), S. 18.
[70] Hofstede (2001), S. 18.

mittelbare Familie sorgt. Sein Gegenstück, der Kollektivismus, beschreibt Gesellschaften, in denen der Mensch von Geburt an in starke, geschlossene Wir-Gruppen integriert ist, die ihn ein Leben lang schützen und dafür bedingungslose Loyalität verlangen."[71]

In individualistisch orientierten Kulturen wie den Niederlanden, Belgien, den USA oder England sind die Beziehungen und Bindungen zwischen Individuen locker und Entscheidungen werden individuell getroffen. Der Wert der Selbstentfaltung, Eigeninitiative und Selbstständigkeit ist sehr geschätzt. In kollektivistisch geprägten Ländern z. B. wie der Türkei, Japan oder Singapur sind die Beziehungen gruppenbezogen, von Wir-Gruppen abhängig und die Gruppenwerte werden geschätzt. Die Interessen der Individuen werden über ihre Gruppen bzw. Gesellschaft definiert. Diese Kulturen sind hierarchisch organisiert.

- *Maskulinität versus Femininität*: In dieser dritten Kulturdimension wird die Rollenverteilung zwischen den Geschlechtern in einer Gesellschaft in Bezug auf Selbsteinschätzung und Werte dargestellt. Hofstede unterscheidet feminin geprägte und maskulin geprägte Kulturen, in denen die Rollen der Geschlechter klar voneinander abgegrenzt sind. Bei dieser Rollenverteilung geht es um die Wahrnehmung der geschlechterspezifischen Werte und Normen im gesamten Sozialkontext.

  „Das Rollenverhalten, das Vater und Mutter und möglicherweise und noch andere Familienmitglieder zeigen, hat sehr große Auswirkungen auf die mentale Software des kleinen Kindes, und es wird sein Leben lang davon geprägt sein. Daher ist es nicht überraschend, dass eine der Dimensionen des Wertesystems eines Volkes mit dem geschlechtspezifischen Rollenverhalten der Eltern im Zusammenhang steht."[72]

  Die aus den Fragebögen ermittelten Ergebnisse wurden für einzelne Länder auf einem Maskulinitätsindex (MAS) dargestellt. Die feminin geprägten Kulturen wie z. B. die Niederlande, die skandinavischen Länder oder die Türkei sind durch gesellschaftliche Toleranz und Konsens, Unterstützung, Gleichheit, Beziehungen, Lebensqualität gekennzeichnet. Die maskulin geprägten Kulturen wie z. B. Deutschland, Österreich, Schweiz oder England sind durch Leistung, Anerkennung, klare Rollenmuster, Dominanz der materiellen Erfolge gekennzeichnet.

- *Unsicherheitsvermeidung*: Die vierte Dimension wird definiert als der Grad, in dem die Angehörigen einer Kultur sich durch ungewisse oder unbekannte Situationen bedroht fühlen.[73] Die Unsicherheitsvermeidung drückt die Toleranz bzw. Akzeptanz von allgemein bestehender Unsicherheit im übertragenen Sinne mit der Angstbereitschaft der Gesellschaftsmitglieder aus.

  Hofstede stellt die Kulturen mit hohem und geringem Unsicherheitsgefühl auf Basis eines Unsicherheitsvermeidungs-Index (UVI) dar. „In Ländern mit starker Unsicherheitsvermeidung wirken die Menschen geschäftig, unruhig, emotional,

---

[71] Hofstede (1993), S. 67.
[72] Hofstede (1993), S. 113.
[73] Hofstede (2001), S. 161.

aggressiv und aktiv. In Ländern mit schwacher Unsicherheitsvermeidung vermitteln die Menschen den Eindruck, ruhig, gelassen, träge, kontrolliert und faul zu sein."[74]

Nach seiner Aufteilung weisen die Kulturen mit hohem Unsicherheitsgefühl wie z. B. Belgien, Japan, Guatemala eine geringe Toleranz und starke Vorurteile gegenüber abweichenden Meinungen, andersartigen Traditionen, Religionen, Rassen etc. auf.

Dagegen wird in Kulturen mit niedrigem Unsicherheitsgefühl wie z. B. Hongkong, Großbritannien oder Schweden mehr Akzeptanz und Toleranz gegenüber den Abweichungen aufgebracht. Es existieren wenige formale Regeln, Richtlinien und abweichende Vorgehensweisen etc.

- *Langfristige Orientierung – Kurzfristige Orientierung*: Diese fünfte Dimension von Hofstede ist seit 1985 bekannt und wurde von dem kanadischen Wissenschaftler Harris Bond entdeckt.

  „Langfristige Orientierung steht für die Förderung von Werten wie Ausdauer und Sparsamkeit, die in der Zukunft das Erreichen einer Belohnung erwarten lassen. Der entgegengesetzte Pol, die kurzfristige Ausrichtung hingegen steht für die Förderung von Werten, die mit der Vergangenheit und Gegenwart verbunden sind, insbesondere Respekt für Tradition, Gesichtswahrung und Erfüllung sozialer Verpflichtungen."[75]

  Die Langfristorientierung ist mit Wertevorstellungen verbunden wie z. B. Fleiß, Durchhaltevermögen und Geduld. Hofstede bringt diese Dimension mit der konfuzianischen Dynamik in Verbindung. Damit bringt er ein Handeln mit Schamgefühl und Beharrlichkeit zum Ausdruck. Die Kurzfristorientierung ist mit Wertevorstellungen wie Erfüllung sozialer Verpflichtungen und Schutz vor Gesichtsverlust verknüpft.[76]

Hofstedes Theorie bzw. seine Kulturdimensionen werden unter verschiedenen Aspekten kritisiert.

- Die Studie wurde ursprünglich ausschließlich für konzerninterne Zwecke[77] durchgeführt. Daher ist sie für die Untersuchung kultureller Unterschiede nicht geeignet, weil sie sich vorrangig auf den Kommunikationsbereich in der Wirtschaft bezieht. Darauf bezogen sind die Zusammenhänge zwischen den kulturel-

---

[74] Hofstede (2001), S. 163.
[75] Hofstede (2001), S. 359.
[76] Schugk (2004), S. 131.
[77] Hüsken kritisiert die empirische Grundlage von Hofstedes Klassifikationssystem „als Nestor der kulturessentialistischen interkulturellen Führungstheorien": Auch wenn der einflussreiche Interkulturalist „statistische Genauigkeit und unbedingte Repräsentativität" beanspruche, seine globale Taxonomie nationaler Kulturen basiere auf Befragungen innerhalb einer partikularen Organisation. Hofstede habe mit seiner viel beschworenen Studie bei IBM letztlich nicht mehr als ‚ein sehr spezifisches Milieu, nämlich die Subkultur eines transnationalen Unternehmens' abgebildet" (S. 14).

len Unterschieden und Unterschieden in verschiedenen Lebensbereichen spekulativ.
- Fünf Dimensionen reichen nicht aus, um die Kulturen der Länder angemessen zu beschreiben bzw. einen Kulturvergleich zu ziehen.[78] Hofstedes Dimensionen stützen sich auf die Ergebnisse einer Fragebogenaktion, die zunächst in 40 Staaten durchgeführt wurde und die „ein sehr spezifisches Milieu, nämlich die Subkultur eines transnationalen Unternehmens abgebildet" hat, was Hofstede im Nachhinein als ein Defizit seiner Arbeit anerkannte.
- Durch eine Untersuchungsmethode mit standardisierten Fragebögen können bewusste Symbolsysteme und Kulturausprägungen nicht ausreichend erfasst werden.[79] Die Repräsentativität der Studie umfasst nicht sämtliche Schichten einer Kultur, weil sich die IBM-Unternehmenskultur deutlich von der jeweiligen landesspezifischen Kultur unterscheidet.[80]
- Einer der weiteren Kritikpunkte bezieht sich auf die unzulässige Gleichsetzung von Kultur und Nation.[81]

2.2.1.3 Kulturdimensionen von Trompenaars

Auf Basis seiner empirischen Untersuchung[82], die durch langjährige Forschungstätigkeit und Befragung von 46 000 Managern in unterschiedlichen Ländern entstand, teilt Trompenaars die Kultur in die drei Hauptkategorien „Natur", „Zeit" und „Menschen" ein und fasst diese zu einem Drei-Schichten-Modell zusammen: die „explizite Kultur" bildet die äußere Schicht, Werte und Normen bilden die mittlere Schicht und die grundlegenden impliziten Annahmen die innere Schicht.[83] Nach seinem Modell bzw. seinen Dimensionen beschreibt er fünf Orientierungen, die die Menschen benötigen, um miteinander umzugehen. Diese Dimensionen erläutern die zwischenmenschlichen Beziehungen (verbal und nonverbal) zwischen den Mitgliedern unterschiedlicher Kulturen.

- *Universalismus versus Partikularismus:* Dabei unterscheidet Trompenaars „universalistische" und „partikularistische" Kulturen auf der Ebene der Verhaltensweisen und Regeln, wobei in universalistischen Kulturen wie z. B. Finnland und Schweiz allgemeingültige Gesetze und Regeln für jedes Kulturmitglied Gültigkeit haben. Nach dieser Beschreibung sind sie in partikularistisch geprägten Kulturen wie z. B. Venezuela und Ägypten sehr durchlässig. Bei den beiden Dimen-

---

[78] Vgl. Singh (1990).
[79] Blom; Meier (2002), S. 56.
[80] Kutschker; Schmid (2002), S. 716.
[81] Hollensen (2001), S. 176.
[82] Hampden-Turner; Trompenaars (2000), S. 11.
[83] Kutschker; Schmid (2002), S. 719.

sionen „Universalismus" und „Partikularismus" handelt es sich darum, ob in einer Kultur persönliche oder unpersönliche Beziehungen bevorzugt werden.[84]

- *Individualismus versus Kollektivismus:* Trompenaars teilt die Kulturen wie in Hofstedes Studie in zwei Arten auf: in individualistisch orientierte und kollektivistisch orientierte. In individualistisch geprägten Kulturen hat das Individuum einen eigenen Stellenwert und ist über seine Persönlichkeit, seine Leistungen und seinen Status definiert, während in kollektivistisch geprägten Kulturen das Individuum einen Stellenwert in der Beziehung zur Gemeinde hat und über seine Zugehörigkeit zu einer Gruppe oder Gemeinde definiert ist. Nach den Ergebnissen seiner Fragebögen wertet er die Teamarbeit und die Führungsstile aus und kommt zu dem Ergebnis, dass die Führungsstile in individualistisch geprägten Kulturen auf individuelle Verantwortung, kollektivistisch geprägte Kulturen dagegen auf das gesamte Team setzen.

- *Neutralität versus Emotionalität:* Bezüglich dieser Dimension differenziert Trompenaars Kulturen als „emotional ausgerichtet" oder „neutral ausgerichtet". Nach dieser Beschreibung kommunizieren neutral ausgerichtete Kulturen mit geringem emotionalem Ausdruck[85] und brechen Themen mit hohem emotionalem Wert auf objektive Eigenschaften herunter, so z. B. in nordischen Ländern. Dagegen ist der Ausdruck der Gefühle in emotional ausgerichteten Kulturen wie z. B. in Frankreich oder Italien erlaubt und wird normal empfunden.

- *Spezifität versus Diffusität*: Diese Dimension beschreibt die Trennung der persönlichen von den beruflichen Beziehungen. In spezifisch orientierten Kulturen werden das private und das berufliche Leben voneinander getrennt, während das private und berufliche Leben sich in diffus orientierten Kulturen vermischt haben und nicht voneinander getrennt sind.

- *Leistung versus Herkunft:* In dieser Dimension geht es um den Status eines Individuums, der durch individuelle Leistung oder durch Herkunft erworben wird. In leistungsorientierten Kulturen wird bei dem erworbenen Status einer Person auf individuelle Leistungen bzw. auf die Ergebnisse dieser individuellen Leistungen wie z. B. die berufliche Position, das Einkommen geachtet. In herkunftsorientierten Kulturen wird bei dem Status eher auf Ethnie, Familie, Titel, Verwandtschaft etc. geachtet.

Wie in der Studie von Hofstede stoßen auch die von Trompenaars beschriebenen Kulturdimensionen auf Kritik. Die von ihm ermittelten Kulturdimensionen grenzen die Kulturen voneinander ab. Vor allem richtet sich die Kritik[86] auf die Vorgehensweise zur Ermittlung der sieben Dimensionen, bei deren Ableitung er sich an andere Wissenschaftler wie z. B. Parsons, Kluckhohn und Strodtbeck anlehnte. Seine Kulturdimensionen sind aus einer Literaturanalyse entstanden und vertreten konzeptio-

---

[84] Hampden-Turner; Trompenaars (2000), S. 14.
[85] Schugk (2004), S. 156.
[86] Ebd., S. 173.

nelle[87] Kategorien. Anderseits schaffen seine Kulturdimensionen die Grundlage zur Identifikation von Kulturstandards. Dabei besteht immer die Gefahr der Bildung von Stereotypen, die auch gewisse Vorurteile und eine Fixierung auf kulturelle Unterschiede verfestigt.

Kluckhohn/Strodtbeck, Trompenaars und Pinto als weiterführender Forscher untersuchten interkulturelle Kommunikation auch unter dem kulturvergleichenden Aspekt.

Kluckhohn/Strodtbeck[88] formulieren in ihren Untersuchungen Wertorientierungen und stellen dabei drei Thesen fest, die in fünf Ausprägungen aufgeführt werden: Mensch-Natur-Orientierung, Human-Natur-Orientierung, Zeitorientierung, Aktiv-Orientierung, Relational-Orientierung.

Pinto[89] macht seine Kultureinstufung an den Unterschieden in den Wertesystemen der Kulturen fest. Pintos Zweiteilung zwischen G- (grobgegliederten) und F- (feingegliederten) Kulturen ist ähnlich wie die Differenzierung von Hofstede (Aufteilung in individualistische und kollektivistische Kulturen). Mit dieser Unterscheidung bietet Pinto ein Interpretationsmuster für Verhaltensregeln in unterschiedlichen Kulturen.

Ein weiterer erwähnenswerter Psychologe ist Alexander Thomas, der die Kulturstandard-Theorie entwickelte, in deren Rahmen er auch sehr stark den kulturvergleichenden Ansatz bedient. Er bezeichnet Werte als Kulturstandards und versteht darunter für Angehörige einer Kultur ein „gültiges und sinnstiftendes Orientierungssystem".[90]

> *„Unter Kulturstandards werden alle Arten des Wahrnehmens, Denkens, Wertens und Handelns verstanden, die von der Mehrzahl der Mitglieder einer bestimmten Kultur für sich persönlich und andere als normal, selbstverständlich, typisch und verbindlich angesehen werden. Eigenes und fremdes Verhalten wird auf der Grundlage dieser Kulturstandards beurteilt und reguliert."[91]*

Thomas unterscheidet dabei drei Kulturstandardformen: zentrale Kulturstandards, bereichsspezifische Kulturstandards und kontextuelle Kulturstandards. Effektives Handeln in kulturellen Überschneidungssituationen bezieht er auf die Kenntnis der fremden Kulturstandards. Diese Standards werden durch interkulturelles Lernen vermittelt. Dabei greift Thomas auf die Ergebnisse bestehender kulturvergleichender Forschung z. B. von Hofstede, Trompenaars, Hall zurück. Der hier vorgestellte kulturkontrastive Ansatz bzw. die Kulturstandardtheorien von Hall, Hofstede, Trompenaars, Pinto, Thomas untersuchen nicht den Verlauf und die Dynamik einer interkulturellen Kommunikationssituation, sondern die dem Verhalten der Kommunikations-

---

[87] Ebd., S. 173.
[88] Kluckhohn/Strodtbeck (1961), S. 4.
[89] Pinto (1999).
[90] Thomas (2004), S. 151.
[91] Thomas (1996), S. 112.

partner zugrunde liegenden verschiedenen Werte, Symbolsysteme, Rituale und Vorstellungsmuster.[92] Lüsebrink beschreibt diesen vergleichenden Ansatz wie folgt:

> *"Werte und Kulturstandards werden in den unterschiedlichen Theorieansätzen von Hofstede, Hall und Trompenaars in kulturvergleichender Perspektive analysiert. Aus ihnen werden kulturelle Unterschiede deutlich. Diese betreffen die für ein kulturtypisches Muster der Wahrnehmung, des Denkens, Wertens und Handelns. Insofern die Kulturstandards, ebenso wie unterschiedliche Sprachen und Kommunikationsstiele, grundlegende Voraussetzungen für interkulturelle Kommunikation und Interaktion. Aus ihnen können potentielle problemlose oder konfliktuelle Verlaufsformen Interkultureller Kommunikation abgeleitet werden."*[93]

Lüsebrink setzt das fort: „[D]ie Ergebnisse der kulturvergleichenden Werteforschung widersprechen somit großenteils einer kulturraumbezogenen Interpretation interkultureller Konflikte, wie sie insbesondere die US-amerikanischen Politikwissenschaftler Samuel S. Huntington und Benjamin Barber vertreten."[94] Nach diesem Ansatz könnte weiter interpretiert werden, dass die interkulturelle Kommunikation zwischen Gesprächspartnern aus unterschiedlichen Kulturen meist konfliktgeladen ablaufen könnte, weil im Gespräch aufgrund unterschiedlicher kultureller Werte und Normen überwiegend Missverständnisse herrschen. Dabei ist wiederum umgekehrt anzunehmen, *dass die interkulturelle Kommunikation zwischen Angehörigen von Kulturen, deren Wertesysteme ähnlich sind, problemloser verläuft*.[95]

Aufgrund dieser Ansichten findet dieser Ansatz in der vorliegenden Untersuchung keine Anwendung, weil diese Untersuchungen die interkulturelle Kommunikation auf vorhandene kulturelle Unterschiede, unterschiedliche Wertesysteme reduzieren und versuchen, die nicht gelungene Kommunikation durch unterschiedliche Kulturen zu erklären.

2.2.2 Interaktionistischer Ansatz aus kommunikationspsychologischer Sicht

Lüsebrink sagt, dieser Ansatz ziele auf die Dynamik interkultureller Kommunikationssituationen, sagt Lüsebrink, und setzt das fort.

> *"Der interaktionistische Ansatz zielt somit auf die Dynamik von Einstellungen, Vorannahmen, Anpassungsstrategien sowie von Reaktionen und Gegenreaktionen, die sich im Ablauf interkultureller Interaktionssituationen beobachten lassen."*[96]

Bolten ergänzt:

---

[92] Lüsebrink (2005), S. 44.
[93] Lüsebrink (2005), S. 28.
[94] Ebenda, S. 29.
[95] Ebenda, S. 28.
[96] Ebenda, S. 45.

„In diesem Sinne fokussiert der Begriff ‚Interkulturalität' immer auch Interaktionsprozesse, und er lässt sich genau genommen nicht ausschließlich kulturvergleichende bzw. -kontrastive Ansätze anwenden."[97]

Müller-Jacquier beschreibt interkulturelle Situationen nach einem Phasenmodell, das von den kulturell geprägten Sprech- und Handlungskonventionen der Interaktionspartner geprägt wird, die jedoch im Lauf des interkulturellen Kommunikationsprozesses fortlaufend situativ angepasst und verändert werden[98]: Interaktionsvoraussetzungen, Interaktionsprozesse, Interaktionsresultate.

Schulz von Thun, Auernheimer, (2002: 185f.), Losche (2003: 41-45) oder Tuschinsky (2002b: 12f.) begründen ihren Kommunikationsbegriff mit theoretischen Modellen aus der Kommunikationspsychologie.

Für diese Arbeit werden die Theorien von Schulz von Thun, Auernheimer und Elias als stützende Ansätze angenommen. Daher wird hier nicht detailliert auf ihre Ansätze eingegangen, weil sie in dem nächsten Kapitel ausführlich beschrieben werden.

Schulz von Thun[99] ist der bekannteste Vertreter des kommunikationspsychologischen Ansatzes und entwickelte die vierdimensionale Kommunikationstheorie mit dem erwähnten Kommunikationsquadrat.[100] Diese Erkenntnisse berücksichtigt er in seinem Vier-Seiten-Modell der zwischenmenschlichen Kommunikation. Dieses Modell projiziert den Grundvorgang einer Kommunikation. Schulz von Thun beschreibt seinen Ansatz als Methode, um „ein Bewusstsein für den Prozess der Begegnung von Welten zu schaffen und auf dieser Grundlage kompetente Umgangsformen aufzubauen".[101] Er benutzt auf seiner „Kommunalitäts-Skala" kulturelle Gemeinsamkeiten und Unterschiede wie Hofstede, damit unterscheidet er auch Kulturen im Koordinatenkreuz des Riemann-Thomann-Modells vier menschlicher Grundstrebungen: Dauer – Wechsel und Nähe – Distanz.

Aus demselben Ansatz heraus kritisiert Auernheimer die im Feld der interkulturellen Kommunikation verbreitete Fixierung auf „differente Kulturmuster", die mit einer Entpolitisierung sozialer Interaktionen einhergehe[102] und weist dabei auf vier Dimensionen einer Kommunikation im interkulturellen Kontext hin: 1. Machtasymmetrien, 2. Kollektiverfahrungen, 3. Fremdbilder, ethnische Grenzziehungen, 4. die Differenz der Kulturmuster. Er verweist auf die Mehrdimensionalität der Problematik und betrachtet seine vier Dimensionen als bestimmende Einflussfaktoren auf die Kommunikation im interkulturellen Kontext unter kommunikationspsychologischer Perspektive. Das Vier-Dimensionen-Konzept von Auernheimer veranschau-

---

[97] Bolten (1995), S. 29.
[98] Ebenda, S. 46.
[99] F. Schulz von Thun ist ein deutscher Psychologe und Kommunikationswissenschaftler. Er entwickelte einen umfassenden kommunikationspsychologischen Ansatz, der das komplexe System von Absichten und Bezügen in der menschlichen Kommunikation darlegt.
[100] Schulz von Thun (2004), S. 14, 26 ff.
[101] Kumbier/Schulz von Thun (2008), S. 9.
[102] Auernheimer (2004), Kap.3

licht sowohl die Ebenen der interkulturellen Kommunikation als auch die konfliktbehafteten interkulturellen Begegnungssituationen. Eine weitere Feststellung von Auernheimer ist, dass die Erwartungen der Kommunizierenden bzw. die „Bedeutungshorizonte" nicht nur durch die jeweilige Kultur, sondern auch durch die gesellschaftlichen Rahmenbedingungen (Über- und Unterordnung, In-Group – Out-Group) bestimmt werden.

Die empirische Untersuchung von Norbert Elias (1990) [103] behandelt im Kern Konflikte in der Kommunikation bei immer ungleichen Machtbalancen zwischen Alteingesessenen und Außenseitern. Nach seiner Untersuchung ist die Machtrate dieser beiden Gruppen ungleich verteilt, so bleiben die Gruppenspannungen und -konflikte meist unausgesprochen. Gleichen sie sich hingegen einander an, so werden Konflikte, oft in Form permanenter Kämpfe, sicht- und hörbar. Diese Theorie beschäftigt sich mit der Grundkonfiguration menschlicher Beziehungen als ungleiche Machtbalance mit den Konflikten.

Es gibt als einen weiteren Ansatz die „mediatisierte interkulturelle Kommunikation", den Lüsebrink eingeführt hat. Er beschreibt diesen wie folgt.

> „*Mediatisierte interkulturelle Kommunikation unterscheidet sich von lebensweltlichen Formen interkultureller Kommunikation zum einen durch ihre Konstruktivität sowie zum anderen durch ihre Verankerung in spezifischen, häufig narrativ strukturierten Medienformaten aus. Der Konstruktcharakter mediatisierter interkultureller Kommunikation betrifft auch nichtfiktionale Mediengestaltungen wie den Dokumentationsfilm – etwa den Film Caffè Italia Montréal (1985). ... Die Inszenierungslogik mediatisierter interkultureller Kommunikation wird häufig von der Präsenz, der impliziten expliziten Thematisierung sowie der medienspezifischen, häufig stereotypen Verwendung kollektiver Vorstellungsmuster über die Kulturen der Interaktions- und Dialogpartner bestimmt.*"[104]

Damit meint er den Kulturtransfer, also dass sich durch mediatisierte interkulturelle Kommunikation Parallelen zu lebenswirklichen Formen interkultureller Interaktion herstellen lassen. Der Kulturtransfer betrifft die Formen der Übertragung, Vermittlung und Aneignung von Texten, Diskursen, Medien, kulturellen Handlungsmustern und Institutionen in fremdkulturellen Kontexten.

> „*In systematischer Hinsicht lässt sich die Kulturtransferforschung, die sich seit Mitte der 1980er Jahre vor allem in der Geschichtswissenschaft, in den verschiedenen Fremdsprachenphilologien sowie in der Kulturwissenschaft entwickelt hat, unterscheiden zwischen Selektionsprozessen, Vermittlungsprozessen und Rezeptionsprozessen.*"[105]

Nach Lüsebrink nehmen die Kulturtransferprozesse einen wichtigen Stellenwert ein an der Schnittstelle von Wirtschaft und Kultur und betreffen im Rahmen des inter-

---

[103] Elias führte diese empirische Untersuchung zwischen 1958 und 1960 in der englischen Vorortgemeinde Winston Parva in der Nähe von London durch, in der er das Beziehungsgeflecht zwischen Alteingesessenen und Neusiedlern untersuchte.
[104] Lüsebrink (2006), S. 121 f.
[105] Ebd., S. 126.

kulturellen Marketings die interkulturelle Adaptation von Werbebotschaften, Kommunikationsstrategien und kulturellen Organisationsstrukturen.

Die Sprachwissenschaft ist an der Erforschung der interkulturellen Kommunikation maßgeblich beteiligt, da sich Kulturenbegegnungen im Rahmen kommunikativer Prozesse vollziehen, die sprachlich verfasst sind. Interkulturelle Kommunikation ist in den letzten zwanzig Jahren also im Zuge der Globalisierung zu einem sprachlichen Spannungsfeld geworden. Insbesondere hat sich das Fach als Fremdsprache in den letzten Jahren in Deutschland intensiv mit der Kultur und mit der interkulturellen Diskussion beschäftigt. Erst wurden Thesen zur auswärtigen Kulturpolitik in der Linguistik wie im Fach Deutsch als Fremdsprache mit Dahrendorfs (1970) diskutiert.

Nach Müller-Jacquier sind die Gegenstände interkultureller Kommunikation nicht Komponenten des im Bereich Medienkommunikation weiterhin populären Sender-Empfänger-Modells, sondern Ausdrucksformen miteinander sprachlich handelnder und damit Bedeutung schaffender Personen, die verschiedene kulturelle Situationen durchlaufen haben und versuchen müssen, sich an konstituierten Konventionen des Handelns zu orientieren.

> „Man muss also davon ausgehen, dass sich co-participants in interkulturellen Situationen durch spezifische cues bestimmte Interpretationsrahmen setzen, die ihre Äußerungen verstehbar machen und als Grundlagen für die angestrebte communio der Kommunikationshandlungen dienen. Solche frames müssen nicht (s.u.) ausschließlich eigenkulturellen Interpretations- und Handlungsmustern basieren, sondern können – als Resultat von Anpassungsprozessen – auf die des fremdkulturellen Partners oder auf die situativ geschaffene Inter-Situation zielen. Sie sind weiterhin im Interaktionsverlauf zu jeder Zeit veränderbar."[106]

Hierzu gehören weitere Studien im deutschen Raum, die die interkulturelle Kommunikation unter Beteiligung weiterer Aspekte untersuchten. Hier werden sie kurz vorgestellt.

Alois Müller (2006) beschäftigte sich mit der interkulturellen Kommunikation aus ethnologischer Sicht und berücksichtigte dabei folgende Punkte: Reisender – Fremder, Globalisierung, Kultur und Praxis, kulturelle Andersheit. Er meint grundsätzlich vier Aspekte, in denen Ethnologen und Interkulturalisten unterschiedliche Positionen beziehen.

> „(1) Ethnologen verstehen Kultur als Prozess, sie fragen nach dem Werden; für Interkulturalisten ist Kultur dagegen Gegebenes, sie fragen nach dem Wirken. (2) Reichweite und Abgrenzung der Kategorie Kultur: Ethnologen beschäftigen sich mit lokalen Kulturen, deren Reichweite eher gering ist, und die sich unscharf von anderen Kulturen abgrenzen lassen; Interkulturalisten beschäftigen sich mit nationalen Kulturen, denen eine große Reichweite eine scharfe Abgrenzung zu anderen (nationalen) Kulturen (mittels Staatsgrenzen) zugeschrieben wird. (3) Für Ethnologen ist Kultur ein heuristisches Mittel, für Interkulturalisten dagegen vor allem eine reale, isolierbare Einheit, die sich

---

[106] Müller-Jacquier, Cross cultural versus interkultureller Kommunikation. In: Lüsebrink (Hrsg.). Konzepte der interkulturellen Kommunikation. S. 72.

sogar bei Hofstede messen lässt. (4) Ethnologen zielen darauf ab, die Abweichungen und Besonderheiten kultureller Systeme herauszuarbeiten, Interkulturalisten wollen dagegen die allgemeinen Standards und Regeln finden (was allerdings auch für kognitive Anthropologie zutrifft)."[107]

Mehrländer (1974), Martin (1980) und Esser (1979) untersuchten die interkulturelle Kommunikation am Arbeitsplatz unter dem Aspekt interkultureller Begegnungen.

Die Arbeit von A. Kartari[108] (2007) beschäftigte sich erstmalig mit dem Kommunikationsverhalten zwischen den Beschäftigten deutscher und türkischer Herkunft am Arbeitsplatz, und zwar mit einer empirischen Studie in seinem Buch „Deutsch-Türkische Kommunikation am Arbeitsplatz". Er untersuchte den Interaktionsprozess zwischen Angehörigen zweier Kulturen mit deutschem und türkischem Hintergrund im betrieblichen Prozess. Der Untersuchungsbetrieb war ein Unternehmen der Automobilindustrie in München, in dem fast die Hälfte der Belegschaft einen Migrationshintergrund hatte.

„Im Betriebsleben spielt die Kommunikation zwischen Betriebsangehörigen und ihren direkten Vorgesetzten eine große Rolle. Entscheidungen der oberen Führungsebene werden bis zur untersten Stufe der Hierarchie an die Produktionsarbeiter vermittelt und dort umgesetzt. Wenn der Kommunikationsprozess innerhalb der ersten und zweiten Ebene gestört ist, können die Führungsentscheidungen nicht effektiv ausgeführt werden. Deshalb wurde in diesem Projekt primär das kommunikative Verhalten innerhalb der ersten drei Hierarchieebenen untersucht, die Kommunikation zwischen Vorarbeitern, Meistern und Abteilungen sowie ihren türkischen Mitarbeitern."[109]

Um die Verhaltensunterschiede der Belegschaft türkischer und deutscher Herkunft nachzuweisen, nutzte Kartari überwiegend den kulturvergleichenden Ansatz von Hofstede und Trompenaars. Dabei stellte er fest, dass die Belegschaft deutscher und türkischer Herkunft überwiegend nach den zuvor angeeigneten kulturellen Eigenschaften kommuniziert.

Es liegen auch bereits Studien zu den strukturellen Bedingungen des interkulturellen und inter-ethnischen Zusammenlebens in Stadtteilen und ihrem Einfluss auf das interkulturelle Leben vor. Heitmeyer, Dollase und Backes (1998) haben eine Bestandsaufnahme zu unterschiedlichen Aspekten der „Folgen desintegrativer Stadtentwicklung für das ethnisch-kulturelle Zusammenleben" herausgegeben. Hilpert (1993) hat mit einer umfangreichen Studie „die Bedeutung kommunaler Quartierbildung und Traditionalisierung von Integrationsdefiziten beim Wechsel der Generationen" untersucht. Die Studie macht deutlich, wie strukturelle Defizite in der Ausbildung, der Arbeit etc. zur Gettoisierung von Bürgern ausländischer Herkunft beitragen. Hilpert zeigt, wie segretative und desegretative Quartier- und Gettobildung die Integration fördern oder extrem behindern.

---

[107] Müller (2006), S. 40.
[108] Kartari (1997).
[109] Ebd., S. 29.

Heitmeyer & Anhut (2000) haben gemeinsam mit anderen Wissenschaftlern in einem interdisziplinären Projekt eine umfangreiche Skizze der Ethnisierung sozialer Konflikte entwickelt. Die Untersuchung von Heitmeyer/Anhut[110] in dem Buch „Bedrohte Gesellschaft" beschäftigte sich mit sozialen Desintegrationsprozessen und ethnisch-kulturellen Konfliktkonstellationen im Rahmen „der Krise der Städte". Dabei werden drei Dimensionen der Integration unterschieden: individuell-funktionelle Systemintegration, kommunikativ-interaktive Sozialintegration und expressiv-kulturelle Sozialintegration. Die Untersuchung geht von der Annahme aus, „dass mit dem Grad der Desintegration von Angehörigen der Mehrheit und der Minderheit in individuell-funktionaler und/oder interaktiv-kommunikativer Hinsicht soziale Konflikte zunehmend ethnisiert werden und manifest gewordene Konflikte (Rangordnungs-, Verteilungs- und Regelkonflikte) entsprechend gewisse Rolle spielen.[111] Sie gehen den Fragen nach, welche Konfliktpotenziale existieren, mit welchen Konflikten zukünftig zu rechnen sein wird und welche Anforderungen an die Konfliktfähigkeit des Einzelnen wie der Kollektive hieraus resultieren – auch in den Sozialräumen, in denen der Problemdruck kumuliert. In der Arbeit werden die Konflikte anhand der Sozialraumanalyse entlang ethnischer und kultureller Grenzziehungen untersucht.

Bukow/Nikodem/Schulze/Yildiz (2001) untersuchten das interkulturelle Zusammenleben „Lebenspraktisches Miteinander innerhalb postmoderner Gesellschaften", Yildiz/Ottoersbach/Karpe (2001) untersuchten ebenfalls die Quartiere unter dem Motto „Urbane Quartiere zwischen Zerfall und Erneuerung". Mit empirischer Forschung untersuchten die AutorInnen städtische Quartiere im Rahmen der „Krise der Städte" und zeigten, „dass das Leben in der Stadt besser funktioniert als man denkt. Das bedeutet nicht, dass das städtische Miteinander immer und in allen Ecken reibungslos und konfliktfrei läuft."[112]

> *„In der Stadt ist man nicht nur Lehrer, Schüler, Lehrer oder Käufer, Kölner Türke, Kölner Italiener oder spanisch sprechender Nachbar; wir können dies oder jenes, oder alles auf einmal sein, ja sogar mehr als das. Jeder hat die Möglichkeit, wechselnde Bilder von seiner eigenen Identität zu entwickeln. Jeder bewegt sich im Alltag ständig in unterschiedlichen Situationen, in denen er jeweils mit anderen Menschen zusammenkommt."*[113]

Auch Zick (2000)[114] untersuchte in einer empirischen Studie die Einstellungen von Mitgliedern ethnisch-kultureller Gruppen zum Zusammenleben im Stadtquartier unter dem Titel „Interkulturelle Nähe und Distanz". Die vorliegende Studie analysiert die Wahrnehmungen und Einstellungen von Menschen, die in ethnisch verdichteten Stadtteilen leben, zum interkulturellen Leben. Im Mittelpunkt steht die Studie interkultureller Differenzierungsprozesse. Gefragt wird, wie sich Nähe und Distanz zwischen kulturell unterschiedlichen Gruppen ausdrücken und welche Bedingungen

---

[110] Heitmeyer/Anhut (2000).
[111] Heitmeyer/Anhut (1999), S. 14.
[112] Yildiz/Ottoersbach/Karpe (2001), S. 7.
[113] Yildiz/Ottoersbach/Karpe (2001), S. 22.
[114] Zick (2001).

Nähe und Distanz erzeugen. Dabei konzentriert sich die Analyse auf einen bestimmten Stadtteil bzw. ein Quartier. Untersucht wird, wie Mitglieder einer ethnisch-kulturellen Gruppe andere Gruppen beurteilen. Vor allem aber wird untersucht, welchen Einfluss die Identifikation mit der kulturellen Eigengruppe (Ingroup) und die Bindung an das Quartier auf die Urteile über andere Gruppen haben.

Wendorf/Felbinger/Graf/Gruner/Januschat/Saphörster (2004) beschäftigten sich mit dem Thema „Lebensqualität des Wohnumfeldes". Die Untersuchung fand im Rahmen eines Forschungsprojektes „Umbauen statt neu bauen: sozial-ökologische Gestaltungspotenziale im Wohnungsbestand der Nachkriegszeit" statt. In der Arbeit wurde das Atmosphärenkonzept von Böhmer ausdifferenziert. Es wurde im Zusammenspiel von Mensch und Umwelt betrachtet. Nachbarschaftliche Beziehungen im Hinblick auf kulturelle Hintergründe wurden unter dem Aspekt von Bourdieus „sozialer Raum und Habitus" untersucht.

> *„Auch bei der Entwicklung nachbarschaftlicher Beziehungen und bei der Wahrnehmung der Nachbarschaft durch die Bewohner/innen spielen kulturelle Einflüsse im obigen Sinne häufig eine Rolle. Häufig kommt es zu Gruppenbildungen bzw. Abgrenzungen innerhalb von Nachbarschaften, die den allgemein anerkannten Kategorien und Bewertungen des sozialen Raums folgen."[115]*

Überwiegend untersuchen diese Veröffentlichungen die interkulturelle Kommunikation aus kulturkontrastiver Sicht, die sich auf psychologische, anthropologische und kulturwissenschaftliche Ansätze stützen, und grenzen somit den Untersuchungsgegenstand „interkulturelle Kommunikationssituation"[116] ein.

Die Autoren ziehen die interkulturelle Kommunikation zwischen den Menschen im Alltag nicht in Betracht, die ihren Lebensmittelpunkt seit Jahrzehnten in Deutschland haben. Krüger-Potratz beschreibt interkulturelle Kommunikation und interkulturelle Kompetenz als Medien für Einheimische und kritisiert sie als ein Konstrukt interkultureller Kompetenz.

> *„Zum einen sind es Kurse zu Fragen von Migration und Fremdfeindlichkeit, oder es geht um die Herkunftsländer und -kulturen der Zugewanderten. Zum anderen werden Kurse ‚interkulturelle Kommunikation' und ‚interkulturelles Training und Management' angeboten ... Während der erste Strang interkultureller Bildung seine Vorläufer in Maßnahmen der Anpassung und ‚Zivilisierung' von Fremden im Inneren des Landes hat (autochthone Minderheiten und Zugewanderte), hat der zweite Strang seine Vorläufe in Maßnahmen zur ‚Zivilisierung' des und Begegnung mit dem Fremden außerhalb des Landes: in der Ausbildung von Missionaren, Kolonialbeamten, oder auch Diplomaten sowie in der Vorbereitung von Mitgliedern des Peace Corps. ... Diese unterschiedlichen Herkünfte sind bis heute zu spüren."[117]*

Krüger-Potratz sieht die im Rahmen der Kurse im interkulturellen Kontext in der Hinsicht als auffallend an, dass in solchen Angeboten vielfach nicht die Einwanderungssituation und das Zusammenleben und -lernen im Vordergrund stehen, sondern

---

[115] Wendorf/Felbinger/Graf/Gruner/Januschat/Saphörster (2004), S. 16.
[116] Müller-Jacquier (2004), S. 73.
[117] Krüger-Potratz (2005), S. 24.

grenzüberschreitende (wirtschaftliche) Aktivitäten. Anders als in der Matrix nach Roth sind nicht In- und Ausländer die Adressaten, sondern Inländer, die sich auf eine grenzüberschreitende berufliche Karriere vorbereiten.[118]

Der Untersuchungsstand zeigt, dass es bereits unterschiedliche Studien und Forschungen im Bereich der interkulturellen Kommunikation gibt, die je nach Untersuchungsfeld die interkulturelle Kommunikation definieren. Wie bereits erwähnt, wurden die Studien in zwei Bereiche aufgeteilt: in kulturkontrastive und interaktionistische. Die unterschiedlichen Studien im Rahmen des interaktionistischen Ansatzes sind aufschlussreich und für diese Arbeit anwendbar.

Nach den im Rahmen dieser Arbeit zusammengetragenen Rechercheergebnissen über interkulturelle Kommunikation kann gesagt werden, dass es trotz der Vielfalt der Forschungen bis jetzt keine empirische Untersuchung gibt, die interkulturelle Kommunikation zwischen Menschen mit türkischem und deutschem Hintergrund in der Nachbarschaft mit dem Vorhaben, wie genau die nachbarschaftliche Kommunikation abläuft und erlebt wird, untersuchte. Jedoch kann hier erwähnt werden, dass einige dieser Studien bzw. Untersuchungsinhalte an diversen Stellen eine Anwendung finden. Daher gewinnt diese Fragestellung für diese Untersuchung noch mehr an Bedeutung.

2.3 Untersuchungsansätze dieser Arbeit

Die vorliegende Arbeit stützt sich primär auf den interaktionistischen Ansatz. Wie in dem vorherigen Kapitel dargestellt wurde, bedienen sich die Mehrzahl der wichtigsten Publikationen des kulturvergleichenden Ansatzes. Damit untersuchen sie kulturelle Gruppen als kollektive Einheit, um allgemeingültige Kulturmuster, Kulturstandards herauszufinden. In dieser Hinsicht ist dieser Ansatz für diese Arbeit nicht geeignet, da er unterschiedliche Faktoren in einer interkulturellen Kommunikationssituation außer Acht lässt und Konflikte auf Kulturunterschiede reduziert. Stattdessen wird hier der interaktionistische Ansatz präferiert, der, hier als Oberbegriff benutzt, sinnvoller ist, um die interkulturelle Kommunikation unter verschiedenen Aspekten zu untersuchen. Interkulturelle Kommunikation in der Nachbarschaft war bis jetzt kein Untersuchungsfeld für unterschiedliche Kommunikationsstudien. Daher ist es hier relevant, nicht nur einen, sondern unterschiedliche Aspekte aus diesem interaktionistischen Bereich als stützenden Untersuchungsansatz zu betrachten. So gelingt es, operationalisierbare Kategorien zu bilden.

Trotz der vielfältigen Forschungen unter dem Begriff „Interaktion" kommen hier nur wenige Studien für die vorliegende Arbeit in Betracht, im Kern reduziert es sich auf die Ansätze nach Schulz von Thun, Auernheimer und Elias.

---

[118] Ebd., S. 117.

2.3.1 Kommunikationspsychologischer Ansatz von Schulz von Thun

Schulz von Thun[119] ist der bekannteste Vertreter des kommunikationspsychologischen Ansatzes und entwickelte die vierdimensionale Kommunikationstheorie mit dem „Kommunikationsquadrat"[120], die sich auf Watzlawicks Theorie stützt. Nach Watzlawick[121] hat jede Kommunikation einen Inhalts- und einen Beziehungsaspekt, und zwar derart, dass Letzterer Ersteren bestimmt und daher eine Metakommunikation darstellt. Schulz von Thun erweiterte den Beziehungsaspekt um weitere drei Aspekte und berücksichtigte diese Erkenntnisse in seinem Vier-Seiten-Modell der zwischenmenschlichen Kommunikation. Dieses Modell projiziert den Grundvorgang einer Kommunikation. Die vier Seiten des Kommunikationsquadrats einer Nachricht symbolisieren die vier Seiten bzw. Aspekte einer Nachricht: den Sachinhalt, die Selbstoffenbarung, die Beziehung und den Appell.[122]

Dieses Modell überträgt Schulz von Thun auf die Störungen bzw. Schwierigkeiten in der Kommunikation zwischen den Kommunizierenden unterschiedlicher Kulturen.

> *„Jederzeit, auch innerhalb einer Kultur, kann es vorkommen, dass die vier Botschaften, die der Sender gemeint hat, und die vier Botschaften, die beim Empfänger ankommen, unterschiedlich sind, auch wenn die Verständigung akustisch einwandfrei ist. In der interkulturellen Kommunikation kommt die Schwierigkeit hinzu, dass verschiedene Kulturen die vier Seiten höchst unterschiedlich gestalten."*[123]

Schulz von Thun erweitert seinen Ansatz in seinem Buch „Interkulturelle Kommunikation: Methoden, Modelle, Beispiele" (2. Auflage, 2008) und beschreibt fünf

---

[119] Schulz von Thun ist ein deutscher Psychologe und Kommunikationswissenschaftler. Er entwickelte einen umfassenden kommunikationspsychologischen Ansatz, der das komplexe System von Absichten und Bezügen in der menschlichen Kommunikation darlegt.
[120] Schulz von Thun (2004), S. 14, 26 ff.
[121] Paul Watzlawick war als Kommunikationswissenschaftler einer der Ersten, die das Bestehen eines Systems an Absichten und Bezügen in der zwischenmenschlichen Kommunikation erkannt haben. So fand er in seiner Kommunikationstheorie eine Differenzierung zwischen Inhalts- und Beziehungsaspekt.
[122] In: M. Schugk, S. 211 ff. Schulz von Thun beschreibt diese Aspekte wie folgt: **Sachaspekt:** Eine Nachricht enthält immer eine Sachinformation, die einen Sachverhalt darstellt. Bei der Vermittlung von Inhalten steht die Sachlichkeit im Vordergrund, indem Störungen der persönlichen Beziehung und persönliche Gefühle auf ein mögliches Minimum reduziert werden. **Selbstoffenbarungsaspekt:** Jede Nachricht enthält auch Informationen über die Person des Senders. Dieser Aspekt der Selbstoffenbarung schließt dabei sowohl die intendierte Selbstdarstellung als auch die unfreiwillige, nicht bewusst vorgenommene Selbstenthüllung mit ein. **Beziehungsaspekt:** Dieser Aspekt weist darauf hin, dass die Nachricht eines Senders Aussagen beinhaltet, die Auskunft darüber geben, was der Sender vom Empfänger hält. Dieser Beziehungsaspekt kommt oftmals in der gewählten Formulierung, im Tonfall und anderen nonverbalen Begleitsignalen zum Ausdruck. **Appellaspekt:** Dieser vierte Aspekt bringt den Versuch einer Einflussnahme des Senders auf den Empfänger zum Ausdruck. Der Empfänger soll mittels einer Nachricht dazu veranlasst werden, bestimmte Dinge zu tun oder auch zu unterlassen, Bestimmtes zu denken oder zu fühlen. Der Versuch der Einflussnahme kann dabei mehr oder minder offen, aber auch versteckt unternommen werden.
[123] Kumbier; Schulz von Thun (2008), S. 13.

Modelle der interkulturellen Kommunikation aus kommunikationspsychologischem Ansatz: das Kommunikationsquadrat, das Werte- und Entwicklungsquadrat, das innere Team, das Riemann-Thomann-Modell und Teufelskreise. Mit diesen fünf Modellen will er den Ablauf einer interkulturell-zwischenmenschlichen Kommunikation beschreiben.

- Bei dem ersten Modell „Kommunikationsquadrat" beschreibt Schulz von Thun anhand des Vier-Seiten-Modells interkulturelle Missverständnisse. Dabei veranschaulicht er auf einem Kommunikationsquadrat (nach Wang) Missverständnisse und ergänzt weiter, dass verschiedene Kulturen die vier Seiten höchst unterschiedlich gestalten.

  „Das komplizierte Verhältnis von Gesagtem und Gemeintem, von dem, was der Sender (bewusst oder unbewusst) in eine Äußerung hineinlegt, und dem, was beim Empfänger ankommt, kann interkulturell noch fraglicher werden. Wer ein Gefühl für die Klärungsbedürftigkeit aller vier Seiten der Kommunikation entwickelt hat, kann manches Missverständnis aufklären."[124]

- Bei dem Modell „Werte- und Entwicklungsquadrat" übernimmt er eine der Kulturdimensionen von Hofstede (Kollektivismus und Individualismus) und stellt die kulturellen Unterschiede auf einem Wertequadrat dar. Mit „Kollektivismus" beschreibt er einen Kulturangehörigen, der sich hauptsächlich und wesentlich in seiner Zugehörigkeit zum größeren Ganzen wie z. B. zur Nation, zur Familie definiert. Mit „Individualismus" ist nach Schulz von Thun dagegen gemeint, dass der Einzelne in seiner Entfaltung und Selbstverwirklichung, in seinen Grundrechten und in seiner Würde einen hohen unverletzlichen Wert darstellt.[125] Er führt aus, dass der Individualismus eher in westlichen und der Kollektivismus eher in östlichen Kulturen anzutreffen ist. Schulz von Thun beschreibt diese Dimension auf einem Wertequadrat mit dem Hinweis, dass man wichtige Erkenntnisse über kulturelle Differenzen gewinne:[126]

1- Die beiden Werte schließen sich gegenseitig nicht aus, sondern stehen in einem fruchtbaren Ergänzungsverhältnis.

2- Jeder Wert ist ohne den anderen in Gefahr, zu vereinseitigen und zu entgleisen. So besteht die Gefahr, die Würde des Einzelnen preiszugeben. In diesem Fall gilt die Maxime: Du bist nichts – dein Volk ist alles. Umgekehrt kann auch ein überbetonter Individualismus zu einem verantwortungslosen Egozentrismus zu führen.

3- Die Gefahr der interkulturellen Befremdung liegt nun darin, sich selbst im Wertehimmel der oberen Etage des Wertequadrates zu „sonnen" und den anderen in der unteren Etage, gewissermaßen im Keller der Entartung, zu

---

[124] Ebd., S. 14.
[125] Ebd., S. 14.

verorten. Das kann man im interkulturellen Zusammenhang als Befremdungsrichtung interpretieren.

4- Man kann auch umgekehrt Werte der Gegenkultur entdecken, würdigen und darin etwas finden, das für die Entwicklung der eigenen Kultur ein gutes und verheißungsvolles Ergänzungsprinzip sein könnte.

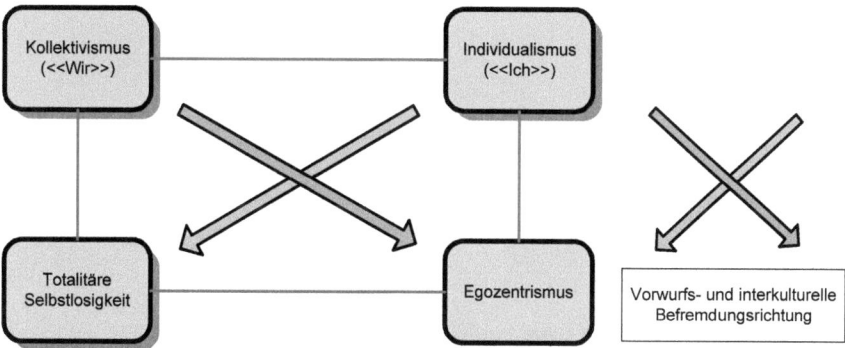

Abbildung 4: Kulturelle Dimensionen im Wertequadrat[127]

Für Schulz von Thun entsteht mit dem Wertequadrat eine gute Möglichkeit, mit interkulturellen Unterschieden Erkenntnis stiftend und versöhnlich umzugehen.

- Erweitert weist er durch das Modell vom „Inneren Team" auf unterschiedliche Selbst- und Rollenklärungen als auch für die ideale Aufstellung beim Umgang mit schwierigen Situationen hin, dies betrifft genauso die Inhalte einer Kommunikation im interkulturellen Kontext. Das Modell „Inneres Team" kann über das Riemann-Thomann-Modell interkulturelle Phänomene veranschaulichen.

Schulz von Thun beschreibt dies wie folgt:

> „Innere Pluralität ist also ein allgemeinmenschliches Phänomen, das sich je nach Kultur höchst unterschiedlich ausprägt und zeigt. Das bedeutet: Menschen aus unterschiedlichen Kulturen sind zugleich sehr ähnlich und sehr unterschiedlich. Diese Gleichzeitigkeit lässt sich im Koordinatenkreuz des Riemann-Thoman-Modells abbilden und verstehen. Vermutlich können wir die vier menschlichen Grundstrebungen, von denen das Modell ausgeht, bei allen Menschen als gegeben voraussetzen. Unabhängig von seiner kulturellen Zugehörigkeit dürfte jeder Mensch einerseits ein Bedürfnis nach Nähe und Zugehörigkeit haben, anderseits auch ein Bedürfnis nach Abgrenzung und Eigenständigkeit und Distanz. Und egal, wo Menschen leben, sie suchen auf der einen Seite nach Sicherheit, Verlässlichkeit und Beständigkeit und brauchen auf der anderen Seite auch Abwechslung, Entwicklung, Innovation und Lebendigkeit."[128]

---

[127] Ebd., S. 15 f.
[128] Ebd., S. 20/21 ff.

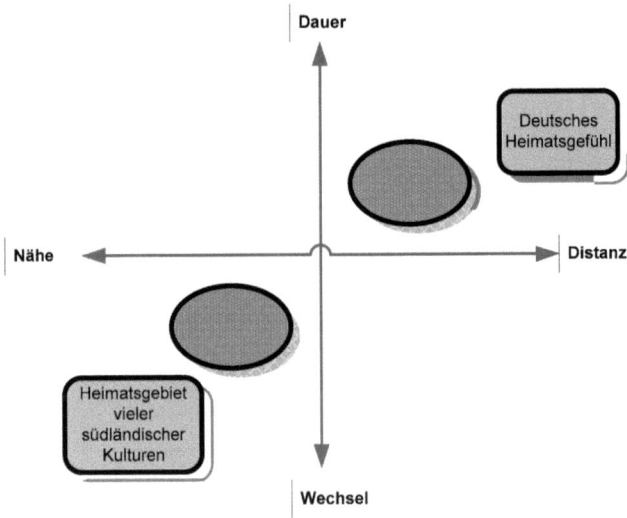

Abbildung 4: Kulturen im Riemann-Thomann-Modell[129]

Bei diesem Modell unterscheidet Schulz von Thun die Ausprägung verschiedener Bedürfnisse zwischen Deutschen und Südländern. Nach dieser Unterscheidung befinden sich die Deutschen auf der Skala „Dauer-Distanz". Dieses Modell versucht, Unterschiede zwischen verschiedenen Kulturen und auch die zentralen Konfliktfelder zu erklären.

- Riemann-Thomann-Modell: Schulz von Thun geht davon aus, dass die innere Pluralität als allgemeines Phänomen Kultur unterschiedlich ausprägt. Daher beutet das für ihn: Menschen aus unterschiedlichen Kulturen sind zugleich sehr ähnlich und sehr unterschiedlich. Das veranschaulicht er auf dem Koordinatenkreuz des Riemann-Thomann-Modells. Es gibt vier menschliche Grundstrebungen ohne kulturelle Zugehörigkeit. Das bedeutet: Jeder Mensch dürfte ein Bedürfnis nach Nähe und Zugehörigkeit, ein Bedürfnis nach Abgrenzung, Eigenständigkeit und Distanz haben. Und er erweitert: Die Menschen brauchen – egal, wo sie leben – Sicherheit, Verlässlichkeit und Beständigkeit. Mit diesem Modell versucht er, die unterschiedlichen Kulturen und die zentralen Konfliktfelder nach diesen Begriffen zu differenzieren.

- Das Teufelskreis-Modell von Schulz von Thun beschäftigt sich mit (offenen und latenten) Konflikten und richtet den Blick auf *das Zusammenspiel* der Kommunizierenden. Er führt aus, dass jeder durch sein Verhalten bewusst oder unbewusst das Verhalten von anderen provoziert. Er geht davon aus, dass interkulturelle Unterschiede zum *Ausgangspunkt und zum Motor von Teufelskreisen* werden.

---

[129] Ebd., S. 21.

Schulz von Thun erklärt in seiner Veröffentlichung unterschiedliche Kommunikationsmodelle, verschiedene Kommunikationsinhalte sowie die Kommunikationsverläufe im interkulturellen Kontext und stellt Hilfsmittel bzw. Instrumente zur Verfügung, mit deren Hilfe unterschiedliche Probleme interkultureller Kommunikation zu verstehen sind. Er benutzt trotz Erweiterung des interkulturellen Aspektes aus dieser Perspektive stark die Kulturunterschiede zwischen den Interaktionspartnern.

Bei Schulz von Thun stehen vier Fähigkeiten im Vordergrund[130]:

- Fähigkeit zur Perspektivenübernahme
- Fähigkeit zum mehrdimensionalen Hören, vor allem die Aufmerksamkeit für die Beziehungsseite der Kommunikation
- Systematische Sichtweise, vor allem Eigenverantwortung für die Kommunikation, speziell für die Kommunikationsstörungen
- Fähigkeit zur Metakommunikation, verbunden mit dem Bewusstsein dafür, dass in manchen Milieus und Kulturen Metakommunikation befremdlich wirkt.

Es gelingt Schulz von Thun mit seinem Modell, ein Hilfsmittel zur Analyse unterschiedlicher Probleme interkultureller Kommunikation zu generieren.

2.3.2 Kommunikations- und sozialpsychologischer Ansatz von Auernheimer

Auernheimer nähert sich der Thematik aus kommunikations- und sozialpsychologischer Perspektive an und beschreibt daher sein Ziel damit, „das kulturalistische Verständnis von interkultureller Kompetenz zu überwinden"[131].

> „In der umfangreichen Literatur über interkulturelle Kommunikation und Kompetenz ist jedoch eine Tendenz zur einseitig kulturalistischen Betrachtung festzustellen. Das heißt, die speziellen Schwierigkeiten interkultureller Verständigung werden oft allein auf die Differenz der kulturellen Codes zurückgeführt. Das gilt übrigens weniger für sprachwissenschaftliche als für psychologische, auch pädagogische Beiträge zum Thema. Prüfen wir aber genauer, was alles die Erwartungen der Teilnehmer in der interkulturellen Kommunikation bestimmen kann, so sind unter kommunikations- und sozialpsychologischer Perspektive folgende Dimensionen zu berücksichtigen. Insgesamt unterscheide ich vier: 1. Machtasymmetrien, 2. Kollektiverfahrungen, 3. Fremdbilder, ethnische Grenzziehungen, 4. die Differenz der Kulturmuster."[132]

Nach Auernheimer liegt das entscheidende Verständigungsproblem in interkulturellen Beziehungen nicht auf der Sachseite (Inhaltsebene), sondern auf der Beziehungsebene, weil Botschaften dabei überwiegend durch außersprachliche Formen[133] der Kommunikation übermittelt würden.

---

[130] Auernheimer (2002), S. 202.
[131] Auernheimer, S. 1.
[132] Ebd., S. 3.
[133] Ebd., S. 184.

> *„Auf der Beziehungs-, Selbstkundgabe- und Appellseite wird fast ausschließlich nonverbal kommuniziert. Die Botschaften werden hier über Mimik, Gestik, räumliche bzw. körperliche Nähe und Distanz und auch über sprachliche Intonation, also paralinguistische Äußerungen, ausgetauscht. Gerade die Kulturspezifik dieser Codes ist aber den Beteiligten in der Regel am wenigsten bewusst."*[134]

Auernheimer verweist auf die Mehrdimensionalität der Problematik und betrachtet seine vier Dimensionen als bestimmende Einflussfaktoren für die Kommunikation im interkulturellen Kontext unter kommunikationspsychologischer Perspektive. Diese Dimensionen unterscheiden sich jedoch in einigen Punkten von denen der Vertreter des kulturtheoretischen Ansatzes, die z. B. Hofstede für wichtig erachtet.[135]

- *Machtdimension:* Interkulturelle Beziehungen sind nach Auernheimer fast durchweg durch Machtasymmetrie, Status- und Rechtsungleichheit, Wohlstandsgefälle usw. gekennzeichnet, also durch Ungleichheit des rechtlichen und sozialen Status oder durch Wohlstandsgefälle, allgemeiner ausgedrückt: durch unterschiedlichen Umfang an verfügbaren Ressourcen.[136] Nach Auernheimer ergibt sich schon eine Asymmetrie, wenn ein Kommunikationspartner nicht ausreichend über die verwendete Sprache und nicht über die üblichen kulturellen Scripts verfüge.

> *„Die fragwürdigen Verhaltensweisen, zu denen Machtasymmetrie die jeweils Überlegenen verleitet, führen bei den Unterlegenen verständlicherweise auch zu problematischen Reaktionen oder können dazu führen. Dabei spielen in die aktuelle Kommunikationssituation immer auch zurückliegende Unrechts- oder Diskriminierungserfahrungen des einzelnen oder seiner Gruppe hinein. Es ist nicht verwunderlich, dass Menschen mit Ausländerstatus oder aus Ländern der Dritten Welt, in den kommunikationspsychologischen Kategorien von Schulz von Thun formuliert, ein übersensibles ‚Beziehungsohr' haben."*[137]

- *Kollektiverfahrungen:* Kollektiverfahrungen beeinflussen interkulturelle Kontakte sehr stark, weil sie bei der Bestimmung der gegenseitigen Wahrnehmung eine wichtige Rolle übernehmen. Auernheimer unterscheidet dabei zwischen historischen und aktuellen Kollektiverfahrungen.

> *„Die Kollektiverfahrungen hängen eng mit Machtasymmetrien zusammen. Wir brauchen nur an die Diskriminierungserfahrungen von ‚Ausländern' zu denken. Die Fremdbilder sind teilweise durch die jeweiligen Kollektiverfahrungen bedingt, aber zugleich diskursiv hergestellt und damit ein Element von Kultur. Kollektive Erfahrungen können insgesamt die Kultur einer Gruppe prägen."*[138]

- *Fremdbilder:* Fremdbilder werden zusammen mit Kollektiverfahrungen unsere Erwartungen und Erwartungshaltungen in interkulturellen Begegnungen bestimmen. Diese Bilder entstehen zum Teil aus kollektiven Erfahrungen und dadurch Stereotype, die den realen Differenzen nicht entsprechen.

---

[134] http://www.niederoesterreich-sozialarbeit.at/index-Dateien/Artikel%20Auernheimer.pdf, S. 2.
[135] Vgl. Auernheimer (2002), S. 185 ff.
[136] Auernheimer, S. 7.
[137] Auernheimer, S. 7.
[138] Auernheimer, S. 4.

> *„Wenn wir interkulturelle Kontakte als Ingroup-Outgroup-Beziehungen definieren, dann sind dort immer Fremdbilder im Spiel. Und umgekehrt implizieren Fremdbilder logischerweise eine Grenzziehung ethnischer oder kultureller Art. Dass unsere Bilder von anderen unsere Erwartungen und Erwartungserwartungen (Der andere denkt sicher, dass ich...) und damit unsere Aktionen und Reaktionen steuern, ist so plausibel, dass sich breite Ausführungen dazu erübrigen. Wichtig erscheint erstens der Hinweis darauf, dass unsere Stereotypen und Vorurteile nicht rein individueller Natur, sondern gesellschaftlich überliefert und vermittelt sind. Zweitens ist zu beachten, dass Fremdbilder häufig projektiven Charakter haben. Projektion heißt, dass Eigenschaften, die das Selbstbild stören, zum Beispiel Aggressivität, auf andere projiziert werden, sozialpsychologisch ausgedrückt, auf die Out-Group. Ein Beispiel dafür wären der Expansionsdrang und der missionarische Geist Europas, die von uns auf den Islam und die Muslime projiziert werden, und das nicht erst seit dem 11. September 2001. Drittens sollten wir uns beim Problem der Stereotypisierung klar machen, dass wir als die in der Regel Überlegenen, Privilegierten im Fall von Kommunikationsstörungen schnell zur Ethnisierung tendieren und uns damit von der Verantwortung für das Gelingen der Kommunikation entlasten nach dem Muster ‚Mit denen ist es aufgrund ihrer Mentalität schwierig'."*[139]

- *Differenz der Kulturmuster*: Neben Kollektiverfahrungen und Fremdbildern steuern Deutungsmuster, die selbstverständliches Element unserer Lebenswelt sind unsere Normalitätserwartungen. Die „Codes" oder „Scripts" (bzw. „Drehbücher") bestimmen unser Alltagsleben. Unbewusst richten sich die Kommunizierenden nach diesen Drehbüchern, die für unterschiedliche Situationen die Regieanweisung geben bzw. den Verlauf einer Kommunikation steuern.

> *„Aufschlussreich ist das in der Konversationsanalyse verwendete Konzept der ‚Scripts', zu deutsch ‚Drehbücher'. Zugrunde liegt die Annahme, dass wir nach interkultureller Kompetenz konventionell vorgegebenen Drehbüchern kommunizieren, die uns in der Regel nicht bewusst sind, weil sie nicht thematisiert werden. Sie brauchen nicht thematisiert zu werden, weil jede(r) sie kennt, aber eben nur jeder, der zur gleichen Kulturgruppe, zum gleichen Milieu, zur selben Institution gehört. Die Scripts (weitgehend gleichzusetzen mit den „frames" bei Goffman) bestimmen unsere Normalitätserwartungen. Werden diese nicht erfüllt, kommt es zu Irritationen. Das Konzept der Scripts macht auch verständlich, dass für Fremde, etwa für Einwanderer, das Erlernen des korrekten Kommunikationsstils schwierig ist, weil die Drehbücher teilweise situationsspezifisch sind, was ein Gespür für die jeweiligen Feinheiten oder situativen Spezifika verlangt (Rehbein 1985)."*[140]

Das Vier-Dimensionen-Konzept von Auernheimer veranschaulicht praxisnäher sowohl die Ebenen der interkulturellen Kommunikationen als auch die konfliktbehafteten interkulturellen Begegnungssituationen. Eine weitere Feststellung von Auernheimer ist, dass die Erwartungen der Kommunizierenden bzw. die Bedeutungshorizonte nicht nur durch die jeweilige Kultur, sondern auch durch die gesellschaftlichen Rahmenbedingungen (Über- und Unterordnung, In-Group – Out-Group) bestimmt werden. Insoweit ist dieser Ansatz aufschlussreicher, weil er tatsächlich die interkulturelle Kommunikation in der hiesigen Gesellschaft praxisrelevant untersucht.

---

[139] Ebd., S. 5.
[140] Auernheimer, S. 6.

2.3.3 Soziologischer Ansatz von Elias: „Etablierte-Außenseiter-Beziehungen"

Diese Theorie von Norbert Elias beruht auf einer empirischen Untersuchung[141] und handelt im Kern von Konflikten in der Kommunikation bei immer ungleichen Machtbalancen zwischen Alteingesessenen und Außenseitern. Nach seiner Untersuchung ist die Machtrate dieser beiden Gruppen ungleich verteilt, so bleiben die Gruppenspannungen und -konflikte meist stumm. Gleichen sie sich hingegen einander an, so werden Konflikte, oft in Form permanenter Kämpfe, sicht- und hörbar.[142]

> *„Gemeinsam ist all diesen Fällen, dass die mächtigere Gruppe sich selbst als die besseren Menschen ansieht, ausgestattet mit einem Gruppencharisma, einem spezifischen Wert, an dem ihre sämtlichen Mitglieder teilhaben und der den anderen abgeht. Und mehr noch: In all diesen Fällen können die Machtstärkeren die Machtschwächeren selbst immer wieder zu der Überzeugung bringen, dass ihnen die Begnadung fehle – dass sie schimpfliche, minderwertige Menschen seien."*[143]

Die Etablierten haben eine größere Macht, weil sie eine homogene Gruppe bilden, die sich über eine längere Zeit entwickelt hat, während die Außenseitergruppe eine größere Heterogenität aufweist, weil sie sich erst seit Kurzem in einem Wir-Gefühl-Entwicklungsprozess befinden.

Bei der interkulturellen Kommunikation in der Nachbarschaft handelt es sich nicht immer um ein Aufeinanderprallen verschiedener kultureller Eigenschaften, sondern häufig auch um soziale und wirtschaftliche Aspekte. Der Ansatz von Elias erklärt die Debatte um gesellschaftliche Positionierungskämpfe zwischen Migranten und Deutschen auf der Ebene von „Etablierten" und „Außenseitern"; ihre Gründe sind in gesellschaftspolitischen Prozessen und in einer Rivalität bzw. dem Ringen sozialer Gruppen um Erhalt oder Verbesserung ihres gesellschaftlichen Status zu suchen. Daher können unterschiedliche Varianten derselben Grundkonfiguration zwischen Migranten als Außenseiter und Deutschen als Alteingesessenen entdeckt werden.

> *„Ein Gelegenheitsbesucher, der durch die Straßen von Winston Parwa ging, wäre vielleicht erstaunt gewesen zu hören, dass die Bewohner des einen Teils so eindeutig auf die anderen herabsahen. Nach der Qualität der Häuser waren die Unterschiede zwischen den beiden Bezirken nicht besonders auffällig. Und auch wenn man sich die Dinge etwas genauer anschaute, war es zunächst überraschend, dass die Mitglieder der einen Gruppe das Bedürfnis empfanden und imstande waren, die der anderen als minderwertig abzustempeln und dass sie ihnen ein Stück weit selbst das Gefühl der Minderwertigkeit einflößen konnten."*[144]

Diese Theorie beschäftigt sich mit der Grundkonfiguration menschlicher Beziehungen als ungleiche Machtbalance mit den Konflikten, die daraus entstehen. Dies ist

---

[141] Elias führte diese empirische Untersuchung zwischen 1958 und 1960 in der englischen Vorortgemeinde Winston Parva in der Nähe von London durch, in der er das Beziehungsgeflecht zwischen Alteingesessenen und Neusiedlern untersuchte.
[142] Vgl. Elias; Scotson (1990), S. 27 f.
[143] Elias (1990a), S. 8.
[144] Elias, S. 10.

der entscheidende Faktor, der einer Etabliertengruppe die effektive Stigmatisierung einer Außenseitergruppe ermöglichen könnte.

Die Ergebnisse der Studie machen folgende Punkte deutlich:

- Ein bestimmtes Merkmal der Segregation der Etablierten im Gemeinderaum war die Wohndauer. Sie ließ unter den Bewohnern Vertrauen, Nachbarschaft, Vertrauensregeln im öffentlichen Raum, gemeinsam geteilte Werte und lokale Identität entstehen. Dies drückte sich bei den Etablierten durch kollektives Charisma aus und schaffte gegenüber den Außenseitern Macht.

- Außenseiter (Zuwanderer) konnten mangels gemeinsamer Nachbarschaftsverhältnisse und längerer Wohndauer diese Gemeinsamkeiten nicht vorweisen und verfügten entsprechend nicht über vergleichbare Machtpotenziale. Es bildeten sich eine räumlich erkennbare Grenze sowie unsichtbare Dominanz- und Unterordnungsverhältnisse heraus.

- Die Etablierten entwickelten nach innen nicht nur Regeln, abweichendes Verhalten zu sanktionieren, sondern nach außen auch Ausgrenzungsstrategien. Sie errichteten nach innen Benimmregeln und nach außen Gefühls- und Handlungsbarrieren. So entstanden Distinktionen im Sozialraumgefüge.

Das Figurationsmodell muss als analytischer Rahmen für Elias' Untersuchungen von Etablierte-Außenseiter-Beziehungen angesehen werden. In der weiterführenden Untersuchung stellt er ebenfalls das Figurationsmodell, verstanden als eine Form der Gefühlsbindung von Menschen und damit letztlich eines positiven Selbstwertempfindens, bei Versuchen der Erklärung und des Verstehens von Gruppenkonflikten in den Vordergrund. Beachtenswert ist in dieser empirischen Untersuchung vor allem, dass die Konflikte und Spannungen zwischen den Etablierten (Einheimischen) und der Außenseiter (Migranten) erklärt werden können.

Zusammenfassend kann gesagt werden: Die gelungene bzw. nicht gelungene interkulturellen Kommunikation darf nicht allein auf die Differenzen bzw. Unterschiede der kulturellen Codes zurückgeführt werden. Wenn man die Kommunikationsumstände bzw. Erwartungen der TeilnehmerInnen in der interkulturellen Interaktion überprüft, so sind unter kommunikations- und sozialpsychologischer Perspektive unterschiedliche Dimensionen zu berücksichtigen. In dieser Arbeit findet der interaktionistische Ansatz, vertreten durch Schulz von Thun, Auernheimer und Elias, Berücksichtigung.

Der kulturkontrastive Ansatz kann für diese Arbeit als Ausgangsthese für die nachbarschaftliche Kommunikation wenig genutzt werden, da man nach über fünfzig Jahren der Migration die vorhandenen kulturellen Unterschiede „deutsch" und „türkisch" nicht nennen und sie nach bestimmten Rastern kultureller Eigenschaften nicht trennen kann.

Die hier lebenden türkischstämmigen Menschen haben sich oft deutlich von „türkischer Kultur"[145] entfernt, die von den hier lebenden Menschen türkischer Herkunft aufgrund der migrationspolitischen Gründe nur als Identifikation übernommen wird. Die kulturvergleichenden Modelle können das Kommunikationsverhalten von türkischsprachigen NachbarInnen nicht vollständig erklären, da die Erziehung, die Geschlechterrolle, die arbeits- und gesellschaftsbezogenen Werte, die Distanz zwischen systembedingter Individualisierung und Kollektivismus sich im Laufe der Zeit in der „deutschen" Gesellschaft auf unterschiedlichen Ebenen stark verändert haben.

Der kulturkontrastive Ansatz teilt sowohl die Arten als auch die Gesprächsinhalte der Kommunikation nach unterschiedlichen Rastern „Direktheit – Indirektheit", „Individualismus – Kollektivismus", „Personenabhängigkeit – Rollenabhängigkeit" etc. vergleichend auf, um das Kommunikationsverhalten der Beteiligten den kulturellen Eigenschaften zuschreibend zu erklären. Deswegen führt jede nicht gelungene Kommunikation zu unterschiedlichen kulturellen Wahrnehmungen. Trotz dieser Differenzierung können einige Inhalte dieses kulturkontrastiven Aspektes helfen, einige Dimensionen des kulturbezogenen Verhaltens der an Kommunikation beteiligten Gruppen bedingt zu verstehen. In Anbetracht der Besonderheiten in der nachbarschaftlichen Kommunikation ist der interaktionistische Ansatz – im Gegensatz zu kulturkontrastiven Ansätzen – nachvollziehbar und zugleich spezifisch für diese Untersuchung.

2.3.4 Kommunikationsstile in der Nachbarschaft

Bei der Begegnung von Menschen aus verschiedenen Kulturen werden unterschiedliche Kommunikationsformen genutzt. Daher wird jedes Verhalten zur Kommunikationssprache.[146] Sobald die Begegnung stattfindet, fängt die Kommunikation über Körpersprache und Worte an.

Kommunikation bezieht sich durch unterschiedliche Kommunikationsformen, die die Menschen im interpersonalen Kontakt zum Ausdruck bringen. Da ist zunächst einmal der gesamte Bereich der verbalen, nonverbalen und paraverbalen, auch mediatisierten[147] Kommunikation. Menschen sind mit ihren natürlichen Ausdrucks-

---

[145] Die türkischsprachigen BewohnerInnen werden in der Türkei „Deutschländer" genannt. Damit wird kulturelle Entfremdung von der Türkei zum Ausdruck gebracht. Ein weiterer Grund dafür ist, dass die vierte Generation die türkische Sprache nicht beherrscht.

[146] Watzlawick/Beavin/Jackson (1971), S. 53.

[147] Lüsebrink fügt das hinzu und beschreibt sie: „Mit mediatisierter interkultureller Kommunikation sind nicht lebensweltliche Interaktionssituationen, sondern ihre Darstellung in unterschiedlichen Medien gemeint: vor allem Presse, Film, Fernsehen, Hörfunk, Werbung und Internet. Mediatisierte interkulturelle Kommunikation bezieht sich somit zwar häufig auf die Alltagswirklichkeit, verändert und stilisiert diese jedoch auch grundlegend. Vor allem in Massenmedien wie Film und Fernsehen prägt sie in entscheidendem – und bisher zu wenig erforschtem – Maße das interkulturelle Kommunikationsverhalten der Zuschauer, Leser oder Zuhörer in der Lebenswirklichkeit, d. h. ihre Verhaltens-, Wahrnehmungs- und Reaktionsmuster gegenüber Gesprächspartnern aus anderen Kulturen." (Lüsebrink, S. 43).

möglichkeiten unmittelbar in die Kommunikation involviert. Oft verhält man sich unbewusst und unabsichtlich früher gewonnenen Erfahrungen entsprechend. Müller-Jacquier (1999) entwickelte ein Analyseraster und fügte weitere Faktoren hinzu, um den Verlauf interkultureller Kommunikationssituationen zu differenzieren: 1- Soziale Bedeutung/Lexion, 2- Sprechhandlungen, 3- Gesprächsorganisationen, 4- Themen, 5- Direktheit/ Indirektheit, 6- Register, 7- Paraverbale Faktoren, 8- Nonverbale Faktoren, 9- Kulturspezifische Werte/Einstellungen, 10- Kulturspezifische Handlungen und Handlungssequenzen.

Bolten (1997) beschreibt die drei untereinander in Wechselbeziehung stehenden Kommunikationsebenen basierend auf diesen unterschiedlichen Kommunikationsformen, die in ihrem Kontext ein Kommunikationssystem bilden.

> *„Verbale Kommunikation: lexikalische, syntaktische, rhetorisch-stilistische Vertextungsmittel; Direktheit/Indirektheit. Non-verbale Kommunikation: Mimik, Gestik, Körperhaltung, Blickkontakt, Zuwendung (intentional vs. nicht-intentional). Para-verbale Kommunikation: Lautstärke, Stimmlage, Sprechrhythmus, Lachen, Hüsteln, Pausen, Akzent. Extra-verbale Kommunikation: Zeit, Ort, symmetrisch-asymmetrische Kommunikationsbeziehung; Kleidung; Kontext; taktile (fühlbare), olfaktorische (riechbare) Aspekte.*"[148]

Wie bereits angedeutet wurde, ist die Kommunikation grundsätzlich ein beabsichtigtes Ziel der Kommunizierenden. Das bedarf eines zielgerichteten Vorgangs zur Verwirklichung bestimmter Absichten, der in einem wechselseitigen Prozess unter Einfluss unterschiedlicher Faktoren stattfindet. In der nachbarschaftlichen Kommunikation werden alle drei genannten Kommunikationsstile (verbale, nonverbale und paraverbale) genutzt und auf unterschiedlichen Ebenen umgesetzt. Im Alltag der nachbarschaftlichen Kommunikation können die Menschen mit Migrationshintergrund diese Kommunikationsstile je nach Begegnung nutzen, da diese in unterschiedlicher Art stattfinden kann: z. B. in der Wohnung, im Treppenhaus, im Einkaufsladen etc.

In der interpersonalen Kommunikation wird auf zwei verschiedene Erscheinungsformen geblickt: Bei der verbalen Kommunikation ist es das Instrument Sprache, wohingegen bei der nonverbalen Kommunikation auf eine Vielzahl von Instrumenten[149] zurückgegriffen werden kann.

Auernheimer beschreibt viele nonverbale Ausdrucksformen als kulturspezifisch.

> *„Kulturspezifisch sind viele nonverbale Ausdrucksformen: Mimik, Gestik, die Körperhaltung, speziell die Art der körperlichen Zuwendung, beim Sprechen, das räumliche Distanzverhalten. Kulturspezifisch sind die Kommunikationsrituale und Formen der Gesprächsorganisation, zum Beispiel die Regeln des Sprecherwechsels, darüber hinaus auch einige Gesprächstypen. Viele Kommunikationsregeln erschließen sich dem Kulturneuling oder Fremden nicht so schnell, weil sie nicht explizit gehandhabt werden.*

---

[148] Bolten, Jürgen (1997), S. 469−497.
[149] Maletzke (1996), S. 76.

Bezeichnenderweise bleiben sie im Normalfall auch den Mitgliedern der jeweiligen Sprachgruppe verborgen."[150]

Der Begriff „Nachbar" hat unmittelbare Verbindung zur Nähe und Distanz in der Begegnung, d. h. er signalisiert zum einen Nähe, zum anderen die Möglichkeit der Begegnung auf unterschiedlichen Ebenen. Daher werden weitere Begriffe wie „Bekannter", „Freund", „Fremder", „Ausländer" in der heutigen gesellschaftlichen Vielfalt mit verwendet, die stärker „gesellschaftlich eingefärbt" sind. Kultur ist als „eigenkulturelle Handlungsschemata" auch ein Gegenstand der verbalen und nonverbalen Kommunikationsformen z. B. Wissen über Wortschatz, Aussprache und Grammatik, z. B. über kulturspezifische Höflichkeitsstrategien oder über situativ angemessenen Einsatz verschiedener Sprachgebrauchsformen.

Diese Kommunikationsstile verändern sich in nachbarschaftlicher Interaktion; sie werden in folgenden Eigenschaften sichtbar: Eigenheit, Fremdheit, Familiarität, Privatheit, Individualität, Diskriminierung, Bedrohung, Ängste, Normalität, Gefühle, Erwartungen, Verständnis, Akzeptanz, Respekt, Verstehen, Nähe – Distanz, Offenheit, Interesse, Toleranz etc.

Nach den bereits vorgestellten Untersuchungsansätzen lassen sich in einer nachbarschaftlichen Kommunikation folgende Merkmale feststellen:

- Ethnisierung
- Unsicherheitsstatus
- Machtasymmetrie
- Etablierte-Außenseiter-Konstellation
- Kollektiverfahrungen
- Fremdbilder
- Sprache
- Mediale Darstellung
- Kommunikationsquadrat auf persönlicher Ebene (Vier Seiten).

Auf diese erfassten Merkmale wird im nächsten Kapitel „Auswertung" erläuternd eingegangen. Wie in der Zielsetzung der Untersuchung geschildert wurde, ist es das Ziel, herauszufinden, wie die Bewohner „untereinander – in eigener Community" und „miteinander – mit anderen Bewohnern aus anderen Kulturen" kommunizieren. Daher ist festzustellen, dass sich die interaktionistische Theorie für die Kategorienbildung für diese Studie als nützlich erwiesen hat.

---

[150] Auernheimer (2002), S. 190–191.

3 Methoden und Charakterisierung der Erhebung

Die Daten für die vorliegende Arbeit wurden in der Dortmunder Nordstadt durch qualitative Interviews gewonnen. Der Gegenstand dieser Erhebung ist es, die interkulturelle Kommunikation in der Nachbarschaft zwischen türkischen und deutschen NachbarInnen zu untersuchen.

Die Erhebung wurde mittels qualitativer Interviews durchgeführt, da diese als geeignete Methode der Datenerhebung festgelegt worden sind. Die Erhebung dauerte ca. 12 Monate. Insgesamt wurden 200 Personen mit türkischem und deutschem Hintergrund interviewt. Diese Art der Datenerhebung gehört zur Befragung, in der man unterschiedliche Typen benutzen darf. In dieser Forschungsarbeit wurde das persönliche Interview „face-to-face" auf der Grundlage eines schriftlich vorbereiteten Fragenkatalogs umgesetzt, das überwiegend im Ablauf der Gespräche auch durch freie Fragen ergänzt wurde.

3.1 Der Sozialraum als Kommunikationsraum

Der Begriff „Sozialraum" ist nicht nur eine wissenschaftliche Kategorie, sondern beschreibt zugleich eine „Alltagserfahrung"[151] von Menschen: In einer Stadt gibt es unterschiedliche, aber als in sich homogen empfundene Wohnviertel. Bourdieu nennt diese Zuordnung in den Köpfen der Menschen eine „Wahrnehmungs- und Bewertungskategorie (bzw.) mentale Struktur"[152]. Die Homogenität gewisser Stadtviertel bezieht sich auf sozialstrukturelle Komponenten, die von Urban/Weiser als „Dimensionen sozialer Ungleichheit"[153] bezeichnet werden. Gemeint ist damit der Zugang zu den Gütern, die eine Gesellschaft als wertvoll und wünschenswert ansieht: „Wohlstand, Prestige, Bildung."[154]

Weil aber ein Mensch mit einer Vielzahl von unterschiedlichsten Variablen beschrieben werden kann, ist diese Homogenität letztendlich nur relativ und nicht absolut. Gemeint ist, dass Personen, die den gleichen Sozialraum bewohnen, auf einer sozialstrukturellen Skala von Merkmalen (im Vergleich zum städtischen Gesamtdurchschnitt) eine (relativ) ähnliche Einstufung bzw. Ausprägung aufweisen.[155] Die Homogenität des Sozialraumes ist demzufolge eine Frage der Definition der Variablen.

Den Beginn der Forschung zu Sozialräumen sehen Urban/Weiser in den Aussagen von Wirth in seinem Aufsatz „Urbanism as a way of life" aus dem Jahre 1938, in dem die Stadt durch „Größe, Dichte, Dauerhaftigkeit des Siedelns und Heterogeni-

---

[151] Urban/Weiser (2006), S.13f.
[152] Bourdieu (1991), S. 21.
[153] Urban/Weiser (2006).
[154] Ebd.
[155] Ebd., S.14.

tät" charakterisiert wird.[156] Die Größe einer Stadt wird durch die Anzahl der Einwohner und die Dichte durch die Anzahl der Einwohner auf einer bestimmten Fläche definiert. Die „Dauerhaftigkeit des Siedelns" erzeugen die Wohnbebauung und die zugehörige Infrastruktur. Die Heterogenität der Stadt entsteht durch den Zuwachs oder Zuzug von unterschiedlichen Individuen mit jeweils anders gelagerten Interessen.

In den USA hat sich seit der Wende vom 19. zum 20. Jahrhundert die Segregationsforschung entwickelt, die sich empirisch mit der disproportionalen Verteilung von Gruppen der Bevölkerung in Städten beschäftigte. Hintergrund dieser Forschungsrichtung ist das Bestehen sozialer Probleme zwischen eingewanderten Gruppen unterschiedlicher Herkunft und der starken Wanderbewegung der afroamerikanischen Bevölkerung von Süd nach Nord.

Die starke Separierung unterschiedlicher Bevölkerungsgruppen wird erst verständlich, wenn man gleichzeitig die Ausstattung des Raums bzw. die Qualität des Wohnraums betrachtet.[157] Unter der Qualität des Wohnraumes verstehen Urban/Weiser diverse Faktoren:

- Eigenschaften des Wohnraums wie z. B. Größe und Ausstattung der Wohnung, Anzahl der Zimmer
- Eigenschaften des Gebäudes wie z. B. Bausubstanz und Grad der Sanierung
- Eigenschaften des städtischen Areals wie z. B. Lage sowie soziale und gewerbliche Infrastruktur, Beeinträchtigungen durch Schmutz oder Lärm, Ausstattung mit Grünflächen.

Obwohl rein theoretisch eine Durchmischung der Stadtareale mit unterschiedlichen Qualitäten von Wohnraum denkbar ist, scheint es eher so zu sein, dass es homogene „Zusammenballungen" gibt, die je nach Ausstattungsmerkmalen von Personen unterschiedlicher Kaufkraft bewohnt werden; „der sozio-ökonomische Status der Bevölkerung korreliert positiv mit dem Niveau der Wohnraumausstattung."[158]

Allein der gemeinsame sozio-ökonomische Hintergrund garantiert noch nicht die Bildung eines gemeinsam erlebten Sozialraums, sondern „eine gewisse Form von Interaktion bzw. Kommunikation zwischen den Bewohnern des Sozialraums ... ist dazu nötig", denn „soziale Homogenität und Übereinstimmung in kulturellen Fragen (sind) die besten Voraussetzungen für intensive Nachbarschaftsbeziehungen".[159]

Im Rahmen dieser Arbeit interessiert uns vor allem der Sozialraum als nachbarschaftliches Kommunikationsfeld. Da der gemeinsame Sozialraum als „Lernfeld"[160] dient, werden für den jeweiligen Sozialraum bestimmte Normen und Werte tradiert,

---

[156] Ebd., S.17 ff.
[157] Ebd., S. 20.
[158] Ebd., S. 22.
[159] Ebd., S. 24.
[160] Ebd.

die die Mehrzahl der dort ansässigen Anwohner durch die Sozialisation erlernt und deswegen auch als normal erfährt. So kommt es dazu, dass sich „über Interaktion und Kommunikation der Bewohner eine bestimmte Kultur (entwickelt), die von Sozialraum zu Sozialraum unterschiedlich sein kann"[161]. Die unterschiedlichen Verhaltensweisen der Bewohner eines Arbeiterviertels und eines mondänen Villenviertels lassen dies sofort einleuchtend erscheinen. Da wie dort gibt es ritualisierte Verhaltensweisen, die das Gefühl sozialer Identität liefern und die Identifikation mit dem spezifischen Sozialraum fördern.

In Deutschland wird der Begriff seit den 1970er-Jahren mit dem Phänomen der Segregation in Verbindung gebracht. Beschreibend ist Segregation die Konzentration bestimmter sozialer oder ethnischer Gruppen in bestimmten Wohnquartieren, also die „Übertragung sozialer Ungleichheit in den (territorialen) Raum".[162]

Es lassen sich unterschiedliche Quartierstypen feststellen. Häußermann und Siebel nennen vier Quartierstypen:

> *„... innerstädtische, nicht-modernisierte Altbaugebiete mit schlechter Wohnumfeldqualität und Substandardwohnungen (ohne Bad, ohne Zentralheizung). Sie bilden den quantitativ gewichtigsten Typus des Ausländerwohnens. In großen Städten sind es häufig die Sanierungs-(Erwartungs)-Gebiete, alte Vorortkerne, in kleinen Städten die alten Stadtkerne;*
> *- alte Arbeiterquartiere, die häufig wegen der Nähe zu Industriestandorten besonders von Emissionen belastet sind; heruntergekommene Werkssiedlungen sowie ehemalige Soldatenwohnungen auf Konversionsstandorten;*
> *- Wohnungsbestände an besonders umweltbelasteten Standorten (Mülldeponie, Verkehrslärm);*
> *- schließlich Sozialwohnungen der jüngeren, daher teureren Förderungsjahrgänge in unattraktiven Bauformen (Hochhäuser) und an ungünstigen Standorten, also in den stark verdichteten Großsiedlungen der späten 60er und frühen 70er Jahre. In diesen Siedlungen hatten Anfang der 80er Jahre Wohnungen leergestanden, die die Wohnungsbaugesellschaften durch Einweisung von Ausländern gefüllt haben. Zwischen 1985 und 1992 sind die Anteile der Ausländer in den innerstädtischen Gebieten und in den verdichteten Sozialwohnungsgebieten überproportional gestiegen."*[163]

Der Begriff „Sozialraum" verknüpft die beiden Begriffe „Sozial" und „Raum" miteinander und beschreibt damit die Interdependenz zwischen der sozial-wirtschaftlichen Situation der Bewohner im Quartier und der räumlichen Beschaffenheit.

> *„Schon lange besteht der Sozialraum aus einem Interaktionsnetz. Man lebt miteinander, tauscht sich aus, lernt, begrüßt, trifft sich an unterschiedlichen Orten, kauft zusammen ein, handelt gemeinsam, geht arbeiten, bespricht unterschiedliche Themen usw. Heute geschieht das in einem dynamischen Prozess im Rahmen von Infrastruktursystemen, von Bildungssystemen, von Mobilitäts-, Arbeits- und Marktsystemen. Die Stadt präsentiert sich unterdessen nicht mehr als homogene Einheit, sondern als Summe unterschiedlichster, jedoch intern wohlausgestalteter und exakt regulierter Systeme."*[164].

---

[161] Ebd.
[162] Krummacher (2003), S. 12.
[163] Häußermann/Siebel (2001b), S. 36.
[164] Bukow (2001), S. 46.

Ein Sozialraum ist nicht nur durch die sozialen Eigenschaften seiner BewohnerInnen (wie Alter, Bildung, Familienstand, Einkommen, ethnisch-kulturelle Herkunft etc.) gekennzeichnet, sondern auch durch die sozial-wirtschaftlichen Rahmenbedingungen. Diese Eigenschaften kennzeichnen den sozio-ökonomischen Status eines Quartiers, was wiederum bedeutsam ist für das Image und die Identifikation mit dem Quartier.

Der Sozialraum wirkt auf das „Atmosphärische" zum einen durch die direkte Anwesenheit von BewohnerInnen im Wahrnehmungsraum, durch ihr wahrnehmbares Aussehen (z. B. Alter, Kleidung), ihre Mimik und Gestik, zum anderen durch die Spuren im physischen Außenraum, die die BewohnerInnen (absichtlich oder unabsichtlich) hinterlassen.

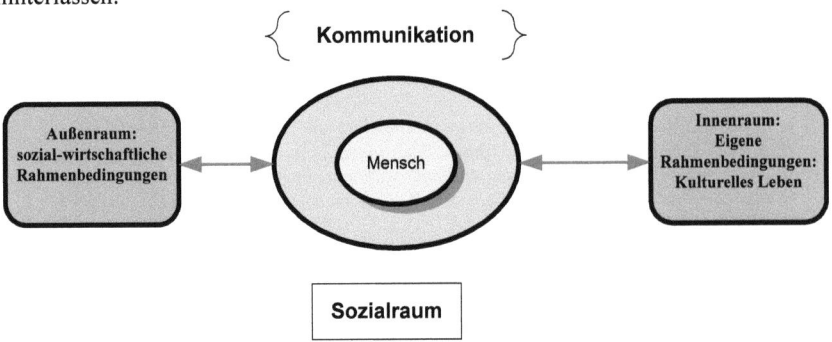

Abbildung 5: Sozialraum (eigene Darstellung)

Ein Fokus dieser Untersuchung liegt dabei darauf, zu untersuchen, wie sozialräumliche Bedingungen von den BewohnerInnen mit türkischem und deutschem Hintergrund neben dem Außenraum und dem Strukturraum als ein Teil der Atmosphäre wahrgenommen werden. Dabei steht die subjektive Wahrnehmung der BewohnerInnen im Vordergrund und somit deren individuelle Sicht dessen, wie sie ihre Nachbarschaft definieren, wie die BewohnerInnen ihre Nachbarschaft empfinden.

Für die Atmosphäre einer Nachbarschaft sind in Bezug auf den Sozialraum insbesondere die Qualitäten nachbarschaftlicher Beziehungen im interkulturellen Kontext relevant.

Pierre Bourdieu[165] unterscheidet zwischen physischem und sozialem Raum. Den Begriff des sozialen Raums verwendet er metaphorisch und bezeichnet diesen als

---

[165] Bourdieu bezeichnet als **sozialen Raum** die Gesamtheit der unterschiedlichen Milieus, die sich in einer Gesellschaft formieren. Die Milieus definieren sich über die Zusammensetzung und Ausprägung der Kapitalformen, über die ihre Mitglieder verfügen (ökonomisches Kapital, kulturelles Kapital, soziales Kapital, symbolisches Kapital). Der **Habitus** bezeichnet über die Sozialisation erworbene Muster der Wahrnehmung und Bewertung der Umwelt sowie des Verhaltens und signalisiert der sozialen Mitwelt die Zugehörigkeit zu gesellschaftlichen Milieus. Das **soziale Feld** be-

einen Raum der sozialen Beziehungen, in dem soziale Prozesse verdeutlicht werden. Der soziale Raum eines Menschen kann mithilfe des Habitus bestimmt werden. Auf der anderen Seite existiert für ihn ein physischer Raum, der durch den sozialen Raum beeinflusst wird:

> *„Der soziale Raum weist die Tendenz auf, sich mehr oder weniger strikt im physischen Raum in Form einer bestimmten distributionellen Anordnung von Akteuren und Eigenschaften niederzuschlagen."*[166]

Soziale Prozesse werden somit in den physischen Raum eingebettet und realisieren sich dort. Dem Habitus entsprechendes Handeln fließt in den physischen Raum hinein und beeinflusst dessen Strukturen. Bourdieu bezeichnet ihn deshalb auch als sozial angeeigneten physischen Raum, so kann z. B. eine Wohnung Auskunft über die Stellung des Menschen im sozialen Raum geben.

Diese Interdependenz zwischen Handeln und Struktur, Raum und Ort bildet die entscheidende Erweiterung zu Bourdieus sozialem Raum. Nicht nur das Soziale (der soziale Raum) wirkt sich auf materielle Strukturen aus, sondern die materiellen Gegebenheiten beeinflussen ebenfalls die sozialen.

Nach Läpple überlagern sich im Raum verschiedene Funktionsräume: der ökonomische, soziale, kulturelle und politische Raum.

> *„Der gesamtgesellschaftliche Raum ergibt sich somit als eine komplexe und widerspruchsvolle Konfiguration ökonomischer, sozialer, kultureller und politischer Funktionsräume, die zwar ihre jeweils spezifische Entwicklungsdynamik haben, zugleich jedoch in einem gegenseitigen Beziehungs- und Spannungsverhältnis stehen."*[167]

Etwas weiter greift die analytische Definition von Sozialraum und Segregation. Zwischen der Konzentration sozialer Gruppen und den materiellen Gegebenheiten des Wohnquartiers besteht eine dialektische Wechselwirkung, welche „die Lebenslagen der Bewohner, die Herausbildung spezifischer Milieus (,Subkulturen'), die sozialen Beziehungen untereinander und die sozialen Wandlungsprozesse nachhaltig positiv oder negativ prägt".[168] Daraus erschließt sich die Möglichkeit des gegenseitigen Einflusses der Personen und des Quartiers aufeinander.

---

zeichnet ein soziales Handlungsgebiet (z. B. berufliches Handeln, nachbarschaftliches Handeln), dessen Strukturen und Spielregeln es zu erkunden gilt.
[166] Bourdieu (1991), S. 26.
[167] Läpple (1991), S. 199,
[168] Ebd.

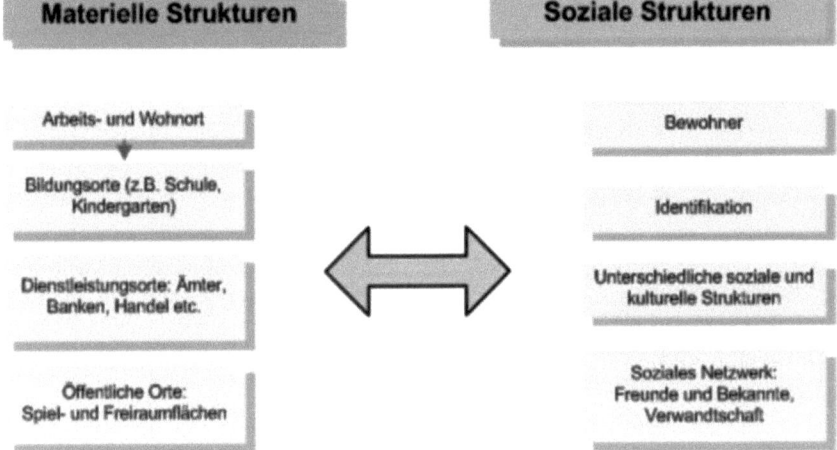

Abbildung 6: Struktur, Raum, Ort (eigene Darstellung)

Die Lebenswelt eines Menschen ist maßgeblich durch sein Wohnen geprägt. Der Lebenslauf gehört untrennbar mit seinen räumlichen Kontexten zusammen[169], denn die individuelle Geschichte eines Menschen ist eng mit der Geschichte seiner Wohnorte und Wohnformen verbunden. Das Wohnen ist gleichermaßen durch materielle sowie durch soziale Gegebenheiten, welche sich, wie bereits dargestellt, gegenseitig bedingen gekennzeichnet. Daher stellt das Wohnen in der Nordstadt durch jahrzehntelanges Zusammenleben von Migranten und Deutschen eine Grundlage dar, auf der unterschiedliche kommunikative Handlungen entwickelt worden sind.

> *„Wohnen würde danach all jene sozialen Handlungen umfassen, die gewohnheitsmäßig – im Sinne von üblicherweise – am ständigen Aufenthaltsort stattfinden."*[170]

Mit diesem Zitat wird deutlich, dass auch Ulfert Herlyn zu dem Schluss kommt, das Wohnen bzw. der Lebensraum eines Menschen müsse über dessen Handlungen definiert werden. Welche Handlungen zur täglichen Verrichtung zählen, konstruiert er im Zusammenhang der sozialstrukturellen Veränderungen der modernen urbanen Gesellschaft. Gegenüber dem „ganzen Haus" werden Arbeiten und Wohnen weitgehend räumlich voneinander getrennt. Dennoch stehen sie in einem Abhängigkeitsverhältnis, da weite Teile, die der Arbeit zuzurechnen sind, oder auch arbeitsähnliche Verrichtungen noch immer in der Wohnung vollzogen werden, wie z. B. Hausarbeit. Ein Lehrer oder Freiberufler verbringt viel Arbeitszeit in seiner Wohnung. Und immer noch nicht erfasst wird die Arbeit der Hausfrau, deren „Arbeitsplatz" ausschließlich die eigene Wohnung ist. Die Abhängigkeit von Wohnen und Arbeit

---

[169] Herlyn (1991), S. 85.
[170] Ebd.

drückt sich ebenfalls in ihrer räumlichen Zuordnung aus. Der Arbeitsort bestimmt in der Regel den Wohnort, in vielen Fällen auch umgekehrt.

Wiederum wird klar, wie bedeutend das Wohnumfeld ist, das nun weitgehend die Versorgung der Haushalte übernimmt. Eine Abhängigkeit besteht in der Nutzbarkeit von notwendigen Gütern und Diensten, wie der Versorgung mit Wasser, Strom, Gas und der Müllbeseitigung. Des Weiteren ist der alltägliche Zugang zum Handel, zu Reparaturbetrieben und zum Dienstleistungsgewerbe erforderlich. Gerade in einer Großstadtwohnung, die selten über einen eigenen Garten oder Hof verfügt, sind die Bewohner abhängig von öffentlichen Spiel- und Freiraumflächen in der Nähe der Wohnung. Mit zunehmender Bürokratisierung gewinnen Kontakte zu Ämtern, Behörden, Banken und Versicherungen an Bedeutung. Das Leben in einem Sozialraum gibt ausreichende Hinweise über interkulturelle Kommunikation in der Nachbarschaft in der Nordstadt, die nicht unabhängig von all diesen Lebensgrundlagen geführt wird. Die Menschen sind im Alltag ständig in einer Interaktion miteinander und entwickeln von Individuum zu Individuum eigene Kommunikationsstrukturen in erster Linie, ohne dass ihre kulturelle Herkunft in diesem Zusammenhang Bedeutung hätte. Die vorhandenen Untersuchungen betrachten die interkulturelle Kommunikation einseitig und blenden die im Alltag entstandenen Gemeinsamkeiten aus, die bei der Entwicklung eigener biografiebezogener, auch gemeinsamer Identität entscheidend sind.

In diesem Teil wurde zu erklären versucht, dass der Wohnort als Lebensbereich bei der Entwicklung eines „Wir-Gefühls" in Bezug auf den Stadtteil ein wichtiger Faktor ist. Das impliziert bei der Kommunikation in der Nachbarschaft auch die Zufriedenheit mit dem Wohnort und mit dem Stadtteil. Dabei ist die dauerhafte Verlagerung des Lebensortes von MigrantInnen auf Deutschland entscheidend, weil sie nicht mehr auf gepackten Koffern sitzen, sondern dauerhaft hier leben wollen. Diese Entscheidung von MigrantInnen bestimmt die Wahrnehmung und die Nähe einer erlebten Nachbarschaft in der Nordstadt.

In dieser Lebensrealität finden die ethnisch-kulturellen Einflüsse in der Nachbarschaft eine Anerkennung oder eine Ablehnung, die in unterschiedlichen gesellschaftlichen Lebenssituationen im interkulturellen Kontext zu sehen sind. Genauso ist hinsichtlich der Akzeptanz von MigrantInnen in der Nordstadt durch etablierte Deutsche festzustellen, dass sie im Laufe der Migrationszeit ein gemeinsames, zusammengehöriges Bild und eine wechselnde Identität ihres Stadtteils angenommen haben. Somit ist eine Grundlage für gemeinsame nachbarschaftliche soziale Netze entstanden.

Von Begrüßungsritualen bis hin zur aktiven nachbarschaftlichen Kommunikation wurde gegenseitig eine gewisse Anerkennung und Akzeptanz im Alltag des Stadtteils entwickelt, die sicherlich auch von politisch bedingten äußeren Faktoren in Bezug auf Integration von MigrantInnen nicht zu trennen ist. Im Alltag dieser Kommunikation findet man nicht zuerst eine sich wiederholende Begegnung mit Fremden und danach die Suche nach Wissen über sie, sondern eine ständig im Laufe der Zeit erlernte und sich verbessernde Begegnung mit unterschiedlichen lebensbezogenen Dimensionen.

Diesen Rahmen zu untersuchen, ist ein weiteres Ziel dieser Arbeit, also die Frage zu beantworten, wie die BewohnerInnen türkischer und deutscher Herkunft ihre nachbarschaftliche Kommunikation bewerten und sich mit dem Stadtteil identifizieren können.

3.2 Dortmunder Nordstadt als Erhebungsort

Zur Datenerhebung wurde die Nordstadt als Untersuchungsfeld gewählt, weil dieser Stadtteil über eine interkulturelle Vielfalt verfügt und für diese Arbeit eine gute Grundlage darstellt. Die Dortmunder Nordstadt wird hier als Untersuchungsraum bezeichnet, als ein Ort, ein Quartier der Interaktion und Kommunikation der beteiligten Gruppen. Dieser Stadtteil bot sich mit Blick auf das bereits zu Anfang dargestellte Untersuchungsinteresse aus verschiedenen Gründen an. Die Nordstadt spiegelt in dieser Hinsicht das interkulturelle Gesicht von Dortmund wider.

Nach aktuellen Zahlen der Stadt Dortmund[171] leben in dieser Stadt ca. 165.000 Menschen mit Migrationshintergrund (Zuwanderungsgeschichte) aus 172 Nationen von ca. 581 000[172] Dortmunder BürgerInnen.

> *„Die Gruppe der Nichtdeutschen – als Teil der Gesamtgruppe der Menschen mit Migrationshintergrund – umfasst hingegen nur 73.830 Personen. Die enorme Differenz von rund 60.000 Personen macht deutlich: Fast jeder zweite Dortmunder mit Migrationshintergrund hat mittlerweile einen deutschen Pass und zählt rechtlich und statistisch nicht als Ausländer. Unabhängig vom Rechtsstatus sind beide Gruppen oft sozial benachteiligt und mit denselben Integrationsproblemen konfrontiert."*[173]

Die langjährig erlebte nachbarschaftliche Kommunikation der BewohnerInnen aus unterschiedlichen Kulturkreisen in diesem Stadtteil stellt eine gute Grundlage für diese Forschungsarbeit dar. Daher ist die Nordstadt zur Durchführung einer empirischen Untersuchung ein gut geeigneter Standort.

3.3 Bevölkerungsstruktur und Migration in der Nordstadt

Die wirtschaftliche und soziale Lage der Dortmunder Bevölkerung ist durch die Folgen des immensen Strukturwandels der letzten Jahrzehnte geprägt: Bergbau, Brauereien und Stahl. Die Dortmunder Nordstadt war besonders bekannt als Standort des Stahlwerks „Hoesch" und war ein Siedlungsort von Tausenden Arbeitern, die dort arbeiteten und auch wohnten.

---

[171] http://www.dortmund.de/de/leben_in_dortmund/internationales/interkulturell/start_ik/
[172] http://www.it.nrw.de/statistik/a/daten/amtlichebevoelkerungszahlen/rp9_juni10.html
[173] Bericht zur sozialen Lage in Dortmund (2007), S. 45.

> *„Die Industrialisierung bildete die Voraussetzung für das Entstehen der Nordstadt und damit auch des Borsigplatzviertels. Die Initialzündung für die Entwicklung war 1847 die Eröffnung des Dortmunder Bahnhofs am Nordrand des damaligen Siedlungskörpers. Zwar konnte das durch die Industrialisierung hervorgerufene Wachstum der vorher unbedeutenden Provinzstadt zunächst innerhalb der Stadtmauern aufgefangen werden, doch schon bald war eine Stadterweiterung nötig. Trotz des sumpfigen Bodens bot sich das Bahnhofsumfeld an, um dort die neuen Betriebe und Arbeiterunterkünfte anzusiedeln."*[174]

Im Zuge der Industrialisierung im 19. Jahrhundert hat sich die Nordstadt als Arbeiterstadtteil zu einem vielfältigen und multikulturellen Stadtteil entwickelt. Aufgrund der hohen Bedarfe an Arbeitskräften wurden ausländische Arbeitskräfte angeworben, die damals in typischen Industriezweigen wie Kohle, Stahl[175] etc. eingesetzt worden sind. Zuerst waren hier polnische Arbeiter angesiedelt, danach wurden – ab 1950 – Arbeiter aus südeuropäischen Ländern untergebracht. Dazu gehörten auch zahlreiche Arbeiter aus der Türkei. Somit gehört das interkulturelle Bild seit mehr als hundert Jahren zu diesem Stadtteil. Im Laufe des Umwandlungsprozesses haben die alten Schlüsselindustrien Kohle, Stahl und Brauereiwesen drastisch an Bedeutung verloren.[176] An ihre Stelle sind unternehmens- und haushaltsbezogene Dienstleistungen getreten. Jedoch konnte der Verlust der Arbeitsplätze in den traditionellen Bereichen trotz des Zuwachses an Arbeitsplätzen nicht aufgefangen werden.

> *„Der Strukturwandel seit den 1970er Jahren hat zu einem massiven Arbeitsplatzabbau geführt, der durch die neu geschaffenen Arbeitsplätze im tertiären Sektor nur teilweise kompensiert werden konnte. Vor allem gering qualifizierte Arbeitnehmer/innen führte diese Entwicklung in die Arbeitslosigkeit und in die Abhängigkeit von sozialen Transferleistungen. Heute sind es vor allem deren Kinder und Kindeskinder, die mit den Folgen konfrontiert sind und in sozial benachteiligten Milieus aufwachsen."*[177]

Die Entwicklung in der Nordstadt wird in einer Dokumentation vom Planerladen ähnlich beschrieben:

> *„Die Nordstadt ist ein montanindustriell geprägter traditioneller Arbeiterstadtteil, der als Prototyp eines klassischen innenstadtnahen Altbau- und Mischgebietes in den 60er und 70er Jahren schon frühzeitig Gegenstand von durchgreifenden Aufwertungsprogrammen war. Mit dem ‚städtebaulichen Nordstadtprogramm' (ab 1985) und der Aufnahme in das Landesprogramm für ‚Stadtteile mit besonderem Erneuerungsbedarf' (seit 1993) fanden diese Bemühungen – wenn auch unter deutlich verändertem Vorzei-*

---

[174] Migration ohne Ortwechsel?, 1999, S.10.
[175] Mit dem Stahl wird das Hoesch-Werk in Verbindung gebracht. Das „Hoesch-Stahlwerk" nahm am 01. Juni 1874 mit einer Belegschaft von 320 Arbeitern den Betrieb auf. Kurz nach der Betriebsaufnahme wurden am Borsigplatz 24 Gebäude errichtet und repräsentative zweigeschossige Doppelhäuser in unmittelbarer Nähe des Werktors für die höheren Angestellten und weiter entfernt vom Betriebsgelände einfache Reihenhäuser für die Arbeiter errichtet. Die Westfalenhütte im Dortmunder Nordosten hat eine über 160-jährige Tradition als Standort der Schwerindustrie im Ruhrgebiet und gilt als die Wiege der früheren Hoesch AG. Bis zu 15.000 Arbeiter waren dort beschäftigt, von denen heute ca. 800 auf dem Gelände tätig sind.
[176] Vgl. Europäische Union/MSWKS NRW, URBAN II, (2002), S. 45.
[177] Sozialstrukturatlas Dortmund, 2005, S. 10.

chen – ihre Fortsetzung. Letzteres verweist bereits darauf, dass die Folgen des wirtschaftlichen und sozialen Strukturwandels in besonders starkem Maße in der Nordstadt ihren Niederschlag gefunden haben."[178]

Das Quartier Innenstadt-Nord ist ein nördlicher Innenstadtbezirk von Dortmund. Die Dortmunder Nordstadt gilt mit ihren 53.558[179] Einwohnern als größtes Altbaugebiet des Ruhrgebiets. Der Stadtbezirk Innenstadt-Nord grenzt unmittelbar nördlich an die Dortmunder Stadtmitte, ist jedoch von einem Ring aus Industrie- und Verkehrsanlagen umgeben und dadurch von der übrigen Stadt räumlich isoliert.

Die Nordstadt entstand im Zuge der Industrialisierung des Dortmunder Stadtgebietes gegen Ende des 19. Jahrhunderts als Wohnquartier für Arbeiter. Nach der größeren Zerstörung während des Zweiten Weltkrieges war der Wiederaufbau durch werkseigenen Wohnungsbau gekennzeichnet. Der Stadtteil Nordstadt ist unterteilt in die drei statistischen Unterbezirke Hafen (Migrationsanteil 45 %), Nordmarkt (Migrationsanteil 62 %) und Borsigplatz (Migrationsanteil 65 %). Der Migrantenanteil in diesem Stadtbezirk liegt heute durchschnittlich etwa bei 60 %.

Die geringe Beschäftigtenzahl in der Nordstadt aufgrund des Wegfalls vieler Arbeitsplätze ist deutlich sichtbar: Mit 29,5 % sind im Sozialraum Borsigplatz die wenigsten 18- bis unter 65-Jährigen sozialversicherungspflichtig beschäftigt. An zweiter und dritter Stelle folgen Nordmarkt (31,7 %) und Hafen (33,1 %).[180] Die Zahl der sozialversicherungspflichtig Beschäftigten ist in diesem Stadtbezirk deutlich geschrumpft.

„Der mit großem Abstand höchste Verlust findet sich in Sozialraum Borsigplatz. Hier ist die Zahl der sozialversicherungspflichtig Beschäftigten um nahezu ein Drittel geschrumpft (-27,4 %). Auch Nordmarkt (-18,8 %), Scharnhorst-Ost (-18,3 %) und Hafen (-18,1 %) verzeichnen Verluste auf hohem Niveau."[181]

---

[178] Anti-Diskriminierungsprojekt im Wohnbereich, Dokumentation und Auswertung von Maßnahmen und Initiativen gegen Rassismus und Fremdenfeindlichkeit in der Dortmunder Nordstadt, Planerladen e.V. (1999) S. 14.
[179] Bevölkerung am Ort der Hauptwohnung nach Altersgruppen in Dortmund zum 31.12.2006. Quelle: http://134.147.231.87:8080/dosis/datenpool/datenpool/index.html.
[180] Sozialstrukturatlas Dortmund (2005), S. 71.
[181] Sozialstrukturatlas Dortmund (2005), S. 72.

Abbildung 7: Die Innenstadt-Nord[182]

Nach den Präsentationsunterlagen der Stadt Dortmund im Rahmen der Aktion „Soziale Stadt 2008" hat die Nordstadt den höchsten Anteil von arbeitslos gemeldeten Menschen in Dortmund: in den Sozialräumen Borsigplatz (14 %) und Nordmarkt (24 %), gefolgt vom Sozialraum Hafen (22,8 %), wobei die Arbeitslosenquote in Dortmund in 2008 8,6 % betrug.[183]

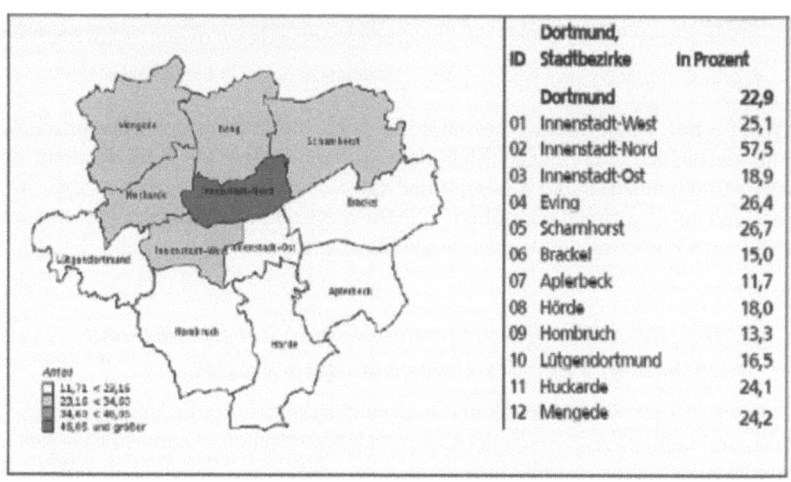

Abbildung 8: Bevölkerung mit Migrationshintergrund 2005 (in % der Bevölkerung)[184]

---

[182] Sozialstrukturatlas Dortmund (2005).
[183] Aktionsplan „Soziale Stadt" 2008.
[184] Sozialstrukturatlas der Stadt Dortmund (2006), S. 30.

Mit einem Anteil von 57,5% wohnte Ende 2005 jede/r dritte Dortmunder Migrant/in in der Nordstadt. Damit ist diese weiterhin der Dortmunder Stadtteil mit dem höchsten Migrantenanteil. Die wichtigsten ethnischen Gruppen der Nordstadt sind Türken und Kurden, Ex-Jugoslawen, Russen, Marokkaner, Griechen, Portugiesen und Italiener. Die sonstigen MigrantInnen stammen aus Ländern in Asien, Afrika oder Südamerika. Mehr als die Hälfte dieser Menschen mit Migrationshintergrund wohnt schon länger als zehn Jahre in diesem Stadtteil.

Die folgende Tabelle zeigt eine Übersicht über Mitbürger mit Migrationshintergrund nach Staatsangehörigkeit in der Dortmunder Nordstadt.

Ausländer nach Geschlecht und Staatsangehörigkeit in den Stadtbezirken am 31.12.2008

Stadtbezirk	Männlich	Weiblich	Insgesamt	darunter Türkei	Polen	Griechenland	Anteil a.d. Gesamtbevölkerung in %	EU-Ausländer
Innenstadt-West	4.085	3.790	7.875	2.056	582	450	15,2	2.326
Innenstadt-Nord	11.543	10.173	21.716	7.856	1.314	1.361	41,2	5.513
Innenstadt-Ost	2.871	2.893	5.764	1.061	487	412	10,9	2.145
Eving	2.925	2.783	5.708	3.509	366	153	15,8	999
Scharnhorst	2.171	2.291	4.462	1.976	409	82	9,9	820
Brackel	1.662	1.657	3.319	595	409	323	6,1	1.504
Aplerbeck	1.406	1.465	2.871	553	280	66	5,2	1.076
Hörde	2.751	2.758	5.509	1.228	392	149	10,3	1.550
Hombruch	2.252	1.995	4.247	766	258	169	7,6	1.477
Lütgendortmund	1.871	1.762	3.633	1.364	428	156	7,5	1.142
Huckarde	2.059	2.100	4.159	2.422	283	68	11,4	700
Mengede	2.022	2.001	4.023	2.063	285	81	10,6	692
Innenstadt zusammen	18.499	16.856	35.355	10.973	2.383	2.223	22,5	9.984
Außenstadt zusammen	19.119	18.812	37.931	14.566	3.110	1.247	9,0	9.960
Dortmund insgesamt	37.618	35.668	73.286	25.539	5.493	3.470	12,6	19.944

Tabelle 2: Ausländer nach Geschlecht und Staatsangehörigkeit in den Stadtbezirken[185]

Die vorliegende Untersuchung bestätigt die hohe Fluktuation der BewohnerInnen; ca. ein Viertel der interviewten Menschen wohnt weniger als zehn Jahre in dem Stadtteil. Einkommensstarke deutsche und türkische Familien verlassen den Stadtteil; es bleiben – pauschal formuliert – ältere Deutsche und einkommensschwache, zum Teil auch kinderreiche Migranten- und deutsche Familien.

3.4 Etablierte-Außenseiter-Konstellation in der Dortmunder Nordstadt im Zuge des Umwandlungsprozesses

Der wirtschaftliche Wandel im letzten Jahrhundert brachte starke Veränderungen im sozialen und kulturellen Bereich der Dortmunder Nordstadt mit sich, so dass sich die Etablierte-Außenseiter-Beziehungen immer neu definieren ließen. Die Folgen des Strukturwandels der letzten Jahrzehnte prägten und prägen sowohl das Gesicht des Stadtteils als auch die Kommunikation der BewohnerInnen. Die Nordstadt gewann

---

[185] Sozialatlas der Stadt Dortmund.

durch das Hoesch-Werk eine Bedeutung als ein wichtiger Industriestandort. Daher wurden im Laufe des Industrialisierungsprozesses ab 1874[186] Fachkräfte und Arbeiter in der Nordstadt (am Borsigplatz) angesiedelt. Das führte zur raschen Erhöhung der Einwohnerzahl im Stadtteil. Im Jahr 1913 lebten bereits 26.000 Menschen in diesem Stadtteil. Somit war der Stadtteil damals doppelt so dicht besiedelt wie heute (ca. 13.000 Einwohner).

Die rasche wirtschaftliche Entwicklung machte den Bedarf an Arbeitskräften deutlich, und daher wurden neue Einwanderer aus unterschiedlichen Städten und Ländern angeworben. Vor diesem Hintergrund fanden immer zu unterschiedlichen Zeiten Wellen von Einwanderung statt. Gliemann und Caesperlein teilen diese neuen Arbeitskräfte in ihrer Untersuchung in zwei Gruppen auf:

> „Die erste Welle der Zuzügler wurde durch zwei Gruppen gebildet:
> - Fachkräfte, die aus Hessen-Waldeck und dem Siegerland stammten und durch ihre Tätigkeit in Köhlerei und Eisenproduktion Spezialkenntnisse mitbrachten; hinzu kamen Arbeiter und Ingenieure aus den belgischen und britischen Kohlerevieren. Diese Gruppe spielte jedoch nur zu Beginn der Industrialisierung eine größere Rolle.
> - Einwander/innen aus dem nahen Münsterland sowie aus Ostwestfalen, die nicht einschlägig qualifiziert waren und in der wachsenden Stadt ihr Glück versuchen wollten."[187]

Horstmann sieht das Ansehen neuer Einwanderer bei Etablierten als „gering"[188].

> „Sie kommen, so heißt es 1851, wenig freundlich die Neu-Dortmunder, ‚ohne einen Groschen, spekulieren auf Arbeit, Krankenhaus und Armenfonds'"[189]

Elias bezeichnet das als eine Stigmatisierung einer anderen Gruppe.

> „In allen Gesellschaften verfügen die meisten Menschen über einen Fundus an Ausdrücken, die die andere Gruppe stigmatisieren und die nur im Zusammenhang bestimmter Etablierte-Außenseiter-Beziehungen einen Sinn haben."[190]

Nach der raschen wirtschaftlichen Entwicklung fing Anfang des neuen Jahrhunderts eine neue Einwanderungswelle an, weil sich die Nordstadt bzw. der Borsigplatz als Stahlquartier etabliert hatte. Nach der Ausschöpfung der Arbeitskräfte aus der Nähe wurden neue Einwanderer aus Pommern, Ost- und Westpreußen und Slowenien angeworben.

> „Zum Teil wurden in Norddeutschland ganze Dörfer abgeworben, um im Ruhrgebiet zu arbeiten. Die neuen Einwanderer waren vor allem im Bergbau beschäftigt, zudem übernahmen Eingewanderte die landwirtschaftlichen Betriebe der Alteingesessenen,

---

[186] Am 01. Juni 1874 nahm das Hoesch-Stahlwerk den Betrieb auf.
[187] Migration ohne Ortwechsel?, 1999, S.12
[188] Horstmann (1989), S. 59.
[189] Migration ohne Ortwechsel?, 1999, S.12
[190] Elias (1993), S. 20.

die bevorzugt in die Industrie wechselten. Bereits 1907 waren nur noch 42% der Dortmunder Bevölkerung auch in Dortmund geboren."[191]

Nach dieser zweiten Einwanderungswelle begann im Zweiten Weltkrieg eine neue Phase bei der Ansiedlung neuer Arbeitskräfte, nämlich Kriegsgefangene und Zwangsarbeiter. Insgesamt wurden 43.310[192] Kriegsgefangene und Zwangsarbeiter in Dortmund zwangsangesiedelt. Diese neue Situation war ein außergewöhnlicher Zustand, weil diese neuen Arbeitskräfte angesichts des Faschismus bei der Bevölkerung keinen Stellenwert hatten. Eine Kommunikation mit ihnen war aus diesem Grund in jeglicher Art verboten.

Während des Zweiten Weltkrieges wurden das Gelände von Hoesch und die Nordstadt durch Bombardierung sehr stark beschädigt. Der Wiederaufbau war sehr mühsam und kostete den Bewohnern einige Jahre. Nach der hochkonjunkturellen Montanindustrie und dem wirtschaftlichen Aufschwung in den 1950er-Jahren kam die Anwerbung neuer Arbeitskräfte zustande und so kam die dritte Welle von Einwanderern in die Nordstadt.

Gliemann und Caesperlein beschreiben die Ansiedlung dieser neuen Arbeitskräfte wie folgt.

> *„Die Einwander/innen wurden in den Häusern nicht ungern aufgenommen, sicherten sie doch den Vermieter/innen nach einer Zeit der Abwanderung die Rendite und standen als billige Arbeitskräfte zur Verfügung. Darauf weisen auch die Ergebnisse der Auswertung alter Adressbücher hin: Einwander/innen wohnten nicht gleichmäßig verteilt im Viertel, sondern waren konzentriert auf bestimmte Häuser bzw. eine bestimmte Gruppe von Vermieter/innen, die keine hoch bezahlten Tätigkeiten verübten und auf die Mieteinnahmen dringend angewiesen waren."*[193]

Im Laufe der wirtschaftlichen Entwicklung zog die Nordstadt noch mehr Einwanderer an – vor allem durch Familienzusammenführung und Flüchtlinge. Die typische Anwerbung von Arbeitskräften ging in den 1980er-Jahren zu Ende und ab den 1990er-Jahren begann eine vierte Phase der Einwanderung: die sogenannte „Aus- und Übersiedlungsphase". Auch die Stadtteile befanden sich in einem gewaltigen Umwandlungs- bzw. Umstrukturierungsprozess, durch den viele Alteingesessene den Stadtteil verließen. Infolgedessen gab es starke Fluktuation, Überalterung der Gebliebenen und einen größer werdenden Anteil von Migranten.

Nach dem Wegfall der Montanindustrie ab der Mitte 1980er-Jahre begann eine Welle des Umzugs von Alteingesessenen aus dem Stadtteil. Sie zogen aus unterschiedlichen Gründen aus dem Stadtteil fort: z. B. Verlust der Kaufkraft und Beschäftigungssituation, durch Einwanderung verändertes Gesicht des Stadtteils und das damit verbundene unattraktive Image des Stadtteils etc.

---

[191] Migration ohne Ortwechsel?, 1999, S. 12.
[192] Ebd. S.13.
[193] Ebd., S. 21.

Heute setzt sich die Abwanderung der Alteingesessenen aus der Nordstadt unvermindert fort und die Zahl der von ihnen geführten Betriebe geht ebenfalls deutlich zurück. In dem jetzigen Stadtteil bleibt ein Teil der Alteingesessenen übrig, die aufgrund ihres hohen Alters und ihres geringfügigen Einkommens keine weitere Perspektive haben.

> *„Konnten die Alteingesessenen bis Mitte der 80er Jahre als Etablierte Einwander/innen die Rolle der Außenseiter/innen zuweisen und zumindest auf der Straße und in den halböffentlichen Bereichen der Miethäuser auf den von den Hausfrauen im Viertel überlieferten und verteidigten Verhaltenskodex verpflichten, ist der Zusammenhang durch den Wegzug und Überalterung schließlich so weit erodiert, dass diese sich ihrer Machtlosigkeit bewusst werden. Gruppenübergreifend gilt für Alteingesessene in den letzten 15 Jahren, dass wesentliche soziale Netzwerke ihre Funktion und Rolle eingebüßt haben."*[194]

Vor diesem Hintergrund entstand eine Etablierte-Außenseiter-Konstellation, wobei die Machtstärkeren gegenüber den Machtschwächeren eine gewisse Bestimmungsfreiheit haben. Und das kann auf die Einwanderer und auf die Kommunikation eine lähmende Wirkung ausüben.

Elias ergänzt das mit diesem Satz:

> *„Machtüberlegenheit gewährt den Gruppen, die sie besitzen, bestimmte Vorteile. Einige von ihnen materieller oder ökonomischer Natur."*[195]

Eine weitere Entwicklung der Etablierte-Außenseiter-Beziehung ist die Stigmatisierung der Machtschwächeren, die im Zusammenleben in der Nordstadt in unterschiedlichen Phasen zu erleben ist. Elias weist auf die Folgen der Stigmatisierung hin.

> *„Immer mehr Hinweise [...] sprechen dafür, dass das Aufwachsen in einer Gruppe von stigmatisierten Außenseitern zu bestimmten intellektuellen und emotionalen Defiziten führen kann. Es ist durchaus kein Zufall, dass man in Etablierte-Außenseiter-Beziehungen, die nicht mit rassischen oder ethnischen Unterschieden zusammenhängen, ähnliche Sachverhalte entdeckt wie in Beziehungen, die damit zusammenhängen."*[196]

Gliemann und Caesperlein erklären die veränderte Rolle zwischen Etablierten und Außenseitern mit der Abnahme der Macht von Etablierten gegenüber den Außenseitern, die im Zuge der Industrialisierung eigene ethnische Strukturen aufgebaut haben. Daher haben sie den Lebensraum bzw. die Machträume von Etablierten deutlich eingeschränkt. Die negativen Folgen des Umwandlungsprozesses in der Nordstadt auf die Etablierten umfassen sehr breite Bereiche, in denen sie sehr deutlich ihre Macht- bzw. Einflussbereiche verloren haben.

Elias schreibt die größere Macht den Etablierten zu, weil sie eine homogene Gruppe bilden, die sich über eine längere Zeit entwickelt hat, während die Außenseitergruppe eine größere Heterogenität aufweist, weil sie sich erst seit Kurzem in einem

---

[194] Ebd. S. 114.
[195] Elias (1993), S. 28.
[196] Ebd. S. 26.

Wir-Gefühl-Entwicklungsprozess befindet. Aufgrund des ständig stattfindenden Strukturwandels ist es den Etablierten nicht gelungen, diese homogene Struktur in Dortmunder Nordstadt aufrechtzuerhalten.

3.5 Das Leben in der Nordstadt

Die Dortmunder Nordstadt spiegelt die kulturelle Vielfalt und die ökonomischen, sozialen und kulturellen Verflechtungen der verschiedenen Ethnien wider.

Die unterschiedlichen Angehörigen der Bevölkerung der Nordstadt, deren Anteil insgesamt ca. 60 % beträgt, kennzeichnen ein plurales Stadtquartier. In der Nordstadt finden sich traditionelle Kneipen, Haxengrillstuben, ein türkischer Wochenmarkt, italienische Pizzerien, türkische Teestuben und Moscheen etc. Neben Orten der Alternativkultur haben Traditionsvereine, Kirchen, Moscheen und Häuser der Orthodoxen Kirchen im Viertel ihren Platz. Bier, Pizza, Döner, Gyros, Espresso und Bratwurst gehören heute in ihrer Mischung zu den Essgewohnheiten der Bevölkerung in der Nordstadt. All das sind sichtbare Ausdrücke der wachsenden Pluralisierung. Die Nordstadt verwandelt sich in einen Ort, an dem sich kulturelle, politische und ökonomische Ausdrücke mit einer eigenen Dynamik vermischen.

Hansen sieht die räumliche Konzentration von MigrantInnen nicht negativ und beschreibt sie nicht als „Integrationshemmnis".

„Die Konzentration von Ausländern in Wohngebieten und von ausländischen Kindern in Schulen wird landläufig als Integrationshemmnis gesehen. Durch die Konzentration würden Kontakte zwischen Ausländern begünstigt und Kontakte mit Deutschen behindert. Um dies zu verhindern, sollen Konzentrationen vermieden werden, und da wo sie bereits stehen, wieder abgebaut werden. Werden Ausländer schön gleichmäßig umverteilt, stellen sie offenbar weniger eine Bedrohung dar, als wenn sie konzentriert auftreten. Damit aber werden die Integrationsschwierigkeiten individualisiert und der Anpassungsdruck auf den einzelnen Ausländer erhöht."[197]

Diese neuen, lokal entstandenen multikulturellen Milieus und kommunikativen Vernetzungen üben im Quartier eine sozialkommunikative Funktion aus. Diese neuen Formationen und Vernetzungsstrukturen bieten den StadtteilbewohnerInnen aus verschiedenen Kulturkreisen zahlreiche Möglichkeiten, im Alltag in eigener Art miteinander zu kommunizieren. Häußermann und Siebel beschreiben diese ineinandergreifende Vielfalt so: „Leben in Städten ist widersprüchliches Leben: Zwischen Distanz und Nähe, Anonymität und Identifikation, vertrauter Heimat und Versorgungsapparatur."[198] Bukow/Yildiz weisen auf den urbanen Verständigungsprozess hin:

„Das Alltagsleben des Quartiers spielt eine große Rolle auf den Verständigungsprozess. Das urbane Leben zeichnet sich durch eine vielfältige Überlappung und Vernetzung kommunikativer Zusammenhänge aus: So schichtet sich das städtische Leben in Relevanzbereiche wie Arbeit, Bildung, Wohnen, Verkehr, Freizeit, Verwandtschaft,

---

[197] Hansen (1997), S. 42.
[198] Häußermann/Siebel (1987), S. 249.

Freundschaft usw. Diese fallen in der Regel auseinander, so dass das Individuum in jedem dieser Kontexte mit anderen Personen zusammenkommt und andere Netzwerke knüpft."[199]

Das Alltagsleben im Quartier prägt die Kommunikation zwischen den Menschen aus unterschiedlichen Kulturkreisen nicht unbedingt in Bezug auf Kultur, weil das System im Quartier das soziale Verhalten im Alltag auf den verschiedenen Ebenen des Zusammenlebens gestaltet. Die Menschen nehmen im Rahmen ihrer Alltagsroutine an systemischen Bereichen teil: z. B. an Aktivitäten, an den Diskussionen des Alltags im Quartier. Das bedeutet aber nicht, dass Traditionen oder alte Bindungen nicht existieren oder diese nicht mit beeinflussen.

3.6 Dortmunder Nordstadt in den Medien

Die Dortmunder Nordstadt steht regelmäßig im Mittelpunkt der lokalen und regionalen Medien. Diese berichten über die dort erlebten Probleme zum Teil sehr plakativ. Die Art dieser medialen Darstellungsform wirkt sich auf das Image des Stadtteils und die Identifikation der Bewohner mit ihrem Stadtteil negativ aus, da sie durch Übertragung und Vermittlung von Informationen und Bildern eines bestimmten Typus Vorurteile entwickelt. Die Probleme, die durch Medien transferiert werden, umfassen sehr breite Themenfelder[200]:

- fehlende Arbeitsplätze
- überdurchschnittlich hohe Anzahl von Arbeitslosenhilfe-, Sozialhilfe- und Wohngeldempfängern
- Alkohol, Drogen, Kriminalität, Prostitution, Negativ-Image
- hohe Mieterfluktuation
- schlechte Qualität des Wohnumfeldes, nachteilige Bau- und Raumstrukturen
- wenig Frei-, Grün- und Spielflächen; ökologische Defizite (Schmutz, Müll, Verkehrsbelastungen)
- mangelnde soziale Infrastruktur und schlechtes Image
- Konzentration von einkommensschwachen Familien und Empfängern von Transfereinkommen (Arme, arme Alte, Alleinerziehende, Arbeitslose, Ausländer...).

Durch die ständige Berichterstattung in dieser Art werden Vorurteile gegenüber diesen Menschen, die in diesen Stadtteilen, den so genannten „Brennpunkten", leben, geschaffen, anderseits wird das Image dieser Stadtteile infrage gestellt. Die Existenz

---

[199] Vgl. Bukow/Yildiz: Multikulturelle Stadt, S. 37.
[200] Anti-Diskriminierungsprojekt im Wohnbereich, Dokumentation und Auswertung von Maßnahmen und Initiativen gegen Rassismus und Fremdenfeindlichkeit in der Dortmunder Nordstadt, Planerladen e.V. (1999).

dieser Faktoren bietet den Bewohnern keine positive Zukunftsperspektive für ein langes Zusammenleben einerseits, verschlechtert das Image des Stadtteils anderseits. Das Image der Dortmunder Nordstadt ist durch regelmäßige Berichterstattung in der Öffentlichkeit problembehaftet und das verringert die Identifizierung der BewohnerInnen mit ihrem Stadtteil deutlich. Weiss beschreibt dieses Image wie folgt:

> *„Das Image ist verallgemeinert das Erscheinungsbild von einem bestimmten Phänomen, einem Ereignis oder einer Region. (...). Das Image ist das Ergebnis einer Vielzahl von partiellen Vorstellungsbildern, die in ihrer Zusammensetzung sehr unterschiedlich sein können. Je stärker die jeweilige Sichtweise von objektiven Faktoren beeinflusst ist, umso einheitlicher, gefestigter und realitätsnäher ist das Image des betreffenden Sachverhalts. Sie entstehen zum einen durch den direkten Kontakt mit der Umwelt oder dem jeweiligen Sachverhalt. Die Inhalte können zum anderen auch nur passiv durch die Medien vermittelt werden. Als weitere Komponenten sind schließlich die individuellen Wahrnehmungen, Gefühle, Vorstellungen und Erfahrungen des jeweiligen Images von entscheidender Bedeutung."*[201]

Lüsebrink beschreibt den Einfluss der Medien auf die Kommunikation.

> *„Mit mediatisierter interkultureller Kommunikation sind nicht lebensweltliche Interaktionssituationen, sondern ihre Darstellung in unterschiedlichen Medien gemeint: vor allem Presse, Film, Fernsehen, Hörfunk, Werbung und Internet. Mediatisierte interkulturelle Kommunikation bezieht sich somit zwar häufig auf die Alltagswirklichkeit, verändert und stilisiert diese jedoch grundlegend. Vor allem in Massenmedien wie Film und Fernsehen prägt sie in entscheidendem – und bisher zu wenig erforschtem – Maße das interkulturelle Kommunikationsverhalten der Zuschauer, Leser oder Zuhörer in der Lebenswirklichkeit, d.h. ihre Verhaltens-, Wahrnehmungs- und Reaktionsmuster gegenüber Gesprächspartnern aus anderen Kulturen."*[202]

In einer zweiteiligen Dokumentation berichtet SPIEGEL TV[203] am 27. Juni 2008 über die Probleme in der Nordstadt wie folgt:

> *„Armut, Kriminalität, Verwahrlosung, Alkohol und Drogen sind die augenscheinlichen Missstände in den Problemvierteln deutscher Städte. In der Dortmunder Nordstadt leben 54 000 Menschen, fast jeder Zweite hat ausländische Wurzeln, beinahe jeder dritte Erwachsene ist arbeitslos. Armut, Kriminalität, Alkohol und Drogen sind die augenscheinlichen Probleme. Mangelnde Bildung, zerrüttete Elternhäuser und fehlende Alltagsstrukturen sind die Defizite, die die Kinder dieses Viertels auf die schiefe Bahn bringen. Die wenigen, die es bis zum Schulabschluss schaffen, bekommen laut Statistik auch eine Lehrstelle, doch die meisten schmeißen wieder hin. Der Stadtteil ist ein sozialer Brennpunkt, wie es ihn in fast jeder Großstadt Deutschlands gibt."*[204]

---

[201] Weiss (1998), S. 22.
[202] Lüsebrink, S. 43.
[203] In der zweiteiligen Dokumentation berichtet SPIEGEL TV über die Probleme zweier Stadtviertel, die exemplarisch sind für viele Brennpunkte deutscher Großstädte. In diesem Rahmen wurde die Dortmunder Nordstadt so vorgestellt. „In der ersten Folge am Freitag, den 27. Juni begleitet SPIEGEL TV Thema Anwohner der Dortmunder Nordstadt, Alteingesessene, die sich längst ihrem Schicksal ergeben haben, Jugendliche, die die zahlreichen Chancen, die ihnen Sozialarbeiter Tag für Tag bieten, gar nicht erkennen, aber auch die Kämpfer, die den Wohnort nicht als Ausrede gelten lassen. Eine Studie über den Alltag im Brennpunkt."
[204] Quelle: http://www.spiegel.de/sptv/tvthema/0,1518,560711,00.html.

Diese Art der Berichterstattung in Form der Auflistung der Probleme verschafft der Dortmunder Öffentlichkeit ein negatives Bild über diesen Stadtteil und gibt den BewohnerInnen ein beängstigendes Gefühl um ihre Zukunft. Somit werden alle Probleme dieser Stadtteile pauschalisiert in die Öffentlichkeit transportiert.

Dangschat/Han beschreiben die Situation solcher Stadtteile wie folgt:

> *„So kumulieren Ausländeranteil, Arbeitslosigkeit und geringes Einkommensniveau; gesellschaftliche Des-Integration und räumliche Segregation kommen also zusammen."*[205]

Gregor Boldt weist in der *Westfälischen Rundschau* vom 23.09.2009 auf Prostitution und Drogenprobleme hin, die in der Aktualität vom Bild der Dortmunder Nordstadt nicht zu trennen sind.

> *„Die Nordstadt bleibt Dortmunds Brennpunkt, wenn es um Prostitution und Drogenhandel geht. Die Polizei versucht der Lage mit zum Teil drastischen Mitteln Herr zu werden – wie bei der Razzia am vergangenen Freitag. Doch die Probleme des Stadtteils liegen tiefer."*[206]

Boldt setzt die Beschreibung der Probleme mit einer Berichterstattung über die Wohnverhältnissen fort.

> *„Um das Problem an der Wurzel zu packen, müssen Stadt und Immobilienbesitzer gemeinsam den Gebäudeeignern auf den Füßen stehen, die ihre Häuser verkommen lassen und die Wohnungen zimmerweise vermieten. 12-15 Menschen müssen so auf 60 qm hausen. Bei diesen Wohnverhältnissen ist es wohl kaum verwunderlich, dass diese Menschen den Großteil ihres Lebens nach draußen verlagern, wobei es dann zu Lärmbelästigungen kommt, über die sich die Anwohner beschweren. Gegen die bloße Ansammlung von Menschen auf der Straße haben Stadt und Polizei aber aus rechtlicher Sicht keine Handhabe."*[207]

Auf Basis dieser Berichterstattung stellen sich Fragen, die in der Öffentlichkeit sehr kontrovers diskutiert werden. Zugespitzt geht es nicht um einen positiven Beitrag, sondern um Meinungsbildung und Bildung von Stereotypen, die auf Fremdwahrnehmungsmuster zurückgreifen, gegenüber den BewohnerInnen dieses Stadtteils, vor allem gegenüber MigrantInnen.

Sophia Weimar schreibt am 10.12.2010 auf der Webseite „Pflichtlektüre" über die Protestaktionen von BewohnerInnen:

> *„Etwa 2.500 Menschen sind am Donnerstag auf die Straßen der Dortmunder Nordstadt gegangen, um gegen Prostitution, Kriminalität und Drogenhandel zu demonstrieren. Die Initiative ‚Nordstadteltern' hatte zu dem Sternmarsch zum Friedensplatz aufgerufen. Es waren vor allem Eltern mit ihren Kindern, die die Politik auf die unzumutbaren Verhältnisse in ihrem Viertel aufmerksam machen wollten. Mit dabei waren auch Kinder und Lehrer von allen Schulen der Nordstadt. Der friedliche Protestmarsch begann an vier verschiedenen Plätzen: Borsigplatz, Nordmarkt, Hafen und Münsterstraße. An-*

---

[205] Dangschat 2000c, S. 210; Han 2000, S. 235.
[206] Quelle: http://www.derwesten.de/staedte/dortmund/Der-staendige-Balanceakt-in-der-Dortmunder-Nordstadt-id154529.html.
[207] Ebd.

> gekommen am Friedensplatz, ließen die Demonstranten symbolisch viele rote Luftballons steigen. Schon seit Jahren gilt die Dortmunder Nordstadt als sozialer Brennpunkt. Vor allem, um ihren Kinder ein sorgenfreies und gefahrloses Aufwachsen zu ermöglichen, engagieren sich die Bewohner für eine Eindämmung des Drogenhandels und das Ende des Straßenstrichs."[208]

Die öffentliche Darstellung erfolgt nicht nur regelmäßig in der Tagespresse, sondern auch durch die Pressestelle der Dortmunder Polizei. Diese bekräftigt am 04.11.2008 durch diese Meldung die Vorurteile und Stereotype über die Nordstadt und ihre BewohnerInnen:

> „Bei zwei Durchsuchungsaktionen in der Dortmunder Nordstadt konnte die Polizei in der letzten Woche mehrere Lagerstätten für Haschisch und Marihuana ausheben. Auslöser für die Durchsuchungen waren zum einen Hinweise aus Bevölkerung, zum anderen polizeiliche Observationsmaßnahmen. Anfang der Woche war den Beamten ein reges Kommen und Gehen in einer Teestube aufgefallen. Bei Kontrollen wurden diverse Käufer mit Cannabis aufgegriffen. Die dabei gewonnenen Erkenntnisse gaben den Rauschgiftfahndern Anlass zum schnellen Einschreiten."[209]

Gregor Boldt Dortmund berichtet am 24.09.2009 von einem „Sauf-Raum", der in der Dortmunder Nordstadt eingerichtet werden solle. Damit wird der Stadtteil unmittelbar mit einem akuten Alkohol-Problem in Verbindung gebracht. Und die Westfälische Rundschau berichtet über Prostitution in diesem Stadtteil:

> „Die Dortmunder Stadtverwaltung diskutiert derzeit ein Projekt aus Kiel als Modell für das Problemviertel Nordstadt. Um dort die Trinker-Szene von der Straße zu bekommen, soll ein sogenannter ‚Sauf-Raum' eingerichtet werden."[210]
> „Die Männer zahlen für die Frauen, die Frauen für die Männer – Zuhälter und Vermieter. Wenn's gut läuft, überweisen sie Geld an ihre Familien – aber immer müssen sie zahlen. Ihre Währung ist der Körper, die Seele."[211]

Weiterhin werden unterschiedliche Probleme an die Öffentlichkeit gebracht. Veröffentlicht wurde am 4. Juni 2009 ein Text mit dem Titel „Zigeuner-Invasion auf die Dortmunder Nordstadt":

> „Ganze Straßenzüge in der Nordstadt werden derzeit von einer regelrechten Invasion bulgarischer Zigeuner heimgesucht. Vor allem auf der Ravensberger Straße prostituieren sich die Eingereisten oder bieten sich als billige Arbeitskräfte an, welche auf der Schleswiger Straße anzutreffen sind, wo sie unter widrigsten Umständen hausen. Laut ‚Westfälischer Rundschau' wird beispielsweise ein verhältnismäßig kleines Gebäude als Meldeadresse für 56 bulgarische Zigeuner verwendet."[212]

Solche mediale Darstellungen bringen mit Blick auf das Leben im Quartier unterschiedliche Bilder zusammen und schaffen bewusst oder unbewusst Kettenreaktio-

---

[208] http://www.pflichtlektuere.com/10/12/2009/protestmarsch-fuer-eine-bessere-dortmunder-nordstadt/.
[209] http://www.presseportal.de/polizeipresse/pm/4971/1295072/polizei_dortmund.
[210] http://www.derwesten.de/staedte/dortmund/Dortmund-plant-Sauf-Raum-fuer-Problemviertel-Nordstadt-id154530.html.
[211] WR vom 06.02.10.
[212] http://www.widerstand.info/5922/zigeuner-invasion-auf-die-dortmunder-nordstadt/.

nen: Bestimmte Ausländeranteile in einzelnen Stadtteilen oder Quartieren gelten als Quelle der Gefahr; soziale, gesellschaftliche Konflikte, Drogen, Alkohol, Gewalt gehören zu Orten, an denen die Ausländer verstärkt leben. So wird eine „gesunde Mischung" aus Einheimischen und MigrantInnen, was eigentlich angestrebt wird, verhindert. Somit wird die Zukunft und Identifikation von BewohnerInnen in ihrem Stadtteil infrage gestellt. Diese Art der medialen Darstellung wirkt sich auf das Zusammenleben und auf die Kommunikation der BewohnerInnen negativ aus, da die Fremd- und Selbstwahrnehmungsprozesse dadurch beeinträchtigt werden.

3.7 Methoden und Charakterisierung der Erhebung

Zur Erforschung der interkulturellen Kommunikation gibt es keine spezifischen Untersuchungsmethoden, die in der qualitativen Sozialforschung als Standard gelten. Für diese Studie wurde das qualitative Interview als geeignete Methode gewählt, weil es in der Sozialforschung „vielfältige Einsatzmöglichkeiten"[213] bietet.

> „Im Zusammenhang mit der Begründung qualitativer Verfahren in der Sozialforschung wurde dies als besondere Leistung qualitativer Interviews – im Vergleich zu den begrenzten Möglichkeiten standardisierter Befragungen – auch immer wieder hervorgehoben, häufig mit Rückgriff auf theoretische Traditionen des Symbolischen Interaktionismus."[214]

Das Interview wurde als geeignete Methode für diese Arbeit gewählt. Die Befragungen wurden innerhalb eines Jahres (im Jahre 2006) im Dortmunder Stadtteil „Nordstadt" von muttersprachlichen Interviewern nach dem Zufallsprinzip durchgeführt. Diese Art der Befragung wird auch als „persönliches face-to-face-Interview"[215] bezeichnet.

Das qualitative Interview ist eine wichtige Datenerhebungsmethode der qualitativen Sozialforschung, da es eine breite Erfassung der Ansichten der Interviewten gewährleistet. Es gehört zu den am meisten verwendeten Befragungsmethoden.[216] Sowohl bei der teilnehmenden Beobachtung als auch bei einem Fragebogen wären Sinn und Bedeutung von Interviewinhalten verborgen geblieben.

> „Unter Interview als Forschungsinstrument sei hier verstanden ein planmäßiges Vorgehen mit wissenschaftlicher Zielsetzung, bei dem die Versuchsperson durch eine Reihe gezielter Fragen oder mitgeteilter Stimuli zu verbalen Informationen veranlasst werden soll."[217]

Das Interview wurde mithilfe eines teilstrukturierten Fragenkatalogs durchgeführt, um die Befragung aufgrund der wenigen zur Verfügung stehenden Zeit möglichst zielführend zu gestalten.

---

[213] Hopf (2005), rowohlts, S. 350.
[214] Ebd.
[215] Diekmann (2006), S. 373.
[216] Ebd.
[217] König, S. 70.

> *„Dagegen zählen weniger strukturierte Interviewtechniken – Beispiele sind das Leitfadeninterview, das fokussierte und das narrative Interview – zu den qualitativen Methoden der Befragung."*[218]

Hopf[219] unterscheidet verschiedene Varianten qualitativer Interviews und weist dabei auf wenig standardisierte Interviews hin, besonders auf die Spielräume des Forschers bei dieser Variante des qualitativen Interviews, wobei er sich bei dem qualitativen Interview an einem Interviewleitfaden orientiert und mehr Spielräume in den Frageformulierungen wie z. B. Nachfragestrategien einräumt.

> *„Die Methode des Interviews ist nur anwendbar, wenn die folgenden Bedingungen gegeben sind: 1. Kooperation der Befragten als Regelfall, 2. die Existenz einer ‚Norm der Aufrichtigkeit' in Gesprächen mit Fremden, 3. eine ‚gemeinsame Sprache' zwischen Interviewer und befragter Person."*[220]

Vor diesem Hintergrund kann dies aus der praktischen Erfahrung bei der Datenerhebung zur vorliegenden Studie bestätigt werden. Die Interviewten waren bereit, sich zu der nachbarschaftlichen Kommunikation in der Nordstadt zu äußern, daher war die Zusammenarbeit in dieser Hinsicht sehr gelungen. Anderseits waren auch die Interviewten aufgrund der Fragestellungen sehr interessiert, die existierende Kommunikation entsprechend der momentanen Realität darzustellen.

Um die Authentizität und das Vertrauen zwischen Interviewer und Interviewtem herzustellen, wurden für die Interviews Muttersprachler-Interviewer ausgewählt und eingesetzt. Diese hatten die Aufgabe, gegebenenfalls weitere ergänzende Fragen zu stellen. Diese Voraussetzungen dienten dazu, durch eine gemeinsame Sprache die Bedeutung von Fragen und Antworten in gleicher Weise wahrzunehmen und zu erfassen. Die Interviewer wurden vorher in die Materie, vor allem in Leitfragestellung und Erhebungsregeln, eingewiesen und es wurden regelmäßig Sitzungen abgehalten, in denen die Besonderheiten und Probleme bei der Erhebung besprochen wurden. Es war wichtig, die Antwortreaktionen möglichst neutral und nach kulturellen Unterschieden aufzunehmen.

Es war ebenso wichtig, nicht das Gefühl zu vermitteln, dass die Antworten von den Interviewern bewertet oder sanktioniert würden.

> *„Bei der neutralen Interviewtechnik ist der Interviewer angehalten, die Antwortreaktionen auf eine Frage weder positiv noch negativ zu sanktionieren."*[221]

Gerade bei dieser Forschungsarbeit ist es äußerst wichtig, die Neutralität zu wahren, um die persönlichen Äußerungen der Interviewten zu erfassen, weil die Aussagen der Interviewten aus ihrem eigenen Lebensbereich stammen. Diese Aussagen zu kommentieren bzw. sie zu beurteilen, würde das Neutralitätspostulat verletzen und die Interviewsituation gefährden.

---

[218] Ebd.
[219] Hopf (2005), S. 351.
[220] Diekmann (2006), S. 377.
[221] Ebd., S. 375.

> *„Die Methode der Erhebung und speziell bei Interviews die Art der Fragestellung sollte jeweils dem kulturellen Kontext angepasst werden. Damit ist ein Problem angesprochen, das insbesondere bei interkulturell vergleichenden Studien größere Aufmerksamkeit verdient."*[222]

Die Interviewten wurden nach dem Zufallsprinzip ausgesucht und unvorbereitet interviewt. Diese Art half dabei, genau zu ermitteln, was die Interviewten tatsächlich empfanden, sodass die Interviewten keine Möglichkeit hatten, sich auf die Fragen vorher gezielt vorzubereiten bzw. das Erlebte zu filtern. Daher sind die Aussagen der Interviewten mehr realitätsbezogen und besonders informationsreich bezüglich der in der Nachbarschaft geführten Kommunikation, die aus unterschiedlichen Gründen positiv oder negativ in der Erinnerung der Interviewten gespeichert ist. Diese Erinnerungen werden durch jeweilige Fragen mit weiteren Erfahrungen verknüpft wiedergegeben, die wiederum praktische und einfache Hinweise auf die nachbarschaftliche Kommunikation liefern.

Die in dieser Arbeit umgesetzte Interviewtechnik war das narrative Interview. Mit dieser Technik wird die Erzählform gewählt, um die Aussagen von Interviewten über nachbarschaftliche Kommunikation im Rahmen der biografischen Abläufe zu gewinnen. Das narrative Interview weniger strukturiert als die anderen Befragungstechniken. Der Leitfaden wird als Grundlage benutzt, um das Gespräch einzuleiten.

Mayring[223] beschreibt das narrative Interview in drei Phasen:

> *„1-Stimulierung einer Erzählung zu einem bestimmten Gegenstand durch den Interviewer. 2- Die Hauptphase bildet die Erzählung des Befragten. Der Interviewer soll den Erzählfluss unterstützen und möglichst nicht durch die Fragen eingreifen. 3- In der Nachfragephase bemüht sich der Interviewer darum, offene Punkte zu klären und eventuell zu weiteren Erzählsträngen zu animieren."*

Die durchgeführten Interviews wurden elektronisch erfasst, daher war es möglich, weitere Einflüsse äußerer Interviewmerkmale zu berücksichtigen. Diese Art der Datenerfassung gibt dem Interviewer die Möglichkeit, das Interview in Echtzeit zu verfolgen und es ohne Pause mit weiteren Fragen zu gestalten. Dagegen ist es bei einem schriftlichen Interview oft sehr mühsam und für den Interviewer anstrengend, das Gespräch konzentriert zu verfolgen.

---

[222] Ebd., S. 377.
[223] Mayring (1993a).

4 Durchführung der Datenerhebung

4.1 Erstellung des Interviewleitfadens

Die Fragen des Interviewleitfadens wurden aus drei Leitfragen gebildet.

- Wie kommunizieren Sie mit Ihren deutschen bzw. türkischen Nachbarn?
- Wie kommunizieren Sie in ihrer eigenen Community?
- Welche sozialen und wirtschaftlichen Faktoren beeinflussen Ihre Kommunikation mit türkischen bzw. deutschen Nachbarn?

Dazu gehörten weitere Unterfragen, die detailliert die Kommunikationsformen in der Nachbarschaft abfragten, z. B. die Art der Kontakte, den Ort der Kontakte, die Inhalte der stattgefundenen Gespräche, eine Bewertung der Kommunikation, Verhaltensweisen bei entstehenden nachbarschaftlichen Konflikten, Zufriedenheit mit dem Stadtteil etc.

Bei der Eingangsfrage ging es darum, eine realistische Abbildung der geführten nachbarschaftlichen Kommunikation zu bekommen, wie die interkulturelle Kommunikation in der Nachbarschaft im Alltag zwischen den Nachbarn mit türkischem und deutschem Hintergrund abläuft. Bei der zweiten Frage ging es dagegen darum, herauszufinden, wie die Deutschen bzw. Türken untereinander kommunizieren bzw. mittels welcher Kommunikationsformen, die sich eventuell bei den Menschen aus anderen Kulturen unterscheiden. Bei der dritten Eingangsfrage wurden die sozialen und kulturellen Verhaltensweisen für nachbarschaftliche Kommunikation abgefragt.

Hier sind die weiteren Inhalte des Leitfadens:

- Erklärung des Interviewziels und Zusicherung der Anonymität
- Fragen zu Aufgaben und Tätigkeit der Interviewten
- Fragen zu Kategorien wie Aufenthaltsdauer, Geschlecht, Familienstand, Kinder, Alter, Beschäftigung, Bildung, Sprache.

4.2 Interviews

Zur Durchführung der Interviews wurden insgesamt sechs muttersprachliche InterviewerInnen eingestellt, die die Interviews in der jeweiligen Zielgruppe durchführten. Die InterviewerInnen wurden in mehreren Workshops auf Methodik, Inhalte, Ziele der Interviews sowie Interviewtechniken vorbereitet, wozu auch die Speicherung und die Transkription der gewonnen Daten gehörten. Die InterviewerInnen wurden sowohl in der Durchführungs- als auch in der Transkriptionsphase vom Verfasser als Studienleiter begleitet. Somit erhielt dieser die Möglichkeit, bei Problemen unmittelbar zu intervenieren und die gewonnen Daten entsprechend dem Untersuchungsziel zu reflektieren.

Bei den Interviews durchläuft die Datenerhebung und -verarbeitung vier Schritte: Den Einstieg bildet die Rekrutierung bzw. Kontaktaufnahme mit BewohnerInnen. Es folgt die Durchführung des Interviews. Der nächste Schritt ist die Transkription des aufgezeichneten Interviews. Dann folgt die Auswertung der transkribierten Interviews.

4.2.1 Gewinnung der Interviewpartner

Insgesamt wurden 200 Interviews durchgeführt, davon 100 mit deutschen und 100 mit türkischen BewohnerInnen aus der Dortmunder Nordstadt. Sie wurden nach dem Zufallsprinzip nach ihren nachbarschaftlichen Verhältnissen zu deutschen NachbarInnen und zu NachbarInnen mit türkischem Migrationshintergrund befragt: wie Deutsche mit ihren deutschen und türkischen NachbarInnen und umgekehrt die türkischen untereinander und mit ihren deutschen NachbarInnen kommunizieren.

Die Interviewten wurden nach dem Zufallsprinzip an unterschiedlichen Orten des Stadtteils gewonnen. Zur Durchführung des Interviews wurden unterschiedliche Zeiten festgelegt, um Menschen aus unterschiedlichen Berufsgruppen zu erreichen. Um bei den gestellten Fragen möglichst realistische und offene Informationen zu bekommen, wurden muttersprachliche InterviewerInnen eingesetzt, weil dadurch ein gebotenes Maß an Vertrauen zur Erhebung von Informationen über die biografiebezogene Kommunikation gewonnen werden konnte. Das hat sich in der Praxis erwiesen und die Interviewer haben bei vielen Interviewten deutlich mehr Zeit verbracht als ursprünglich geplant. Viele türkischsprachige Interviewte wollten sich in ihrer Muttersprache ausdrücken, das hängt nicht unmittelbar mit einem Sprachdefizit zusammen, eher mit einer sprachlichen Identifikation. Sowohl die Vorlieben als auch sprachliche Defizite von Interviewten wurden vor der Durchführung der Interviewaktion berücksichtigt. Um damit zusammenhängende Problem zu vermeiden, wurde Zweisprachigkeit als Möglichkeit angeboten.

Das war sicherlich ein Vertrauen schaffendes Angebot, um über nachbarschaftliche Kommunikation in Bezug auf individuelle Kommunikation Antworten zu bekommen. Einige Befragte erklärten am Anfang oder während des Interviews, dass sie kurdisch seien. Das war eine Tatsache, die von Anfang an mitberücksichtigt wurde. Eine Trennung zwischen den türkischen bzw. den anderen türkischsprachigen ethnischen Angehörigen hätte die Durchführung der Interviews erschwert, wenn Angehörige rein türkischer Herkunft nicht zu finden gewesen wären. Deswegen wurde darauf verzichtet, vorher eine differenzierende Definition für die türkische Identität zu finden, da dies sicherlich den Rahmen dieser Arbeit sprengen und auch wissenschaftlich nichat zu begründen wäre. Es wurden bei der Durchführung weder bei den Interviewten deutscher Herkunft noch bei denen türkischer Herkunft Probleme registriert. Ganz wenige Menschen weigerten sich, ein Interview zu führen.

Die Auswahl der Befragten unterlag, wie bereits erwähnt, dem Zufallsprinzip, sie wurden nicht gezielt ausgesucht. Die Kontakte mit den Interviewten wurden durch verschiedene Kanäle hergestellt. Ein Teil der Interviewten wurde über die vorhandenen Institutionen (Stadtteil-Schule e.V., Planerladen e.V., Caritas Verband/Bernhard-März-Haus, Elterncafé und Quartiersmanagementbüros) kontaktiert, die seit vielen Jahren in dem Stadtteil migrationsbezogene Maßnahmen wie z. B. Sprachkurse, Elternschule, Frühstückstreffen durchführen. Der größte Teil der Interviewten wurde auf der Straße, auf den Spielplätzen und durch Klingeln an der Haustür erreicht. Von daher hatten wir keinen Einfluss auf die Zusammensetzung des Samples, in dem unterschiedliche berufs-, alters-, geschlechts-, und aufenthaltsbezogene Eigenschaften vertreten sind.

Die aufgenommenen Gespräche mit den Interviewten wurden transkribiert und anschließend wurden Interviews in türkischer Sprache ins Deutsche übersetzt.

4.2.2 Transkription des Datenmaterials

Für diese empirische Untersuchung sind die Inhalte, nicht aber Aussprache und Dialektvarianten wichtig. Deshalb wurden bei der Transkription diese Besonderheiten nicht berücksichtigt, also die Merkmale der gesprochenen Sprache wie Sprechpausen, Intonation und Unverständliches ausgeblendet. Bei der Transkription wurde an einigen Stellen eine grammatikalische Korrektur vorgenommen und paralinguistische Phänomene wie Betonungen, Dehnungen, Pausen und andere nonverbale kommunikative Handlungen nicht angegeben. Zitate wurden im Analysetext mit Nummern versehen und die Grundmerkmale des Interviewten in Fußnoten geschrieben. Die Übersetzung der in türkischer Sprache aufgenommenen Gespräche erfolgte sinngemäß. In der Transkription von deutschen und türkischen Interviews wurden die Texte sprachlich korrigiert bzw. ergänzt, um die Formulierungen verstehen zu können, ohne jedoch den Sinn zu verändern.

4.2.3 Auswertung der gewonnenen Daten

Insgesamt wurden 200 BewohnerInnen türkischer und deutscher Herkunft aus der Dortmunder Nordstadt nach dem Zufallsprinzip ausgewählt und interviewt. Hier werden die Merkmale wie Geschlecht, Alter, Wohndauer, Einkommen und Schulbildung dargestellt, wobei die letzten drei Merkmale in der Auswertung als Indikatoren verwendet werden. Die zur Bewertung der unterschiedlichen Kommunikationsarten von Menschen aus unterschiedlichen Kulturen in der Nachbarschaft ausgewählten Indikatoren geben Informationen, ob die Kommunikation in der Nachbarschaft kulturabhängig funktioniert oder andere Einflüsse genauso mitwirken wie das kulturell bedingte Verhalten. Diese Indikatoren wie Wohndauer, Einkommen und Wohndauer wurden als Vergleichsgröße ausgewählt, um zu ermitteln, inwieweit beispielsweise die im Stadtteil verbrachte Wohnzeit das nachbarschaftliche Kommunikationsverhalten beeinflusst. Auch ist es wichtig, zu vergleichen, ob die Kommunikationsverhaltensweisen von der Größe des „Einkommens" bzw. der „Beschäftigungssituation" der Interviewten abhängen. Bei dem letzten Indikator „Schulbildung" wird ermittelt, ob die Kommunikationsunterschiede bildungsabhängig sind.

4.2.3.1 Geschlecht

Beide Geschlechter wurden in ähnlichem Umfang interviewt. Da die Interviewten nach dem Zufallsprinzip ausgewählt wurden, ist der Anteil der Geschlechter annähernd gleich. Eine mögliche Ungleichverteilung ist zugunsten des Zufallsprinzips in Kauf genommen worden. Der Anteil der Interviewten nach Geschlecht ist insgesamt gleich, der Anteil der weiblichen Interviewten türkischer Herkunft ist deutlich höher.

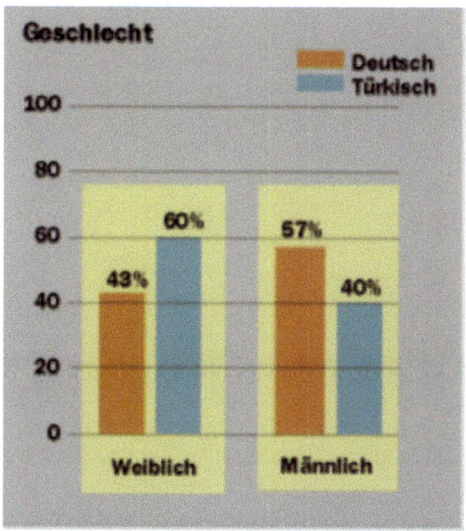

Abbildung 9: Geschlecht (eigene Darstellung)

4.2.3.2 Altersgruppe

Bei diesem Merkmal wird das Alter der Interviewten in Gruppen von je 10 Jahren zusammengefasst, die eine Generation darstellen sollen. Aufgrund der geringen Zahl von jugendlichen Interviewten wurden die Altersstufen 17-29 und 20-29 Jahre zusammengelegt.

Die Altersgruppen der Interviewten sind sehr unterschiedlich verteilt. Vor allem ist die Altersgruppe 30-39 Jahre bei türkischsprachigen Interviewten stark überrepräsentiert, sie machen fast die Hälfte der türkischen Interviewten aus. Bei den deutschsprachigen Interviewten ist dagegen die Altersgruppe 40-49 Jahre deutlich stärker vertreten als die anderen Altersgruppen.

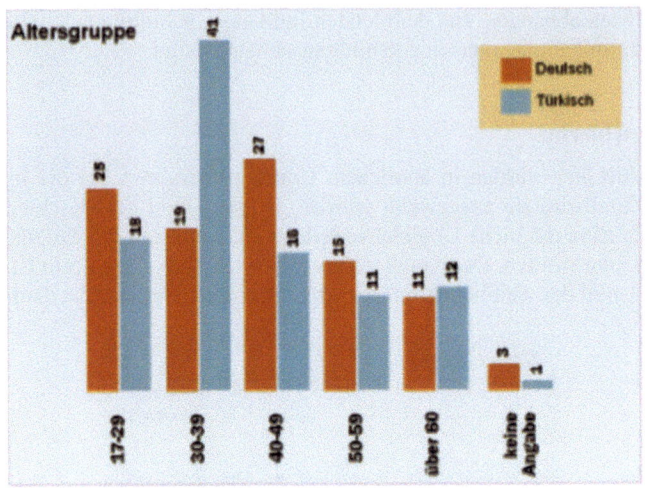

Abbildung 10: Altersgruppe (eigene Darstellung)

4.2.3.3 Familienstand

Der Familienstand der Interviewten stellt eine bunte Mischung dar. Besonders unter den türkischsprachigen Befragten ist der Anteil der Verheirateten sehr hoch. Das könnte damit zusammenhängen, dass die Gründung und der Erhalt der Familie bei ihnen einen deutlich höheren Stellenwert genießt als bei den deutschen Interviewten. Die vorhandenen sozio-ökonomisch bedingten Sozialisationsprozesse prägen die biografiebezogenen Lebensperspektiven.

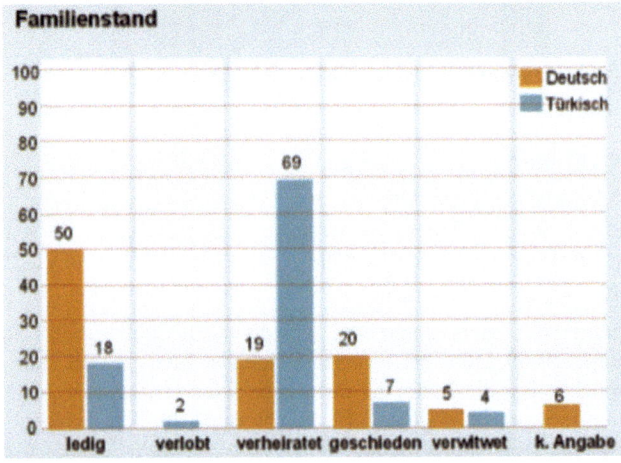

Abbildung 11: Familienstand (eigene Darstellung)

4.2.3.4 Einkommen

Das Einkommen der Interviewten wurde nach ihren Angaben in bestimmten Kategorien zusammengefasst. Die unterschiedlichen Einkommensbezüge spiegeln den tatsächlichen Lebensstandard der Interviewten in diesem Stadtteil wider. Der Bezug von Transferleistungen ist in den beiden Gruppen auf hohem Niveau annähernd gleich verteilt.

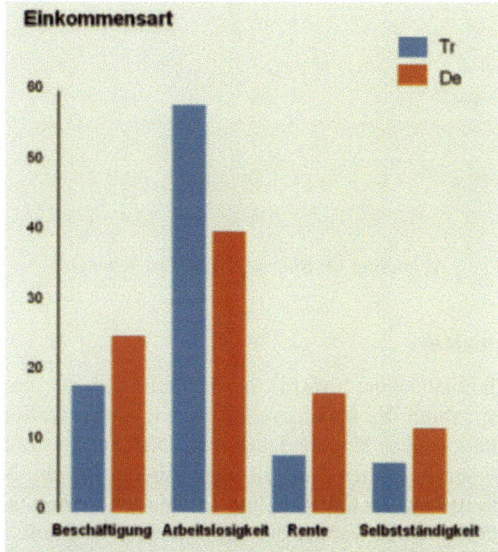

Abbildung 12: Einkommen (eigene Darstellung)

4.2.3.5 Bildung

Das Bildungsniveau der Interviewten weicht gravierend voneinander ab. Besonders bei den Türkischsprachigen ist der Anteil der Menschen, die keine Schule besucht haben, sehr hoch. Sicherlich gehört diese Gruppe zur ersten Generation von Migranten, die aus den ländlichen Gebieten der Türkei als Arbeitskraft nach Deutschland gekommen sind. Auf der anderen Seite ist der Anteil der Abiturienten bei den Deutschen mehr als doppelt so groß wie bei den Interviewten mit türkischem Hintergrund. Das bestätigt die vorhandenen defizitären Unterschiede in den Bildungsbiografien zwischen Deutschen und Migranten.

Schulbildung	Deutsch	Türkisch	In %
keine Schule	-	10	5%
kein Abschluss	2	5	3,5%
Grundschule	1	19	10%
HS	28	15	21,5%
MR	16	10	12,5%
Schüler	2	4	2%
Fachabi/Abitur	38	16	27%
Studium	11	6	8,5%
keine Angabe	2	15	10%
Gesamt	100	100	100%

Abbildung 13: Bildung (eigene Darstellung)

4.2.3.6 Aufenthaltsdauer

Die Variable „Aufenthaltsdauer" wurde ausgewählt, um zu überprüfen, wie die Wohndauer mit den Jahren die nachbarschaftliche Kommunikation beeinflusst und ob eine Kommunikation über längere Jahre eine Distanz bzw. eine Annäherung in der Nachbarschaft hervorgerufen hat. In der Tabelle ist ein hoher Anteil von deutschsprachigen Interviewten festzustellen, die neu im Stadtteil sind. Das bestätigt die ständige Fluktuation der Bewohner der Dortmunder Nordstadt.

Aufgrund der geringfügigen Anzahl von Interviewten, die seit über 40 Jahren in dem Stadtteil wohnen, wurden die beiden Altersgruppen 30-40 und über 40 Jahre zusammengefasst. So konnten bezüglich der Aufenthaltsdauer vergleichbare Gruppen gebildet werden. Wie der Tabelle entnommen werden kann, unterscheidet sich die Aufenthaltsdauer der türkischen und deutschen Interviewten ab 20-29 Jahren grundsätzlich nicht.

Die Interpretation und Erklärung der vorliegenden empirischen Untersuchung erhebt keinen Anspruch auf Vollständigkeit und Endgültigkeit. Ein anderer Forscher könnte das gewonnene Datenmaterial und die darin enthaltenen Inhalten aus einer unterschiedlichen Perspektive weiter und je nach Fragestellung anders analysieren.

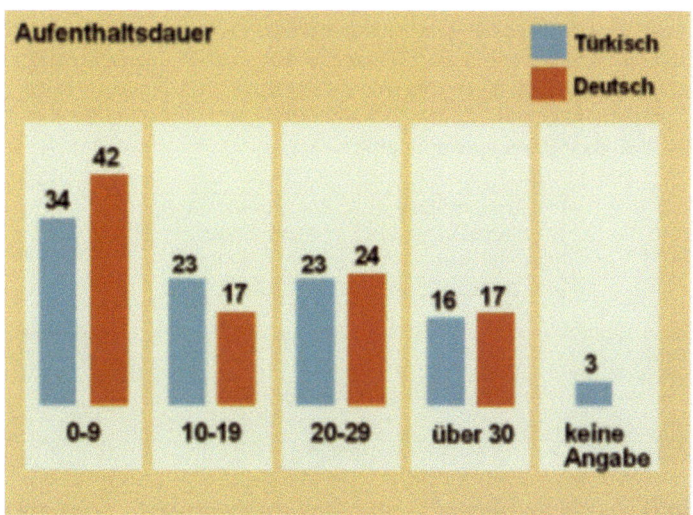

Abbildung 14: Aufenthaltsdauer (eigene Darstellung)

Diese Studie sollte Ansätze und Anregungen für neue Untersuchungen zur nachbarschaftlichen Kommunikation geben und die Ergebnisse der vorliegenden Studie sollten auch durch weitere Forschungen überprüft werden.

4.2.3.7 Bildung der Kategorien

Es konnten keine Kategorien aus den bisherigen Untersuchungen gebildet werden, weil diese empirischen Untersuchungen andere Themen in Fokus genommen haben. Es würde außerdem nicht authentisch wirken, wenn man dieselben Kategorien als Grundlage nehmen würde. Daher ist die Auswahl der Kategorien aus dem eigenen Datenmaterial entstanden.

Wie in dem vorherigen Kapitel beschrieben, wurden drei Variable ausgewählt, die nach der Zielsetzung dieser Arbeit dazu geeignet sein können, die nachbarschaftliche Kommunikation zu beeinflussen: „Aufenthaltsdauer", „Beschäftigung bzw. Einkommenssituation" und „Bildung".

> *„Eine Variable bezeichnet ein Merkmal oder eine Eigenschaft von Personen, Gruppen, Organisationen oder anderen Merkmalsträgern. Bespiele sind das Geschlecht, der Bildungsgrad, der soziale Status, das Einkommen (...).*"[224]

Auf dieser Grundlage wurde das Datenmaterial analysiert und die relevanten Textstellen wurden abschnittsweise nach dem Wortlaut des Interviews markiert und anschließend in eine Excel-Tabelle übertragen. Danach folgten Auswertung, Interpreta-

---

[224] Diekmann, S. 100.

tion und Analyse des ausgewählten Datenmaterials. Zu der Auswertung gehört auch die quantitative Analyse wie z. B. statistische Angaben in unterschiedlichen grafischen Darstellungen. Um diese Variablen auswerten zu können, wurden für jede Variable Kategorien erstellt: „Ort der Kommunikation", „Themen der Kommunikation" und „Häufigkeit der Kommunikation".

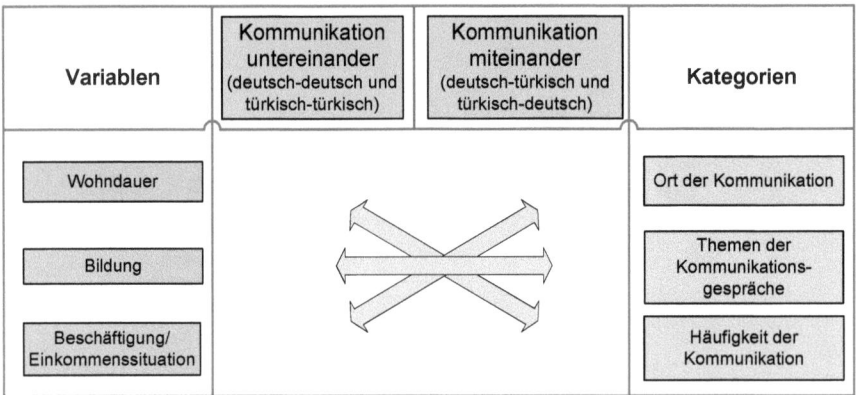

Abbildung 15: Variable für die nachbarschaftliche Kommunikation (Türkisch-Türkisch, Türkisch-Deutsch und Deutsch-Deutsch, Deutsch-Türkisch)

Nach Bestimmung der vorgestellten Variablen wurden die Kategorien untersucht, um ein Bild differenzierter Kommunikationsstile zu erhalten. Zu jeder Kategorie gehörten weitere Merkmale. So wurden die Orte der Kommunikation nach Angaben der Interviewten aus den Texten übernommen und wörtlich erfasst. Dadurch sind zahlreiche Ortsangaben (Hausflur, Wohnung, Treppe, Arbeitsstelle, Kindergarten, Einkaufen, Hof etc.) entstanden, die nach Sinn und Ziel der Kategorien sortiert und zusammengefasst wurden. Folgende drei übergeordnete Kategorien wurden gebildet: Privat (Wohnung), Hausumfeld als Innenraum (Hof, Garten, Treppe) und außerhalb des Hausumfeldes als Außenraum (Arbeitsstelle, Kindergarten, Einkaufen etc.).

4.3 Zusammenfassung

In diesem Kapitel wurden unterschiedliche Untersuchungsansätze vorgestellt, die interkulturelle nachbarschaftliche Kommunikation in einem Sozialraum erklären, in dem die BewohnerInnen aus unterschiedlichen Kulturen in der Nachbarschaft miteinander kommunizieren. Die interkulturelle Kommunikation findet in einem Gesamtkontext statt, in dem unterschiedliche Faktoren sowie kulturelle, soziale und wirtschaftliche Faktoren mit unterschiedlichem Gewicht eine bedeutende Rolle spielen. In dieser Hinsicht kann man sagen, dass nicht jede Kommunikation kulturbedingt verläuft. Ziel ist es dabei, verbal oder nonverbal basiert eine Verständigung zu erreichen, deren Verwirklichung vom gesellschaftlichen Leben nicht unabhängig ist.

Überall zeigen sich bestimmte Interaktionsformen, die in unterschiedlichen gesellschaftlichen, kulturellen, politischen, sozialen, wirtschaftlichen Parametern erkennen lassen. Dabei gilt es, Querverbindungen und Anknüpfungspunkte mit unterschiedlichen Zusammenhängen mit zu berücksichtigen.

Die Untersuchung lässt sich von den folgenden Überlegungen leiten:

1- Die Lebensgrundlagen von MigrantInnen haben sich in vielerlei Hinsicht in den letzten fünfzig Jahren verändert, besonders was ihre Präsenz in der Öffentlichkeit, in unterschiedlichen Bereichen des Privat- und Arbeitslebens betrifft. Die Sprache übernimmt dabei eine besondere Rolle.

2- Kommunikation ist Ergebnis eines dynamischen und interaktiven Interaktionsprozesses, der in einen physischen Raum eingebettet ist. Das gemeinsame Leben in einem Stadtteil hat eine gemeinsame Kulturwahrnehmung entwickelt, die sich auf gegenseitige Anerkennung und Akzeptanz stützt. Kulturelle Unterschiede werden mehr durch unterschiedliche Äußerungen wahrgenommen. Die von Migranten aus dem Herkunftsland erworbenen kulturellen Eigenschaften haben sich zugunsten des hiesigen Lebens geändert.

3- Die Erfassung kultureller Verhaltensmustern erfolgt in der interkulturellen Forschung vor allem anhand von Kulturstandards und der darauf bezogenen Kulturstandardtheorie, die eine Gefahr der Übergeneralisierung und Stereotypisierung in sich trägt. Demnach beruhen Verlaufsformen und Probleme in fremdkulturellen Begegnungssituationen auf unterschiedlichen und für Gruppen, Organisationen, Nationen typischen Orientierungsmaßstäben des Wahrnehmens, Bewertens, Denkens und Handelns. Dies bringt unmittelbaren Nutzen von Kulturstandards bzw. von Kulturdimensionen für die Beschreibung und Klassifizierungen von Kulturen für Manager, liefert jedoch keinen Beitrag zum Verstehen interkultureller Kommunikation – vor allem in der Nachbarschaft.

4- Interkulturelle Kommunikation darf nicht als eine Quelle von Missverständnissen, Verunsicherungen, Verärgerungen und Konflikten angesehen werden.

5- Die Rahmenbedingungen des interkulturellen Lebens in der Nachbarschaft sind nicht so fest definiert es wie die betriebliche Kommunikation am Arbeitsplatz ist. Deswegen beeinflussen sozialräumliche Bedingungen die Kommunikation von Nachbarn untereinander und miteinander.

6- In der Praxis gelungene Kommunikationsakte überwiegen, vor allem da mit Fremden bzw. mit kultureller Differenz ohnehin konstruktiv umgegangen werden kann, da doch fast alle Kulturen gemeinsame Nenner besitzen. Mit anderen Worten: Menschen aus unterschiedlichen Kulturen sind sich zugleich sehr ähnlich und sehr unterschiedlich.[225] Es sind durchaus die Überschneidungen, die Kommunikation erst ermöglichen.

---

[225] Kumbier/Schulz von Thun (2006), S. 20 f.

7- Nach räumlicher Konzentration von Migranten in erneuerungsbedürftigen Stadtteilen verloren die Alteingesessenen ihren Status, ihr Prestige. Zurückgeblieben sind solche, die intuitiv – meist ohne sich dessen unmittelbar bewusst zu sein – am Ort ein (Status-)Potenzial vermuteten. Das wirkt negativ auf die Kommunikation mit den Außenseitern, also mit Migranten.

8- Der kulturkonstrastive Ansatz reicht in dieser Hinsicht nicht aus, diese Verflechtung bzw. Mischung unterschiedlicher Faktoren zu erklären. Daher sollte auch weiterhin über Kultur gesprochen werden, aber nicht in einseitig definierter, eindimensionaler Form. Kultur wird als abgrenzbares Monosystem wahrgenommen, das eine Gruppe von Menschen definiert. Die aktuelle ethnologische Forschung hat sie in unterschiedlichen Perspektiven vervielfältigt und systematisiert die sozialen Akteure im Einfluss diverser Kulturen, die in nachhaltiger Bewegung ineinandergreifen. „Interkultur" sollte somit den Normalzustand der vorhandenen Gesellschaftsstruktur darstellen.

9- Die nachbarschaftliche Kommunikation ist aufgeladen mit gesellschaftlichen und sozialen Strukturproblemen der Stadtteile. Daher wird sie leicht von den Kommunikationsteilnehmenden ethnisiert.

5 Auswertung der gewonnenen Interviewdaten

Die verschriftlichten Interviews geben aufgrund der umfassenden Aussagen vielschichtige Informationen über nachbarschaftliche Kommunikation, die den Rahmen dieser Arbeit deutlich ausweiten. Angesichts dieser großen Datenfülle[226] wurden fünf Fragen ausgewählt und ausgewertet.

Zu den strukturellen Bedingungen des interkulturellen Zusammenlebens in Stadtteilen und zu ihrem Einfluss auf das interkulturelle Leben gibt es bereits Untersuchungen. Eine von ihnen ist die Veröffentlichung „Bedrohte Stadtgesellschaft" von Heitmeyer und Anhut (2000). Darin wird das Zusammenleben in drei strukturschwachen Stadtteilen untersucht und es werden unter dem Aspekt „soziale Desintegrationsprozesse" die ethnisch-kulturellen Konfliktkonstellationen mit den lebensweltlichen Verhältnissen in sozialräumlichen Kontexten verglichen. Der hier vorliegenden Ausarbeitung liegt das Erkenntnisinteresse zugrunde, das Kommunikationsverhalten der türkischen und deutschen BewohnerInnen im interkulturellen Kontext in ihrer Bedeutung zu analysieren. Die alltagsbezogenen interkulturellen Interaktionen und das unterschiedliche Kommunikationsverhalten aus Sicht der einzelnen BewohnerInnen stehen im Zentrum dieser Arbeit.

In einer vergleichenden Analyse dieser Kommunikationsinhalte wird das Kommunikationsverhalten der ausgewählten Bevölkerungsgruppen „untereinander" und „miteinander" gegenübergestellt und bewertet. Allein erscheint hierbei eine Analyse der Gegenüberstellung des Kommunikationsverhaltens zweier Bevölkerungsgruppen nicht ausreichend, um Unterschiede oder weitere Einflussfaktoren herausfinden zu können. Daher wählte der Autor in Bezug auf die Fragestellung drei Merkmale aus, um die Rolle der sozio-ökonomischen Faktoren in der nachbarschaftlichen Kommunikation zu untersuchen:

- *Einkommen*
- *Bildung*
- *Aufenthaltsdauer.*

Nach diesen ausgewählten Merkmalen wird überprüft, inwieweit die einkommens-, bildungs- und aufenthaltsbezogenen Eigenschaften das nachbarschaftliche Kommunikationsverhalten von Interviewten beeinflussen. Was aber hier erwähnt werden muss: Die Interviewten wurden nicht in gleicher Anzahl nach diesen Merkmalen ausgesucht, sondern die Rekrutierung der Testpersonen fand allein nach dem Zufallsprinzip statt – ohne jede Form von Quotenvorgaben.

Die ausgewählten Merkmale wurden nach drei Kategorien ausgewertet:

---

[226] Weitere Daten, die aus ca. 40 Nachfragen bestehen, werden im Anhang themenbezogen ausgewertet als Information zur Verfügung gestellt, damit der Leser eine ungefähre Vorstellung vom gesamten Datenmaterial bekommt.

- *Orte der Kommunikation*
- *Themen der Kommunikationsgespräche*
- *Häufigkeit der Kommunikation.*

Um die Kommunikationsunterschiede von Interviewten feststellen zu können, wird das Interaktionsverhalten der Bevölkerungsgruppen türkischer und deutscher Herkunft „untereinander" und „mit der anderen Gruppe" untersucht. Die so festgestellten Unterschiede werden zusätzlich mit den oben beschriebenen drei Merkmalen nach drei Kategorien verglichen. Erst durch diesen Vergleich sind Kommunikationsinhalte der Interviewten türkischer und deutscher Herkunft und die darauf einwirkenden Faktoren zu erkennen.

5.1 Wahrnehmung nachbarschaftlicher Kommunikation[227]

Der Großteil der Dortmunder Bevölkerung türkischer Herkunft lebt – wie in Kapitel 4 ausführlich beschrieben – in der Nordstadt. Das Zusammenleben gehört seit Jahrzehnten zum Bild solcher „benachteiligter" Quartiere, die die gesamtstädtische Vielfalt darstellen. Unterschiedliche Bewohnergruppen werden im Alltag in öffentlichen, teilöffentlichen und privaten Räumen in unterschiedliche Formen interkultureller Interaktion einbezogen. Daher werden die praktizierten Interaktionen auf unterschiedlichen Ebenen wahrgenommen. Vor allem interessiert an dieser Stelle, mehr über die unterschiedliche Wahrnehmung der Nachbarschaft aus diversen Perspektiven zu erfahren.

Daher wurden die Interviewten gefragt, ob sich die nachbarschaftliche Kommunikation zwischen den Deutschen und Türken unterscheidet und wenn ja, woran sie diese Unterschiede erkennen. Hierbei ist wichtig, zu erfahren, wie sie ihre nachbarschaftliche Kommunikation betrachten. Der Begriff „Nachbarschaft" wird je nach Themengebiet unterschiedlich erfasst und definiert. Er bekommt nach ständig wechselnden, sich verändernden gesellschaftlichen Faktoren einen neuen Inhalt. Daher ist der „Nachbar" als Teil dieses Prozesses auch diesen dynamischen Entwicklungen ausgesetzt.

Klages (1968) beschreibt dies wie folgt.

> *„Er [der Nachbar d. Verf.] lebt vielmehr in dynamischen Spannungslagen zwischen Privatheit, Beruf und Verkehrskreis und realisiert im Verhältnis zu seiner sozialen Umwelt individuell ausbalancierte, hochselektive Bedürfnisse nach Distanz und Nähe."*[228]

Hinzu kommen migrationsspezifische Faktoren, die sicherlich den Umwandlungsprozess der Quartiere stark mitprägen. Diese Entwicklung ist nicht von den kulturellen Bedingungen zu trennen, weil die in der Nachbarschaft kommunizierenden Men-

---

[227] Die Frage lautet im Interview: Wie bewerten Sie die nachbarschaftliche Kommunikation mit Ihren Nachbarn?
[228] Klages (1968), S. 6.

schen aus unterschiedlichen Kulturen stammen und ihr Kommunikationsverhalten von diesen kulturellen Einflüssen geprägt ist. Was aber von Bedeutung ist, ist die Berücksichtigung der asymmetrischen Faktoren in der interkulturellen nachbarschaftlichen Kommunikation. Sowohl bei der Entwicklung nachbarschaftlicher Kommunikation als auch bei der Wahrnehmung der Nachbarschaft durch die BewohnerInnen spielen kulturelle Einflüsse nur eine unerhebliche Rolle. Dies wird durch die Aussagen der Interviewten bestätigt.

Auernheimer erklärt das mit erlebten Migrationserfahrungen.

> *„Auch unterschiedliche Migrationserfahrungen, Migrationsmotive etc. beeinflussen das Selbstverständnis und die Erwartungen von Kommunikationspartnern."*[229]

Hansen warnt in diesem Zusammenhang vor Kulturalisierung, bei Unterschieden sofort eine „Kultur" zu erkennen, also alles durch die Brille der „Kulturalisierung" zu betrachten.

> *„Es ist also einfach, Kulturunterschiede als Ursache zu erkennen, weil sie doch vermeintlich so offensichtlich sind und dabei soziale Unterschiede und soziale Ungleichheit vernachlässigen. Diese Wahrnehmung ist nicht zufällig. Hinter dieser Wahrnehmung steckt eine modische Vereinfachung: Kultur ist zum Joker geworden – alles soll mit Kultur und Kulturunterschieden erklärt werden."*[230]

Nach Aussagen der Interviewten wird die nachbarschaftliche Kommunikation überwiegend differenziert nach der nationalen Identität in „wir" und „sie" aufgefasst. Hinter dieser Identifikation „wir" und „sie" verbirgt sich oft eine Verallgemeinerung, die zwei Familientypen (hier: türkisch und deutsch) aus kulturell bezogenen Betrachtungsweisen vergleicht.

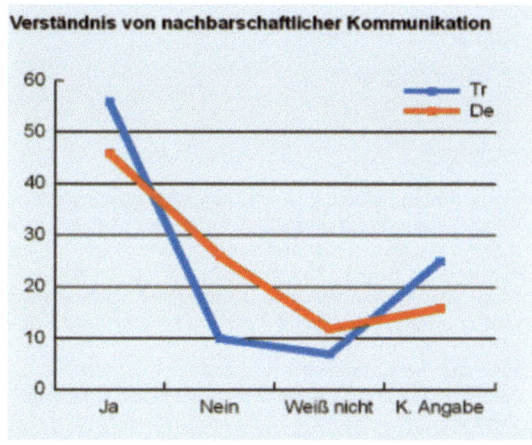

Abbildung 16: Verständnis von nachbarschaftlicher Kommunikation

---

[229] Auernheimer, S. 8.
[230] Hansen, S. 72 f.

Abbildung 17 veranschaulicht, wie die nachbarschaftlichen Verhältnisse von Interviewten aus beiden Bevölkerungsgruppen aufgefasst und wahrgenommen werden. Türkischsprachige Interviewte benutzen dabei unterschiedliche Formulierungen bzw. Stereotype, um die deutsche Nachbarschaft zu beschreiben: Sie sind in dieser Beziehung kalt, haben lose familiäre Bindungen und distanzierte Kommunikation, sind weder kontaktfreudig noch offen, kennen keine Spontaneität, sind in der nachbarschaftlichen Beziehung introvertiert, haben eine andere kulturelle Auffassung von Nachbarschaft[231] etc.

> *„Sie besuchen sich untereinander nicht oft. Sie treffen sich mehr in der Kneipe, nicht zu Hause wie wir. Ich kenne das von meinen Freunden."*[232]

Ein anderer türkischer Interviewter geht damit kritischer um:

> *„Vallahi – mit den Türken ist die Nachbarschaft doch schon anders! Natürlich wenn es ein guter Nachbar ist! Bei denen gibt es das auch. Natürlich wenn es ein guter Nachbar ist, dann ist es natürlich gut. Aber wenn es kein guter Nachbar ist, dann gehst du auch nicht zu ihm. ... Hier ist das so, so wie wir aus unserer Heimat, aus unseren Dörfern gekommen sind, er auch aus dem gleichen Gebiet kommt, dann läuft die Nachbarschaft gut. Wenn sie aus dem westlichen Gebiet gekommen wären, das anders wäre? Es ist ein wenig anders! Das ist schon eher förmlich dann. Das ist auch bei Türken so. Das ist dann mehr förmlich."*[233]

Diese Auffassung von Nachbarschaft wird ähnlich auch von deutschen Interviewten geteilt. Diese äußern sich auch über in der Nachbarschaft[234] erlebte Praxiserfahrungen: „Türkische Nachbarn kennen keine Privatsphäre, keine Grenzen, haben starke familiäre Bindungen, sind mehr kontaktfreudig, sehr gastfreundlich und sehr laut, pflegen verwandtschaftliche Beziehungen, sind auf gegenseitige Hilfe eingestellt."

> *„A: Alle zusammen tun.*
>
> *F: Zusammen tun, wie ist das gemeint?*

---

[231] Nachbarschaft = Komşu wird in türkischer Gesellschaft auch als räumliche Nähe definiert, aber Erwartungen und Wahrnehmung der Nachbarschaft werden soziokulturell anders definiert als in Deutschland. Aus diesen Faktoren erwartet man von Nachbarn andere Unterstützungen bzw. intensiven Austausch in jeglicher Art. Um das auszudrücken, werden zahlreiche Sprichwörter im Volksmund benutzt: „Der Nachbar bedarf der Asche eines Nachbarn" (Komşu komşunun külüne muhtaçtır); „Kauf kein Haus, bevor du die Nachbarn kennengelernt hast" (Ev almadan önce komşu al).

[232] Nr. 71, männlich, verheiratet, Servicetechniker bei Siemens, 33 Jahre alt.

[233] Nr. 74, verheiratet, weiblich, wohnt seit 23 Jahren im Stadtteil und arbeitet als Hauswirtschafterin in einem Heim, 61 Jahre alt.

[234] Der Begriff „Nachbar" wird in Wikipedia (http://de.wikipedia.org/wiki/Nachbar) wie folgt definiert: „Unter Nachbarn (von ‚nahe' und ‚Bauer') versteht man primär also räumliche Nähe, die in den angrenzenden oder nächstgelegenen Gebäuden bzw. Wohnungen wohnenden Personen." Er wird auch in einer Reihe mit verwandten Begriffen wie „Bekannter", „Freund", „Fremder", „Ausländer" verwendet. Das heißt: Er signalisiert zum einen Nähe, zum anderen Begegnungsmöglichkeit. Die Auseinandersetzung mit dem „Nachbarn" lässt sich also je nach dem Bekanntheitsgrad, dem Grad der Fremdheit, der Nähe bzw. Distanz je nach Interaktionsort eingrenzen.

A: Ja die türkische Familie, die jetzt neben einer türkischen Familie leben würde, würde wahrscheinlich auch nahe auf die andere Familie zugehen. Viele tun sich zusammen, wenn jetzt irgendwie ein ganzes Haus zusammenlebt voller Türken. Das sieht man. Die sitzen alle, z. B. wenn sie einen Hof haben, dann zusammen. Tauschen Sachen untereinander aus. Kochen zusammen oder so was irgendwie. Was ich jetzt so bei meinen deutschen Nachbarschaften nicht erlebt habe bis jetzt.

F: In Kontakt zu denen jetzt meinst Du?

A: Ja.

F: Aber da liegen wohl auch die feinen Unterschiede. Die Auffassung von Nachbarschaften auch zu leben. Gehäuft sieht man Deutsche im Alltag im Sommer z. B. ja nicht.

A: Nein, das ist wahr. Die Deutschen sind eben für sich alleine. Oder überhaupt der ganze Familienzusammenhalt. Da sieht man dann viele Leute in einer Wohnung und was bei Deutschen halt eher selten oder nur bei Partys vorkommt."[235]

Auf der anderen Seite ist der Anteil von Deutschen, die keinen Unterschied sehen, hoch. Bei diesem Ergebnis ist zu sehen, wie die Interviewten unterschiedliche Kommunikationsverhaltensweisen im interkulturellen Kontext interpretieren bzw. diesbezüglich argumentieren.

Die überwiegend deutschen Nachbarn, die von einem unterschiedlich aufgefassten Kommunikationsverständnis ausgehen, beschreiben diese Differenzen bzw. ihre Erwartungen sachlich und präzise. Diese Wahrnehmung bzw. Beschreibung der nachbarschaftlichen Differenzen ist auch bei türkischsprachigen Interviewten festzustellen. Diese türkische Person sieht den Unterschied nicht unbedingt in den unterschiedlichen Kulturen, setzt aber einen nachbarschaftlichen Dialog voraus:

„Das hängt einmal von dem Dialog ab, das unterscheidet sich von Mensch zu Mensch. Manchmal will man den Dialog, die Nachbarschaft. Will man reden. Eigentlich ist das bei einigen Türken auch genauso wie Deutsche. Manche wollen quatschen, andere nicht. Es können unterschiedliche Menschen sein. Ja. Unterscheidet sich, unterscheidet sich! Nicht weil sie Deutsche sind – ist einfach unterschiedlich."[236]

„Natürlich sind sie unterschiedlich, weil die Türken, wenn im Haus etwas fehlt, zum Nachbarn gehen können und ihn fragen können. Die Deutschen haben das nicht. Es gibt ein ‚mein' und ‚dein', sie sind sehr egoistisch. Ohnehin wenn man sich nichts ausleihen kann, wenn man nichts zusammen teilt, kann man das nicht als Nachbarschaft betrachten. Dass man sich zusammen hinsetzt, miteinander redet, miteinander etwas teilt. Das kann man alles nicht machen mit den Deutschen. Die Kulturunterschiede sind zu groß. Ja ich habe Vorurteile. Weil ich weiß nicht, die sind generell kinderlos, sie kümmern sich nicht um ihre Kinder, sie sind einsam, die Türken sind immer zahlreich. Der Unterschied generell zwischen den Türken und Deutschen ist... Die Deutschen wollen, dass die Ausländer immer integriert werden und sich den Deutschen anpassen. Wir tun alles, was in unserer Macht steht. Es gibt auch einige, die das nicht so gut schaffen, aber die Mehrheit gibt sich Mühe. Z.B. wenn die Kinder in der Schule nicht gut sind, versuchen wir zu helfen. Aber die Deutschen wollen immer, dass man sich anpasst.

---

[235] Nr. 84, weiblich, ledig, Hausfrau, 29 Jahre alt, wohnt seit der Geburt dort.
[236] Nr. 73, männlich, verheiratet, wohnt seit 35 Jahren in der Nordstadt, bezieht Rente und ist 69 Jahre alt.

Ausländische Kinder laden deutsche Kinder ein, aber warum laden deutsche Kinder keine ausländischen Kinder ein? Weil sie sehr geizig sind und eine andere Erziehung bekommen haben. Warum müssen immer Ausländer integriert werden? Warum nicht die Deutschen? Z.B. wenn wir in die Stadt gehen und die Mehrheit Deutsche sind, weil wir schwarze Haare haben, werden wir schlecht behandelt, sie ziehen ein Gesicht. Darüber rege ich mich auf. Man kann das nicht alles in Worte fassen, man muss das erleben. Egal wo, es ist immer pessimistisch. Es heißt immer: ‚schon wieder Ausländer'. Das alles sollte nicht immer von den Ausländern erwartet werden. Sie selber sollten auch etwas tun, aber die sagen: ‚Das ist unser Land, wir haben es nicht nötig, die müssen integriert werden.' Aber auf jeden Fall tun die Ausländer alles, was in ihrer Macht liegt. Ich bin gegen den Druck."[237]

Auf der einen Seite wird den deutschsprachigen Nachbarn Beziehungskälte zugeschrieben, aber anderseits wird der Umstand differenziert betrachtet, es wird zu Recht festgestellt, dass sie auch untereinander nicht anders kommunizieren.

Eine aufschlussreiche Erkenntnis ist dabei, dass die türkischsprachigen Interviewten durch ihre negativen Erfahrungen in der nachbarschaftlichen Kommunikation ein allgemeines Bild für alle entwickeln. Dadurch entstehen Stereotype, die auf alle Deutschen projiziert werden. Dieses Beispiel zeigt dies genau, auch wenn am Ende Personalpronomen benutzt werden:

„Ja, sehr! Z. B. bei den Türken ist das egal, wenn du Geräusche machst. Aber bei den Deutschen ist das mehr! Ich weiß nicht. Die reagieren sofort darauf. Ja, die schimpfen sofort. Die denken nicht nach, ob die Kinder haben oder nicht. Ich weiß nicht. Wir hatten nicht so Kontakt zu ihm."[238]

Einige wenige erklären diesen Unterschied kulturbezogen, bringen das aber mit dem Assimilationsaspekt der aktuellen Migrationspolitik zusammen:

„Ja, sie ist unterschiedlich: Weil unsere Kulturen nicht zusammenpassen. Vielleicht werden die Kinder der dritten Generation sich besser anpassen. Aber sagen wir, meine Einstellung, meine Kultur unterscheidet sich sehr von der der Deutschen."[239]

„Nicht direkt. Also wie gesagt, man muss nur akzeptieren mit dem Glauben und der Religion, das ist das Einzige, was einen eigentlich unterscheidet. Gut, die Sprache noch und bedingt durch die Religion, weil teilweise anders gekleidet. Aber die heutige Jugend, die hier aufgewachsen ist, passt sich dem europäischen Staat an. Also nur ein kleiner Prozentsatz, wo wirklich dann oder die Jugendlichen, die meinen, sie müssten den Macho raushängen lassen, dass es zu Konflikten kommt. Aber Augen zu und reden lassen."[240]

Unterschiedliche Lebensart in Bezug auf nachbarschaftliche Kommunikation wird auch von deutschen Interviewten festgestellt und beschrieben.

„Nein, im Grunde genommen unterscheidet sich der Begriff überhaupt nicht. Das Problem ist, dass Nachbarschaft, dass türkische Nachbarschaft sich anders gestaltet als deutsche Nachbarschaft. Das heißt, türkische Nachbarschaft geht dahin, generell zu

---

[237] Nr.3, weiblich, ledig, 37 Jahre alt, wohnt seit 9 Jahren in der Nordstadt.
[238] Nr. 59, weiblich, Schülerin, 17 Jahre alt.
[239] Nr. 7, weiblich, verheiratet, Hausfrau, arbeitslos, 9 Jahre im Stadtteil.
[240] Nr. 81, weiblich, verheiratet, seit 22 Jahren dort wohnhaft, Gebäudereinigerin, 48 Jahre alt.

helfen. Der Unterschied in den beiden Nachbarschaften ist schlichtweg einfach die unterschiedliche Lebensart. Das heißt: Meine türkischen Nachbarn generell haben einen anderen Lebensrhythmus. Weil da ab, sag ich mal, ab 20 Uhr beginnt da das Leben. Das heißt also, der Besuch kommt und geht und das zieht sich dann meistenteils bis zwei, drei Uhr in der Nacht hin. Das ist das Problem dabei, im Endeffekt. Und solange wie das nicht ausartet und allzu laut wird, stört uns das nicht weiter."[241]

Die Erwartung von nachbarschaftlicher Kommunikation wird auch durch aktive Ansprache und Aufeinanderzugehen wahrgenommen. Nachbarschaftliche Kommunikation läuft im alltäglichen Dialog ungeplant ab und umfasst je nach Begegnung unterschiedliche Einflussfaktoren. Daher beschreibt ein deutscher Interviewter die Kommunikationsverhaltensweisen aus eigener Erfahrung anhand eines sehr simplen Beispiels:

„Ja, die unterscheidet sich. Die türkischen Nachbarn, die fragen öfter mal nach persönlichen Sachen und die Deutschen weniger. Die fragen auch mal, ob sie mal ein Ei haben dürfen, die Deutschen weniger."[242]

Ein weiterer Aspekt ist dabei der Hinweis auf die Wirkung der großstädtischen Verhältnisse auf die nachbarschaftlichen Kommunikationsinhalte, die die Intensität der nachbarschaftlichen Beziehungen im negativen Sinne aufgelöst haben:

„Ich glaube nicht. Ich glaube, die Deutschen haben nur in Großstädten nicht mehr das Gefühl von Nachbarschaft. Also in kleineren Gebieten ist das, glaube ich, eher, das schaffen die halt auch in Großstädten, sich dann eine Art von Netzwerk, Verzweigungen, Familiengefüge auch untereinander von zwei, drei verschiedenen Familien aufzubauen, die ein Haus oder zwei Häuser nebeneinander wohnen, glaube ich."[243]

Einige Interviewte deutscher Herkunft begründen das mit der strukturellen Veränderung in den letzten Jahrzehnten. Mehrfach wird Bedauern darüber geäußert, dass die Kontakte nicht mehr so gut oder so intensiv wie früher sind:

„Früher? Ja also das war besser, nachbarschaftlicher vor allen Dingen. Da konnte man ohne weiteres in Urlaub fahren, konnte man bei der Nachbarin den Schlüssel abgeben, da wurden die Blumen gegossen. Oder es wurde auch mehr darauf geachtet, was sich im Hause tat. Ich beziehe das jetzt darauf, also wenn jetzt in unserem Hause eingebrochen würde, würde das keiner merken. Diejenigen, mit denen ich da Kontakt habe, gehen früh zu Bett."[244]

„Ähm, die Kommunikation ist oft z. B. auch bei mir im Haus nicht so hoch, wie ich das eigentlich mal früher so in meiner Kindheit irgendwie gewohnt war. Äh, z. B. dass man auch so 'n bisschen Wohngemeinschaft macht und sich gegenseitig hilft. Das ist nicht immer unbedingt gewährleistet, zumindest nicht hier."[245]

Genauso äußert sich dieser Nachbar:

---

[241] Nr. 21, männlich, ledig, 42 Jahre alt, seit 4 Jahren wohnhaft, Psychologe.
[242] Nr. 24, männlich, ledig, Student, 22 Jahre alt und seit 9 Jahren im Stadtteil.
[243] Nr. 35, weiblich, ledig, Krankenschwester, 28 Jahre alt und seit 8 Jahren dort.
[244] Nr. 11, weiblich, 69 Jahre alt, Schneiderin und Kauffrau, 37 Jahre vor Ort wohnhaft.
[245] Nr. 55, 45 Jahre alt, männlich, Galvaniseur, 20 Jahre im Dortmunder Norden.

> *„Ach ich äh, hab festgestellt, ich wohn jetzt hier in der Fliederstraße ein Jahr, ich komm... hab kaum Kontakt zu Nachbarn und das hat sich gegenüber früher sehr geändert. Also ist ziemlich isoliert jetzt. Man sagt sich ‚Guten Tag' und spricht sich ab, wann man den Flur putzt, das war's dann aber auch."*[246]

Der Punkt „Verständnis bzw. Wahrnehmung" ist einer der wenigen Aspekte zur interkulturellen Kommunikation im interkulturellen Kontext, der die Differenzen und Erwartungen zwischen den Kommunizierenden unterschiedlicher Kulturen deutlich macht. Eine gute Nachbarschaft würde funktionieren, wenn die Nachbarn bewusst aufeinander zugehen und die Erwartungen ihrer Nachbarn in den alltäglichen Begegnungen bzw. Interaktionen verankern würden.

> *„Wir sind heute mit neuen Formen der Vernetzung, Integration und Solidarität konfrontiert, die von Individualisierungsprozessen begleitet werden. Der postmoderne Alltag ist hoch individuell organisiert. Unter bestimmten gesellschaftlichen Vorgaben permanent individuelle Entscheidungen zu treffen, das Leben in eigener Regie zu führen und in bestimmten Situationen gemeinsam zu agieren, ist heute eine schlichte Alltagsnormalität."*[247]

Bourdieus Theorie des sozialen Raums und des Habitus ist an dieser Stelle wichtig, um die sich im sozialen Raum abspielenden Prozesse zu verstehen, um nachzuvollziehen, wie Bewohner ihre nachbarschaftlichen Beziehungen wahrnehmen. Nach Bourdieu erwerben die Individuen gemäß der verschiedenen Arten von Kapital (ökonomisches, soziales, kulturelles und symbolisches Kapital im sozialen Raum) bestimmte Verhaltensweisen und Wahrnehmungen im Sozialraum, die die sozialkulturelle Position und das Verhalten anderer Individuen oder Gruppen erklären können. Das Individuum ist diesen Entwicklungen ausgesetzt und befindet sich in einem dynamischen Prozess.

> *„Versuchen wir das Verhältnis von Sozialraum und Biographie zu ergründen, so müssen wir von der Annahme ausgehen, dass es eine Korrespondenz zwischen Dynamik städtischer Expansion und Veränderung auf der einen Seite und der individuellen Lebensgeschichte auf der anderen Seite gibt. Zentrale Aspekt diese Korrespondenz sind: Zugang zu und Verfügung von sozialräumlichen Ressourcen (Infrastrukturen, Netzwerke) und Partizipation an Macht- und Entscheidungsstrukturen."*[248]

Dieser Individualisierungsprozess führt zur Auflösung alter Traditionen und Bindungen, zur Ablösung industriegesellschaftlicher Lebensformen und formiert diese neu. Davon sind nicht nur die deutschen, sondern auch die migrantenspezifischen Formen betroffen. In dieser Umwandlung entwickelt das Individuum neue kommunikative Beziehungen. Im Alltag der Stadtteile entstehen neue Interaktionsformen, die in die nachbarschaftlichen Beziehungen eingebettet sind.

---

[246] Nr. 47, 50 Jahre alt, Elektriker, 50.
[247] Bukow (2001), S. 35.
[248] Schumann, S. 6.

Zwischenfazit

Die Bewohner türkischer und deutscher Herkunft nehmen die Nachbarschaft unterschiedlich wahr, da ihnen bewusst ist, dass die Nachbarschaft in beiden Kulturen unterschiedlich erfasst wird. Im Laufe des Zusammenlebens ist dieser Unterschied den BewohnerInnen selbstverständlich geworden, was auch zu einer friedlichen Akzeptanz führt. Der größte Teil der Interviewten gab an, dass es trotz der kulturellen Unterschiede Verständnis für eine interkulturelle Nachbarschaft gebe. Ein weiteres Ergebnis dieses Teils ist, dass es bei den Bewohnern aufgrund ihrer negativen Alltagserfahrung Vorurteile und Stereotypisierungen gibt, die eine konfliktfreie Kommunikation ermöglichen würden. Diese Stereotypisierungen entstehen nicht nur aus der nachbarschaftlichen Kommunikation, sondern auch aus gesamtgesellschaftlichen Praxiserfahrungen, fokussiert auf die Veränderungen in jeder Hinsicht im Stadtteil. Aussagen der türkischen Nachbarn zu den deutschen Nachbarn – z. B. lose familiäre Bindungen, distanzierte Kommunikation, sachliche und kalte Verhaltensweisen etc. – beziehen sich auf die Eigenschaften, die im Rahmen der Industrialisierung erworben worden sind. Oder die Gegenbehauptungen von deutschen Nachbarn über Verhaltensweisen von türkischen Nachbarn: z. B. keine Privatsphäre, starke familiäre Bindungen, sehr laut, gastfreundlich etc. Das zeigt, dass die Bewohner türkischer Herkunft ihre in der Türkei in ihrer Sozialisation erworbenen Verhaltensweisen teils beibehalten haben. Es liegt auch an der ziellos verfolgten Migrationspolitik Deutschlands in den letzten fünfzig Jahren, da die Migranten in den Stadtteilen als Außenseiter keine Möglichkeit erhielten, auf unterschiedlichen Ebenen Partizipation zu praktizieren.

Der figurationstheoretische Ansatz von Elias ist hier hilfreich, weil er die konkreten Bewertungen auf ein asymmetrisch strukturiertes Interaktionsgeflecht zurückführt.

Daher ist es sehr schwierig, zu behaupten, dass die heutigen Türken immer noch türkische nachbarschaftliche Kommunikation erwarten und führen; genauso realitätsfern ist es, von den Deutschen typisch deutsche nachbarschaftliche Interaktionsformen zu erwarten. Der Alltag im Quartier besteht aus einer Verkettung von unterschiedlichen Faktoren, die ein Produkt kultureller, ökonomischer und politischer Dynamik auf lokaler und globaler Ebene sind, die die Wahrnehmung der Nachbarschaft für die Bewohner türkischer und deutscher Herkunft beeinflusst.

Ein weiteres Ergebnis ist, dass die Bewohner zwischen türkischem und deutschem Nachbarschaftsverständnis keinen Unterschied sehen. Das wird überwiegend als unterschiedliche Lebensart wahrgenommen.

5.2 Grundlagen für eine gute nachbarschaftliche Kommunikation[249]

Eine weitere wichtige Frage ist, die Grundlagen für eine gute nachbarschaftliche Kommunikation von Interviewten zu erfahren, also auf welcher Grundlage die nachbarschaftliche Kommunikation bezüglich ihrer alltagsbezogenen Wahrnehmung ablaufen soll, die als Voraussetzung für eine gute nachbarschaftliche Kommunikation wichtig ist.

Hinsichtlich der Erwartung einer nachbarschaftlichen Kommunikation werden in Interviews unterschiedliche Aspekte genannt. Wenn man die Aussagen analysiert, sieht man, dass die Bewohner mit sich selbst eine bewusste Auseinandersetzung über ihre Erwartungen für nachbarschaftliche Kommunikation geführt haben. Es lässt sich feststellen: Obwohl die Interviewten unterschiedlicher Herkunft sind, sind die genannten Erwartungskriterien weitgehend deckungsgleich.

Grundlagen für eine Kommunikation	Deutsch	Türkisch
Sprache	33	37
Akzeptanz, Respekt, Toleranz, Rücksichtnahme	12	24
Charakter, Ehrlichkeit, Vertrauen, Freundschaft	8	25
Sympathie, Offenheit, Nähe	20	22
Dialog, Umgang, Miteinanderreden, Interesse zeigen	12	25
Hausregeln	2	1

Abbildung 17: Grundlagen für nachbarschaftliche Kommunikation

Wichtig erscheint, dass die Interviewten mit unterschiedlichen kulturellen Wurzeln gleiche Voraussetzungen für eine gute nachbarschaftliche Kommunikation nennen und fast ähnliche Betrachtungen haben. Die Bedeutung einer gemeinsamen Sprache für eine nachbarschaftliche Kommunikation wird – was nicht verwundert – von einem großen Teil der Interviewten erkannt. Sprache ist Grundlage für eine Kommunikation, die in den Alltag hinreicht und ein wesentlicher Faktor für eine gelungene ebenso wie für eine gescheiterte Kommunikation. Neuere Untersuchungen zeigen nämlich, dass viele zweisprachig aufgewachsene Menschen unterschiedliche kommunikative Stile praktizieren, je nachdem, in welcher Sprache sie angesprochen werden.

Erl und Gymnich charakterisieren die Rolle der Sprache wie folgt:

> „Die Sprache strukturiert (laut Sapir) die Wahrnehmung der Welt durch das Individuum in ganz erheblichem Maße, ohne dass dies dem Individuum jedoch notwendig bewusst ist. Da die Sprache zum unbewussten Wissen von Sprechern zählt, ist auch

---

[249] Welche Erwartungen haben Sie von einer nachbarschaftlichen Kommunikation?

> *durch die Sprache erfolgende Strukturierung der Weltsicht im Wesentlichen ein unbewusst ablaufender Prozess.* "[250]

Die „Sprachlosigkeit" der betroffenen Nachbarn oder mangelnde Deutschkenntnisse seitens der Migranten erschweren oder verhindern die Kommunikation bzw. schaffen Grundlagen für Konflikte.

> *„Natürlich kommt in erster Linie die Sprache in den Vordergrund. Aber mit der Sprache zusammen muss man gemeinsame Punkte und Interessen haben. Was könnten die sein? Z. B. man lebt in derselben Gegend. Da gibt es gemeinsame Probleme. Probleme im Haus, Probleme bei der Arbeit usw. Das wären jetzt mit der Sprache zusammen Gemeinsamkeiten, die wichtig sind.*"[251]

Rolle und Bedeutung der gemeinsamen Sprache für eine Kommunikation wurden jahrzehntelang stark vernachlässigt. Das System hat dies erst seit einiger Zeit als Problem erkannt und bundesweit geltende Sprachmaßnahmen in die Wege geleitet, z. B. die Integrationskurse des BAMF. Wenn man sein Anliegen nicht differenziert genug vortragen oder auch sich selbst nicht angemessen darstellen kann, kommt es zu Frustrationen. Eine gewisse Infantilisierung stellt sich ein. (Knapp 2002) Die weiteren Begriffe, wie Akzeptanz, Rücksichtnahme, Respekt, Offenheit etc., die genannt worden sind, werden von türkischsprachigen Interviewten deutlich mehr verwendet als von deutschen Interviewten:

> *„Ja, ganz genau, ganz genau, die Sprache beide Sachen. Das eben, dass man äh sich immer so auf einer Augenhöhe so begegnen kann.*"[252]

> *„Gegenseitige Nachbarschaftshilfe, auch gegenseitige Rücksichtnahme, weil wir leben in einem Sozialverbund mehr oder weniger, auch in einem Haus, und da sollte man gegenseitig Rücksicht nehmen, das ich eigentlich auch so von früher kenne, dass z .B. zu gewissen Zeiten irgendwie man etwas gedämpfter durch die Gegend läuft, um den Nachbarn nicht zu sehr zu stören oder so irgendwie und äh das sind so viele Sachen, die hier nicht immer so gewährleistet sind.*"[253]

Sprache ist kein Erfolgsschlüssel für nachbarschaftliche Interaktion, sie wird von Interviewten mit weiteren Aspekten ergänzt verwendet, nämlich mit Begriffen wie etwa Respekt, Anerkennung, Rücksicht:

> *„Ja die Sprache, auf jeden Fall, Respekt, Anerkennung, das sind halt die wichtigsten Sachen, halt dass man miteinander redet und dass man sich kennt. Dass man die Mentalität, die Kultur kennt.*"[254]

> *„In allererster Linie würde ich mal sagen – o.k. sind zwei wichtige Punkte. Die wichtigsten sind erst einmal die Sprache und die mitmenschlichen Beziehungen, die man pflegt. Auf jeden Fall nett sein zum Nachbarn, weil der Nachbar ist immer sehr, sehr wichtig. Es kann immer was passieren, dass der Nachbar der nahste sogar näher als die Mutter und der Vater, die sehr weit weg wohnen. Man ist auf jeden Fall – ja, im Islam ist der Nachbar sehr, sehr wichtig. Weil es kann z. B. irgendwo eine Flamme sein.*

---

[250] Erll/ Gymnich (2007), S. 81.
[251] Nr. 5, männlich, verheiratet, 40 Jahre alt, Kaufmann, wohnt seit 20 Jahren im Stadtteil.
[252] Nr. 41, weiblich, verwitwet, seit 37 Jahren wohnhaft, Kauffrau und ist 57 Jahre alt.
[253] Nr. 55, männlich, ledig, 45 Jahre alt, Galvaniseur, seit 20 Jahren im Quartier.
[254] Nr. 19, männlich, ledig, Kranführer, 30 Jahre alt und ist im Quartier geboren.

> *Wer rettet? Der Nachbar. Wenn man in Not ist, man muss irgendwie schnell weg oder man fährt in den Urlaub. Dass man auf jeden Fall sehr freundlich ist, hilfsbereit ist. ... Die Sprache ist schon fast so wichtig wie Sympathie.*"[255]

Die weiteren von den Interviewten genannten Aspekte wie Sympathie, Nähe, ehrlicher Umgang, Interesse an einem Dialog bzw. Interesse füreinander zu zeigen, sind wichtige Faktoren für nachbarschaftliche Kommunikation, die den ganzen Überbrückungsprozess zwischen Nähe und Distanz beeinflussen können. Nähe und Sympathie machen die Nachbarschaftskommunikation ambivalent. Dies bietet eine Basis für wechselseitige Unterstützungsbeziehungen:

> *"Natürlich spielt die Sympathie auch eine Rolle. Wenn du einem Menschen ‚Hallo' sagst und er dir auch, dann denkst du für dich: ‚Dieser Mensch möchte mit mir nicht in Kontakt treten.' Er möchte nur beim Grüßen bleiben. ‚Hallo, hallo' und das war's, ‚wie geht's' usw., aber das war es dann auch."*[256]

Das wird ähnlich auch von deutschen Interviewten beschrieben:

> *"Ja also, ich glaube, die Freundlichkeit, dass man jedem freundlich gegenübertritt, dass man schon zumindest ‚Guten Tag' sagt und äh ... ich glaube, dass man einfach jeden Menschen so nehmen sollte, wie er ist."*[257]

5.2.1 Fazit

Wie die Interviewten in ihren Aussagen beschrieben haben, nannten sie diverse Faktoren, die ihre nachbarschaftlichen Erwartungen unmittelbar bestimmen. Nach Bourdieus Theorie über den sozialen Raum und den Habitus ist es hilfreich, Prozesse zu verstehen, die sich innerhalb des Sozialraums im Zusammenhang mit der Entwicklung sozialer Kommunikation in der Nachbarschaft abspielen, also wie die Individuen die nachbarschaftliche Atmosphäre wahrnehmen, wie sie bestimmte Verhaltensweisen in der Nachbarschaft beurteilen und bestimmte Wahrnehmungsarten gewinnen.

Nach der Aussage von Interviewten wird die verbale Kommunikation als wichtiges Instrument wahrgenommen. Diese wird als wichtigste Grundlage zur nachbarschaftlichen Kommunikation benannt. Der Anteil nonverbaler Kommunikationsstile, die in Form von Respekt, Akzeptanz, Sympathie etc. die nachbarschaftliche Atmosphäre bestimmen, ist bei der Interaktion sehr bedeutend. Daher erscheint hier laut den Aussagen von Interviewten die These bekräftigt, dass die nachbarschaftlichen Wahrnehmungen mehr von den vorhandenen strukturbedingten sozio-ökonomischen Umständen als von kulturellen Faktoren beeinflusst werden.

---

[255] Nr. 51, weiblich, verheiratet, 32 Jahre alt, Studentin, seit 20 Jahren im Quartier.
[256] Nr. 86, männlich, 44 Jahre alt, beschäftigt, seit 11 Jahren im Stadtteil.
[257] Nr. 50, weiblich, ledig, Hausfrau, 25 Jahre alt, seit 3 Jahren im Quartier.

5.3 Orte für nachbarschaftliche Gespräche[258]

Gesprächsorte geben Hinweise auf und Informationen über Intensität, Art und Inhalte der geführten Kommunikation. Die Kommunizierenden führen Gespräche an unterschiedlichen Orten, die sich in drei unterschiedliche Bereiche aufteilen lassen:
- in den öffentlichen Raum (außerhalb des Wohnumfeldes, z. B. Arbeitsplatz, Einkaufszentren, Kindergarten, Spielplätze, Elterncafes etc.),
- in den teilöffentlichen Raum (Umfeld des Hauses, z. B. Treppenhaus, Garten, Flur etc.),
- in den privaten Raum (Wohnung).

Wie in Abbildung 8 dargestellt, besteht der Lebensort in einem Stadtteil aus materiellen sowie sozialen Gegebenheiten, die die räumliche Aufteilung der alltäglichen Interaktion verständlicher machen.

In diesem Teil werden die Interviewten nach ihren Gesprächsorten gefragt, also welche Orte für die nachbarschaftlichen Gespräche genutzt werden, wo sie sich treffen und ob die Gesprächsorte sich bei deutschen bzw. türkischen Interviewten unterscheiden. Um diesen Unterschied festzustellen, werden die Deutschen nach ihren Kontaktorten mit deutschen und türkischen Nachbarn und die TürkInnen nach denen mit türkischen und deutschen Nachbarn befragt. Auf die Frage, wo sie sich treffen, machten die Interviewten unterschiedliche Ortsangaben, wie z. B. Straße, Wohnungen, im Hof, im Treppenhaus. Gesprächsorte geben einerseits Informationen über die Intensität der Kommunikation, anderseits Informationen über deren Inhalte. Daher wurden die diesbezüglichen Informationen der Interviewten entsprechend aufgeteilt: in öffentlich und privat.

Der Sozialraum ist eine Zusammensetzung eines Interaktionsnetzes, in dem man auf unterschiedlichen Ebenen kommuniziert und handelt. Wie in dem vorherigen Kapitel beschrieben wurde, lebt man im Sozialraum miteinander, tauscht sich aus, lernt, begrüßt, trifft sich an unterschiedlichen Orten, kauft zusammen ein, handelt gemeinsam, geht arbeiten, bespricht unterschiedliche Themen usw. Die Aussagen der Interviewten bekräftigen diese räumliche Aufteilung, Sie differenzieren den privaten und den öffentlichen Bereich relativ deutlich voneinander.

Abbildung 19 gibt Auskunft über die von türkischen und deutschen Interviewten bevorzugten Kommunikationsorte. Ca. 50 % der türkischsprachigen Nachbarn nutzen den privaten Raum zur Kommunikation mit ihren türkischsprachigen Nachbarn. Die Kommunikation an weiteren Orten ist bei den türkischsprachigen Nachbarn wesentlich geringer ausgeprägt. Die Orte ändern sich sehr stark in der Kommunikation mit den deutschen Nachbarn. Ca. 25 % der türkischen Interviewten geben an, dass sie sich mit ihren deutschen Nachbarn in ihrem privaten Raum treffen, nutzen aber den teilöffentlichen Bereich sehr viel mehr. Der Außenraum spielt in der Kommunikati-

---

[258] Wo treffen Sie sich am meisten?

on mit deutschen Nachbarn keine bedeutende Rolle. Ca. 15 % der deutschsprachigen Interviewten nutzen ihren privaten Raum für nachbarschaftliche Kommunikation, vor allem aber nutzen 60 % stärker den teilöffentlichen Bereich, also „den Innenraum" „das Treppenhaus", „den Hausflur", „Garten" und „Hof" für ihre Gespräche innerhalb ihrer eigenen Community. Dieser Anteil ist bei den türkischsprachigen Nachbarn deutlich größer.

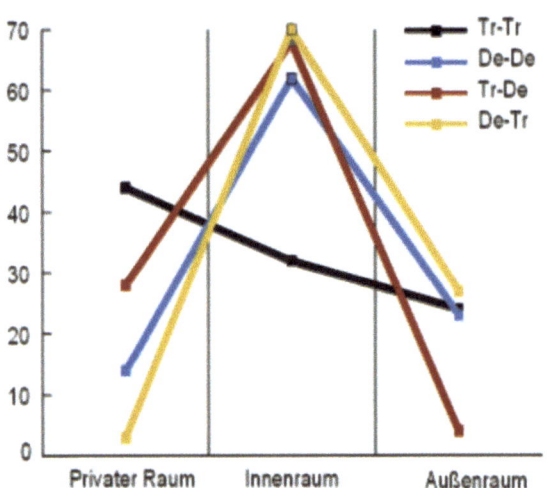

Abbildung 18: Gesprächsorte

Nach Aussagen von Interviewten gibt es unterschiedlich wahrgenommene bzw. genutzte Kommunikationsorte. So wird die Wohnung als „privater Raum" bei den deutschsprachigen Interviewten deutlich weniger genutzt als bei den türkischsprachigen Interviewten.

Die Wohnung als privater Bereich wird von den unterschiedlichen Kulturen angehörigen Menschen insgesamt in der alltäglichen nachbarschaftlichen Kommunikation wahrgenommen. Dabei werden Begriffe wie „Distanz" und „Nähe" genutzt, um die Intensität der Kommunikation zu beschreiben.

Nach dem Riemann-Thomann-Modell erklärt Schulz von Thun:

> „*Vermutlich können wir die vier menschlichen Grundstrebungen, von denen das Modell ausgeht, bei allen Menschen als gegeben voraussetzen. Unabhängig von seiner kulturellen Zugehörigkeit dürfte jeder Mensch einerseits ein Bedürfnis nach Nähe und Zugehörigkeit haben und anderseits auch ein Bedürfnis nach Abgrenzung, Eigenständigkeit und Distanz.*"[259]

---

[259] Schulz von Thun/Kumbier, S. 21.

Sicherlich kommt der Wohnung selbst diese Schutzfunktion zu. Sie ist auch nicht entbehrlich, denn Bedürfnisse wie Schlafen, Wärme, Essen und Trinken werden primär in der Wohnung erfüllt. Diese Schutzfunktion ist für alle Menschen – unabhängig vom kulturellen Hintergrund – in derselben Weise wichtig, doch gleichermaßen, wie sich Individuen voneinander unterscheiden, unterscheidet sich die Art und Weise des Wohnens z. B. als ein Teil der privaten Sphäre.

„Meistens ja im Haus der Leute. Also jetzt nicht im Winter vielleicht so im Park oder so ... im Sommer. Aber im Winter, das ist jetzt nicht so wie bei Deutschen, so im Café sitzen oder so. Weil bei uns Türken ist das ja immer so, dass wir zu Hause trifft. Bei den Leuten Kaffee trinkt oder so. Also so ein recht enger Kontakt, freundschaftlicher Kontakt."[260]

Auch die türkischsprachigen Nachbarn nutzen zu ca. 70 % den Innenraum „Treppenhaus, Hausflur, Garten" zur Kommunikation mit deutschen Nachbarn. Das erklärt sich damit, dass die deutschen Nachbarn es von der Lebensweise her nicht gewohnt sind, sich in ihrem privaten Raum zu treffen. Nur 3 % der deutschen Interviewten öffnen ihre Türen zur interkulturellen nachbarschaftlichen Kommunikation. Die Wohnung wird als Gesprächsort in der Kommunikation mit türkischen Nachbarn selten gewählt. Nur 12 % der deutschen Interviewten öffnen ihre Türen für die Nachbarn deutscher Herkunft. Dieser Anteil ist bei den türkischsprachigen deutlich höher, er beträgt ca. 45 %. Der öffentliche Raum, also Außenraum (Park, Kneipen, Arbeitsplatz, Einkaufsorte etc.) wird ebenfalls von deutschsprachigen Interviewten zu ca. 25 % sowohl in der Kommunikation untereinander als auch in der Kommunikation mit türkischsprachigen Nachbarn genauso intensiv genutzt.

„Das Zusammenleben wird durch die informellen Gelegenheiten zum Treffen und ‚Tratsch' in den Geschäften und insbesondere durch Kontakte in Bildungseinrichtungen (Schule, Kindergarten) gefördert. Zufällige, unverbindliche und unregelmäßige Kontakte dienen als Grundlage für den kulturellen Annäherungsprozess und die Überwindung von Ängsten."[261]

Bei den türkischsprachigen Interviewten wird dieser Bereich unterschiedlich genutzt. Nach ihren Angaben treffen sie sich mit ihren deutschen Nachbarn zu ca. 4 % im öffentlichen (Außen-)Raum und zu ca. 25 % mit türkischen Nachbarn:

„Am meisten, wenn wir uns gegenseitig besuchen. Oder abends, wer Zeit hat, kommt vorbei. Oder wir laden uns gegenseitig zum Frühstück ein, wenn die Männer nicht da sind."[262]

„Im Hausflur. Wir treffen uns tatsächlich häufig im Hausflur. Wir treffen uns aber auch in den verschiedenen Wohnungen, weil wir uns hier im Haus alle sehr gut kennen, und wir treffen uns auch mal beim Einkaufen, im Kiosk oder vor der Haustür. Oh, ich habe auch vergessen, dass wir uns im Garten treffen. Wir haben einen Garten. Das ist auf jeden Fall noch wichtig. Da kommt man oft nach Hause, da sitzen dann die Nachbarn

---

[260] Nr. 87, türkischer Schüler, seit seiner Geburt im Dortmunder Norden wohnhaft.
[261] Heitmeyer/Anhut (2000), S. 393.
[262] Nr. 25, verheiratete Türkin in Ausbildung, seit ihrer Geburt in der Dortmunder Nordstadt wohnhaft.

> und sagen: ‚Äh, komm! Ich habe hier noch ein Teechen.' Oder: ‚Will's ein Bier?' So, das gibt es auch. Zumindest hier im Haus."²⁶³

> „Im Treppenhaus oder vor der Tür.
> F: Auch mal in der Kneipe, oder auf dem Nordmarkt hier.
> A: Ne, mit 'e Nachbarn nicht."²⁶⁴

> „Kontakte? Selten. Ab und zu mal im Haus, Hausflur oder einer hängt auch viel im Fenster und dann grüßen wir uns so im Fenster und dann ruft der schon mal was zu.
> F: Aber über Grüßen und dergleichen geht das Gespräch nicht hinaus?
> A: Richtig."²⁶⁵

Dieser Wert liegt auch unter dem der Gespräche, die im Park oder auf der Straße geführt werden:

> „Das ist unterschiedlich, sehr oft draußen durch den Hund und so.
> F: Auch mal einen gegenseitigen Besuch mit den deutschen Nachbarn?
> A: Äh, ne, das muss ich nicht unbedingt haben, da hab ich keine Zeit zu. Äußerst selten."²⁶⁶

Bei den türkischen Nachbarschaftsbeziehungen werden Kontakte in erster Linie in privaten Räumen gepflegt:

> „In unseren Wohnungen oder draußen. Wir treffen uns meistens zum Frühstück, entweder bei uns oder bei jemand anderem."²⁶⁷

Beide Interviewte deutscher und türkischer Herkunft geben an, dass gut zwei Drittel (68 % bzw. 70 %) der nachbarschaftlichen Gespräche im teilöffentlichen Bereich im „Treppenhaus" oder „Hausflur" stattfinden:

> „Im Hausflur, auf der Straße beim Rein- und Rausgehen."²⁶⁸

> „Wie gesagt, im Treppenhaus. Wenn wir uns in der Stadt begegnen oder auch woanders, grüßen wir uns und fragen, wie es einem geht, da man sich kennt."²⁶⁹

> „Im Flur, so im Hausflur und bei meiner direkten Nachbarin gehe ich auch schon mal in die Wohnung."²⁷⁰

> „Im Treppenhaus. Sie (die NachbarInnen, Anm. d. Verf.) wünschen sich eigentlich mehr Kontakte und wir sind alle Mütter – frische Mütter mit Kindern. Und da wir immer auf Trab sind mit den Kindern, haben wir auch wenig Zeit, also uns zu treffen. So, meistens ist es spontan, aber sonst ... wir treffen uns sehr gerne."²⁷¹

So sind die türkischen Nachbarn daran interessiert, auch mit ihren deutschen Nachbarn engere und intensivere nachbarschaftliche Kontakte zu pflegen, und laden sie infolgedessen in ihre Wohnung ein.

---

[263] Deutsche Diplompädagogin, seit 20 Jahren in der Dortmunder Nordstadt wohnhaft.
[264] Nr. 48, deutsche Floristin, seit 25 Jahren in der Dortmunder Nordstadt wohnhaft.
[265] Nr. 72, deutscher wissenschaftlicher Mitarbeiter, 20 Jahre in der Dortmunder Nordstadt wohnhaft.
[266] Nr. 57, deutsche, Verkäuferin, seit 16 Jahren in der Dortmunder Nordstadt wohnhaft.
[267] Nr. 51, türkische Hausfrau, seit 5 Jahren in der Dortmunder Nordstadt wohnhaft.
[268] Nr. 8, türkische Arbeiterin, seit 5 Jahren in der Dortmunder Nordstadt wohnhaft.
[269] Nr. 1, türkischer Auszubildender, seit 10 Jahren in der Dortmunder Nordstadt wohnhaft.
[270] Nr. 13, deutscher Informatiker, seit 15 Jahren in der Dortmunder Nordstadt wohnhaft.
[271] Nr. 55, türkische Akademikerin, seit 15 Jahren in der Dortmunder Nordstadt wohnhaft.

> *„So ein- bis zweimal im Monat. Wir setzen uns zusammen hin, wir fragen, wie es einen geht. Sie kommen zu mir."*[272]

> *„Ja, wenn ich sie draußen sehe, auf den Treppen, so Flur, ab und zu mal Tür schellen, wenn ich etwas Leckeres gemacht habe. Dann sage ich: ‚Ich habe etwas Leckeres für Sie', so."*[273]

Einige der befragten Deutschen sehen ihr Kommunikationsverhalten gegenüber ihren türkischen NachbarInnen wie eben auch zu den meisten deutschen NachbarInnen:

> *„Das ist sehr unterschiedlich, das ist wie mit den Deutschen auch. Manchmal sehe ich die zwei, drei Wochen gar nicht und dann trifft man sich viermal hintereinander."*[274]

> *„Wenn man sich sieht, schon, aber eher selten. Es kommen keine wer weiß wie große Gespräche. Ganz normal halt, grüßen auf der Straße, keine weiteren Gespräche."*[275]

5.3.1 Fazit

Nach Aussagen von Interviewten werden drei Orte für die Kommunikation genannt: privater Raum, teilöffentlicher Raum und öffentlicher Raum. Diese Aufteilung bekräftigt die These, dass es zwischen den Kommunikationsorten und dem Sozialraum einen unmittelbaren Bezug gibt. Diese sozialräumlichen Bedingungen werden von den Bewohnern als ein Teil der Atmosphäre neben dem Außenraum und dem Strukturraum wahrgenommen. Die Nutzung dieser Orte unterscheidet sich zwischen den deutschen und türkischen Nachbarn, da sie nach eigener Auffassung kulturelle Gegebenheiten unterschiedlich bevorzugen. Heitmeyer und Anhut[276] stellen fest, dass räumliche Nähe unterschiedlicher Ethnien nur unter bestimmten Bedingungen Kommunikation fördert: Wenn Menschen einen ähnlichen sozialen Status aufweisen und das soziale Klima zur intensiven Interaktion offen ist, dann finden regelmäßige Kontakte statt.

Die in den Interviews genannten Kommunikationsorte zeigen, dass die Menschen in der Nachbarschaft abweichende Interaktionsorte für ihre Gespräche aussuchen; diese werden nicht bewusst gewählt, sondern ergeben sich wie selbstverständlich aufgrund unterschiedlicher Faktoren. Vor allem ist hier festzustellen, dass die Nutzung unterschiedlicher Bereiche (privat, teilöffentlich und Außenraum) sich den gesellschaftlichen, wirtschaftlichen und kulturellen Gegebenheiten entsprechend unterscheiden kann.

Wie Schulz von Thun beschreibt: Unabhängig von seiner kulturellen Zugehörigkeit dürfte jeder Mensch einerseits ein Bedürfnis nach Nähe und Zugehörigkeit haben, anderseits auch ein Bedürfnis nach Abgrenzung, Eigenständigkeit und Distanz. Und

---

[272] Nr. 28, türkische Hausfrau, mehr als 20 Jahre im Dortmunder Norden wohnhaft.
[273] Nr. 39, türkische Arbeitslose, seit mehr als 20 Jahren im Dortmunder Norden wohnhaft.
[274] Nr. 76, deutscher Sozialarbeiter, seit 10 Jahren in der Dortmunder Nordstadt wohnhaft.
[275] Nr. 83, deutscher selbstständiger Kaufmann, seit 6 Jahren in der Dortmunder Nordstadt wohnhaft.
[276] Heitmeyer, Anhut (2000c), 43.

egal, wo Menschen leben, sie suchen auf der einen Seite nach Sicherheit, Verlässlichkeit und Beständigkeit und brauchen auf der anderen Seite auch Abwechslung, Entwicklung, Innovation und Lebendigkeit.

5.4 Wohndauer und Ort der Gespräche[277]

In diesem Kapitel wird der Frage nachgegangen, welche Zusammenhänge es zwischen der Wohndauer und dem Ort der Gespräche gibt bzw. ob die im Quartier verbrachte Zeit bei der Auswahl der Gesprächsorte eine Rolle spielt. Insgesamt wohnt gut ein Drittel der befragten BewohnerInnen (39 %) bis zu 10 Jahre in der Dortmunder Nordstadt, ein Fünftel (20 %) bis zu 20 Jahre, knapp ein Viertel (24 %) bis zu 30 Jahre, gut ein Zehntel (11 %) bis zu 40 Jahre und 6 % mehr als 40 Jahre.

Dabei ist die Verteilung zwischen den türkischen und den deutschen EinwohnerInnen insgesamt in etwa gleich, variiert aber von Cluster zu Cluster. Während die Zahl der neuen EinwohnerInnen bei den befragten Deutschen im Verhältnis zu den TürkInnen bei der Wohndauer zwischen 0 und 9 Jahren etwas höher ist (42 % zu 34 %), ist es bei einer Wohndauer zwischen 10 und 19 Jahren umgekehrt (23 % bei den TürkInnen und 17 % bei den Deutschen). Die Wohndauer zwischen 20 und 29 Jahren ist bei beiden Gruppen fast gleich (24 %), wobei in der Kategorie zwischen 30 und 39 Jahren wiederum der Prozentsatz bei den TürkInnen höher ist (15 % zu 8 %). Bei einer Wohndauer von mehr als 40 Jahren ist der Prozentsatz unter den Deutschen wieder höher (10 % zu 2 %). Aufgrund der geringen Zahlen wurden die Kategorien 30 bis 40 und über 40 Jahre zusammengeführt.

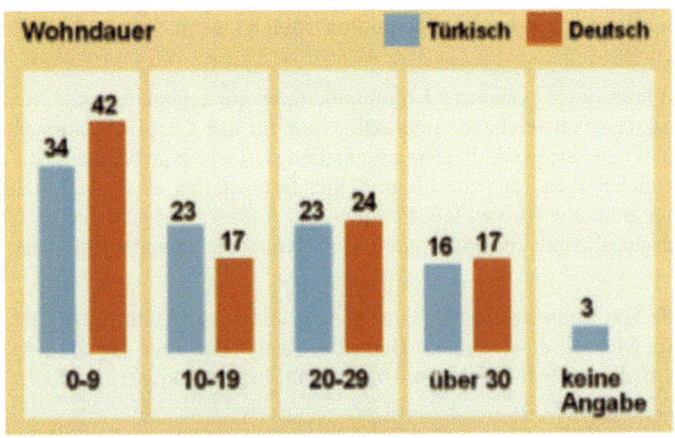

Abbildung 19: Wohndauer

---

[277] Gibt es eine Relation zwischen der Wohndauer und dem Ort der Gespräche?

Wie die Abbildung zeigt, sind ca. 40% der befragten Bewohner (mit einer Wohndauer zwischen 0 und 9 Jahren) neu oder relativ neu im Stadtteil. Das bestätigt die These, dass die Bewohnerfluktuation in solchen benachteiligten, erneuerungsbedürftigen bzw. migrationsdichten Stadtteilen sehr hoch ist. Auf der anderen Seite entsteht dadurch permanent eine neue Mischung bei der Bewohnerstruktur, die neue Dynamiken und Potenziale mit sich bringt, vor allem was die Stärkung der lokalen bzw. ethnischen Ökonomie und migrationsbezogene gesellschaftliche Lebensbereiche angeht.

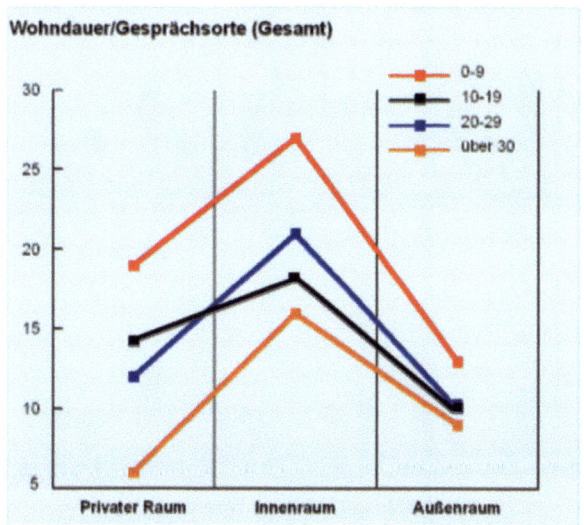

Abbildung 20: Wohndauer – Gesprächsorte (gesamt)

Ein Ziel der Untersuchung ist es, zu überprüfen, ob es eine Korrelation zwischen der Wohndauer und dem Ort der Kommunikation gibt. Überprüft man die Interviews nach dieser Kategorie, stellt man einige signifikante Differenzen fest. Die meisten nachbarschaftlichen Gespräche führen die befragten Personen – unabhängig von der Wohndauer – im teilöffentlichen Bereich, also im Hausflur, im Treppenhaus etc. Der Anteil liegt zwischen ca. 15 % und 30 %, wobei er bei einer Wohndauer über 30 Jahren zugunsten der Gespräche in den privaten Wohnungen am niedrigsten ist.

Die intensivsten Kontakte, d. h. Gespräche, die im privaten Raum, also in den Wohnungen geführt werden, entstehen eher bei einer Wohndauer von 0 bis 9 Jahren. Sie nehmen kontinuierlich ab, bis sie bei einer Wohndauer von mehr als 30 Jahren auf ihrem niedrigsten Stand sind. Die Gespräche, die im öffentlichen Bereich – also auf der Straße oder im Park – geführt werden, variieren zwar auch von Kategorie zu Kategorie, bewegen sich jedoch immer zwischen 15 % und 30 %. Je länger die Wohndauer ist, desto geringer ist die Anzahl der Gespräche unabhängig von kulturellen Eigenschaften der Interviewten fast in allen Gesprächsbereichen.

5.4.1 Ort und Wohndauer

Wird allerdings das nachbarschaftliche Verhalten nach Nationalitäten getrennt aufgeschlüsselt, so ergibt sich ein anderes Bild, das in Abbildung 22 veranschaulicht wird.

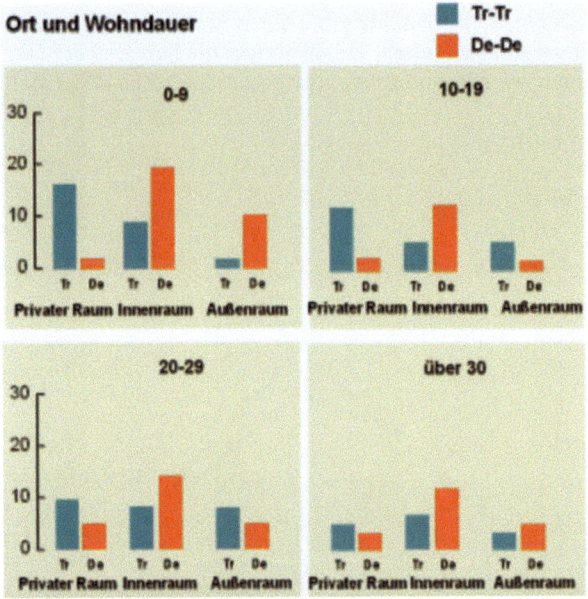

Abbildung 21: Ort und Wohndauer

Betrachtet man die Häufigkeit der privaten Besuche, so nehmen diese bei der türkischen Bevölkerung mit zunehmender Wohndauer im Dortmunder Norden ab. Besuchen sich bei einer Wohndauer bis zu 10 Jahren noch 59 % aller Nachbarn, so sind es bei einer Wohndauer von bis zu 20 Jahren nur noch 48 %, bei einer Wohndauer von bis zu 30 Jahren 38 % und bei mehr als 30 Jahren nur noch 33 %. Im Gegenzug nehmen die Kontakte, die im Treppenhaus bzw. Hausflur geführt werden, kontinuierlich zu, wobei sie nur anfangs, d. h. bei einer Wohndauer von bis zu 10 Jahren, etwas höher liegen als in der nächsten Kategorie.

Bei den Deutschen ist – auf sehr niedrigem Niveau – eine entgegengesetzte Entwicklung feststellbar. Liegt die Besuchsrate bei einer Wohndauer von bis zu 10 Jahren bei lediglich 2 %, so steigt sie bei einer Wohndauer von bis zu 29 Jahren auf 4 % und nimmt dann bei bis zu 30 Jahren wieder leicht ab.

Die Nutzung des öffentlichen und teilöffentlichen Bereichs durch türkischsprachige Interviewte ist deutlich höher als bei den deutschsprachigen Interviewten. Eine mögliche Erklärung für diese Ergebnisse könnte sein, dass sich die türkischen NachbarInnen im Laufe ihres Lebens in Deutschland in gewissem Maße an die Umstände anpassen, dass also nachbarschaftliche Kontakte zunehmend vom privaten Raum in den öffentlichen Raum verlagert werden.

Eine weitere mögliche Erklärung ist, dass sich die Nachbarschaftsbeziehungen generell verändert haben, denn an anderer Stelle sprechen sowohl Deutsche als auch TürkInnen davon, dass es früher intensivere nachbarschaftliche Kontakte gab.

5.4.1.1 Ort und Einkommensart bzw. Beschäftigungssituation

Eine weitere Zielsetzung dieser Arbeit ist, zu untersuchen, inwiefern sich das Einkommen und/oder die Beschäftigungssituation auf den Ort der Gespräche unter NachbarInnen auswirken. Die Einkommensarten der Interviewten sollen zeigen, ob sich die Antworten in Abhängigkeit von den Einkommensverhältnissen unterscheiden. Wie es im Alltag auch der Fall ist, spielt die Zeit dabei eine kulturübergreifende Rolle; ebenso wird untersucht, ob die ethnisch-kulturellen Eigenschaften an unterschiedlichen Gesprächsorten als Einflussfaktor zu sehen sind. Woher die befragten Personen ihren Lebensunterhalt beziehen, ist Abbildung 23 zu entnehmen. Insgesamt ca. 25 % beziehen Lohn, BAföG, Ausbildungsvergütung oder werden durch ihre Eltern unterstützt.

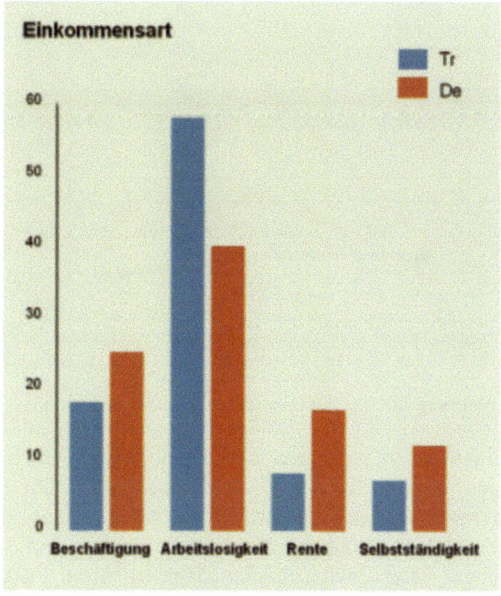

Abbildung 22: Einkommensart

Insgesamt sind ca. 50 % der Befragten arbeitslos und beziehen ALG 1 oder ALG 2[278]; unter den türkischen Befragten sind es insgesamt ca. 60 % und bei den deutschen ca. 40 %. Demgegenüber ist die Anzahl der RentnerInnen (insgesamt ca. 12 %) unter den Deutschen mit ca. 16 % doppelt so hoch wie bei den TürkInnen, bei denen sie sich auf 7 % beläuft. Ca. 10 % (ca. 6 % bei den TürkInnen und ca. 13 % bei den Deutschen) sind selbstständig.

Aus der Auswertung der Nennungen lassen sich Rückschlüsse auf einen Zusammenhang von Einkommensart und bevorzugten Orten der Gespräche ziehen. Diese Relation ist gegeben, weil die Bewohner die Gesprächsorte in Abhängigkeit von ihrer Zeit wählen. So nutzen z. B. die Beschäftigten bzw. die Selbstständigen ihre Wohnung aufgrund ihrer Beschäftigungssituation anders und die Kommunikationszeiten werden anders ge- und verplant als bei den Rentnern und Nichtbeschäftigten.

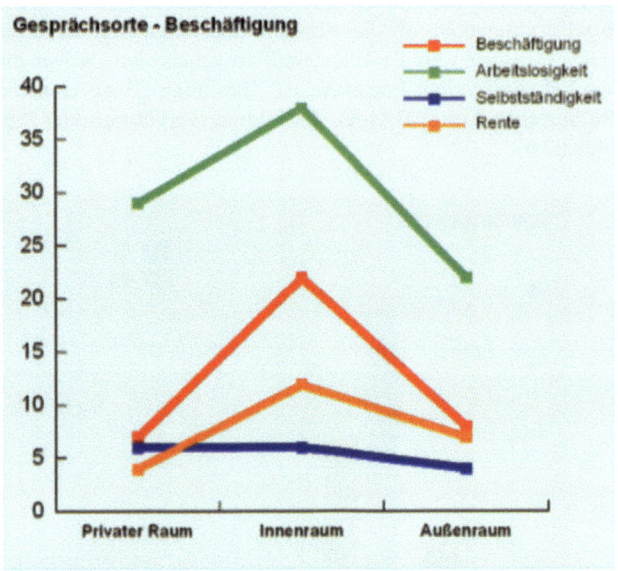

Abbildung 23: Orte der Gespräche – Einkommen allgemein

Die Nichtberufstätigen (nach Aussagen der Interviewten SGB II, Rente, ALG 1, Hartz IV) nutzen den privaten Bereich allgemein sehr stark. Die anderen Einkommensbezieher bevorzugen eher den Außenraum (teilöffentlicher und öffentlicher Bereich). Nach dieser Abbildung sind die Nichtberufstätigen grundsätzlich die aktivsten. Nach Aussage der Interviewten spielen dabei mehrere Faktoren eine Rolle, bestimmend ist vor allem der zeitliche Faktor. Denn zu dieser Gruppe gehören auch

---

[278] Die Befragten, die Arbeitslosengeld II beziehen, nannten dieses auch SGBII oder Hartz IV, Begriffe, die zur Zeit der Befragung durchaus gängig waren.

die Hausfrauen bzw. Mütter, die ihre Zeit unterschiedlich nutzen bzw. ihre Interaktionen im Rahmen ihrer Möglichkeiten planen. Das beinhaltet nahezu die gesamte Gestaltung des täglichen Lebens, z. B. Rausgehen mit den Kindern, Einkaufen und Teilnahme an unterschiedlichen sozialen Aktivitäten bei den örtlichen Trägern, Besuch der Elterncafés, des Kindergartens und von Sprachkursen etc. Daher können die Nichtbeschäftigten mit ihrer Planung flexibler umgehen als die Beschäftigten und Selbstständigen.

5.4.1.2 Orte der Gespräche – Einkommen „untereinander"[279]

In diesem Kapitel wird überprüft, wie sich das Kommunikationsverhalten von Interviewten türkischer und deutscher Herkunft beim Durchführen der Gespräche in Abhängigkeit vom Einkommensaspekt unterscheidet.

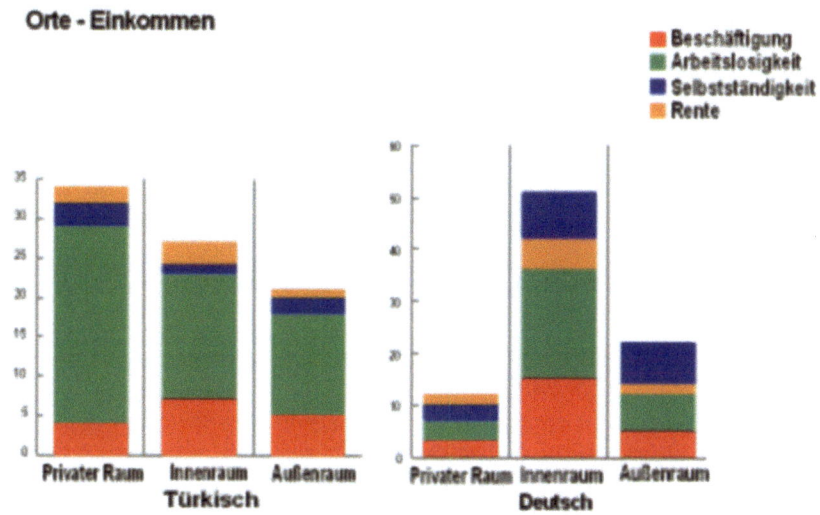

Abbildung 24: Orte der Gespräche – Einkommen nach Herkunft

5.4.1.2.1 Privater Raum

Es fällt auf, dass die Anzahl der Gespräche in Privatwohnungen sowohl bei der Gesamtauswertung als auch bei der Auswertung der einzelnen Gruppen untereinander relativ differenziert ist. So treffen sich auch in der Gruppe der TürkInnen die berufstätigen NachbarInnen nur zu 4 % privat, wohingegen der Prozentsatz derer, die von einer Transferleistung (Hartz IV) und SGBII leben, bei 22 % liegt. Der Anteil der

---

[279] Wo führen Sie Ihre Gespräche am meisten?

RentnerInnen, die sich privat mit NachbarInnen treffen, liegt in dieser Gruppe bei 2 %. Dies deutet darauf hin, dass die Kontakte unter NachbarInnen sehr stark durch die jeweiligen Lebensumstände geprägt werden. So pflegen türkische Vollzeitbeschäftigte – entgegen ursprünglichen kulturellen Normen – häufig keine intensiven nachbarschaftlichen Kontakte. Oftmals wird mangelnde Zeit als Argument dafür vorgebracht.

> *„Ich habe türkische Nachbarn und entsprechend meiner Zeit habe ich Kontakt mit ihnen. Da ich aber arbeite, habe ich nicht so viel Kontakt. Wenn ich Zeit habe, besuche ich sie natürlich. In der Woche sehe ich sie nicht bzw. selten, da ich arbeite. Ich sehe sie dann meistens im Treppenhaus und wir begrüßen uns dann nur. Wir besuchen uns. Wenn ich Zeit habe, besuche ich sie einmal im Monat. Aber früher habe ich sehr oft meine Nachbarn besucht, mindestens zweimal in der Woche. Damals. Nein, nicht mehr Zeit als jetzt, aber die Beziehungen sind inniger und wärmer gewesen, man stand sich näher. Nein, ich bin nicht gezwungen. Ich mache es aus Nächstenliebe, als Mensch. Es kommt einem aus dem Innern, seinen Nachbarn zu begrüßen. Es sind auch nicht nur die Türken, die so etwas machen."*[280]

> *„Türkische Nachbarn ja. Wir grüßen uns, besuchen uns gegenseitig. Natürlich nicht mit allen, mit einigen. Natürlich hat man sich öfter gesehen. Man ist zu Hause oder man will mit dem Kind raus, ob man will oder nicht, man hat sich getroffen. Wenn der andere Zeit hat, hat er einen zum Teetrinken eingeladen oder man hat zusammen gefrühstückt. Oder man hat sie selber zum Frühstück eingeladen. Natürlich, der Mensch möchte ... Manchmal vermisst man die nachbarschaftlichen Beziehungen in der Türkei. Dann fragt man sich, warum das hier nicht auch so sein soll. Hier gibt es einen Bruch. Wenn man das generell betrachtet, erkennt man, dass es etwas mit den wirtschaftlichen Problemen zu tun hat. Eher gesagt, man kann sich keine Zeit nehmen."*[281]

> *„Generell in der Art: ‚Geht es dir gut?', ‚Wie geht es dir?', fragen, wie es einem so geht oder manchmal, die Situation in Deutschland verschlechtert sich, reden wir darüber. Nein, das geht nicht. Diejenigen, die arbeiten, kommen abends müde nach Hause. Sie wollen sich ausruhen und das Wochenende hat jeder für sich verplant. Also passt das nicht. Und da ich auch nicht gern die türkischen Teestuben besuche..."* [282]

Intensiverer Kontakt wird demgegenüber vermehrt von Hausfrauen gewünscht und auch realisiert. Dabei spielt sicherlich die Tatsache eine Rolle, dass der Lebensmittelpunkt die Wohnung ist, sodass verstärkt Kontakte im häuslichen Umfeld gesucht werden. Kontaktmöglichkeiten, wie sie sich der arbeitenden Bevölkerung allein aufgrund ihrer Berufstätigkeit erschließen, ergeben sich nicht automatisch, sondern müssen aktiv gesucht werden.

> *„Also mit dem einen Nachbarn bin ich befreundet und mit dem anderen Nachbarn grüßen wir nur. Wir besuchen uns nicht. Kontakt ist nicht ausreichend. Also ich will auch ... mehr. Bei uns gibt es so etwas, ‚Des Nachbars Segen...' Also ich denke nicht, dass es ausreichend ist, dass ich die andere Seite will die Beziehung nicht ausbauen. Da ich sehr viele Beziehungen habe, mich mit Politik beschäftige, sind sie nicht so. Ich denke, dass diese Menschen diese Beziehung halten. Wenn sie krank waren, bin ich zu ihnen hingegangen, wenn irgendetwas war, bin ich zu ihnen hingegangen. Obwohl meine Familie*

---

[280] Nr. 78, verheiratete türkische Arbeiterin, seit 25 Jahren in der Dortmunder Nordstadt wohnhaft.
[281] Nr. 89, türkischer Arbeiter seit 25 Jahren in der Dortmunder Nordstadt.
[282] Nr. 92, türkischer Akademiker mit einem Kind (seit bis zu 10 Jahren in Dortmund wohnhaft).

sehr viel erlebt hat, habe ich keinen Tag erlebt, dass sie auch mal zu uns gekommen sind und gute Besserung gewünscht haben. Also sie ist übertrieben Dings. Das hat nichts mit mir zu tun. Das bezieht sich nicht auf mich. Ja, z. B. habe ich auch einen deutschen Nachbarn, mit ihr würde ich auch gern Kontakt haben, aber sie grüßt nur und außer dem Grüßen ist nichts. Zumindest meine Deutschkenntnisse erweitern oder wie soll ich sagen. Wenn man zusammenlebt, muss man das meiner Meinung nach zu schätzen wissen."[283]

„Ehrlich gesagt nur draußen: Hallo. Also wir treffen uns hier (Elterncafé der Grundschule). Genau, wir unterhalten uns. Natürlich gibt es gute und schlechte. Also wir unterhalten uns schon, wenn wir uns draußen sehen, aber dass wir uns gegenseitig besuchen, das ist nicht... Kann sein, dass ich vorher mehr Zeit hatte in Dorstfeld. Da waren meine Kinder noch klein. Jetzt habe ich und die anderen, denke ich, einfach weniger Zeit wegen der Verantwortung. Je älter die werden, desto mehr nimmt die Verantwortung zu und ich kann nicht zu beliebiger Zeit einfach dahingehen, wo ich will. Innerhalb der Woche kann ich eigentlich gar nichts unternehmen. Und am Wochenende ist entweder eine Hochzeit oder wir kriegen Besuch von der Verwandtschaft oder auch wir gehen die dann besuchen."[284]

Bei den Deutschen untereinander werden die privaten Kontakte sehr reduziert gepflegt, wenn es sich um Selbstständige (2 %) handelt oder um Arbeitslose 3 %.

Bei den deutschen Nachbarn kann man anhand der Abbildung erkennen, dass die Nutzung des privaten Raums unter den gleichen Communitys im Vergleich zu türkischsprachigen Nachbarn sehr gering ist. Das belegt, dass der private Raum für die deutschen Interviewten nicht an erster Stelle als Ort für nachbarschaftliche Kommunikation dient. Sie verändern ihr Kommunikationsverhalten nicht bewusst gegenüber einer Ethnie, sondern reagieren, wie sie es im gesellschaftlichen Prozess der modernen Stadt gelernt haben, weil die privaten Räume Bedeutung haben, in sie man sich zurückzieht, um seine individuellen Verhaltensweisen und Gewohnheiten zu pflegen.

5.4.1.2.2 Teilöffentlicher und öffentlicher Raum

Diese Bereiche unterscheiden sich voneinander nicht sehr, weil die Interviewten beide stark nutzen. Was sich hier unterscheidet, ist der Anteil von Nichtbeschäftigten türkischer Herkunft in beiden Bereichen (teilöffentlichen und öffentlichen Bereich). Diese Einkommensgruppe ist auch bei den deutschen Interviewten deutlich höher als bei den anderen Gruppen. Dies bekräftigt die These, dass sich das Einkommensverhältnis auf die Nutzung der Kommunikationsbereiche auswirkt.

Ein weiteres abweichendes Ergebnis ist dabei, dass der Außenraum weniger als der Innenraum bzw. der teilöffentliche Raum für Gespräche genutzt wird. Das ist aber nachvollziehbar, weil die Treffensquote in der Nachbarschaft unter Einbeziehung des zeitlichen Faktors aufgrund unterschiedlicher Einkommensverhältnisse gering

---

[283] Nr. 90, verheiratete türkische Hausfrau ohne Kinder.
[284] Nr. 99, türkische Hausfrau.

ist. Ein besonderes Kennzeichen des öffentlichen Raums ist, dass er zu jeder Zeit für alle Personen unabhängig von ihrem sozialen Status, ihrer Herkunft und ihrem Interesse zugänglich ist. Alle BewohnerInnen des Quartiers können ihn für unterschiedliche Bedarfslagen aufsuchen und nutzen.

5.4.1.3 Orte der Gespräche und Schulbildung

Weiterhin sollte untersucht werden, ob es einen Zusammenhang gibt zwischen der Schulbildung und den Orten, an denen NachbarInnen Gespräche miteinander führen. Die Schulbildung des befragten Personenkreises gestaltet sich wie folgt:

Insgesamt haben 17 % der Befragten keine Schule bzw. lediglich die Grundschule besucht oder keinen Schulabschluss. Davon ist der weitaus größte Teil (mehr als 90 %) unter den türkischen Befragten zu finden. Diese stellen innerhalb ihrer Gruppe ein Drittel (33 %) dar, während sich bei den Deutschen der Anteil in diesen Kategorien auf 3 % beläuft. Ein gutes Viertel (28 % bei den Deutschen; 15 % bei den TürkInnen) verfügt über einen Hauptschulabschluss und ein knappes Viertel (38 % bei den Deutschen; 16 % bei den TürkInnen) über das Abitur. Bei den Deutschen kommen noch jeweils 16 % mit Mittlerer Reife hinzu, bei den TürkInnen 10 %. Die Zahl der Personen, die ein Studium absolviert haben, ist bei den Deutschen mit 11 % etwa doppelt so hoch wie bei den TürkInnen, bei denen sich diese Zahl auf 6 % beläuft. Die Anzahl türkischer Interviewter, die keine Schule besucht haben, liegt bei 10 %.

Die Anzahl der privaten Treffen ist unter denjenigen, die keine Schule besucht bzw. nur die Grundschule absolviert haben, am höchsten. Dies ist jedoch darauf zurückzuführen, dass in dieser Gruppe nahezu ausschließlich TürkInnen zu finden sind, die – wie weiter oben aufgeführt – ohnehin mehr Wert auf engere Kontakte mit ihren NachbarInnen legen, sodass durch dieses Ergebnis die diesbezügliche Aussage noch einmal verifiziert wird. Ein weiterer signifikanter Unterschied ist, dass die Gespräche im privaten Bereich mit zunehmendem Schulabschluss weniger werden. Das kann damit erklärt werden: Je höher der Schulabschluss ist, desto stärker ist ein Individualisierungsverhalten von Interviewten zu verzeichnen.

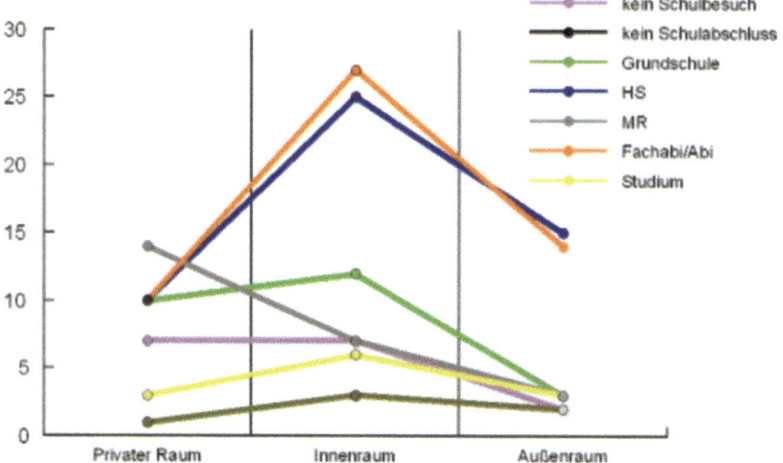

Abbildung 25: Orte und Schulbildung

5.4.2 Fazit

Nach Aussagen von Interviewten werden drei Gesprächsorte identifiziert: privater, teilöffentlicher und öffentlicher Raum. Die genannten Kommunikationsorte werden mit dem Sozialraumansatz verständlicher, da der Sozialraum als Raum der sozialen Beziehungen bezeichnet werden kann, in dem soziale Prozesse in den physischen Raum eingebettet sind. Daher bezeichnet Bourdieu den sozialen Raum als Gesamtheit der unterschiedlichen Milieus. Hier gehen Außenraum und Innenraum ineinander und bilden die Gesamtheit. Nach Ulfert Herlyn muss der Lebensraum eines Menschen über dessen Handlungen definiert werden. Der figurationstheoretische Ansatz von Elias ist auch an dieser Stelle hilfreich, um asymmetrische Sozialraumstrukturen zu verstehen. So kann die Statusdynamik nicht auf einzelne absichtsvolle Interaktionsakte zurückgeführt, sondern muss als absichtsloses Produkt einer asymmetrischen Verflechtung von Individuen begriffen werden.

Elias äußert sich hierzu:

> *„Es hat gewisse praktische wie theoretische Nachteile, dass man gegenwärtig gewöhnlich noch nicht zwischen den Zwängen, die jede mögliche Interdependenz von Menschen – selbst im Falle einer Figuration, die so konstruiert ist, dass alle ihre Positionen mit gleichen Machtchancen ausgestattet sind – auf Menschen ausübt, und den Zwängen, die der ungleichen Ausstattung gesellschaftlicher Positionen mit Machtchancen entspringen, klar und deutlich unterscheidet."*[285]

---

[285] Elias (1996a: 98).

Die Interviews geben genauere Informationen über die Gesprächsorte von Bewohnern. Demnach wird der private Raum von türkischen Nachbarn mehr als von deutschen Nachbarn bevorzugt. Das lässt sich damit erklären, dass die nachbarschaftliche Kommunikation „unter den türkischen Nachbarn" eine andere Bedeutung hat und Erwartungsinhalte anders definiert werden.

Bei den deutschen Nachbarn ist die Nutzung des „privaten" Raums „untereinander" und „miteinander" fast gleich geblieben. Das bedeutet, dass sie sich entsprechend ihrem sozio-ökonomischen und kulturellen Sozialisationsprozess verhalten. Das ändert sich in der interkulturellen Kommunikation „miteinander" kaum. Wenn man dies aus der Perspektive der Bildung betrachtet, findet man auch in dieser Hinsicht keine nennenswerte Auswirkung des Bildungsstandes auf die Auswahl der Kommunikationsorte.

5.5 Themen der Gespräche[286]

In diesem nächsten Schritt wird untersucht, inwiefern die Kategorien Wohndauer, Beschäftigungssituation, Einkommen und Schulbildung einen Einfluss auf die Themen haben, die während der nachbarschaftlichen Kontakte angesprochen werden.

Zunächst wird erhoben, welche Themen bei nachbarschaftlichen Gesprächen überhaupt behandelt werden. Es zeigte sich, dass sie vom einfachen Grüßen über Fragen nach dem gesundheitlichen Wohlbefinden bis hin zu Gesprächen reichen, die die familiäre oder persönliche Situation betreffen. Weiterhin werden die allgemeine politische Lage (Tagespolitik), gesellschaftspolitische Themen wie Ausländerfeindlichkeit und Arbeitsmarktpolitik (Gesellschaftspolitik) angesprochen sowie Gespräche über Hobbys, Urlaub und Freizeit, Sport, die Nachbarschaft und Dinge des Alltags (Kochen, Heimat) und Religion geführt.

Aufgrund der Vielfältigkeit der Gesprächsthemen von Interviewten wurden diese in fünf Bereiche zusammengefasst, damit ein zusammenfassender Vergleich möglich wird:

- Small Talk (kurze Gespräche, Hallo, Wie geht es Ihnen etc.)
- Nachbarschaft (Themen, was die Nachbarschaft angeht)
- Alltag (aktuelle alltagsbezogene Themen)
- Politik/Soziales (was insgesamt die politischen bzw. sozialen Entwicklungen angeht, z. B. Ausländerfeindlichkeit, Migration, Wirtschaft etc.)
- Schule, Familie, Kinder (die Themen beziehen sich auf die Kindererziehung, schulische Entwicklung etc.)

---

[286] Was ist das Thema häufig in Ihren Gesprächen?

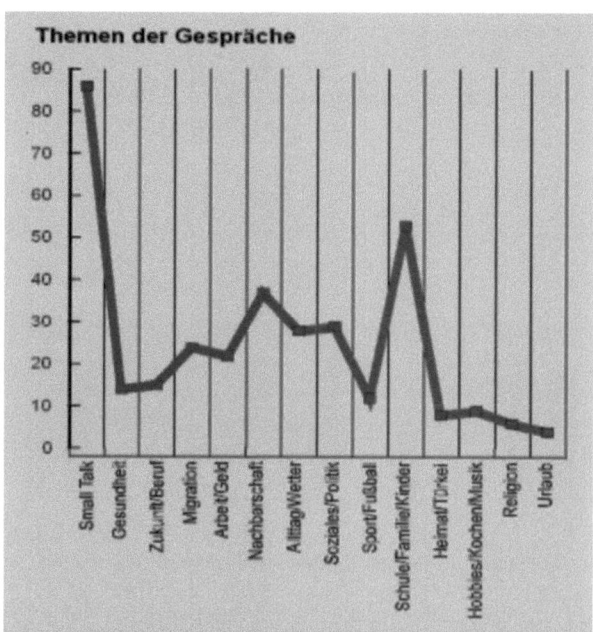

Abbildung 26: Gesprächsinhalte/Themen der Gespräche

Diese Inhalte der geführten Gespräche zeigen, dass die Nachbarn bereits beim Festlegen der Gesprächsthemen sehr kreativ sind und versuchen, über möglichst viele, sehr breit aufgestellte Themenfelder zu sprechen. Small Talk nimmt unter dem Zeit- und Nähe-Distanz-Aspekt betrachtet einen großen Platz ein. Das Thema „Nachbarschaft" hat im Vergleich zu den anderen Themen ebenfalls einen hohen Anteil. Ein weiteres Ergebnis ist, dass viele Nachbarn Gespräche über den Themenkomplex „Schule – Familie – Kinder" für sehr wichtig halten.

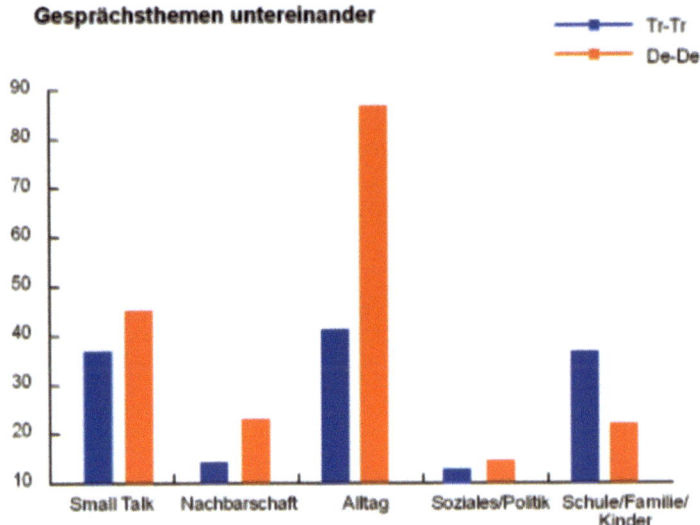

Abbildung 27: Gesprächsthemen nach Herkunft untereinander

Wenn man die Gesprächsthemen herkunftsdifferenziert miteinander vergleicht, stellt man Unterschiede zwischen türkisch- und deutschsprachigen Nachbarn fest. In der Tabelle, die das Kommunikationsverhalten der Nachbarn „untereinander" veranschaulicht, lässt sich feststellen, wie sich die Gesprächsinhalte unterscheiden. Der Anteil von „Small Talk" ist bei den türkischen und deutschen Nachbarn fast gleich. Die deutschen Nachbarn sprechen mehr über die Themen, die die „Nachbarschaft" angehen. Die deutschen Nachbarn führen untereinander wesentlich häufiger Gespräche über alltägliche Themen als die türkischsprachigen Nachbarn:

> „Das Thema ist eigentlich querbeet. Von Erziehung bis unendlich uneingeschränkt. Also wir machen mehrere Sachen, d. h. die Frauen erzählen auch sehr viel über ihre Einreise, wie sie sich fühlen, was sie gerne anders hätten, über das Leben hier in Deutschland, Eheprobleme, Erziehung der Kinder und ausländerrechtliche Sachen, Einbürgerung, allgemein Schulsystem etc."[287]

> „Äh wird reden halt meistens so über alltägliche Sachen, die halt bei uns vorkommen, so. Und, ja zum Teil dann auch über unser Studium halt und was uns auch halt betrifft, so Sachen wie Studiengebühren, die wahrscheinlich auch bald anstehen, leider hier in Nordrhein-Westfalen. Und, ja, Literatur, Musik, also wir haben eigentlich ein relativ breit gefächertes Spektrum, also ich könnte jetzt halt nicht sagen, dass es hier halt immer so auf ein bis zwei Themen beschränkt ist, sondern ich also, ich rede mit meinen Nachbarn über Gott und die Welt so, und habe auch keine Probleme, über Gott und die Welt zu reden."[288]

---

[287] Nr. 44, türkisch, weiblich, Akademikerin.
[288] Nr. 2, deutsch, männlich, ledig, Student.

„Die momentane allgemeine Lage. Natürlich auch die Arbeitslosigkeit. Wir haben auch einen Rentner bei uns im Haus wohnen, da redet man auch mal schon mal über die Renten irgendwie, weil die ja auch nicht so toll aussehen. Und äh ja, das war 's eigentlich. Und sonst allgemein, was gerade so aktuell ist, z. B. in den Nachrichten oder sonst irgendwas was in der Welt passiert, je nachdem..."[289]

Dagegen wählen die türkischen Nachbarn das Thema „Schule – Familie – Kinder" als Gesprächsthema untereinander. Das ist insoweit nachvollziehbar, als der Anteil der verheirateten und kinderreichen Nachbarn türkischer Herkunft höher ist als bei den deutschen Interviewten. Daher ist das Thema „Schule – Familie – Kinder" ein gemeinsames Interessengebiet für die Eltern in der Nachbarschaft.

„Generell über die Kinder, die letzten Situationen in Deutschland, halt über solche Themen."[290]

„Also zurzeit reden wir über Familienprobleme, da ich die Rolle eines Erziehers habe. Wir informieren nach unserer Religion Geschiedene oder Zerstrittene. Generell reden wir über solche Themen."[291]

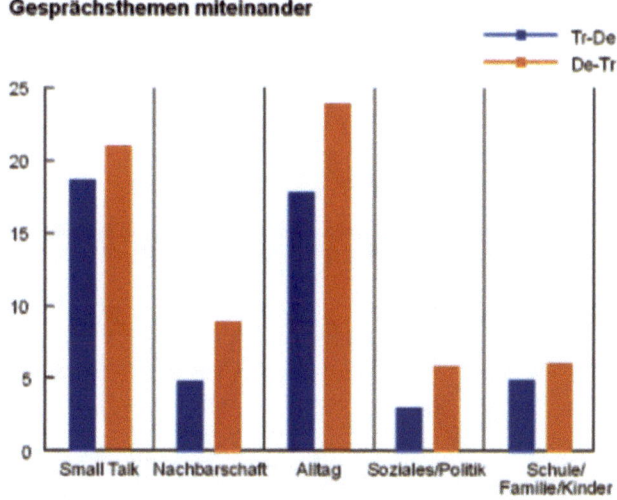

Abbildung 28: Gesprächsthemen miteinander

Wenn man die Gesprächsthemen aus einer anderen Perspektive betrachtet, sieht das Bild anders aus. Wie die Abbildung veranschaulicht, ist der Anteil des „Small Talk" als Gesprächsinhalt fast gleich verteilt. Die Themenfelder in Bezug auf den Alltag werden im interkulturellen Gespräch bevorzugt. Das bedeutet, dass die Beteiligten gern die Themen besprechen, die den Alltag betreffen bzw. gerade aktuell sind. Auch

---

[289] Nr. 55, deutsch, männlich, ledig, 55 Jahre alt.
[290] Nr. 95, türkisch, weiblich, verheiratet, Hausfrau.
[291] Nr. 37, türkisch, weiblich, ledig, macht Ausbildung.

der Anteil nachbarschaftlicher Themen ist deutlich höher als im innerhalb der eigenen Community.

Die Themen rund um Schule, Familie und Kinder gehören zu gemeinsamen Themen für die Eltern. Die hier vorgelegten Daten besagen, dass die Nachbarn im interkulturellen Kontext sehr aktiv sind und versuchen, sich in dieser Form auszutauschen. Diese aktive Interaktion zwischen den deutschen und türkischen Interviewten bestätigt die vorherigen Thesen, dass interkulturelle Nachbarschaft tatsächlich in unterschiedlicher Art und Weise erlebt wird.

5.5.1 Gesprächsthemen nach Wohndauer

In diesem Kapitel werden die Gesprächsthemen mit der Kategorie „Wohndauer" abgeglichen. Hier wird untersucht, ob sich die Gesprächsthemen mit zunehmender Dauer des Aufenthaltes verändern.

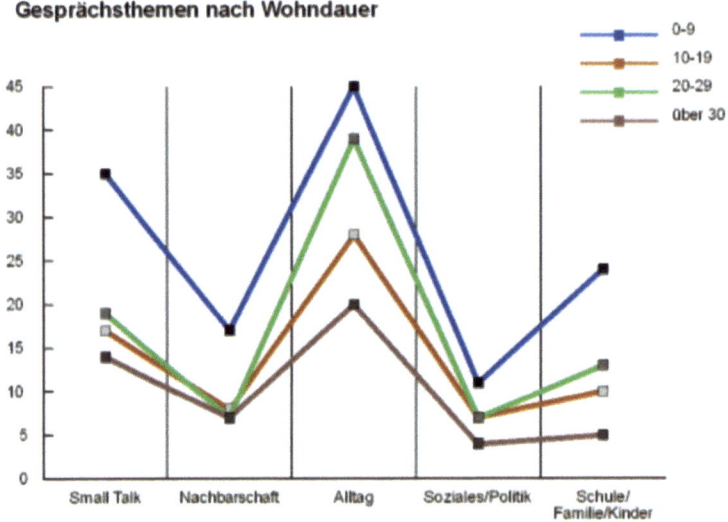

Abbildung 29: Gesprächsthemen nach Wohndauer

Abbildung 31 deutet darauf hin, dass es tatsächlich einen Zusammenhang zwischen der Wohndauer und der Themenwahl gibt. Am meisten werden alle Gesprächsthemen von den Personen verwendet, die seit 0 bis 9 Jahren im Stadtteil wohnen. Besonders „Small Talk" und „Alltagsthemen" haben in dieser Gruppe einen großen Anteil. Dies Zeit, in der eine aktive und bemühte Interaktion stattfindet, erscheint für die nachbarschaftliche Kommunikation sehr wichtig. Auf der anderen Seite nimmt der Bereich „Soziales, Politik" einen geringen Platz ein. Anders ist es bei der Gruppe, die seit über 30 Jahren in der Nordstadt wohnt. Bei dieser scheint das generelle Interesse an Gesprächen am geringsten. Es handelt sich um die Personen, die längere

Zeit im Quartier leben und die Strukturen gut kennen. Diese Altersgruppe fördert eine aktive Nachbarschaft nicht richtig, zumindest was den kommunikativen Austausch angeht.

Wenn man die Aussagen der Interviewten nach ethnischer Herkunft überprüft, sind die Ergebnisse deutlich differenziert. Tatsächlich: Unabhängig von ethnischer Herkunft ist die Wohndauer bei 0 bis 9 Jahren für die beiden Interviewgruppen ein Merkmal dafür, dass die Bewohner aus dieser Gruppe deutlich an Gesprächen interessiert sind. Es wird deutlich, dass sich die Menschen in den ersten Jahren stärker für nachbarschaftliche Beziehungen interessieren, dies aber mit zunehmender Wohndauer nachlässt.

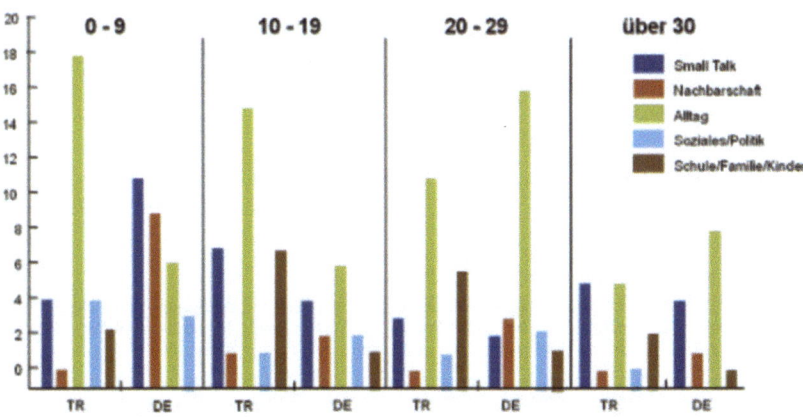

Abbildung 30: Gesprächsthemen nach Wohndauer untereinander

„Small Talk" und alltagsbezogene Gesprächsthemen finden das höchste Interesse bei Interviewten im Vergleich zu anderen Themenblöcken. Aber auch hier lassen die Gespräche unabhängig vom Thema mit zunehmender Wohndauer nach.

Wiederum ist in dieser Abbildung deutlich zu sehen, dass die interkulturelle Interaktion unabhängig von der ethnischen Herkunft in den ersten Jahren deutlich höher ist als den späteren Jahren. Als anderes Ergebnis gibt diese Abbildung wieder, dass die deutschen Nachbarn deutlich aktiver sind als die türkischen Nachbarn.

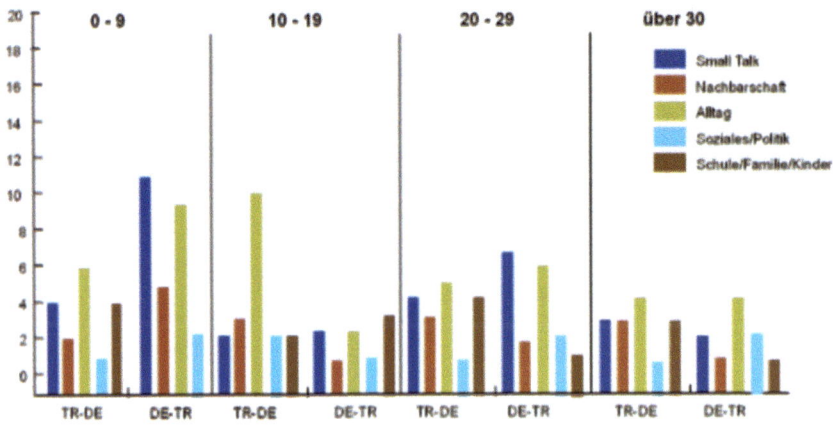

Abbildung 31: Gesprächsthemen nach Wohndauer miteinander

Auch ist hier zu erkennen, dass das Interesse an Gesprächsthemen mit zunehmender Wohndauer abnimmt. Dabei kann das Alter bzw. der Gesundheitszustand eine Rolle spielen.

> „Über alle Themen, ‚Wie geht es dir‘, ‚Geht es dir gut?‘, sie fragt nach dir, du fragst nach ihr. ‚Geht es dir gut?‘ ‚Ja, mir geht es gut'. Also über Politik nicht. Ich habe keine Probleme mit meinen Nachbarn. Nein, nicht intensiv, wir reden nur kurz. Also mit den Nachbarn, die mich besuchen, trinken wir zusammen Tee, Kaffee, mit denen essen und trinken wir zusammen. Wir lachen und haben Spaß zusammen. Ja, über Familienprobleme. Man gibt sich etwas zum Essen, man bringt ihnen Tee und Kaffee. An den Tagen sitze ich bis in den Abend mit ihnen zusammen, wir essen, trinken. Wir reden darüber, was im Haus so passiert, halt so. Also mit Rausgehen haben wir nicht viel. Es könnte besser sein. Normal. Natürlich würde ich mir das wünschen. Eine tiefer gehende Kommunikation. Ich wohne allein nicht lange hier. Ich bin sechs Monate hier, sechs Monate in der Heimat. Ich gehe halt immer rein und raus. Ich bin 65 Jahre alt, mein Mann ist verstorben, ich kann hier nicht bleiben. Ich bin sehr oft allein. In einer Wohnung, weil ich da lange bleibe, engt mich das ein. Ich gehe dann raus, sehe einen Nachbarn und rede mit ihr. Dann gehe ich in den Park. Im Park rede ich dann mit ein paar Leuten und so. Ich nutze meine Zeit und gehe dann wieder nach Hause." [292]

Ähnlich mutet der Bericht einer Befragten an, die erst seit fünf Jahren im Stadtteil wohnt:

> „Ach ja, worüber reden wir denn? Was wurde gekocht, was wird heute gekocht oder was machen die Kinder oder solche Sachen eben halt. Fahren sie in Urlaub oder fahren sie nicht in Urlaub, wenn's zur Sommerzeit ist. Und im Winter sieht man sich ja kaum draußen, und deswegen ... Man geht nur eben halt abends einen Tee trinken zu-

---

[292] Nr. 85, türkische Witwe, seit 35 Jahren in der Dortmunder Nordstadt wohnhaft.

sammen. Und das war es dann eigentlich. Ich lade auch Leute ein, um sie kennenzulernen, auch."[293]

In einem anderen Interview wird deutlich, dass auch nach zehn Jahren noch keine engere Beziehung mit den Nachbarn aufgebaut werden konnte. Dennoch hilft man sich gegenseitig, wenn es die Situation erlaubt. Auch wenn in dem folgenden Gespräch die persönliche Situation geschildert wurde, so geht der Interviewte dennoch davon aus, dass kein engerer Kontakt gewünscht wird und ein zeitweise intensiverer Kontakt praktische Gründe hat:

> *„Ja, ich hab mit einem Nachbarn, mit dem habe ich etwas näher Kontakt, äh, äh, dem hab ich schon mal meine Situation geschildert, und der hat dann auch, äh, so das eine und das andere Teil ergattern können für mich. Dass ich halt wenigstens schon mal 'nen Küchentisch und so 'n paar nötige Sachen, gebrauchte Waschmaschine, das fand ich eigentlich ganz nett, das war so der einzige positive Kontakt so in der Zeit. Und äh, hab ich aber dann auch kein näheres Verhältnis zu entwickeln können oder so, ne. Im Grunde, weil ich glaube, dass die halt mehr auf Abstand bedacht sind. Das waren so Sachen, die ham sich neue Sachen gekauft, die waren froh, dass sie das mehr oder weniger unkompliziert loswurden. Ich konnte es gebrauchen, ja da mussten sie es nur eine Etage runtertragen. War ihr Problem gelöst und mir war geholfen.*
> *F: Also sind es eher persönliche Sachen, über die kurz geredet wird. Aber nicht so tief?*
> *A: Tja äh, ziemlich oberflächlich alles. Ich hab denen nur so, äh, meine Situation erklärt, weil ich nichts davon halte, irgendwie irgendwelchen Leuten etwas vorzumachen und ich habe dreißig Jahre gearbeitet. Bin jetzt drei Jahre circa arbeitslos und da mach ich keinen Hehl draus. Das ist eben so und ich verstell mich da in keiner Art und Weise, da hab ich keinen Bock drauf, weil das ist eher eine Selbstlüge."*[294]

Auch aus dem folgenden Interview wird deutlich, dass nachbarschaftliche Unterstützung ein Grund für die Kontaktaufnahme ist:

> *„Alles Mögliche. Ob sie mal wieder jemanden kennengelernt hat oder ob ich jemand Neues kennengelernt hab. Oder halt solche Dinge. Letztes Mal hat sie mich angerufen, ihre Freundin kam hoch und hat gefragt, ob ich sie zum Auto tragen kann, weil sie einen Bänderriss hatte. Also wir helfen uns auch gegeneinander.*
> *F: Über Politik oder so? Über Ausländerfeindlichkeit?*
> *A: Gibt's eigentlich nicht, bei uns nicht. Ich hab auch fast nur deutsche Freunde. Halt so die Jungs aus der Jugendfreizeitstätte, die kenn ich, weil ich ja – ich bin hier aufgewachsen. Aber ansonsten hab ich eigentlich den größten Teil nur deutschen Freunden."*[295]

5.5.2 Gesprächsthemen nach Einkommen

Bei dieser Kategorie werden die Gesprächsthemen nach der Einkommenssituation der Interviewten überprüft. Dabei ist beabsichtigt, die Unterschiede nach der Art des Einkommens zu erfassen. Überprüft man die Aussagen der Interviewten allgemein, kommt man auf folgende Differenzierung: Arbeitslosigkeit hat eine gewisse Auswir-

---

[293] Nr. 73, türkische Hausfrau, seit 5 Jahren im Dortmunder Norden wohnhaft.
[294] Nr. 147, deutscher Elektriker, arbeitslos, seit 10 Jahren im Stadtteil wohnhaft.
[295] Nr. 48, türkischer Jugendlicher in der Ausbildung, seit 5 Jahren in der Dortmunder Nordstadt wohnhaft.

kung auf die Gesprächsthemen, gerade bei den alltagsbezogenen Themen, für die man eventuell mehr Zeit benötigen würde. Auch das Thema Schule – Familie – Kinder ist in dieser Einkommensgruppe beliebt. Eine mögliche Erklärung dafür ist die vorhandene Zeitkapazität bzw. Planung der Zeit je nach Bedarf. Die Einkommensgruppe „Rente" hat auch hier keine größere Bedeutung.

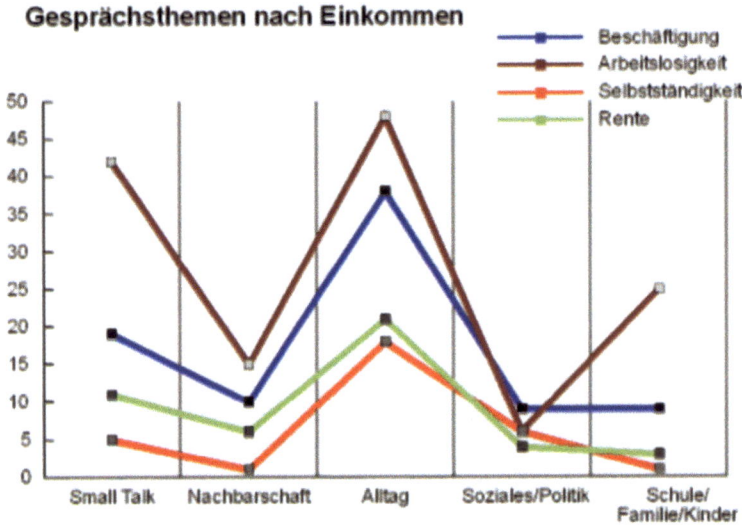

Abbildung 32: Gesprächsthemen nach Einkommen

Die Abbildung 34 ergibt kein abweichendes Bild vom vorherigen Ergebnis. Es erscheint angesichts der Grafik an dieser Stelle der Hinweis angebracht, dass die Arbeitslosigkeit bei der Wahl der Gesprächsthemen tatsächlich ein wichtiger Faktor sein kann. Bei der Gruppe „Arbeitslosigkeit" sieht man ein starkes Interesse an unterschiedlichen Themen von Small Talk über Nachbarschaft, Alltag bis hin zu Schule, Familie, Kinder. Arbeitslose können mehr Zeit in Gespräche über unterschiedliche Themenfelder investieren. Was vor allem deutlich wird, ist der geringe Anteil an Selbstständigen allgemein. Sie führen kaum Gespräche, anders formuliert: Sie investieren nicht so viel Zeit in die Pflege nachbarschaftlicher Beziehungen.

Der Anteil der deutschen Arbeitslosen ist im Vergleich zu türkischsprachigen deutlich geringer; das liegt daran, dass der Anteil an Arbeitslosen unter den Türken sehr hoch ist. Wiederum erkennt man hier das geringe Interesse für die oben beschriebenen Gesprächsthemen sowohl bei den türkischen als auch den deutschen Beschäftigten wie auch bei den Rentnern.

Interkulturell betrachtet ist in Abbildung 35 eine geringe Abweichung festzustellen. Die alltagsbezogenen Themen unterscheiden sich zwischen den türkischen und deutschen Interviewten, wobei die Beschäftigten deutscher Herkunft mehr Gespräche über Alltagsthemen führen.

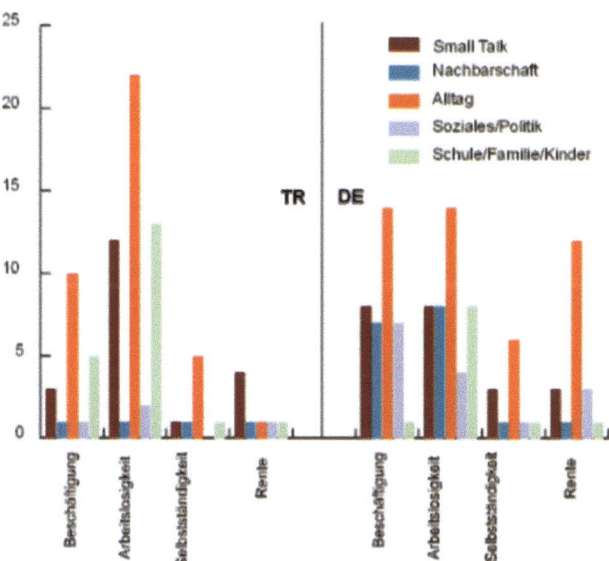

Abbildung 33: Gesprächsthemen nach Beschäftigung untereinander

Ein weiteres Ergebnis ist, dass die türkischsprachigen Arbeitslosen mehr alltagsbezogene Gespräche führen. Dieser Anteil ist besonders bei den deutschen Beschäftigten festzustellen. Das erklärt, dass die alltagsbezogenen Themen bzw. die Probleme mehr Gewicht als die anderen Themen haben.

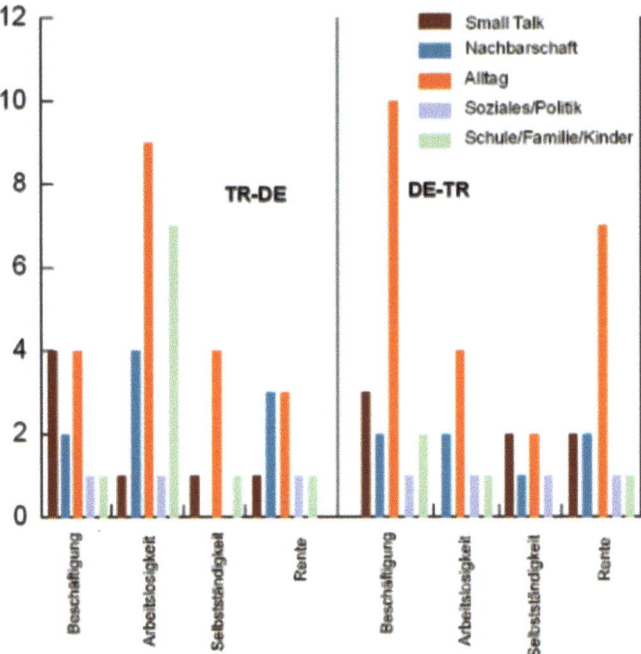

Abbildung 34: Gesprächsthemen nach Beschäftigung miteinander

Es ist nicht festzustellen, dass die Gespräche je nach kultureller Identität mehr Gewicht bekommen. Andererseits ist nachzuweisen, dass die vorhandene Situation von BewohnerInnen die Inhalte der Gespräche bestimmt. Wie in Abbildung 36 zu sehen ist, bevorzugen die türkischen Arbeitslosen gegenüber ihren deutschen Nachbarn das Gesprächsthema „Schule – Familie – Kinder".

5.5.3 Gesprächsthemen nach Bildungsstand

Eine weitere Variable ist der Bildungsstand der Interviewten, der als ein wichtiger Indikator mit einzubeziehen ist. In dieser Hinsicht wird überprüft, ob die unterschiedlichen Bildungsniveaus von Interviewten beim der Auswahl der Gesprächsthemen eine Rolle spielen können.

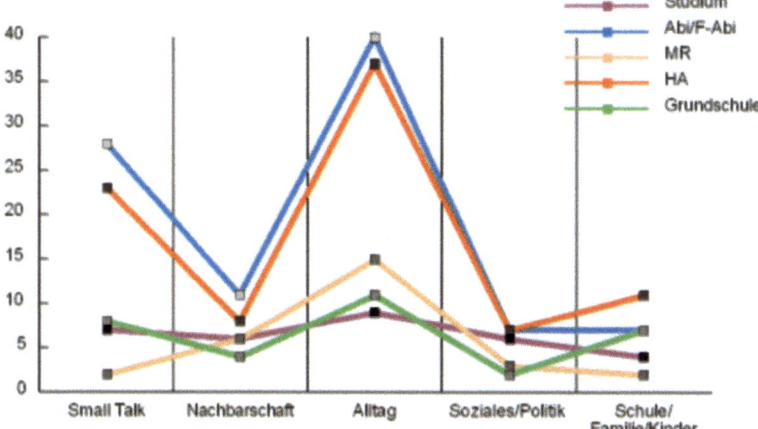

Abbildung 35: Gesprächsthemen nach Bildungsstand

Abbildung 37 ist zu entnehmen, dass der Bildungsstand keine bedeutende Auswirkung auf die Wahl der Gesprächsthemen hat. Die Interviewten, die Abitur, Fachabitur oder Hauptschulabschluss haben, sind deutlich kommunikativer als die Interviewten mit einem anderen Bildungsabschluss.

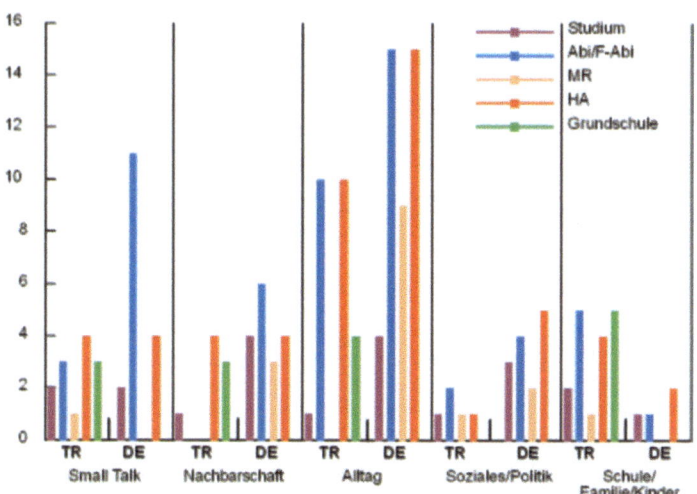

Abbildung 36: Gesprächsthemen nach Bildung untereinander

In beiden Fällen (Abbildungen 37/38) ist am häufigsten Small-Talk geführt worden, dem Gespräche über die Kinder bzw. die Familie folgen. Allerdings ist der Anteil der diesbezüglichen Gespräche bei den homogenen Gruppen doppelt so hoch wie bei den heterogenen. Weiterhin werden alltagsbezogene Themen untereinander dreimal häufiger angesprochen als im Kontakt mit der jeweils anderen Ethnie, was auch Gespräche über die Alltagspolitik betrifft. Bei gesellschaftspolitischen Themen, die generell wesentlich seltener angesprochen werden, ist dieser Unterschied nicht so groß.

Zwar wirkt sich sowohl der kulturelle Hintergrund als auch die berufliche oder soziale Situation auf die konkrete Lebenssituation aus, jedoch scheinen im nachbarschaftlichen Kontakt – und insbesondere bei der Auswahl der Themen – andere Kategorien eine gewichtigere Rolle zu spielen, wie z. B. gemeinsame Interessen, Hobbys oder ähnliche Lebenssituationen, die Gemeinsamkeiten und den Wunsch nach Austausch schaffen, wie z. B. bei Hausfrauen mit Kindern und ohne Kinder.

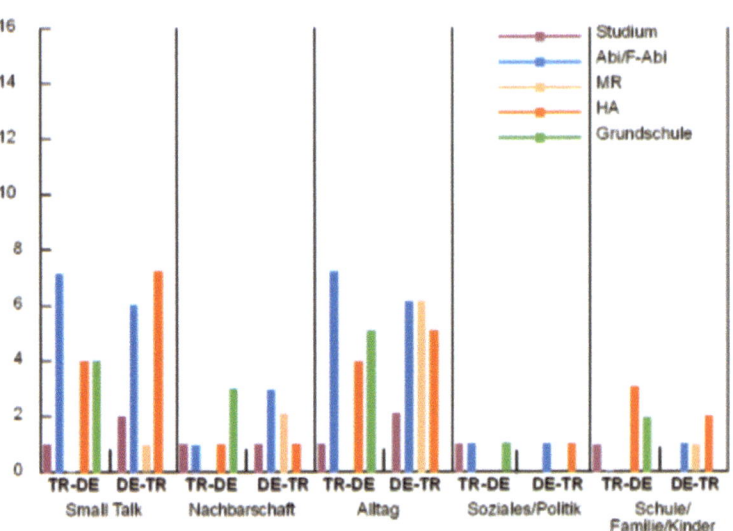

Abbildung 37: Gesprächsthemen nach Bildung miteinander

„Auch einfach ‚Wie geht's!' Oder ‚Was macht ihr?' oder wenn irgendwie so Probleme dann sind oder wenn wir mal weg sind, dann geben wir auch mal oben den Schlüssel ab und dass sie hier nach dem Rechten sehen, sage ich mal. Und da trinkt man natürlich auch mal schon einen Kaffee oder unterhält sich ein bisschen länger."[296]

---

[296] Nr. 125, deutsch, Hausfrau.

> „Häufig ist das Thema die Kinder. Aber natürlich reden wir auch über andere Themen, z. B. Wirtschaft, Soziales, Hausprobleme."[297]

> „Alles das, was Sie nannten, über das wird geredet. Von der Politik bis hin zu sozialen Schwierigkeiten, wirtschaftliche Lage, religiöse Dinge, alles halt. Bis hin auch zu Frauenproblemen. Oder Arbeitsprobleme der Männer oder alles, was man sich halt vorstellen kann. Oder auch meine Probleme.
> F: Oder auch Ihre Probleme?
> A: Ja.
> F: Das sind persönliche Probleme?
> A: Genau.
> F: Mit den Frauen oder auch mit den Männern?
> A: Mit beiden. Aber überwiegend mit Frauen."[298]

Entwickeln NachbarInnen z. B. durch gemeinsame Interessen gemeinsame Freizeitaktivitäten, so beeinflusst dies das Themenspektrum:

> „Ja, viel unsere Hobbys auch, Informatik, Technik, aber auch Spielen, auch oft Doppelkopf, auch mit zwei Nachbarn. Und da ist auch so aktuelle Tagespresse und aktuelle Themen."[299]

Finden sich wenige Gemeinsamkeiten, so lässt der Gesprächsstoff schnell nach:

> „Nur allgemein über vielleicht Kinder wegen meiner Tochter. Je nachdem! Es ist Verschiedenes. Es kommt darauf an. Wir können uns unterhalten über Einkaufen z. B., so meistens über Kinder. So großartig Gemeinsames haben wir ja nicht, weil deren Kind ungefähr in meinem Alter ist. Und mein Kind ist zwei Jahre alt. Und wir kennen uns von vorher nicht, nur halt hier. Wir sind Nachbarn und das wäre es auch. So großartig Gemeinsames haben wir ja nicht, dass wir uns da mal unterhalten könnten."[300]

Weiterhin spielt Vertrauen eine Rolle:

> „Also ‚Wie geht es dir', über Kinder. Also mit den Nachbarn, mit denen ich vertrauter bin, kann man auch über Kindererziehung oder wie es in der Familie ist, über das Leben und die wirtschaftliche Situation reden. Aber mit den anderen Nachbarn nur ‚Wie geht es dir?'"[301]

> „Unterschiedlich. Persönliche Sachen. Da wir uns ja auch gut kennen, wissen wir ja auch viel voneinander. Probleme oder wie wir was machen, ob man zusammen was unternimmt – eigentlich die ganze Palette.
> F: Das heißt, da decken sich nachbarschaftliche Kontakte mit freundschaftlichen Kontakten?
> A: Ja."[302]

Weiterhin wurde deutlich, dass es zwischen den deutschen und den türkischen NachbarInnen zum Teil aufgrund mangelnder Sprachkenntnisse nicht zu einem intensiveren Kontakt kommt.

---

[297] Nr. 76, türkische Hausfrau, 2 Kinder.
[298] Nr. 188, deutsche Hausfrau.
[299] Nr. 114, deutscher Bauzeichner.
[300] Nr. 62, verheiratete Türkin in der Ausbildung, ein Kind.
[301] Nr. 59, türkische Hausfrau, 4 Kinder.
[302] Nr. 170, deutscher Drucker.

„Ja, so Allgemeines und das Wetter vielleicht. Da kommt es auf die Sprachmöglichkeiten auch an."[303]

„Sie kam ganz oft zu uns. Wenn sie sich gelangweilt hatte, kam sie einfach runter zu uns. Wir haben dann Tee oder Kaffee getrunken. Wir haben uns gegenseitig besucht. Da wir da hingezogen sind und die schon da wohnten, wurden wir zuerst eingeladen. Und weil meine Mutter nicht gut Deutsch konnte, bin ich immer mitgegangen."[304]

„Wie es einem geht, was soll man sonst reden? Was soll ich sonst fragen? Weil wir Sprachprobleme haben, können wir nicht so tief miteinander reden."[305]

5.5.4 Fazit

Gespräche nehmen in der nachbarschaftlichen Kommunikation einen wichtigen Platz ein, die auf unterschiedliche Art, z. B. Small Talk, über Nachbarschaft, über Alltag, über Kinder/Familie/Schule oder über sozialpolitische Themen, geführt werden. Diese breite Themenpalette zeigt, wie die Nachbarn unabhängig von ihrer Herkunft daran interessiert sind. Das Ergebnis bekräftigt die These, dass die Bewohner nach ihren Interessengebieten die Gesprächsthemen selber auswählen und das Gespräch führen. Die Nachbarn sind an „Miteinander"-Gesprächen noch mehr interessiert als an „Unter-sich"-Gesprächen.

Das ist ein Indiz dafür, dass die interkulturelle Kommunikation in der Nachbarschaft aktiv gestaltet wird. Ein weiteres Ergebnis ergänzt diese These: Je länger die Wohndauer ist, desto mehr Interesse an Alltagsthemen besteht. Die Nachbarschaft wird im Alltag bewusst oder unbewusst gestaltet. Daher ist es sinnvoll, dass die Nachbarn von diesen Themen mehr betroffen sind als von anderen. Eine weitere Interpretation wäre, dass die Bewohner unabhängig von ihrer Herkunft alltagsbezogene Parallelen haben. Das ist eine Gegenthese zur Behauptung, dass zwischen den Bewohnern aus unterschiedlichen Kulturen keine Kommunikation existiere. Aus der Perspektive „Beschäftigung" betrachtet, fällt auf, dass die Arbeitslosigkeit beim Führen der Gespräche über Alltagsthemen eine gewisse Bedeutung hat. Es ist nachvollziehbar, dass die Menschen in der Arbeitslosigkeit unabhängig von ihrer Herkunft mehr Zeit für Interaktion haben. Dasselbe ist bei dem Bildungsstand von Nachbarn festzustellen. Die Interviewergebnisse zeigen, dass die Nachbarn, die Abitur, Fachabitur oder Hauptschulabschluss haben, deutlich kommunikativer sind als die mit einem anderen Bildungsabschluss.

---

[303] Nr. 151, deutsche Betriebswirtin.
[304] Nr. 67, verheiratete Türkin in Ausbildung.
[305] Nr. 60, verheirateter Türke mit vier Kindern.

5.6 Häufigkeit der Kommunikation[306]

Die Häufigkeit einer Kommunikation bestimmt die Intensität der geführten Interaktionen. Je häufiger eine Kommunikation stattfindet, desto intensiver ist die Beziehung.

Fast drei Viertel der Einwohner haben Kontakte zu ihren Nachbarn, die sie bewusst oder unbewusst pflegen. Von etwa 10 % werden diese (fast) täglichen Kontakte als „wenig" oder „selten" charakterisiert, der Rest empfindet diese Kontakte als „oft". Es scheint eher die Ausnahme zu sein, wenn die nachbarschaftlichen Kontakte viel häufiger stattfinden.

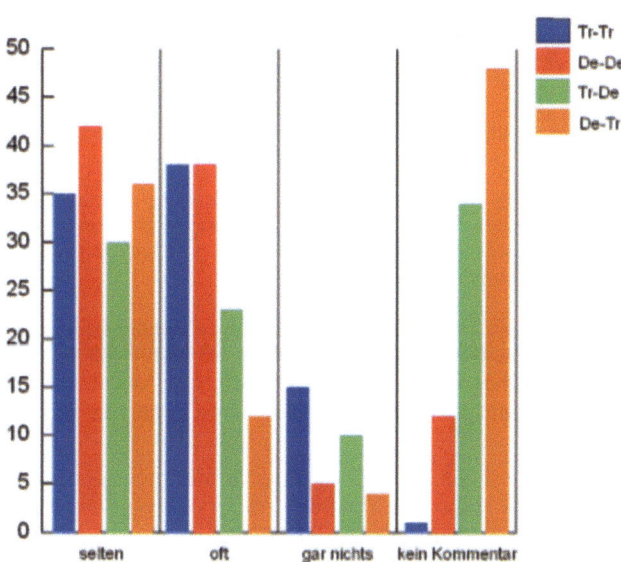

Abbildung 38: Häufigkeit der Kommunikation

Wie in Abbildung 40 veranschaulicht wird, ist die Häufigkeit „selten" sowohl bei homogener als auch bei heterogener Kommunikation ungefähr gleich. Das ändert sich hinsichtlich interkultureller Interaktion bei „oft" deutlich; sowohl bei Türkisch-Deutsch als auch bei Deutsch-Türkisch ist die Interaktion geringer als in der eigenen Community. Zur Erklärung, warum die interkulturelle Kommunikation genauso hoch ist wie bei der eigenen Kulturgruppe, kommen unterschiedliche Gründe[307]

---

[306] Frage im Interview: Wie oft treffen Sie sich mit Ihren Nachbarn?
[307] Trotz des engen und oft auch langjährigen Zusammenlebens von einheimischen Deutschen und Migranten bestehen kaum Kontakte zwischen ihnen. Der FOCUS-Bericht weiß stattdessen von Vorurteilen zu berichten, die Deutsche über „Ausländer" und Migranten über Deutsche pflegen. „'Die Türken' haben kein Interesse an Kontakten zu Einheimischen, sprechen nicht deutsch, weil

infrage: Sprache, unterschiedliche Kulturen, unterschiedliche Zeiten, unterschiedliche Interessen etc.

Treffend wird die Art und Häufigkeit der nachbarschaftlichen Kontakte der Deutschen untereinander charakterisiert:

> *„Ich sehe die ab und zu und sag mal hallo und das war es auch eigentlich schon… Ja, es ist so 'n bisschen mehr vielleicht mal als Hallo, wenn man den einen sieht, aber ich sehe die selten oder so, also es entwickeln sich nicht richtige Gespräche.*
> *F: Kümmerst Du Dich denn darum, dass da mal so Gespräche entstehen oder ist Dir das eher egal?*
> *A: Das ist mir eher egal."*[308]

> *„Ich find das sehr schwierig darzustellen, da ich nicht sehr viel Kontakt zu den Nachbarn habe. Ja natürlich, wir grüßen uns alle im Haus. Gehen ganz freundschaftlich miteinander um, nein, das ist zuviel gesagt, so gut kennen wir uns nicht. Wir kennen uns alle nur vom sehen, deswegen bleibt es bei ‚Guten Tag', ‚Auf Wiedersehen'. Oder mal 'ne kleine Gefälligkeit, den Nachbarn mal was hochtragen oder die Tür aufhalten."*[309]

Die Spärlichkeit der Kontakte wird im Allgemeinen nicht bedauert, sondern hingenommen:

> *„Das ist ein gemischtes Verhältnis, weil ich mein, die Leute, die man länger kennt, zu denen hat man ein gutes Verhältnis. Dadurch, dass man sich grüßt, man unterhält sich ein bisschen darüber, was gerade so los ist bei einem, aber ansonsten ist es doch ein relativ auch anonymes Verhältnis."*[310]

> *„Flüchtiger Kontakt, so mal im Treppenhaus."*[311]

Manchmal ist man sogar froh über die Seltenheit des Kontaktes zu den Nachbarn und beobachtet die Nachbarn mit kritischer Distanz. Ein Anwohner begründet die Seltenheit der nachbarlichen Kontakte und den Wunsch, dass es so bleiben möge, ziemlich eindeutig:

> *„Wenig. Weil die deutschen Nachbarn in der Regel, die eine Hälfte geht arbeiten, die siehst du nicht und die, die du siehst, zu denen brauchst du keinen Kontakt. Das sind nämlich die, die morgens um sieben an der Bude stehen."*[312]

Die Kommunikation erfolgt zum überwiegenden Teil freiwillig, d. h. sie wird nicht durch äußere Mittel erzwungen. Freiwilligkeit ist eine wichtige Voraussetzung, die

---

sie mit Deutschen nichts zu tun haben wollen", sagen „die Deutschen"; demgegenüber haben vor allem türkische Einwanderer „das Gefühl, die Deutschen sind abweisend und wollen mit ihnen nichts zu tun haben" (FOCUS (1999), S. 177). Dies hat möglicherweise nicht nur negative Konsequenzen, denn: „Konflikte werden vermieden, indem man Kontakten aus dem Weg geht." Nur folgerichtig tauchen Konflikte also oft dort auf, wo man sich nicht mehr aus dem Weg gehen kann: im engsten nachbarschaftlichen Umfeld. Dann können Alltäglichkeiten zu Konflikten führen: beim (Nicht-)Reinigen des Hausflurs, bei Lärm, Müll, der Nutzung von Außenflächen.

[308] Nr. 4, 26 Jahre alt, Student.
[309] Nr. 33, Studentin.
[310] Nr. 7, deutsch, Sozialarbeiter, 33 Jahre alt.
[311] Nr. 44, deutsch, Studentin, 45 Jahre alt.
[312] Nr.19, KFZ-Mechaniker, 37 Jahre alt.

jeder nachbarschaftlichen Kommunikation zugrunde liegen sollte. Auch wenn mangelnde Intensität in den Beziehungen vermisst wird, steht der Grundsatz der Freiwilligkeit über diesem Prinzip, d. h. es wird nicht nur deshalb kommuniziert, weil Menschen nah beieinander wohnen. Ein 45-jähriger Galvaniseur gibt folgende Stellungnahme ab:

„*Grundsätzlich, also sollte nie irgendwie unter Zwang stehen, in keiner Art und Weise. Ähm, die Kommunikation ist oft z. B. auch bei mir im Haus nicht so hoch, wie ich das eigentlich mal früher so in meiner Kindheit irgendwie gewohnt war. Äh, z. B. dass man auch so 'n bisschen Wohngemeinschaft macht und sich gegenseitig hilft. Das ist nicht immer unbedingt gewährleistet, zumindest hier nicht.*"[313]

5.6.1 Häufigkeit der Kommunikation nach Wohndauer

In diesem Kapitel wird die Häufigkeit der nachbarschaftlichen Kommunikation anhand der Kategorie „Wohndauer" überprüft. Dabei ist relevant, Unterschiede festzustellen, ob die Intensität der Kontakte sich mit zunehmender Wohndauer verändert.

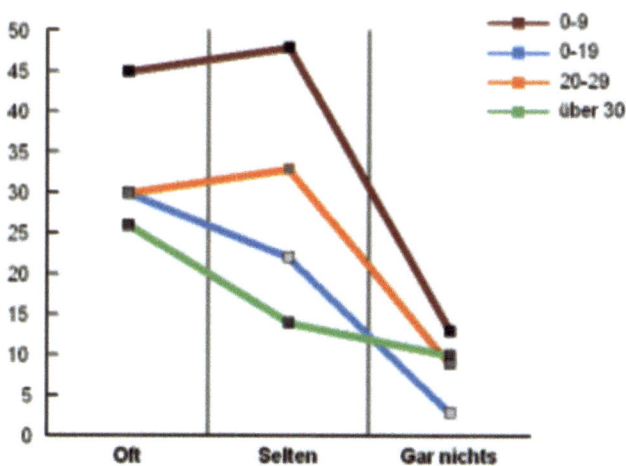

Abbildung 39: Häufigkeit der Kontakte nach Wohndauer

Wie Abbildung 41 zeigt, scheint es einen Zusammenhang zwischen der Häufigkeit der Kontakte und der Wohndauer zu geben. Die intensive nachbarschaftliche Kommunikation wird bei der Wohndauer von 0 bis 9 Jahren erlebt bzw. praktiziert.

---

[313] Nr. 55, deutsch, seit 20 Jahre im Stadtteil.

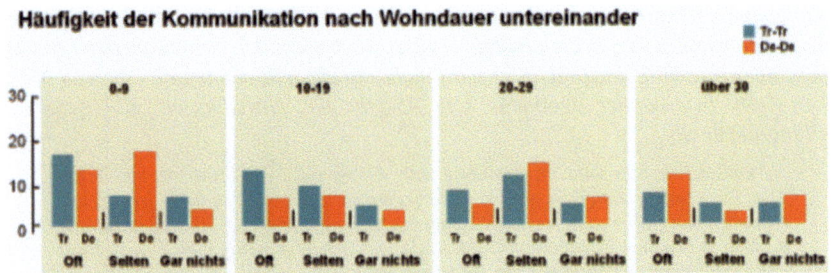

Abbildung 40: Häufigkeit der Kommunikation nach Wohndauer untereinander

Sowohl die türkischen als auch die deutschen BewohnerInnen haben am meisten in den ersten Jahren in der neuen Nachbarschaft homogene Kontakte. Unabhängig von der kulturellen Herkunft lässt die Häufigkeit der Kontakte mit zunehmender Wohndauer nach.

Betrachtet man die Häufigkeit der Kontakte interkulturell/heterogen, so stellt man fest, dass der Anteil der Kontakte sich mit zunehmender Wohndauer reduziert. Ein wesentliches Merkmal ist dabei, dass sich der Anteil von deutschen Interviewten bei der Eigenschaft „gar nicht" bei der Wohndauer von 20 bis 29 Jahren und über 30 Jahren deutlich erhöht.

Dabei spielen sicher mehrere Faktoren eine Rolle, so etwa Sprache, Gesundheit, Gleichgültigkeit, unterschiedliche Interessen, benötigte Distanz, Einsamkeit.

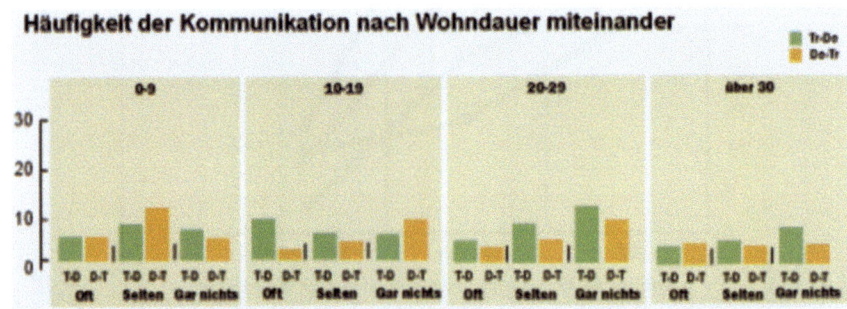

Abbildung 41: Häufigkeit der Kommunikation nach Wohndauer miteinander

5.6.2 Häufigkeit der Kommunikation nach Einkommen

In diesem Kapitel wird der Einfluss der Einkommenssituation der Interviewten auf die Häufigkeit der nachbarschaftlichen Kommunikation untersucht. Was besonders festzustellen ist, ist der hohe Anteil von Beschäftigten in der Kategorie „oft". Obwohl sie aufgrund der Beschäftigungssituation über ein geringes Zeitbudget verfügen, scheint es so zu sein, dass sie trotz dieses Faktors kommunikativer sind als die anderen Einkommensgruppen.

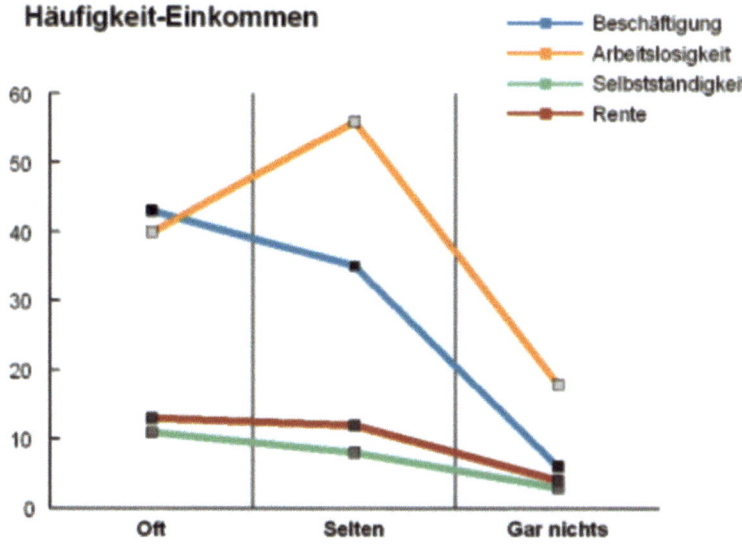

Abbildung 42: Häufigkeit – Einkommen

Betrachtet man diese Entwicklung herkunftshomogen, so sieht man anhand der aufgeschlüsselten Häufigkeitstabelle, dass die oben beschriebene These zu bestätigen ist. Sowohl bei den deutschen als auch bei den türkischen Beschäftigten ist die Kommunikation „untereinander" deutlich höher als die der anderen Gruppen. Das macht deutlich, dass die Interviewten unabhängig von ihrer Herkunft in gleichem Maße Interesse an einer Kommunikation haben. Es ist besonders zu erwähnen, dass die türkischen Arbeitslosen kommunikativer sind als die deutschen Arbeitslosen. Dabei kann tatsächlich die „kulturbezogene" Nachbarschaft eine Rolle spielen, weil die vorhandene Arbeitslosigkeit türkischer BewohnerInnen deren Erwartung von einer Nachbarschaft untereinander erhöhen kann. Eine zweite Vorstellung ist die Rolle der Kommunikationssprache, also Türkisch. Ein weiteres Merkmal ist der hohe Anteil von Rentnern deutscher Herkunft in dieser Kategorie. Es scheint, dass diese im Gegensatz zu den türkischen Rentnern kommunikativer sind.

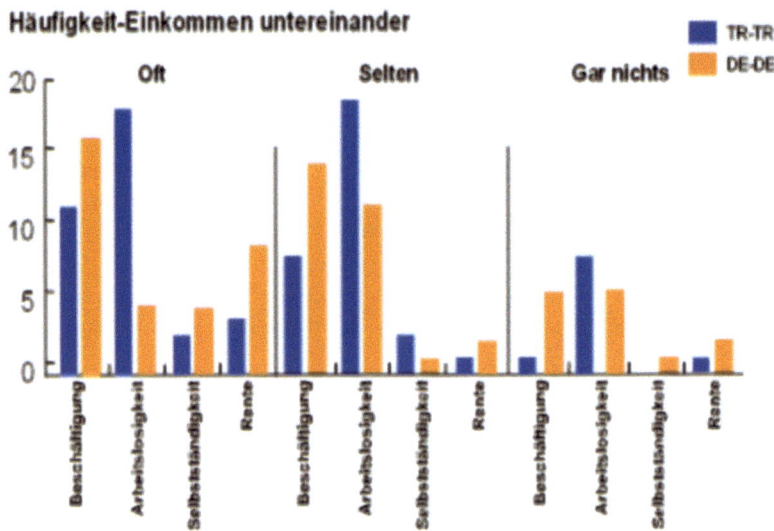

Abbildung 43: Häufigkeit – Einkommen untereinander

Die Einkommensgruppe „Nichtbeschäftigte" scheint nicht besonders kontaktfreudig zu sein; sie bevorzugt in gewisser Weise distanzierte Kommunikation.

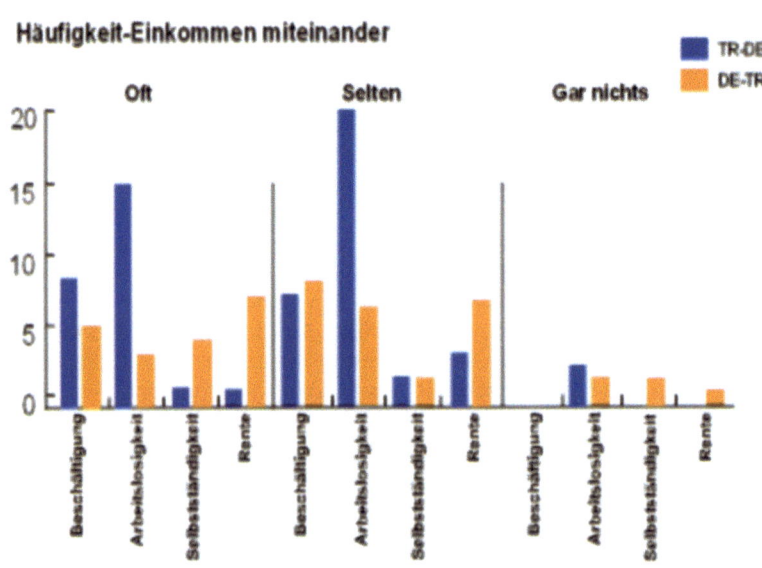

Abbildung 44: Häufigkeit – Einkommen miteinander

Die Abbildung 46 veranschaulicht die Häufigkeit der interkulturellen Kontakte. Der Anteil der Kontakte türkischsprachiger Nichtbeschäftigter mit den deutschen Nachbarn ist bei dem Merkmal „oft" deutlich höher als umgekehrt. Das ist auch bei dem Merkmal „selten" festzustellen. Das bedeutet, dass diese Personen türkischer Herkunft in einer interkulturellen Kommunikation deutlich aktiver sind als die Nichtbeschäftigten deutscher Herkunft.

5.6.3 Häufigkeit der Kommunikation nach Bildung

Die in diesem Abschnitt dargestellten Ergebnisse beziehen sich auf die Relation zwischen der Häufigkeit der Kontakte und dem Bildungsstand der Interviewten.

Abbildung 47 stellt einen Gesamtüberblick darüber dar. Es gibt keine nennenswerten Unterschiede zwischen den unterschiedlichen Bildungsabschlüssen von deutschen und türkischen Interviewten.

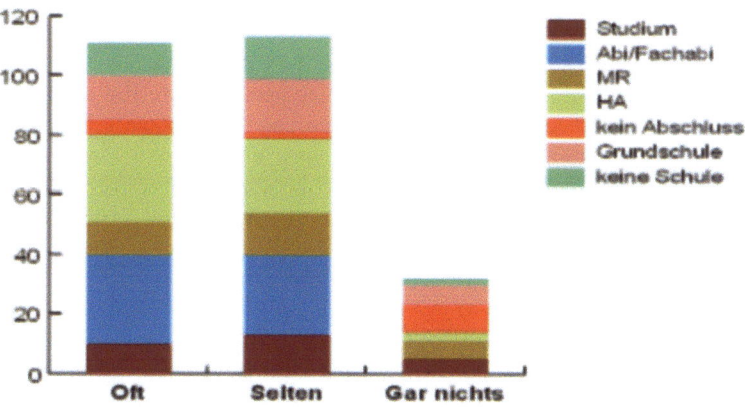

Abbildung 45: Häufigkeit – Bildung

Nach diesem Ergebnis kann gesagt werden, dass der Schulabschluss unabhängig von der kulturellen Herkunft der Kommunizierenden bei der Intensität der Kommunikation keine Rolle spielt. Somit deutet nichts darauf hin, dass die Menschen mit Hochschulabschluss kontaktfreudiger sind als die Menschen mit Grund- bzw. Hauptschulabschluss. Im Fokus stehen andere Faktoren, vor allem die sozio-ökonomischen Rahmenbedingungen eines Quartiers.

Die Ergebnisse zeigen die Intensität der Kommunikation auf interkultureller Ebene. Dieses Ergebnis ist ebenfalls schlüssig und bestätigt die vorherige Gesamtauswertung. Dafür, ob die Kommunikation von türkisch-deutscher Seite oder umgekehrt von deutsch-türkischer Seite ausgeht, ist kein Schulabschluss entscheidend. Ein türkischer Nachbar mit Hauptschulabschluss kommuniziert genauso häufig mit deutschen Nachbarn wie umgekehrt.

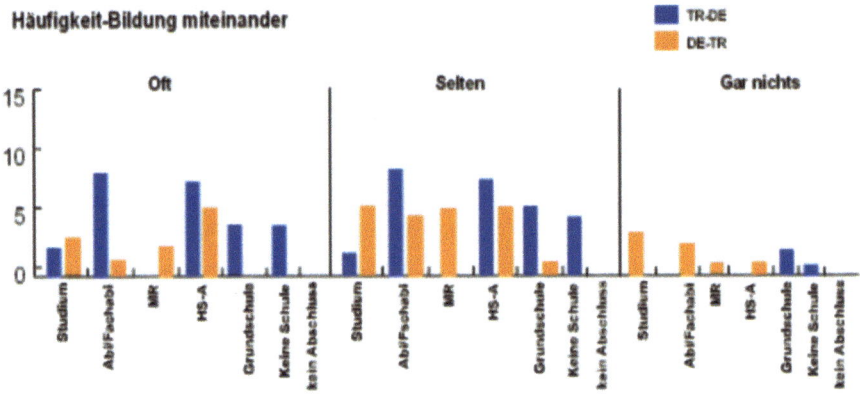

Abbildung 46: Häufigkeit – Bildung miteinander

Nach diesem Ergebnis kann gesagt werden, dass der Bildungsstand bei der Intensität in der nachbarschaftlichen Kommunikation keine nennenswerte Rolle spielt. Trotz des geringen Anteils von Hochschulabsolventen und Abiturienten scheint es, dass diese kommunikativer sind als die anderen Bildungsgruppen. Wie die Interviewten in unterschiedlichen Themenbezügen dargestellt haben, wirken andere Faktoren auf die nachbarschaftliche Kommunikation: Sprache, Erwartung, Wahrnehmung, Akzeptanz, Nähe etc.

5.6.4 Fazit

Die Häufigkeit der nachbarschaftlichen Kommunikation zeigt die Intensität der geführten Interaktion und bestimmt „Nähe und Distanz" zwischen den Nachbarn. Das Ergebnis zeigt sehr deutlich, dass fast drei Viertel der Bewohner Kontakte zu ihren Nachbarn haben. Diese Intensität wird meistens bei der Wohndauer von 0 bis 9 Jahren erlebt. Ein Rückschluss bei diesem Ergebnis ist: Je länger die Wohndauer ist, desto weniger wird kommuniziert. Was aber hier zu unterstreichen ist: Die Häufigkeit der Kommunikation lässt sowohl bei den türkischen als auch bei den deutschen Nachbarn nach. Dabei scheint es, dass die kulturellen Unterschiede darauf keine Wirkung haben.

Eine weitere Frage wäre, herauszufinden, ob die Beschäftigungssituation eine Auswirkung auf die Intensität der Kommunikation hat. Das Ergebnis zeigt, dass die Menschen, die arbeitslos sind, häufiger kommunizieren als die anderen. Bei den türkischen Bewohnern scheint die Häufigkeit der Kommunikation „untereinander" größer zu sein als bei den deutschen Bewohnern. Nach Angaben von türkischen Interviewten werden die Sprache und die Wahrnehmung sowie die Erwartung der

Nachbarschaft als Gründe genannt. Ein weiteres Ergebnis zeigt, dass die Bildungsabschlüsse keinen Einfluss auf die Häufigkeit der Kommunikation haben.

Nach diesem Ergebnis kann gesagt werden: Weder der Beschäftigungsstatus noch der Bildungsabschluss spielt bei der Intensität der nachbarschaftlichen Kommunikation eine besondere Rolle.

Eine weitere Aufgabe könnte sein, die Fluktuationsgründe der BewohnerInnen zu untersuchen und die Relation zwischen der Wohndauer und der Fluktuation aus dem Stadtteil herauszufinden. Es kann empirisch aufgrund der fehlenden Daten nicht gesagt werden, wann bzw. in welchem Jahr des Aufenthaltes im Stadtteil die Fluktuation stattfindet.

5.7 Zufriedenheit mit dem Stadtteil bzw. Zugehörigkeit[314]

In diesem Kapitel wird die Zufriedenheit bzw. die Zugehörigkeit der Interviewten mit dem Dortmunder Stadtteil „Nordstadt" anhand der Aussagen der Interviewten entlang ihrer individuellen bzw. biografiebezogenen Äußerungen beschrieben. Die allgemeine Zufriedenheit ist mit den Lebensumständen im Stadtteil ein wichtiges Kriterium für interkulturelle Nähe und Distanz.

Dabei ist die Zufriedenheit mit dem Wohnumfeld (Straße, Stadtteil, Stadtbezirk) ein wichtiger Indikator. Die Zufriedenheit macht auf Probleme und Vorteile stadtteilbezogener Bindungen aufmerksam. Die Dortmunder Nordstadt hat in der Dortmunder Öffentlichkeit einen schlechten Ruf, der auf z. B. Drogen, Prostitution, hohe Arbeitslosigkeit, Gewalt abzielt oder mit rassistischen Ressentiments wie „Klein Istanbul" oder „Türkenstadtteil" in Verbindung gebracht wird.

Die Bewohner werden als bildungsfern, einkommensschwach, nicht berufstätig, kriminell, nicht integrationsfähig betrachtet. Es herrscht generell ein negatives Bild darüber, dass die Bewohner keine Stadtteil-Identität haben und sich dort sehr unwohl fühlen. Sie wohnen da, weil sie aus wirtschaftlichen Gründen dort leben müssen. Dazu kommt auch die Berichterstattung von Dortmunder Medien, die dieses negative Image stärkt; die Nordstadt wird als Ort der Entfremdung bezeichnet.

Diese Fragestellung hat einen besonderen Stellenwert für das dieser Arbeit zugrunde liegende Thema, weil die Interviewten damit die Möglichkeit haben, das Ergebnis der bisherigen Interviews über die nachbarschaftliche Kommunikation zusammenfassend auszudrücken. Sie zielt auf zwei wesentliche Punkte: einerseits auf Zufriedenheit, d. h. eine Bestätigung der gelungenen nachbarschaftlichen Kommunikation, oder Unzufriedenheit mit dem Stadtteil, d. h. auf problematische bzw. konfliktgeladene Kommunikation, die ein Teil ihres Lebens ist.

> *„Die alltägliche Lebenswelt ist die Wirklichkeitsregion, in die der Mensch eingreifen und die er verändern kann, indem er in ihr durch die Vermittlung seines Leibes wirkt.*

---

[314] Wie fühlen Sie sich hier in der Nordstadt?

Zugleich beschränken die in diesem Bereich vorfindlichen Gegenständlichkeiten und Ereignisse, einschließlich des Handelns und der Handlungsergebnisse anderer Menschen, seine freien Handlungsmöglichkeiten. ... Ferner kann sich der Mensch nur innerhalb dieses Bereiches mit seinen Mitmenschen verständigen, und nur in ihm kann er mit ihnen zusammenwirken. Nur in der alltäglichen Lebenswelt kann sich eine gemeinsame kommunikative Umwelt konstituieren. Die Lebenswelt des Alltags ist folglich die vornehmliche und ausgezeichnete Wirklichkeit des Menschen."[315]

Diese alltagsorientierte Lebenswelt in der Nachbarschaft ist die gemeinsame Grundlage, die das Handeln der Bewohner stark prägt, und repräsentiert die Bindung von Individuen mit dem Stadtteil.

Hier wird dieser Problematik nachgegangen und Interviewergebnisse werden ausgewertet vorgestellt.

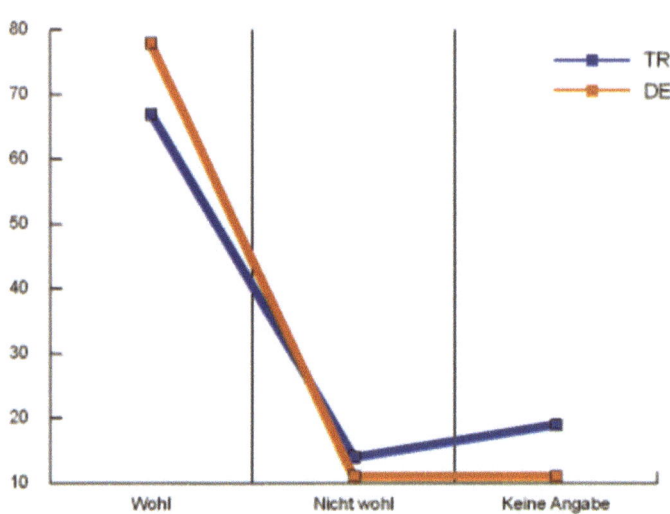

Abbildung 47: Zufriedenheit mit dem Stadtteil „Nordstadt"

Wie die Abbildung veranschaulicht, sind sowohl die deutschen als auch die türkischen Bewohner in der überwiegenden Mehrzahl mit ihrem Wohnort sehr zufrieden. Das wird überwiegend von fast zwei Dritteln der Interviewten bestätigt. Diese hohe Zufriedenheitsquote zeigt, dass sich die dort wohnenden Menschen unabhängig von Zuschreibungen und negativen Bildern über ihr Stadtteil-Image wohlfühlen und ihre Zugehörigkeit zum Stadtteil ausdrücken. Diese gemeinsame Zugehörigkeit ist positiv zu verstehen. Wie die statistischen Daten über den Stadtteil zeigen, werden solche Arbeiterstadtteile immer mit dem Status der dort ansässigen Menschen in

---

[315] Schütz, Luckmann (2003), S. 43.

Verbindung gebracht, von denen Migration nicht zu trennen ist. Daher ist die Migration ein Bestandteil des städtischen Lebens dieser Stadtteile. Das bedeutet, dass es zwischen den türkischen und den deutschen Bewohnern eine Gemeinsamkeit gibt, nämlich eine Identifikation mit dem Stadtteil. Das zeigt auch anderseits die Bedeutung des Stadtteils für die Bewohner, die sich mit ihm identifizieren.

Ca. 140 Interviewte haben angegeben, dass sie sich in der Nordstadt wohlfühlen und gern in der interkulturellen nachbarschaftlichen Vielfalt leben. Die Interviewten haben dafür unterschiedliche Gründe beim Zusammenleben mit Menschen aus verschiedenen Kulturkreisen in diesem Stadtteil genannt: Interkulturalität, kulturelle Vielfalt, Erreichbarkeit, gute Einkaufsmöglichkeiten, Verwandte, Heimatgefühle, Gewohnheit durch langjährigen Aufenthalt etc.

> *„Ganz gut geht es mir da. Ich wohne seit 21 Jahren in der Nordstadt und ich bin sehr zufrieden mit dem Borsigplatz."*[316]
>
> *„Von dort, wo ich lebe, bin ich zufrieden. Eigentlich denkt man, wenn man ‚Nordmarkt' hört, so... aber ich bin mit meinen Nachbarn oder von dem Ort, wo ich lebe, sehr zufrieden. Nur manchmal fühle ich mich sehr einsam, weil ich keine Verwandten hier habe."*[317]
>
> *„Ich fühle mich sauwohl. Ich lebe wirklich, wirklich gerne hier. Ich komme aus einen Dortmunder Vorort mit viel Wald und landwirtschaftlich geprägt. Bin hier in die Stadt gekommen und war erst mal schwer geschockt und habe gedacht, das hältst du nie aus. Jetzt bin ich 20 Jahre hier. Ist meine zweite Heimat geworden. Möchte ich nicht missen. Möchte auch nicht wegziehen."*[318]
>
> *„Als Minderheit, voll akzeptiert. Ich selber hab keine Probleme. Ich denke, dass das ein gutes Zusammenleben ist. Aber ich fühle mich nicht als Aussätziger oder als irgendwie oder irgendwie etwas, sondern wie ein Teil von allen anderen auch."*[319]

Diese Interviewpassagen verdeutlichen die gemeinsame Identifikation der Interviewten mit dem Stadtteil – unabhängig von den kulturellen, sozialen und wirtschaftlichen Rahmenbedingungen. Die Vielfalt gehört zur Normalität, die von beiden Seiten akzeptiert wird. Yildiz beschreibt diese Normalität in seiner Forschung über die Keupstraße in Köln wie folgt:

> *„Diese Entwicklung hat zur Entstehung von neuen Lebenslagen, Lebensläufen und Identitäten geführt, die sich zwischen den einzelnen Ländern, Kulturen, Milieus usw. bewegen und die von den Einzelnen gleichzeitig miteinander kombiniert werden."*[320]

---

[316] Nr. 26, türkisch, weiblich, geschieden, 47 Jahre alt, seit 29 Jahren im Quartier, Hausfrau und arbeitslos.
[317] Nr. 21, türkisch, weiblich, verheiratet, 40 Jahre alt, seit 27 Jahren im Quartier, Näherin, arbeitet als Reinigungsfachkraft.
[318] Nr. 100, deutsch, männlich, seit 20 Jahren im Quartier.
[319] Nr. 93, deutsch, 30 Jahre alt, männlich, seit 2,5 Jahren im Quartier, selbstständig.
[320] Yildiz (2001), S. 23.

5.7.1 Gute Einkaufsmöglichkeiten

Einige Interviewte, die sich in der Befragung als zufrieden geäußert haben, bevorzugen besonders die guten Einkaufsmöglichkeiten, vor allem die türkischen Läden, und die Erreichbarkeit des Stadtteils.

> *„Ich liebe den Borsigplatz. Es ist gut. Das Zentrum, wo ich wohne, ist sehr gut. Also es gibt hier viele türkische Läden. Man kann hier gut einkaufen. Die Bus- und Straßenbahnhaltestellen sind nicht weit entfernt."*[321]

Wie in dem ersten Teil beschrieben worden ist, ist die Bus- und Straßenbahn-Anbindung der Nordstadt sehr gut. Die Unterstützung durch URBAN II im Rahmen des Europäischen Programms für Stadtteile mit Erneuerungsbedarf hat zu einer erheblichen Verbesserung der Infrastruktur der Nordstadt beigetragen.

5.7.2 Interkulturelles Gesicht der Nordstadt

Auf das interkulturelle Gesicht des Stadtteils wird auch von Interviewten hingewiesen und sie legen auf die interkulturelle Mischung des Quartiers großen Wert. Die sichtbare kulturelle Vielfalt des Stadtteils, umgangssprachlich gern als „multikulti" bezeichnet, wird etwas als Wertvolles angesehen und geschätzt:

> *„Ja, es gibt wirklich schönere Gegenden. Aber ja. Was mir in der Nordstadt definitiv gefällt, ist, durch diese Mischung von verschiedenen Ethnien, weil da schon ein anderer Wind weht. Dass es ein bisschen kulanter ist als jetzt Häuserblöcke, wo nur Deutsche wohnen. Da bin ich überzeugt von, dass dieses ‚Multikulturelle' das ein bisschen kulanter macht. Was besser ist."*[322]

> *„Also ich finde das hier gut, weil hier alle Kulturen sozusagen unter einem Dach sind. Hier ist das ja auch, im Norden ist das ja auch ziemlich gesplittert, d. h. hier leben Künstler, hier leben normale Bürger, hier leben Migranten, jede Kultur sozusagen und was ich toll finde an den Migranten, dass die auch einfach so mit Latschen rausgehen können. Das genieße ich und das finde ich, das schätze ich sehr. Das finde ich toll."*[323]

> *„Ach, wie soll ich mich fühlen? Ja, ist bunter geworden. Jetzt haben wir ja nicht nur unsere türkischen Nachbarn hier nur alleine. Wir haben jetzt auch Jugoslawen oder ehemalige Jugoslawen hier. Dann kommen noch welche aus Afrika eine ganze Menge her. Wir haben aus Mittelamerika Leute hier. Ist richtig bunt geworden."*[324]

Diese Interviewen bekräftigen das interkulturelle Gesicht und die erlebte Vielfalt des Stadtteils im Gegensatz zu den medienbezogenen negativen Darstellungen in der Öffentlichkeit.

---

[321] Nr. 3, türkisch, verheiratet, weiblich, 39 Jahre alt, arbeitslos, seit 13 Jahren im Quartier.
[322] Nr. 4, türkisch, männlich, geschieden, 36 Jahre alt, seit 22 Jahren im Quartier, Student.
[323] Nr. 44, türkisch, weiblich, ledig, 38 Jahre alt, im Quartier geboren, Sozialarbeiterin, berufstätig.
[324] Nr. 92, deutsch, männlich, berufstätig, 54 Jahre alt und seit 6 Jahren im Quartier.

5.7.3 Heimatgefühl

Von türkischsprachigen Interviewten wird das Leben in der Nordstadt mit dem in der Türkei verglichen. Sie erklären kaum, wie sie darauf kommen. Das Heimat- und das Sicherheitsgefühl werden in Interviews als zwei wichtige Kriterien angegeben.

> „Hier ist kein Unterschied zu meinem Land. Wir fühlen uns wie in der Heimat, weil sich hier jeder kennt. In der Hinsicht geht es uns gut."[325]
>
> „Ich fühle mich wie in der Türkei."[326]
>
> „Gut, wie in der Türkei. Ich fühle mich sehr unabhängig. Also der Nordmarkt ist ein sehr schöner Ort, hier vermisst man die Türkei nicht."[327]

Diese Aussagen unterstreichen einige Kritikpunkte in der aktuellen Integrationsdebatte, einerseits die Parallelgesellschaft anderseits mangelnde Integrationsbereitschaft von MigrantInnen aufgrund der vorhandenen ethnischen Versorgungsstrukturen. Die Interviewten bringen damit die entstandenen ethnischen Strukturen zum Ausdruck.

5.7.4 Sicherheitsgefühl

Einige Interviewte geben an, dass sie sich an das Leben im Quartier gewöhnt haben. Die Identifikation gibt ihnen das Selbstvertrauen, dass sie sich nicht als Außenseiter und auch als nicht Ausländer fühlen, sondern als ein untrennbarer Teil der Stadtteilentwicklung. Anderseits ermöglicht das „von 2Migranten dominierte Quartier" verbunden mit dem Bild „multiethnisch" oder „ethnisch orientierte Strukturen" den türkischen und türkischsprachigen Bewohnern Sicherheitsgrundlagen, auch wenn das Gefühl der Fremdheit nicht ganz überwunden ist.

> „Seit ich nach Deutschland gekommen bin, lebe ich in der Nordstadt. Bisher habe ich noch nie das Gefühl bekommen, Ausländerin zu sein, aber seit den neuen Gesetzen für die Türkei bin ich denen ausgesetzt worden."[328]
>
> „Ja, mittlerweile ist es doch ein bisschen gemischt. Ich habe mich also jahrelang sehr gut gefühlt in der Nordstadt. Aber ich glaube, aufgrund auch der wirtschaftlich schlechteren Verhältnisse ist es alles angespannter geworden. Das trifft aber auch auf deutsche Leute zu. Jüngere, die arbeitslos sind, also das belastet die Atmosphäre, die Lebensatmosphäre im Viertel ganz schön."[329]

---

[325] Nr. 8, türkisch, weiblich, verheiratet, 37 Jahre alt, seit 9 Jahren im Quartier, Bibliotheks-Assistentin.
[326] Nr. 31, türkisch, weiblich, Witwe, 58 Jahre alt, seit 10 Jahren im Quartier, Hausfrau und arbeitslos.
[327] Nr. 42, türkisch, weiblich, verheiratet, 38 Jahre alt, seit 12 Jahren im Quartier, Hausfrau und arbeitslos.
[328] Nr. 11, türkisch, weiblich, verheiratet, 36 Jahre alt, seit 27 Jahren im Quartier, arbeitslos.
[329] Nr. 96, deutsch, männlich, arbeitstätig, 58 Jahre alt, seit 16 Jahren im Quartier.

„Also bedroht... .na ja, vielleicht in der Bahnhofsgegend oder so etwas würde ich mich schon bedroht fühlen, weil..., aber das hat nicht unbedingt was mit der ethnischen Sache zu tun oder so etwas, sondern die Szene da an sich, das ist ziemlich heftig."[330]

5.7.5 Zukunft der Kinder

Einige Interviewte geben an, dass sie sich, obwohl sie sich in der Nordstadt gut fühlen, Sorgen um ihre Kinder haben. Wegen der Zukunft ihrer Kinder würden sie gern wegziehen. Der Statistik zufolge ist die Schul- und Ausbildungssituation von Kindern und Jugendlichen in der Nordstadt klar benachteiligt. Diese als negativ erlebte Entwicklung im Bildungsbereich ruft bei einigen Interviewten eine nachvollziehbare Angst um die Zukunft ihrer Kinder hervor. Sie begründen ihre Angst auch mit der steigenden Drogenproblematik im Quartier:

„Ich fühle mich in der Nordstadt gut, weil mich keiner beeinflussen kann. Aber für meinen Enkel und mein Kind sehe ich es als gefährlich. So wie ich das gehört habe, haben sie die Menschen, die drogenabhängig sind, in die Nordstadt verschoben. Das finde ich beunruhigend. Aber wie gesagt, nicht für mich, aber für die kommende Generation sehe ich es nicht gut."[331]

„Ganz wohl, ich fühle mich wie zu Hause in der Nordstadt, obwohl ich lieber im Süden leben würde. Weil ich denke... Ich würde dort lieber leben für mein Kind, damit es nicht in der Nordstadt aufwächst. Ich denke, dass die Kriminalität hier sehr hoch ist."[332]

5.7.6 Probleme im Stadtteil/Unzufriedenheit

26% der Interviewten haben geäußert, dass sie sich im Quartier nicht so gut fühlen und mit dem Leben dort nicht zufrieden sind. Dabei werden mehrere Kritikpunkte genannt: Ausländerfeindlichkeit, Drogenprobleme, schmutzige Straßen, schlechte Schulen, hohe Arbeitslosigkeit, hoher Migrantenanteil, soziale Benachteiligung, Verkehrsprobleme etc. Diese vorhandenen negativen Bilder werden von diesen Interviewten geteilt, sie rufen bei dieser Personengruppe ein starkes Unsicherheitsgefühl hervor. Diese Meinung der Interviewten über die soziale und wirtschaftliche Lage des Stadtteils entspringt einer hoffnungslosen Situation, in der sie alles infrage stellen.

„Natürlich, das ist als eine sehr ernst zu nehmende und erschreckende Entwicklung zu sehen. Also dass für alles die Ausländer Schuld tragend sind. Also die Rate der Straftaten, wenn eine Schuld da ist, wenn es Arbeitslose gibt, sind die Ausländer schuld. Sie sagen, dass die Ausländer ihnen die Arbeit wegnimmt oder so ähnliche Sachen. So entwickelt sich der Ausländerhass. Das ist eine sehr gefährliche Entwicklung und das geht weiter hinaus als nur eine politische Sicht. Das breitet sich bei dem deutschen Volk allgemein aus. Und folglich ist das im Allgemeinen zu beobachten. Deutsche werden im

---

[330] Nr. 31, deutsch, männlich, 36 Jahre alt, ledig, seit 8 Jahren im Quartier.
[331] Nr. 34, türkisch, weiblich, verheiratet, 54 Jahre alt, seit 28 Jahren im Quartier, arbeitslos.
[332] Nr. 9, türkisch, weiblich, verheiratet, 31 Jahre alt, seit 30 Jahren im Quartier, Bürokauffrau und arbeitslos.

Allgemeinen hier besser behandelt? Das kann ich für die Nordstadt nicht sagen. Das ist im Allgemeinen, z. B. wollten wir am Anfang in anderen Stadtvierteln eine Wohnung, aber sie haben uns immer den Norden gezeigt. ‚Im Norden sind Wohnungen frei, wohnen Sie im Norden.' Generell ist es gleich, weil, wie am Anfang schon erwähnt, die Deutschen, die hier wohnen, generell die unterste Stufe der Deutschen sind. Dass ich mich sehr schlecht fühle, hat nichts mit dem Gebiet zu tun, aber z. B. möchte ich, dass mein Kind in einem anderen Gebiet zur Schule geht und aufwächst. Ich werde auch dafür sorgen, weil die Nordstadt wirklich nur das Gebiet der Migranten ... gettoisiert, vielleicht ist das eine bewusste Politik oder auch unbewusst, das weiß ich nicht, aber die Schuld, der Verkauf von Drogen, die Unzucht werden sichtbar in diese Gegend abgeschoben. Man sieht, dass das in diesem Gebiet verbreitet ist. Ich möchte nicht, dass mein Kind hier aufwächst. Ich kann mich selber schützen, aber was meinem Kind zustößt, das kann ich nicht wissen. Darum möchte ich in einem andern Gebiet, in einem besseren Gebiet wohnen, mein Kind dort in die Schule schicken. Das bevorzuge ich. Ich habe hier Bedenken."[333]

„Also von Tag zu Tag geht es so schlechter, also selber das spielt bei allen so ein bisschen eine Rolle, wir auch die Bevölkerung in Nordstadtteil, und Stadt macht im Moment auch gar nichts. Und jeder um die Ecke, jeder werden jetzt Moment jemanden sehen erst mal Drogen usw. verkaufen. Einfach die Polizei sieht das auch und wenn jetzt z. B. Dealer kommt, kommen da keine Dienstboten in die Stadt. Das macht keine, also alles wie eine Kettenreaktion, sag ich mal. Früher war noch besser. Angst habe ich nicht, aber Angst habe ich für meine Kinder. Die Zukunft. Die können mir gar nichts machen, ich bin schon ein Mann, keiner kann mir was, irgendwas anliegen, aber die Gefahr besteht für unsere Kinder. Nicht nur meine Kinder, sondern alle Kinder. In der Nordstadt kann ich nicht sagen, aber in Deutschland kann ich sagen ja. Aber in der Nordstadt kann ich nicht sagen. Wir sind wie ein Dorf, wie gesagt, wenn die Straßen nicht im Winter kein Dienst kommt, das benachteiligt auch die Deutschen und uns auch, zusammen. Also d. h, wir sind gleichberechtigt in dem Moment. Aber wenn Sie nach Brechten fahren in Dortmund, dann sehen Sie ganz anders aus. Das wird dann von der Stadt auch so gemacht absichtlich, so sehe ich das."[334]

„Es ist nicht mehr wie früher. Die Nordstadt ist nicht dieselbe Nordstadt wie vor 30 Jahren. Auch nicht die Nordstadt wie vor 10 Jahren. Früher war es sehr schön. Jetzt sind Ausländer, deutsche Dings... Es ist voll mit Sozialhilfeempfängern, immer Alkohol, viele Besoffene. Aber früher, wenn du in die Straße gegangen bist, sehr höfliche alle Deutschen. Jeder hat sich begrüßt und so. Jetzt ist das nicht mehr so. Jetzt kommt man gar nicht durch die Hunde weiter."[335]

„Nordstadt, Nordstadt, die meisten Menschen, die hier leben, sehen sehr viel. Ich habe viele Sachen mit meinen 20 Jahren hier gesehen, was viele Menschen ihr ganzes Leben lang nicht gesehen haben. Drogenabhängige, solche Sachen, wie die Polizei einen manchmal so behandelt. Also die Nordstadt ist ein komischer Ort, aber jemand, der hier lebt und irgendwo anders leben möchte, wird es schwer haben. Das habe ich bemerkt, ich habe es nicht versucht, aber ich weiß von vielen Leuten, die zur Universität gehen. Hier ist das Reden schon ganz anders. Die Menschen reden hier anders untereinander. Sie reden mehr kalt miteinander. Sie nähern sich einem Menschen negativ.

---

[333] Nr. 97, deutsch, männlich, verheiratet, 39 Jahre alt, seit 4 Jahren im Quartier, Soziologe, arbeitslos.
[334] Nr. 94, deutsch, männlich, verheiratet, 38 Jahre alt, seit 10 Jahren im Quartier, Angestellter.
[335] Nr. 47, deutsch, weiblich, verheiratet, 52 Jahre alt, seit 32 Jahren im Quartier, Schneiderin, arbeitet als Schneiderin.

Das ist in der Nordstadt normal, auf der Welt ist es nicht so normal. Man sollte auf der Welt offen sein meiner Meinung nach."[336]

Die genannten Kritikpunkte (Ausländerfeindlichkeit, Drogenprobleme, schmutzige Straßen, schlechte Schulen, hohe Arbeitslosigkeit, hoher Migrantenanteil, soziale Benachteiligung, Verkehrsprobleme etc.) stellen die strukturelle Defizite des erneuerungsbedürftigen Stadtteils dar, die sowohl bei den Migranten als Außenseiter auch bei den Deutschen als Etablierten ein Unsicherheitsgefühl hervorrufen. Solche strukturbezogene Probleme werden sehr stark mit den BewohnerInnen in Beziehung gesetzt. Dadurch entstehen Fremdbilder und Stereotypisierungen.

Auernheimer beschreibt die Rolle der Gesellschaft in diesem Prozess:

„Dass unsere Bilder von anderen unsere Erwartungen und Erwartungserwartungen (Der andere denkt sicher, dass ich...) und damit unsere Aktionen und Reaktionen steuern, ist so plausibel, dass sich breite Ausführungen dazu erübrigen. Wichtig erscheint erstens der Hinweis darauf, dass unsere Stereotypen und Vorurteile nicht rein individueller Natur, sondern gesellschaftlich überliefert und vermittelt sind."[337]

5.7.7 Zufriedenheit mit dem Stadtteil nach Wohndauer[338]

Diese differenzierte Untersuchung soll zeigen, ob die Wohndauer beim „Wohlfühlen" eine Rolle spielen könnte. Wie bereits anhand der Aussagen von Interviewten verdeutlicht wurde, sind zwei Drittel der Bewohner mit dem Dortmunder Stadtteil „Nordstadt" zufrieden.

Nach Abbildung 50 stellt man fest, dass die Zufriedenheit mit zunehmender Wohndauer leicht abnimmt. Trotz dieser geringen Abnahme ist dies ein positives Ergebnis gegenüber den Untersuchungen, in denen die Alteingesessenen deutlichere Unzufriedenheit zum Ausdruck bringen. Bei den Alteingesessenen lassen sich zwei Positionen unterscheiden. Der zunehmende Anteil von Migranten im Stadtteil spielt beim Entstehen des Entfremdungsgefühls eine Rolle. Hinzu kommt die infrastrukturbezogene Umwandlung des Stadtteils im Hinblick auf Sauberkeit, Lärm, Kriminalität etc.[339] Trotz dieses Zustandes gibt es deutliche Gemeinsamkeiten zwischen den Alteingesessenen deutscher Herkunft und den Migranten im Quartier.

---

[336] Nr. 46, männlich, ledig, Schüler, 20 Jahre alt, im Quartier geboren, macht Abitur.
[337] Auernheimer (2005), S.5.
[338] Frage im Interview: Sind Sie mit Ihrem Stadtteil zufrieden?
[339] Die Konflikte zwischen Anwohnern haben in der Regel sehr alltägliche Anlässe: Lärm, laute Musik, Müll, schmutziger Hausflur, im Hausflur abgestellte Fahrräder und Kinderwagen. Oft sind auch Beleidigungen und Respektlosigkeiten die Ursache für Konflikte. Auf den Stadtteil bzw. auf ein größeres Umfeld bezogen, geht es oft ebenfalls um Lärm sowie Müll auf Wegen, in Grünanlagen und auf Spielplätzen. Die FOCUS-Studie (1999) nennt außerdem als Auslöser für Konflikte: Gefühle der Verdrängung (Jugendliche „besetzen" einen Spielplatz), Gefühle von Ausgrenzung (Vermeidung von Begegnungen, Grußkontakten) und Gefühle der Ohnmacht („Um uns kümmert sich hier keiner"). Missverständnisse aufgrund ethnisch-kultureller Differenzen scheinen als Konfliktursache dagegen nur eine untergeordnete Rolle zu spielen.

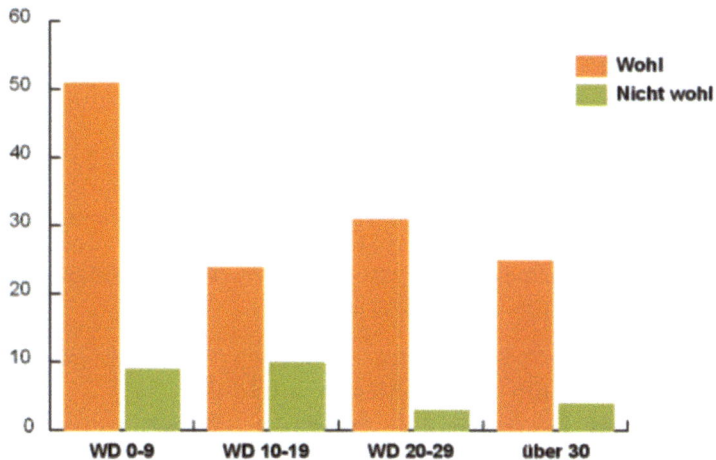

Abbildung 48: Zufriedenheit mit dem Stadtteil nach Wohndauer

Bei diesem Punkt soll die sozio-ökonomische Entwicklung des Stadtteils fokussiert werden, weil die Migration als ein Teil dieser Umwandlung der letzten 40 Jahre als historischer Prozess im Quartier betrachtet werden muss. Das zeigt, dass die dort übrig Gebliebenen diese gewaltige Strukturumwandlung gemeinsam erlebt und gemeinsam durchlebt haben. Die Aussagen dieser seit über 30 Jahren im Stadtteil ansässigen Interviewten deutscher Herkunft bestätigen diese These.

„Gut. Das ist meine Heimat."[340]

„Nein, ich würde auch hier nicht wegziehen, also ich mein, ich gehöre nicht zu denen, die sagen, wir ziehen jetzt weg, aber viele Familien mit kleinen Kindern, die ziehen weg, ne, also junge Leute mit Kindern ziehen hier weg, sobald die Kinder ein äh ... in den Kindergarten, oder spätestens in die Schule, die ziehen dann weg, das ist ganz offensichtlich."[341]

„Ich würde sagen, dass wir aufgrund der Parallelgesellschaften jede sehr viel schon einen eigenen Weg gehen. Wir haben also eine komplette eigene Versorgung unserer türkischen Mitbewohner im Viertel und darüber hinaus. Eine Bedrohung als solche sehe ich nicht, ich hab nur Probleme, wenn die politischen Seiten diese Eigenständigkeiten nicht versuchen... diese zumindest in Mindestgrößen der Toleranz und des Miteinander-Umgehens und so weiter forciert ist, wie es zurzeit der Fall ist."[342]

Diejenigen, die ihre Unzufriedenheit äußern, bringen diese mit folgenden Sätzen zum Ausdruck.

---

[340] Nr. 89, deutsch, weiblich, selbstständig, 49 Jahre alt, seit 35 Jahren im Quartier.
[341] Nr. 67, deutsch, weiblich, Hausfrau, 59 Jahre alt und seit 59 Jahren im Quartier.
[342] Nr. 9, deutsch, männlich, 65 Jahre alt, wohnhaft seit 40 Jahren.

> „Ja also, wir wollen das nicht zu hart sagen, aber man kommt so einigermaßen mit
> aus, ja. Wenn hundert Nordstadtbewohner auf'm Nordmarkt stehen, sind 80 davon
> Migranten und 20 Deutsche."[343]

> „Ja, habe ich gerade schon etwas anklingen lassen. Also ich fühle mich hier eigentlich
> wohl. Lebe hier auch gerne und ist eigentlich auch kein Problem, hier zu leben. Nur
> wie gesagt, es darf nicht vielleicht noch mehr werden. Wenn immer mehr Deutsche weg
> sind, dann fühlt man sich irgendwann schon allein denke ich. Fühle ich mich in
> Moment zwar noch nicht ganz schön alleine hier und dann weiß ich nicht, ob ich hier
> dann ewig leben möchte."[344]

Ein weiteres Ergebnis ist das deutlich formulierte Zufriedenheits- bzw. Zugehörigkeitsgefühl bei einer Wohndauer von 0 bis 9 Jahren. Diese hohe Quote von Interviewten mit geringer Wohndauer zeigt, dass diese Menschen den Stadtteil mit seinen Problemen als neuen Lebensort akzeptiert haben.

5.7.8 Zufriedenheit mit dem Stadtteil nach Bildung

In diesem Teil wird überprüft, ob es eine Korrelation zwischen der „Bildung" und der „Zufriedenheit mit dem Stadtteil" gibt. Wie in Abbildung 51 dargestellt wird, ist diesbezüglich tatsächlich ein Zusammenhang zu erkennen. Je höher der Bildungsstand ist, umso größer ist die Zufriedenheit.

> „Ach, ich fühl mich ganz gut, ne. Aber ich denke einfach, das Problem ist, je weniger es
> zu verteilen gibt, umso größer wird der Sozialneid und ich denke, 'nen Türke, der hier
> mit 'nem BMW rumfährt und zwanzig Jahr auf der Zeche gearbeitet hat, warum soll
> der sich keinen BMW kaufen, ne?"[345]

> „Das ist für mich keine Besonderheit. Ich wohne hier seit insgesamt 10 Jahren in der
> Nordstadt, zwar nicht hier im Viertel, aber in der Nordstadt."[346]

Ein plausibler Erklärungsansatz dafür ist, dass es das Bildungsniveau dem Individuum ermöglicht, den sozialen Raum in der jetzigen Realität wahrzunehmen, also die Wahrnehmung des Raumes im Zusammenhang mit sozialen, politischen, kulturellen und ökonomischen Eigenschaften zu entwickeln.

---

[343] Nr. 66, deutsch, männlich, 54 Jahre alt, Rentner, seit 30 Jahren im Quartier.
[344] Nr. 82, deutsch, männlich, 36 Jahre alt, im Quartier geboren und seit dem dort wohnhaft.
[345] Nr. 58, deutsch, männlich, 53 Jahre alt, Sozialarbeiter, verheiratet, seit 2 Jahren im Quartier.
[346] Nr. 193, deutsch, männlich, Historiker, Rentner.

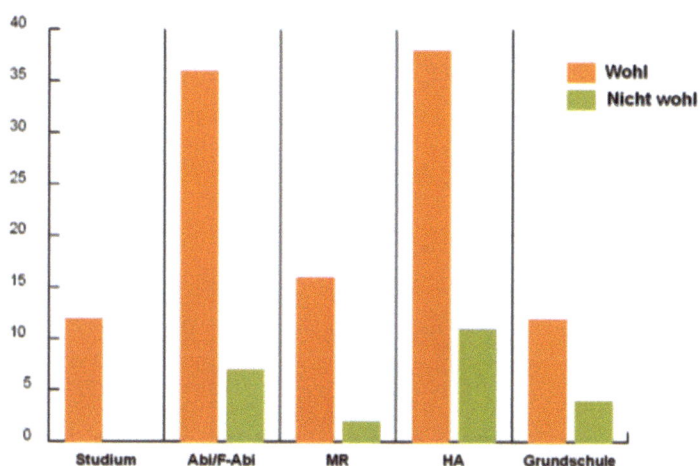

Abbildung 49: Zufriedenheit mit dem Stadtteil nach Bildungsstand

5.7.9 Zufriedenheit mit dem Stadtteil nach Einkommen

In diesem Kapitel wird der Einfluss des Einkommens bzw. der Beschäftigungssituation auf das Zugehörigkeitsgefühl untersucht. Wie vorher zusammengefasst beschrieben wurde, wurden die Einkommensverhältnisse der Interviewten in vier Gruppen subsumiert: *Beschäftigung, Arbeitslosigkeit, Selbstständigkeit und Rente*. Nach dieser Aufteilung hat man unterschiedlich verteilte Größen, so gibt es beispielsweise einen hohen Anteil von Beschäftigten, die Zufriedenheit äußern. Der Anteil von unzufriedenen Beschäftigten ist nicht erwähnenswert. Der Fokus hier soll auf diese Beschäftigungsgruppe gerichtet sein, weil sie trotz ihrer finanziellen Möglichkeiten im Stadtteil bleibt und sich diesem zugehörig fühlt. Diese Identifikation ist eine Antwort auf die in der Öffentlichkeit vorhandenen Vorurteile, dass nur Einkommensschwache dort leben.

An der zweiten Stelle folgt die Gruppe der Nichtberufstätigen, bei denen der Anteil n Unzufriedenen ebenfalls gering ist. Übereinstimmend mit der vorherigen Abbildung kann man sagen, dass die langjährig wohnenden Bewohner, zu denen sicherlich die Rentner gehören, auch mit dem Stadtteil zufrieden sind.

Zufriedenheit nach Einkommen

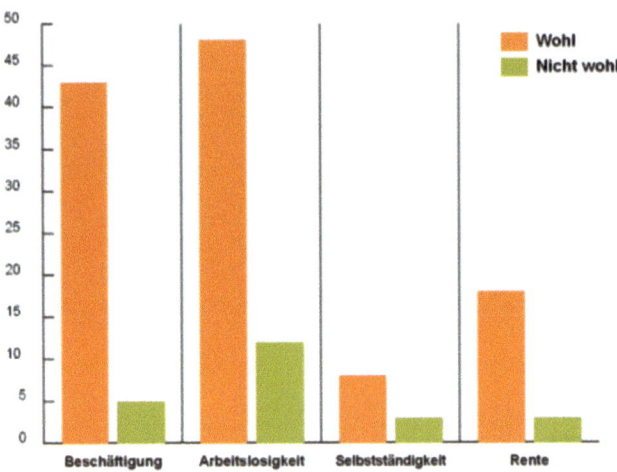

Abbildung 50: Zufriedenheit mit dem Stadtteil nach Einkommen

Es gibt zwischen einzelnen Einkommensgruppen unterschiedliche Zufriedenheitswerte, die die soziokulturellen Positionen der jeweiligen Gruppe darstellen. Am häufigsten ist die Unzufriedenheit bei den nichtberufstätigen Personen festzustellen, unter denen besonders die Familien mit Kindern unzufrieden sind. Sie geben an erster Stelle als Grund die Sorge um die Zukunft ihrer Kinder an. In dieser Hinsicht warnt Hansen vor Kulturalisierung bzw. Ethnisierung der Interaktionen.

> *„Asymmetrische Interaktionsbeziehungen, die nicht als solche erkannt und reflektiert werden, führen auf Seiten des stärkeren Akteurs allzu leicht zu folgender Situation: Die eigenen Interessen sind unbefragt legitim – entgegenstehende Interessen illegitim. Damit entfällt sowohl die Notwendigkeit für einen Interessenausgleich als auch für den Versuch, gemeinsame Interessen zu formulieren. Erhalten diese stärkeren Akteure das Angebot, die nicht aufgedeckten Interessenunterschiede (national-)kulturell zu deuten, so besteht die Gefahr, dass Differenz kulturalisiert wird und mit Hilfe der Konstruktion ‚Nationalkultur' auch ethnisiert wird."*[347]

5.7.10 Fazit

Es bleibt festzuhalten, dass die Identifizierung mit dem Stadtteil trotz der strukturbezogenen Probleme bemerkenswerterweise bei Interviewten aus beiden Kulturen sehr hoch ist.

Dabei sind zwei Identifikationsmaße sehr relevant, die entsprechend den Aussagen von Interviewten erfasst worden sind: die ethnisch-kulturelle und die räumliche

---

[347] Hansen (2003), S. 178.

Identität. Für beide Faktoren sind unterschiedliche Indikatoren genannt worden. Hohe Identifikation ist als ein positives Ergebnis bei den türkischen Interviewten festzustellen, wobei bei den deutschen Interviewten die räumliche Identifikation deutlicher wird. Beide Interviewgruppen haben dies in unterschiedlichen Arten zum Ausdruck gebracht: „Ich fühle mich mehr zugehörig, wenig zugehörig oder nicht zugehörig, ich fühle mehr sehr wohl, weniger wohl etc."

Die Nordstadt ist längst für beide Bewohnergruppen eine Heimat geworden. Trotz dieser positiven Entwicklung gibt es gewisse Spannungen, die auf asymmetrischen Interaktionsbeziehungen in der Nachbarschaft beruhen. Bevor die Probleme kulturalisiert bzw. ethnisiert werden, soll man in der Nachbarschaft Notwendigkeiten für einen Interessenausgleich aufbauen.

5.8 Nachbarschaftliche Kommunikation gehört zur Normalität

Die Dortmunder Nordstadt ist durch ein plurales Stadtquartier gekennzeichnet, in dem kulturelle Vielfalt sichtbar ist: Dort gibt es traditionelle Kneipen, Haxengrillstuben, einen türkischen Wochenmarkt, italienische Pizzerien, türkische Teestuben und Moscheen, eine russisch-orthodoxe Kirche, Traditionsvereine, Bier, Pizza, Döner, Gyros, Espresso und Bratwurst. All das ist sichtbarer Ausdruck der wachsenden Pluralisierung. Die Nordstadt ist ein Stadtteil geworden, in dem sich kulturelle, politische und ökonomische Ausdrücke des Zusammenlebens mit einer eigenen Dynamik vermischen. Im Laufe des Umwandlungsprozesses hat die Kommunikation eine neue Form bekommen, die sich nicht unbedingt über die Kultur definieren lässt. Die BewohnerInnen haben zahlreiche Möglichkeiten entwickelt, im Alltag in eigener Art miteinander zu kommunizieren.

Die Menschen aus demselben Stadtteil und aus demselben Haus lernen die interkulturelle Kommunikation in der alltäglichen Interaktion miteinander sehr zwanglos, sie beobachten, lernen und entwickeln unterschiedliche Kommunikationsstile und vergleichen diese mit ihren vorherigen Kenntnissen.

Das Alltagsleben im Quartier prägt die Kommunikation zwischen den Menschen aus unterschiedlichen Kulturkreisen nicht unbedingt in Bezug auf Kultur, weil das System im Quartier das soziale Verhalten im Alltag auf den verschiedenen Ebenen des Zusammenlebens gestaltet. Die Menschen nehmen im Rahmen ihrer Alltagsroutine an systemischen Bereichen teil: z. B. an Aktivitäten, an den Diskussionen des Alltags im Quartier. Sie haben im Rahmen der Möglichkeiten miteinander zu tun und sprechen sich je nach Bedarf an. Daher ist die Kommunikation zwischen den Menschen aus unterschiedlichen Kulturen eine Normalität und gehört zur täglichen Kommunikation.

Wiechelmann warnt vor Kulturalisierung einer Kommunikation, die unabhängig vom Umfeld, von der Gesellschaft betrachtet wird.

> *„Die Bezeichnung einer Kommunikation als ‚interkulturell' sollte unsere Aufmerksamkeit lediglich auf eine weitere Betrachtungsebene lenken, die uns hilft, Menschen nicht losgelöst von ihrem Umfeld zu betrachten, sondern als Teil einer Gruppe, einer Gesellschaft und einer Kultur, die sie prägt. Sie sollte aber nicht dazu verführen, unser Gegenüber auf eine vermeintlich seinem kulturellen Hintergrund entsprechenden Position festzunageln."*[348]

Nach Auernheimer ist auch interkulturelle Kommunikation nicht nur von kulturellen Auffassungen, sondern auch von gesellschaftlichen Parametern determiniert.

> *„Die Erwartungen der Kommunizierenden werden nicht nur durch ihre jeweiligen kulturellen Bedeutungshorizonte bestimmt, sondern auch von gesellschaftlichen Rahmenbedingungen (Über- und Unterordnung, In-Group – Out-Group). Anders gesagt: die gesellschaftlichen Strukturen sind in den Bedeutungshorizonten präsent. Eine interkulturelle Kommunikationssituation ist für mich dadurch gekennzeichnet, dass die Kommunikationsteilnehmer sich gegenseitig als Mitglieder einer Out-Group wahrnehmen."*[349]

Nach Aussagen von Interviewten stellt die interkulturelle nachbarschaftliche Kommunikation mit unterschiedlichen Probleminhalten *eine Normalität* dar, der keine besondere Aufmerksamkeit gewidmet wird. Diese Wahrnehmung als „Normalität" würde die Lösung der interkulturellen Probleme sehr vereinfachen und einen weiteren Aspekt erbringen. Probleme entstehen zwischen den Menschen aus unterschiedlichen Kulturen, nicht weil sie über unterschiedliche kulturbedingte Denk- und Verhaltensweisen verfügen, sondern weil sie in einer gemeinsamen Gesellschaft leben, deren Umstände diese Kommunikation bestimmen und stark prägen.

> *„Leider noch nicht. Ich hab, wie gesagt, ich kauf halt beim Marokkaner oder halt beim Araber kauf ich halt meine Pfefferminze immer ein, weil ich halt gerne marokkanischen Nana-Minztee trinke. Ich hab auch so schon marokkanische Restaurants besucht. Und habe auch schon mit einem marokkanischen Freund von mir auch schon zusammen marokkanisch gekocht und so und ähm ja halt so ein bisschen Couscous und so, halt solche Sachen, viel mit Fischen, so Minze. Ich versuch doch auch immer, sehr offen und auch ehrlich mit den Menschen umzugehen, halt auch, egal, wenn sie halt nicht unbedingt aus unserem mitteleuropäischen Kulturkreis kommen."*[350]

> *„Also bei der Nachbarschaft sollte man nicht diskriminieren. Ob Türke oder Deutscher oder von anderen Nationen. Es ist egal, in welchem Land man sich befindet. Man muss alle Nachbarn gleich behandeln."*[351]

Wenn man die heutigen Diskussionen über interkulturelle Kommunikation verfolgt, wird man zwangsläufig mit dem kulturellen Ansatz konfrontiert. Die Kommunikation wird unabhängig von der alltäglichen Realität ausgewertet und als ein Gegenstand der Marketingstrategie instrumentalisiert, als ob diese Kommunikation eine besondere Kompetenz erfordern würde. Dagegen zeigen die Interviews trotz der kul-

---

[348] Wiechelmann, Wider den Kulturalismus, S. 323
[349] Auernheimer, S. 2.
[350] Nr.2, deutsch, Student, seit 2 Jahren in der Nordstadt wohnhaft.
[351] Nr.1, türkisch, Koch, 33 Jahre alt, seit 3 Jahren in der Nordstadt wohnhaft.

turellen Unterschiede, dass die Nachbarn miteinander kommunizieren. Dabei werden die Unterschiede nicht ausgeblendet.

„Wir müssen uns verstehen, unterstützen, zusammen reden, weil wir zusammen wohnen. Besonders bei Türken ist die Verbindung zu den Nachbarn stärker. Wir können uns gegenseitig alles erzählen, ausleihen, helfen. Bei den Deutschen ist das nicht so stark vorhanden. Aber auch bei uns nimmt das ab, weil die Städte immer größer werden, weil die Technik sich so schnell erweitert und die Anonymität wächst. Das alles sind Gründe, warum das bei uns auch abnimmt."[352]

„Mhm, ich hab im Haus, da wohnen türkische Nachbarn, das ist 'ne Nachbarin ganz oben, die... der trag ich gelegentlich mal den Kinderwagen rauf und ähm deren zweitkleinstes Kind will dauernd meine Katze streicheln. Die klopft auch manchmal und fragt, ob die Katze rauskommt."[353]

Man kann diesen Ansatz, der von vielen Interviewten deutscher und türkischer Herkunft geteilt wird, durch viele weitere Interviews erweitern. Hier wird verdeutlicht, dass die Nachbarn trotz der verschiedenen kulturellen Codes die kulturellen Differenzen ihrer Nachbarn akzeptieren. Das ist ein gewöhnliches Kommunikationsbild der BewohnerInnen, das sie gegen die Stigmatisierung des eigenen Stadtteils entwickelt haben.

Aufgrund der Interviews lassen sich folgenden Überlegungen darstellen:

1. Nicht jede interkulturelle Begegnung leidet unter kommunikativen Störungen, sondern diese werden von den Kommunikationspartnern in der Interaktion jeweils erst hergestellt.

2. Die Menschen sind im Alltag ständig in einer Interaktion miteinander und entwickeln von Individuum zu Individuum eigene Kommunikationsstrukturen.

3. Die Menschen aus unterschiedlichen Kulturen kommunizieren miteinander, ohne die Kommunikation in erster Linie zu kulturalisieren.

4. Jede Kommunikation ist von unterschiedlichen gesellschaftlichen Faktoren abhängig und von diesen determiniert, die in jeder Gesellschaft entsprechend der sozio-ökonomischen Umstände geprägt sind.

5. Die BewohnerInnen in der Nordstadt sind fähig, sich in interkulturellen Situationen fremden Kommunikationskonventionen und -normen anzupassen und neue kommunikative Ausdrucksformen zu erlernen und anzuwenden.

In dieser Lebensrealität finden die ethnisch-kulturellen Einflüsse in der Nachbarschaft Anerkennung oder Ablehnung, die in unterschiedlichen gesellschaftlichen Lebenssituationen im interkulturellen Kontext zu sehen sind. Genauso ist hinsichtlich der Akzeptanz von MigrantInnen in der Nordstadt durch die etablierten Deutschen festzustellen, dass sie im Laufe der Migrationszeit ein gemeinsames, zusammenge-

---

[352] Nr.6, türkisch, Geschäftsmann, 40 Jahre alt und seit 25 Jahren in der Nordstadt wohnhaft.
[353] Nr. 45, deutsch, Photograph, 32 Jahre alt, seit 3,5 Jahren in der Nordstadt wohnhaft.

höriges Bild und die wechselnde Identität ihres Stadtteils angenommen haben. Somit ist eine Grundlage für gemeinsame nachbarschaftliche soziale Netze entstanden.

Wie die Interviewergebnisse darstellen, wurde gegenseitig eine gewisse Anerkennung und Akzeptanz im Alltag des Stadtteils von Begrüßungsritualen bis hin zur aktiven nachbarschaftlichen Kommunikation entwickelt, die sicherlich auch von migrationsbezogenen Faktoren nicht zu trennen ist. In dieser im Alltag geführten Kommunikation findet man nicht zuerst eine sich wiederholende Begegnung mit Fremden und danach die Suche nach Wissen mit ihnen, sondern eine ständig im Laufe der Zeit erlernte und sich verbessernde Begegnung mit unterschiedlichen lebensbezogenen Dimensionen.

Abschließend kann gesagt werden, dass die interkulturelle Kommunikation in der Nordstadt eine Normalität beinhaltet, wie sie jeder Kommunikation zwischen den Menschen aus gleicher Kultur innewohnt, und das inkludiert zwingend diverse soziale, wirtschaftliche und gesellschaftliche Differenzen.

6 Schlussbetrachtungen

6.1 Zusammenfassung der Untersuchungsergebnisse

Die Untersuchung hat innovative Forschungsergebnisse hervorgebracht und bestätigt die gewählten Methoden eindrucksvoll. Mit der vorliegenden Studie wurde die interkulturelle Kommunikation zwischen Nachbarn türkischer und deutscher Herkunft empirisch untersucht. Wie in der Zielsetzung dargestellt wurde, standen drei Fragen im Mittelpunkt dieser Untersuchung, die anhand der mit Bewohnern aus der Nordstadt durchgeführten Interviews erläutert werden:

1. Wie kommunizieren die Nachbarn deutscher Herkunft und die Nachbarn türkischer Herkunft „untereinander" und „miteinander"?
2. Welche Faktoren prägen die nachbarschaftliche Kommunikation zwischen den Bewohnern türkischer und deutscher Herkunft? Kulturelle Unterschiede? Oder beeinflussen soziale und wirtschaftliche Faktoren die nachbarschaftliche Kommunikation?
3. Sind die Bewohner mit ihrem Stadtteil zufrieden und können sie sich mit ihm identifizieren?

Es stellte sich heraus, dass die nachbarschaftliche Kommunikation nicht unbedingt kulturorientiert abläuft, sondern unterschiedliche Faktoren in der nachbarschaftlichen Interaktion eine erhebliche Rolle spielen: soziale, arbeitsmarktliche, politische etc. Die Interviews bestätigen diese These und bringen einen weiteren Aspekt mit. An dieser Stelle werden die Fragen anhand der gewonnenen Ergebnisse erläutert.

A. Nachbarschaftliche Kommunikation zwischen den Bewohnern türkischer und deutscher Herkunft „untereinander" und „miteinander"

Interkulturelle Kommunikation in der Nachbarschaft hat zwei Seiten: Interaktion „untereinander" und „miteinander". Damit ist gemeint, dass die nachbarschaftliche Kommunikation sowohl in der eigenen Community als auch die Community übergreifend stattfindet. Daher sollte untersucht werden, wie die Nachbarn deutscher bzw. türkischer Herkunft untereinander, d. h. in eigener Community, also untereinander, und miteinander kommunizieren. Das wurde in drei Kategorien untersucht: Orte der Kommunikation, Themen der Kommunikationsgespräche und Häufigkeit der Kommunikation.

Nach den Ergebnissen der Untersuchung nehmen die BewohnerInnen türkischer und deutscher Herkunft die Nachbarschaft unterschiedlich wahr. Obwohl die Nachbarschaft durch unterschiedliche kulturelle Eigenschaften gekennzeichnet ist, spielen kulturelle Unterschiede dabei eine eingeschränkte Rolle. Dazu werden als Gründ meistens unterschiedliche Faktoren genannt. Bei den türkischsprachigen Nachbarn etwa: kalte bzw. distanzierte Beziehungen, lose familiäre Bindungen, große Empfindlichkeit etc. Bei den deutschsprachigen Nachbarn: keine Privatsphäre, starke familiäre Bindungen, Pflege verwandtschaftlicher Beziehungen, Kontaktfreudigkeit etc.

Diese Faktoren werden um weitere Gründe ergänzt: lose und distanzierte Kommunikation in Großstädten, individuelle Gestaltungswünsche, Ablösung traditioneller Lebensformen etc. Damit werden die veränderten Beziehungen im Laufe des sozialen und wirtschaftlichen Wandlungsprozesses genannt. Nach diesen Ergebnissen kann gesagt werden – wie in den Interviews bestätigt worden ist –, dass die Nachbarn ihre Kommunikation nach den in ihrem Stadtteil vorhandenen Rahmenbedingungen führen, die nicht unbedingt kulturbedingt sind. Sondern diese Faktoren entstehen aus unterschiedlichen sozio-ökonomischen Rahmenbedingungen, prägen die interkulturelle Kommunikation stark und werden auch in der nachbarschaftlichen Interaktion so wahrgenommen. Es ist den Bewohnern bewusst, dass die Nachbarschaft in den beiden Kulturen unterschiedlich wahrgenommen wird. Diese Wahrnehmung ist im Laufe des Zusammenlebens den BewohnerInnen im Quartier selbstverständlicher geworden. Der größte Teil der Interviewten gab an, dass sie trotz der kulturellen Unterschiede für eine interkulturelle Nachbarschaft Verständnis haben. Ein weiteres Ergebnis ist, dass es bei den Bewohnern an beiden Seiten aufgrund ihrer erlebten negativen Alltagserfahrung Vorurteile und Stereotypisierungen gibt, die eine konfliktfreie Kommunikation nicht ermöglichen. Diese Stereotypisierungen entstehen nicht nur aus der nachbarschaftlichen Kommunikation, sondern auch aus gesamtgesellschaftlichen Praxiserfahrungen, fokussiert auf die Veränderungen im Stadtteil in jeder Hinsicht.

Das sieht man auch bei der Untersuchung der „Grundlagen für nachbarschaftliche Kommunikation". Die Nachbarn aus unterschiedlichen Kulturen nennen für eine gute nachbarschaftliche Kommunikation unterschiedliche Eigenschaften, die in jeder Kommunikation kulturübergreifend wichtig sind: Akzeptanz, Respekt, Toleranz, Sympathie, Offenheit, Nähe, guter Umgang, Mieinanderreden etc. Dabei ist die Rolle einer Verständigungssprache sehr wichtig, die von beiden Seiten als wichtigste Grundlage genannt worden ist. Daher ist es sehr schwierig, zu behaupten, dass die in der Nachbarschaft lebenden Bewohner türkischer und deutscher Herkunft die nachbarschaftliche Kommunikation nach „türkischen" und „deutschen" kulturellen Eigenschaften führen. Wie im theoretischen Teil dargestellt wurde, besteht der Alltag im Quartier aus einer Verkettung von unterschiedlichen Faktoren, die ein Produkt von kulturellen, ökonomischen und politischen Dynamiken auf lokaler und globaler Ebene sind.

1- *Orte der Kommunikation:*

Diesbezüglich kann festgestellt werden, dass die Nachbarn bevorzugt an drei Orten kommunizieren: im Privatraum, im teilöffentlichen Raum und im öffentlichen Raum.

Die Kommunikation bzw. die Nutzung der genannten Kommunikationsorte unterscheidet sich erheblich. Die türkischsprachigen Nachbarn nutzen den privaten Raum „untereinander" mehr als die deutschen Nachbarn. Die häufige Nutzung des privaten Raums ist bei türkischsprachigen Nachbarn ein Teilergebnis einer kulturbezogenen Erwartung in Bezug auf nachbarschaftliche Kommunikation. Dagegen nutzen die Nachbarn deutscher Herkunft den teilöffentlichen und öffentlichen Raum mehr. Das Ergebnis ist eindeutig: Türkische Nachbarn wollen genauso „untereinander" wie auch bei den deutschen Nachbarn öfter den privaten Raum nutzen. Dagegen erfolgt die Nutzung des privaten Raums bei den deutschen Nachbarn „untereinander" genauso wenig wie mit den türkischen Nachbarn. Das kann als ein wichtiges Ergebnis herausgestellt werden. Die Nutzung des Innenraums bzw. des teilöffentlichen Raums ist bei den türkischsprachigen Nachbarn geringer als bei den deutschsprachigen Nachbarn. Die deutschsprachigen Nachbarn benutzen diesen Bereich überwiegend sowohl als Kommunikationsort „untereinander" wie auch „miteinander". Auch ändert sich das Kommunikationsverhalten bei der Nutzung des öffentlichen Raums nur sehr reduziert.

Die Nutzung des Wohnraums wurde anhand dreier Indikatoren untersucht: Wohndauer, Beschäftigung und Bildungsstand. Bei dem ersten Indikator „Wohndauer" stellte sich heraus, dass die Wohndauer eine gewisse Rolle bei der Nutzung der Kommunikationsorte spielt. Allgemein wurde festgestellt, dass die Bewohner, die meistens zwischen 10 und 20 Jahren Wohndauer haben, den privaten Raum mehr nutzen.

Bei dem zweiten Indikator „Beschäftigung" ist deutlich geworden, dass die Beschäftigungssituation die Nutzung der Kommunikationsorte stark beeinflusst. Besonders ist dies bei den Arbeitslosen festzustellen, was wiederum ein schlüssiges und nachvollziehbares Ergebnis darstellt. Unabhängig von den kulturellen Unterschieden wurde dieses Merkmal aus zeitlicher Perspektive von zwei Seiten genannt. Wurde das aus der Perspektive der Bildung betrachtet, kommt man zu dem Ergebnis, dass diese bei der Nutzung der Kommunikationsorte kein wesentliches Merkmal darstellt.

2- *Themen der Gespräche:*

Als Ergebnis dieser Untersuchung ist festzustellen, dass die Nachbarn türkischer und deutscher Herkunft für ihre Gespräche unterschiedliche Themen beanspruchen. Das bedeutet, dass die Nachbarn sich in einer sehr kommunikativen Interaktion befinden, wobei die alltagsbezogenen Themen mehr Gewicht bekommen. Das wird meistens bei den deutschsprachigen Nachbarn „untereinander" festgestellt. Dagegen bevorzugen türkischsprachige Nachbarn „untereinander" die Themen „Schule – Kinder – Familie". Dabei wird deutlich, dass sich die Nachbarn in den ersten Jahren stärker für nachbarschaftliche Kommunikation interessieren und dass dies im Laufe der Wohndauer nachlässt.

Aus Sicht der Beschäftigung ist festzuhalten, dass diese kein besonderes Merkmal darstellt, wobei der Anteil der Arbeitslosen beim Führen von „Small-Talk" und alltagsbezogene Gespräche deutlich höher ist als der der anderen Gruppen.

Bei Betrachtung des weiteren Indikators „Bildungsstand" stellt man fest, dass die Bewohner, die über das (Fach-)Abitur verfügen, deutlich mehr alltagsbezogene Gespräche führen als die Bewohner mit einem anderen Bildungsabschluss. Hier sind bei der Auswahl der Gesprächsthemen andere Faktoren festzustellen: z. B. gemeinsame Interessen oder eine ähnliche Lebenssituation besonders bei Hausfrauen. Dazu wurde die Rolle der Sprache von beiden Clustern besonders hervorgehoben.

3- *Häufigkeit der Kommunikation:*

Als Ergebnis ist festzuhalten, dass es zwischen den deutschen und türkischen Nachbarn eine funktionierende Kommunikation gibt. Je häufiger Kommunikation stattfindet, desto intensiver wird die Beziehung. Sowohl bei den türkischen als auch bei den deutschen Nachbarn ist die Kommunikation „miteinander" geringer als in der eigenen Community. Dazu wird unterschiedlich argumentiert: Sprachprobleme, unterschiedliche Zeiten, unterschiedliche nachbarschaftliche Wahrnehmung, unterschiedliche Interessen etc. Nach beabsichtigtem Vergleich nach Variablen wie Wohndauer, Beschäftigung und Bildungsstand ergeben sich folgende Ergebnisse. Es ist festzustellen, dass es eine Relation zwischen der Wohndauer und der Intensität der Kommunikation gibt. Eine intensive nachbarschaftliche Kommunikation wird meistens bei einer Wohndauer von 0 bis 9 Jahren erlebt. Die Intensität der Kommunikation lässt unabhängig von den kulturellen Unterschieden im Laufe der Wohndauer nach. Aus Sicht der Beschäftigung spielt die Arbeitslosigkeit bei der Intensität der Kommunikation eine Rolle, wobei auch der Anteil von Beschäftigten sehr hoch ist.

Bei der dritten Variable „Bildung" kann gesagt werden, dass es keine nennenswerten Unterschiede zwischen den unterschiedlichen Bildungsabschlüssen gibt. Auf Grundlage dieses Ergebnisses kann man hier feststellen, dass die Nachbarn mit höherem Bildungsabschluss kontaktfreudiger sind als die mit niedrigerem Bildungsabschluss. Ein weiterer Rückschluss daraus: Man kann nicht argumentieren, dass ein türkischer Nachbar mit niedrigem Bildungsabschluss genauso kommunikativ ist wie ein deutscher Nachbar mit ähnlichem Status.

Nach diesen Ergebnissen kann gesagt werden, dass die Kommunikation zwischen türkischen und deutschen Nachbarn sowohl „untereinander" als auch „miteinander" nicht kulturbedingt abläuft. Die vergleichenden Variablen deuten darauf hin, dass sich die Kommunikation zwischen türkischen und deutschen Nachbarn in verschiedenen Bereichen des Quartiersalltags unterscheidet, wofür verschiedene Faktoren verantwortlich sind. Daher ist es sehr schwierig, zu sagen, dass die türkischen und deutschen Nachbarn entsprechend ihrer kulturellen Eigenschaften kommunizieren.

B. Einflussfaktoren zur nachbarschaftlichen Interaktion

Die bisherigen Untersuchungsergebnisse bestätigen die These, dass die Kommunikation in nachbarschaftlicher Interaktion nicht allein durch unterschiedliche Kulturen von Nachbarn zu definieren ist. Die Interaktionsresultate (wie Eigenheit, Fremdheit, Familiarität, Privatheit, Individualität, Diskriminierung, Bedrohung, Ängste, Normalität, Gefühle, Erwartungen, Verständnisse, Akzeptanz, Respekt, Verstehen, Offenheit, Nähe-Distanz, Interesse, Toleranz etc.) bekräftigen das Vorhaben deutlich, dass die nachbarschaftliche Interaktion als Ganzes eines Prozesses zu betrachten ist, der ein Ergebnis des fünfzigjährigen Zusammenlebens ist.

Die Ergebnisse der Untersuchung werden nachfolgend grafisch dargestellt. Die Grafik veranschaulicht unterschiedliche Faktoren des Einflusses auf die nachbarschaftliche Kommunikation, die den Interaktionsprozess (verbal oder nonverbal) mit unterschiedlichen Inhalten determinieren. Das zeigt auch, dass die Menschen aus derselben Kultur oder aus unterschiedlichen Kulturen unter Einfluss unterschiedlicher Faktoren bewusst oder unbewusst die eigenen Kommunikationsstile (verbal, nonverbal, paraverbal) prägen. Wenn die Kommunikation in der Nachbarschaft stattfindet, findet man dort unmittelbar das Erscheinen von Mix-Faktoren in unterschiedlichen Arten.

Nähe und Distanz in der Nachbarschaft zwischen Menschen mit unterschiedlichem kulturellem Hintergrund, die in einem begrenzten Raum zusammenleben, sind entscheidend für das interkulturelle Leben im Wohnquartier.

Dabei bilden die zur interkulturellen Kommunikation gezählten Phänomene bei Weitem keine homogene Gruppe. Kommunikationsabläufe unterscheiden sich nämlich grundsätzlich je nachdem, welche Bedingungen für Kommunikation vorhanden sind, da sie zwangsläufig zu einem asymmetrischen Charakter führen und jeweils unterschiedliche Merkmale bzw. Probleme aufweisen.

Wie die Untersuchung ergeben hat, sind diese Kommunikationsstile in der Nachbarschaft in einem sozialen Raum mit Beteiligung unterschiedlicher Ansätze verständlicher. Die angegebenen Einflussfaktoren stehen in einem Interdependenzverhältnis zum sozialen Raum, die nicht als statisch gelten, sondern je nach Kommunikationssituation und die Interaktionshandlungen der Kommunizierenden beeinflussen.

Die Kommunizierenden befinden sich in einem dynamischen Lernprozess und entwickeln neue spezifische Kommunikationsstile, Regeln und Normen entsprechend ihrem Status in der jeweiligen Gesellschaftsstruktur. Eine arbeitsplatzbezogene Kommunikation ist durch festgelegte Vereinbarungen in Bezug auf Rolle, Aufgaben, Erwartungen etc. bestimmt, die den Kommunikationspartnern eine gewisse Sicherheitsorientierung geben. Nachbarschaftliche Kommunikation läuft im Gegenteil sehr dynamisch ab. Daher bestimmen unterschiedliche Faktoren (gesellschaftliche, wirtschaftliche, soziale und kulturelle) die geführte Kommunikation unmittelbar.

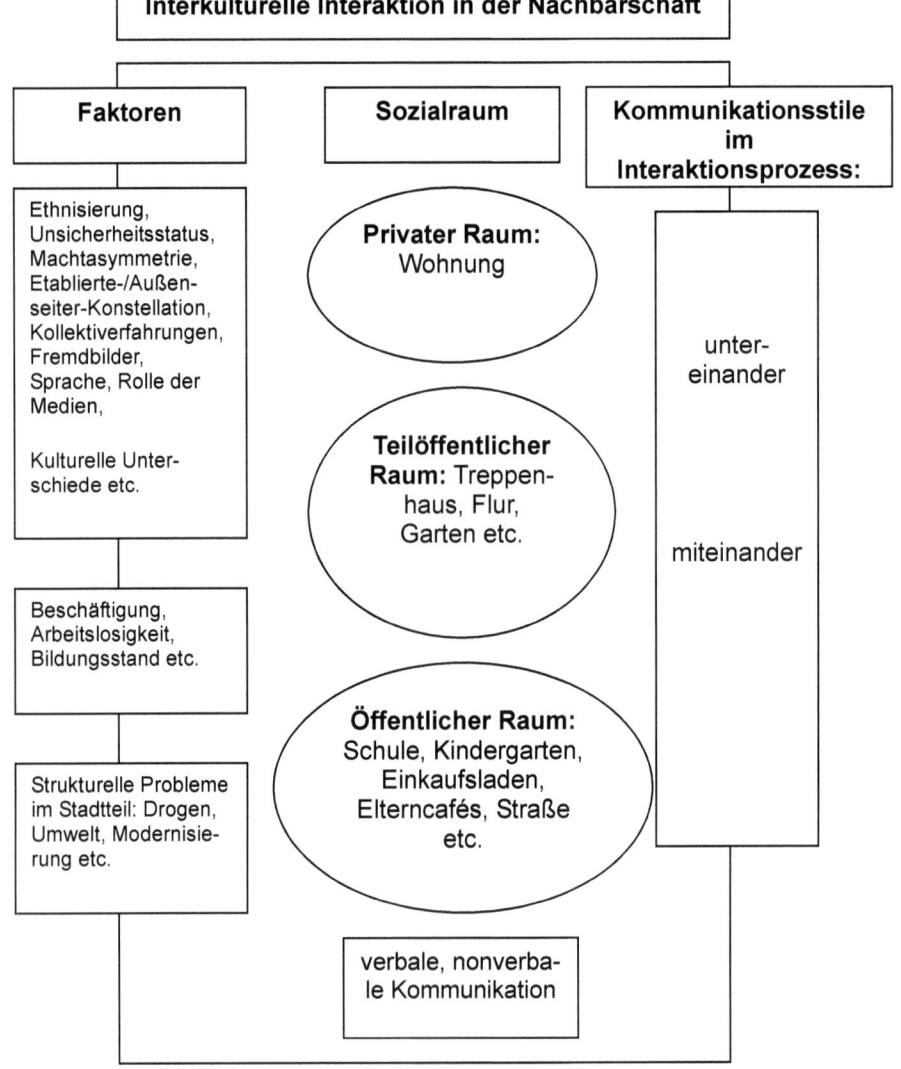

In diesem Sinne ist der Lebensort in einem Stadtteil aus materiellen sowie sozialen Gegebenheiten als ein Ganzes zu betrachten. Diverse Faktoren wie z. B. Machtasymmetrie im sozialen Raum und der damit verbundene Unsicherheitsstatus, Fremdbilder und Vorurteile, gewonnene Kollektiverfahrungen und Zuschreibungen etc. werden in Interviews von Bewohnern zum Ausdruck gebracht. Die mediale Darstellung der Probleme im Zusammenhang mit Migration, Arbeitslosigkeit, Kriminalität, schulischer Situation von Kindern, negativen Erfahrungen im Alltag, arbeitsplatzbezogenen Probleme, Lärm im Haus, Vorhandensein von Prestigegegenständen, Diskriminierungen, Stadtteilproblemen etc. bestimmen die Inhalte der in der Nachbarschaft geführten Kommunikationsstile.

C. Zufriedenheit mit dem Stadtteil

Nach dieser Untersuchung bleibt festzuhalten, dass die Identifizierung der Interviewten aus beiden Kulturen mit dem Stadtteil trotz der negativen Darstellung in den Medien und der subjektiven Wahrnehmung der Dortmunder Öffentlichkeit über diesen Stadtteil sehr hoch ist.

Es sind zwei Identifikationsmaße festzustellen: die ethnisch-kulturelle und die räumliche Identität. Die Dortmunder Nordstadt hat eine eigenständige Identität, die die Grenzen der Nationalitäten überschreitet und sich in einem durchaus starken „Wir-Gefühl" der Anwohner ausdrückt. Dieses Gefühl wird nicht nur durch die lange Wohndauer („Heimat") erzeugt, sondern auch von den eher schwierigen gemeinsamen sozialen Verhältnissen getragen. Die Vielfalt wird eher als bereichernd empfunden und das Zusammenleben mit anderen Ethnien scheint im Wesentlichen zu glücken.

Diese Untersuchung und ihre Ergebnisse bekräftigen den Ansatz, dass die kulturellen Unterschiede nicht ausreichend sind, um die interkulturelle Kommunikation in der Nachbarschaft zu erklären. Vor diesem Hintergrund kann gesagt werden, dass nachbarschaftliche Kommunikation im Alltag abhängig von unterschiedlichen Einflussfaktoren, etwa sozialen oder wirtschaftlichen, abläuft.

D. Rückschlüsse auf den interaktionistischen Ansatz von Auernheimer und Elias

Wie im Theorieteil vorgestellt worden ist, stützt sich diese Untersuchung auf den interaktionistischen Ansatz von Auernheimer und von Elias. Demnach ist durch diese empirische Untersuchung nachgewiesen worden, dass es sich in der interkulturellen Kommunikation in der Nachbarschaft nicht immer um ein Aufeinanderprallen verschiedener kultureller Eigenschaften handelt, sondern häufig auch um soziale und wirtschaftliche Aspekte. Daher kann man sagen, dass die Kommunikation zwischen Migranten und Deutschen nicht auf Differenz der kulturellen Codes zurückgeführt werden darf. Der wirtschaftliche Wandel vom letzten Jahrhundert bis heute brachte starke Veränderungen im sozialen und kulturellen Bereich der Dortmunder Nordstadt mit sich, deren Folgen das Gesicht des Stadtteils und auch die Kommunikation zwischen den BewohnerInnen aus unterschiedlichen Kulturen stark veränderte. Auernheimer betrachtet diesen Aspekt mehrdimensional:

„*1. Machtasymmetrien, 2. Kollektiverfahrungen, 3. Fremdbilder, ethnische Grenzziehungen, 4. Differenz der Kulturmuster.*"

Er verweist auf die o. g. Mehrdimensionalität der Problematik in der interkulturellen Kommunikation und weist auf die Einflüsse dieser Dimensionen auf eine gelungene oder nicht gelungene Kommunikation hin.

- *Machtdimension:* Auernheimer spricht von einer Verschärfung des Machtungleichgewichts, „wenn zu einer institutionell verliehenen Autorität noch die Überlegenheit gegenüber dem *Ausländer* kommt, der nicht die gleichen Rechte hat und nicht an der dominanten Kultur partizipiert"[354]. Wie Interviewte erzählen, gibt es gewisse machtbezogene Probleme. Die Interviewten türkischer Herkunft wiesen auf diese Asymmetrie in der Kommunikation hin und argumentieren mit folgenden Fakten; z.B. fehlende Sprachkenntnisse, geringe Kenntnisse über stadtteilbezogene Angebote, fehlenden Zugang zu lebenslangen Lernorten und mangelnde Informationen über Kommunikationsstrukturen, fehlende Netzwerke etc. Der Statuts „Ausländer" mit rechtlicher Grundlage erklärt diesen asymmetrische Machtverhältnisse sehr deutlich. Auf der anderen Seite wiesen einige Interviewte deutscher Herkunft auf diesen „Gaststatus" von Migranten hin.

    „Dabei spielen in die aktuelle Kommunikationssituation immer auch zurückliegende Unrechts- oder Diskriminierungserfahrungen des einzelnen oder seiner Gruppe hinein."[355]

Kollektiverfahrungen und Fremdbilder: Die Kollektiverfahrungen, die im Alltag gemacht worden sind, beeinflussen interkulturelle Kontakte sehr stark, besonders was die Wahrnehmung und Erwartung einer Nachbarschaft angeht. Die gewonnene nachbarschaftliche Interaktion wird auf eine negative Erfahrung zurückgeführt und somit auf eine gesamte Gruppe übertragen. Die Bewohner türkischer und deutscher Herkunft nehmen die Nachbarschaft unterschiedlich wahr, da ihnen bewusst ist, dass die Nachbarschaft in zwei Kulturen unterschiedlich erfasst wird. Ein weiteres Ergebnis der Untersuchung zeigt, dass die Bewohner Vorurteile haben. Diese Vorurteile entstehen nicht nur aus der nachbarschaftlichen Kommunikation, sondern auch aus gesamtgesellschaftlichen Praxiserfahrungen, fokussiert auf die Veränderungen in jeder Hinsicht im Stadtteil z.B. lose familiäre Bindungen, distanzierte Kommunikation, sachliche und kalte Verhaltensweisen, keine Privatsphäre, sehr laut, keine gute Kindererziehung etc.

Die gegenseitigen Bezeichnungen oder Beschreibungen – z. B. kalt, freundlich, distanziert – werden zusammen mit Kollektiverfahrungen die Fremdbilder der Erwar-

---

[354] Auernheimer (2002), S. 186.
[355] Auernheimer (2002), S. 7.

tungen und Erwartungshaltungen in interkulturellen Begegnungen bestimmen. Diese Bilder entstehen zum Teil aus kollektiven Erfahrungen und generieren Stereotype, die den realen Differenzen nicht immer entsprechen.

- *Differente Kulturmuster:* Bei dieser Dimension (kulturelle Dimension) nach Auernheimer steuern die Deutungsmuster „unsere Normalitätserwartungen". Sie bestimmen das Alltagsleben der Kommunizierenden unbewusst. Die sich auf asymmetrische Machtverhältnisse stützende Kommunikation bestimmt die Erwartungen der Beteiligten voneinander, die in einem bestimmten Prozess entstehen. Aus dieser Sicht warnt Auernheimer vor einer einseitigen Fokussierung der kulturellen Dimension (Ethnisierung). Wie die Interviewten ihre unterschiedlichen, nachbarschaftlichen Wahrnehmungen an unterschiedlichen Stellen auf türkische und deutsche Kultur fokussiert haben, haben sie unbewusst ihre Erwartungen zur Sprache gebracht und verschiedene Verhaltensweisen (in Verbindung der Erziehung, des Feierns der religiösen Feste etc.) besonders interpretiert. Nach Aussagen von Interviewten wird festgestellt: Je intensiver die Kommunikation miteinander geführt wird, desto weniger kommt die Ethnisierung vor.

Elias untersucht die Ethnisierung sozialer Zusammenhänge im Stadtteil aus der Sicht der „Etablierte-Außenseiter-Konstellation". Diese Erklärungsintention der alltäglichen Interaktion ethnisiert, wie in Punkt 3.6 Nordstadt in den Medien dargestellt wurde, bewusst die dort anzutreffenden Gesellschafts- und Gruppenprozesse.

> *„Damit werden maßgebliche, einflussreiche Entwicklungen schlicht ignoriert, obwohl sie ein Schlüssel zum Verständnis der sozialen Beziehungen im Viertel sind und die Ethnisierung allein dazu führt, Problemlagen zu verschärfen, statt zu lösen. Denn während soziale Rollen veränderbar und damit auch verhandelbar sind, gibt es aus ethnischen Zuschreibungen kein Entrinnen und somit auch keinen Verhandlungsspielraum im Konfliktfall."*[356]

Gillemann und Casperlein setzen diesen Gedanken fort und bekräftigen damit, dass die Ethnisierung sozialer Beziehungen nicht nur in der Nordstadt/Borsigplatz erfolgt. Alle gruppenspezifischen und gesellschaftlichen Prozesse sind mit ihren Ausprägungen ab den 1960er-Jahren mit der Einwanderung verknüpft, obwohl die Einwanderung eigentlich Folge dieser Prozesse ist. Aufgrund der Strukturmodernisierung im Stadtteil bezieht sich die genannte Etablierte-Außenseiter-Figuration auf mehrere Gruppen: Einflussreiche Gruppen wie Hausbesitzer und Geschäftsleute, Facharbeiter und ihre Angehörigen sehen sich heute als Etablierte von Migranten abgelöst, die oft mit den gleichen Wirtschafts- und Lebenskonzepten mehr Erfolg haben und als Gruppe besser organisiert sind. Nach dem Scheitern der Wirtschafts- und Lebenskonzepte wird der gesamte Stadtteil von der übrigen Stadt als Außenseiter betrachtet und stigmatisiert. Die heutige Entwicklung projiziert den Zerfall der vormals einflussreichen Gruppen im Stadtteil, wie ihr Status sich gegenüber den „Außenseitern" verändert hat.

---

[356] Gillemann/Caesperlein (1999), S. 110.

i. „Alteingesessene" und Zusammenhalt

Im Laufe des Veränderungsprozesses erkannten viele ältere BewohnerInnen, dass ihre Lebens- und Wirtschaftskonzepte von jüngeren Generationen nicht mehr geteilt und getragen werden. Der von Interviewten deutscher Herkunft festgestellte höhere Zusammenhalt der Migrantenfamilien gilt als weiterer Beleg dafür, dass sich der Generationswechsel gegenüber der Familientradition noch verbindlicher als in der eigenen Familie vollzieht. Es seien die schwierigen materiellen Bedingungen der Kriegs- und Nachkriegszeit für die Lebens- und Wirtschaftskonzepte erwähnt.

> *„Was die erste Generation im Viertel um die Jahrhundertwende von der Einwanderung in die Montanindustrie profitierend aufbauen und die zweite Generation über sämtliche Wirtschaftskrisen und Kriege hinweg erhalten konnte, erwies sich jetzt in der totalen Zerstörung als wichtiger Überlebensvorteil und stärkte kurzfristig den Familien- wie Gruppenzusammenhalt."*[357]

ii. Schwächung der Gruppenzusammenhalts

Der Wiederaufbau wurde zu einer langjährigen, mühsamen und finanziellen wie körperlich kräftezehrenden Aufgabe.[358] Diese Entwicklungen führten zur ersten Schwächung des Gruppenzusammenhalts.

- Hausbesitzer, die den Aufbau nicht geschafft haben, mussten ihren Besitz aufgeben und zum Teil zu sehr niedrigem Preis verkaufen. Dazu kamen auch staatliche Förderungen mit zum Teil nicht erfüllbaren Voraussetzungen. Durch diese Entwicklung veränderte sich die Zusammensetzung der Hausbesitzer.
- Hoesch gab den Hausbesitzern Darlehen für den Wiederaufbau und erkaufte sich Belegungsrechte für Wohnungen, solange die Kredite nicht abgelöst wurden. Damit ging die Macht an Hoesch und die Abhängigkeit von Hoesch wurde immer größer.
- Gleichzeitig erweiterte Hoesch die Eigentumsbildung für eigene Facharbeiter im Stadtteil, indem der eigene Bestand durch Neubau von Vorortsiedlungen ergänzt wurde.

> *„Nachdem die Facharbeiter ohne die Hypothek des Wiederaufbaus ins Wirtschaftswunder starten konnten, gelang es ihnen, die bisher im Schatten von Hoesch recht mächtige Kaste der Geschäftsleute und Hauseigentümer finanziell und bezogen auf Lebensqualität zu überrunden. Die noch für die erste Hälfte der 1950er-Jahre geltenden Hierarchien begannen sich aufzulösen bzw. umzuordnen."*[359]

Dadurch ist der Zusammenhalt der Geschäftsleute und der Hausbesitzer mit ihrer bedeutenden etablierten Stellung geschwächt. Hauseigentümer und Ladenbesitzer

---

[357] Ebd. S. 110.
[358] Ebd. S. 111.
[359] Ebd. S. 112.

sind durch die genannte Hauseigentumsbildung stark geschwächt. Besonders die Umsatzeinbußen führten dazu, dass die Wohnungen schwierig zu vermieten waren. In diesem Prozess begann der Auszug der Facharbeiter aus dem Stadtteil in andere Dortmunder Stadtteile. Somit begannen sich die Renditehoffnungen der Hauseigentümer zu zerschlagen. In dieser starken Strukturveränderungsphase ging der zunehmende Wohlstand des Stadtteils und die damit verbundene Macht zu Ende. Somit sind ab Mitte 1960er-Jahre unterschiedliche Veränderungsgrundlagen entstanden:[360]

- Im Jahr 1966 fanden zwei wichtige betriebliche Ereignisse statt: Die Schließung der Zeche Kaiserstuhl im Jahr 1966 und die Fusion von Hoesch mit der Dortmunder-Hörder Hüttenunion. Aufgrund dieser Fusion waren die Arbeitsplätze plötzlich mehrfach besetzt. Dadurch ergab sich eine zunehmende Umorientierung bei der Belegschaft: weg von Hoesch und weg von der Nordstadt.

- Aufgrund dieser ständigen Änderungen im sozialen und wirtschaftlichen Bereich konnte das Viertel keine gemeinsame Identität entwickeln und sich nicht mehr gemeinsam gegen Angriffe von außen verteidigen. Vielmehr führte das Streben nach sozialem Aufstieg und dem Aufbau eines besseren Lebens meist aus dem Stadtteil heraus.

- Eine weitere Entwicklung war dafür die Verbesserung der Bildungssituation der neuen Generation, die aufgrund ihrer gestiegenen und veränderten Ansprüche an die Lebensgestaltung aus dem Stadtteil abgewandert ist.

Die Folge dieser Veränderung war ein massiver Wegzug aus dem Stadtteil entlang beruflicher und Alters- bzw. Generationsgrenzen der Etablierten. Es kam zu einem grundlegenden Wandel, der diejenigen im Viertel zurückließ, die an den alten Wirtschafts- und Lebenskonzepten festhielten, während die genannten Modernisierungen der Gesellschaft Junge und Etablierte wegziehen ließen.

iii. Einwanderung und verkehrte Etablierte-Außenseiter-Figuration

Mit der massiven Abwanderung der Etablierten aus dem Stadtteil entstanden erste günstige Voraussetzungen für eine Einwanderung ins Viertel aus dem Ausland. Diese Einwanderung traf entsprechend der vorangegangenen Entwicklung auf Alteingesessene, deren Status und Ansehen bereits gelitten hatte und durch die stigmatisierten Einwanderer weiter sank und deren sozialer Zusammenhalt und soziale und familiäre Kontinuität zunehmend verlorengingen.

Die Einwanderung wirkte zunächst auf die zerfallenden wirtschaftlichen Strukturen im Stadtteil stabilisierend: Die leer stehenden Wohnungen wurden schnell belegt, dadurch wurde die Rendite leer gezogener Miethäuser durch die Wiederbelegung

---

[360] Ebd. S. 112.

gesichert und sogar kurzfristig gesteigert. Auch konnten einige Geschäfte durch den Erhalt und die steigenden Kaufkraft ihre Existenz sichern.

Trotzt dieser positiven Entwicklung konnte die Einwanderung den Wegzug von Menschen nicht stoppen, die sozialen Aufstieg und andere berufliche Lebensentwürfe realisieren wollten, sondern beschleunigte ihn. Dabei spielte die weitere Einwanderung in den 1980er- und 1990er-Jahren eine große Rolle, nach welcher sich eine „neue Struktur" herausgebildet hat. Das Charakteristikum dieser Zeit war, die Flüchtlingswelle und die Aus- und Übersiedlung. Diese letzte Einwanderung brachte einen wichtigen Einschnitt in den Stadtteil mit sich, der das Bild des Stadtteils stark veränderte. In dieser dritten Phase der Einwanderung verließen die gebliebenen Alteingesessenen weder das Viertel noch verzichteten sie endgültig auf ihre alten Wirtschaft- und Lebenskonzepte. Sie setzten sie im Rahmen der veränderten Bedingungen um. Bis Mitte 80er-Jahre konnten die Alteingesessenen als Etablierte den Einwanderern die Rolle der Außenseiter zuweisen. Nachdem es den Einwanderern gelungen ist, ihre Strukturen aufzubauen, übernahmen Sie als Einwanderer die Rolle der Etablierten. Aufgrund der erhöhten Zahl von Migranten, des Wegzugs und der Überalterung der gebliebenen Alteingesessenen ist diesen der Verlust ihrer Macht bewusst.

Daher lassen sich folgende Punkte für das Absinken der Etablierten bzw. den Verlust ihrer Macht in der Nordstadt zusammenfassen:[361]

- Ein großer Teil der betriebenen Läden musste geschlossen werden.
- Die Zahl der Hauseigentümer von Etablierten geht zurück.
- Die Selbstorganisationsstrukturen von Etablierten verlieren Mitglieder und schrumpfen sehr stark.
- Die Glaubensorte (Kirchen) von Etablierten müssen wegen verkleinerter Gemeinden aufgegeben werden, das bedeutet geschwächte soziale Netzwerke.
- Viele Kneipen, in denen informelle Netzwerke gepflegt wurden, mussten geschlossen werden.
- Der Fortzug des größten Teils der Intellektuellen und der Einkommensstärkeren aus dem Stadtteilteil schwächt das Rückgrat der Gemeinschaft.
- Aufgrund des hohen Alters und der schwachen Einkommenssituation von Etablierten ist eine gewisse wirtschaftliche und soziale Macht nicht mehr auszuüben.
- Die Gemeinschaft ist zerbrochen und gemeinsame Werte und Regeln gingen im Stadtteil verloren.

Diese Faktoren begründen den Niedergang der Gemeinschaft, der kollektiven Identifizierung und des Gruppenzusammenhalts von Alteingesessenen, die nicht mehr

---

[361] Gillemann/Caesperlein beschreiben das in ihrer Untersuchung ausführlich (S. 114).

Eigenschaften von Etablierten charakterisieren. Elias weist auf die Bedeutung der Machtüberlegenheit hin:

> *„In dieser Vorortgemeinde beruhte die Machüberlegenheit der etablierten Gruppe ganz auf solchen Figurationsaspekten. Sie beruhte auf dem starken Zusammenhalt zwischen Familien, die einander seit zwei oder drei Generationen kannten – im Gegensatz zu den Zuwanderern, die nicht nur für die Alteingesessenen, sondern auch füreinander Fremde waren. Dank ihres größeren Kohäsionspotentials und dessen Aktivierung durch soziale Kontrolle brachten die Alteinwohner es fertig, die Ämter in lokalen Einrichtungen wie Stadtbezirksrat, Kirchen oder Clubs für Ihresgleichen zu reservieren und Menschen aus dem jüngeren Ortsteil, die eine locker gefügte Gruppe bildeten, strikt von ihnen fernzuhalten. Ausschluss und Stigmatisierung der Außenseiter waren per se mächtige Waffen, mit deren Hilfe die Etabliertengruppe ihre Identität behauptete, ihren Vorrang sicherte und anderen an ihren Platz bannte."*[362]

Elias nennt das „besonders reine Form auf eine Wurzel Machtdifferentialen zwischen miteinander verflochtenen Gruppen", die auch sonst in vielen sozialen Kontexten eine Rolle spielt. Damit beschreibt Er den Kern einer Etablierte-Außenseiter-Figuration.

> *„Ihr stärkerer Zusammenhalt gibt einer solchen Gruppe die Möglichkeit, soziale Positionen mit einem hohen Machtgewicht für die eigenen Leute zu reservieren, was seinerseits ihren Zusammenhalt verstärkt, und Mitglieder anderer Gruppen von ihnen auszuschließen; und genau das ist der Kern einer Etablierte-Außenseiter-Figuration."*[363]

Nach der Ansiedlung von Einwanderern in der Nordstadt stieg deren Zahl sehr schnell; zurzeit stellen sie dort die Mehrheit. Diese Entwicklung setzte sich mit dem Aufbau der sozialen und wirtschaftlichen Strukturen und Netzwerke von Einwanderern fort. Sie lässt sich wie folgt darstellen:[364]

- hoher Anteil an der Bevölkerung im Stadtteil
- Eröffnung zahlreicher Geschäfte und Dienstleistungen, entsprechender Aufbau einer ethnischen Ökonomie
- Erhöhung der Zahlen bei den Hausbesitzern mit Migrationshintergrund
- Errichtung des informellen ethnischen Netzwerkes
- Eröffnung der Glaubensorte (Moscheen)
- Starke Nutzung öffentlicher Orte (Jugendfreizeitstätten, Beratungsstellen, Schulen, Spielplätzen, Schwimmbäder etc.)
- Ausübung der kulturellen Aktivitäten öffentlich und sichtbar
- Schaffung von Plätzen für eigene Bedürfnisse.

---

[362] Ebd. S. 11-12.
[363] Ebd. S. 12.
[364] Gillemann/Caesperlein betrachten diese Entwicklung unter Beteiligung verschiedener Faktoren (S. 114)

Gegenüber dem verlorenen „Wir-Gefühl" und der „Wir-Identität" bei den Etablierten entwickeln die Außenseiter ein starkes „Wir-Gefühl" und eine starke „Wir-Identität"; das ist bei Einwanderern eine Art der verstärkten kollektiven Selbstdarstellung. Mit dem Aufbau der eigenen Strukturen „eroberten" die vormaligen „Außenseiter" die Orte von Etablierten.

Im Zuge dieses Veränderungsprozesses in der Dortmunder Nordstadt bricht der Zusammenhalt bei den Etablierten zusammen, damit geht die zusammenhängende Machtüberlegenheit verloren. Ein weiterer Aspekt ist, dass durch starke negative Entwicklungen im Stadtteil vielen gebliebenen Alteingesessenen ein massiver Minderwertigkeitskomplex eingeimpft worden ist. Daher ist unklar, wie die noch im Stadtteil lebenden Alteingesessenen ihre Wirtschafts- und Lebenskonzepte umsetzen können. Vor dem Hintergrund der jetzigen Realität ist die Gleichsetzung von Alteingesessenen mit Etablierten und Eingewanderten mit Außenseitern sehr schwierig.

In dieser Hinsicht ist der theoretische Ansatz von Elias „Etablierte-Außenseiter-Figuration" wichtig und sinnvoll, um die Veränderungen in der Nordstadt und ihre Wirkungen auf die Kommunikation zwischen den Etablierten und Einwanderern zu verstehen.

Die Untersuchungsergebnisse bestätigen die These, dass die interkulturelle Kommunikation in der Nachbarschaft nicht über die kulturellen Differenzen von Nachbarn definiert werden, sondern über die vorhandenen Rahmenbedingungen, zu denen auch die kulturelle Verschiedenheit gehört. Das Leben im Stadtteil ist durch Beteiligung von sozial-wirtschaftlichen Faktoren geprägt, die die Handlungen und jegliche Interaktion der Beteiligten prozessbezogen beeinflussen. Nachbarschaftliche Kommunikation ist wichtiger Teil eines Stadtteils, in dem Menschen aus unterschiedlichen Kulturen zusammenleben und zusammenwachsen.

Aufgrund der vorgestellten Ergebnisse können folgende Aspekte zusammengefasst werden:

- Die interkulturelle Kommunikation darf nicht aus der Sicht „Konflikt" wahrgenommen werden.
- Kultur ist ein Teil der interkulturellen Kommunikation, sie bestimmt nicht den Verlauf einer Kommunikation. Daher ist die These nicht zu vertreten, dass interkulturelle Unterschiede zu interkulturellen Konflikten führen. Das Erklären aller interkulturellen Konflikte mit kulturellen Ursachen geht damit am Kern der Diskussionen vorbei.
- Kulturen sind nicht homogen, sondern umfassen unterschiedliche interne Elemente, erhebliche soziale, altersspezifische, regionale etc. Differenzen.
- Die Beteiligten bringen kulturspezifisch unterschiedliche Konventionen ins Sprachsystem mit.
- Der Sozialraum wirkt unmittelbar auf die Qualität der in der Nachbarschaft geführten Kommunikation.

- Die Einwanderung prägt den interkulturellen Charakter des Stadtteils immens, der sowohl von Eingesessenen als auch von Einwanderern als Identifikation positiv aufgenommen wird.
- Die Alteingesessenen in der Nordstadt sind nicht mit dem Strukturwandel zufrieden, der ihre alten Traditionen und Werte umgewandelt hat, akzeptieren aber die Existenz von Einwanderern.
- Interkulturelle nachbarschaftliche Kommunikation ist eine Normalität.
- Die Stigmatisierung eines Stadtteils beeinflusst das Zusammenleben und den Umgang der Stadtteil-BewohnerInnen miteinander.
- Eine Etablierte-Außenseiter-Konstellation ist schon eine verkehrte Realität in Stadtteilen, in denen der Migrantenanteil hoch ist.

Als problematisch hat sich allerdings herausgestellt, dass die Interviewfragen sehr ausführlich und sehr umfangreich waren. Das führte zur Sammlung einer großen Datenmenge, die leider nicht komplett ausgewertet werden konnte. Daher gab es Probleme, die Ergebnisse aller gestellten Fragen in diese Arbeit einfließen zu lassen.

Als weiterer Punkt ist zu erwähnen, dass den Bewohnern aus beiden „Kulturen" bewusst ist, dass sie unterschiedliche Kulturen vertreten und in der Kommunikation etliche Muster benutzen, die in den Köpfen beider Seiten „kulturelle Unterschiede" darstellen. Diese Wahrnehmung wird durch unterschiedliche Informationsvermittlungen jeden Tag (Medien, Fernsehen, Maßnahmen, politische Diskussionen und Problemdarstellungen, Rassismus etc.) verstärkt. Die Nachbarn aus verschiedenen Kulturen kommunizieren miteinander sicherlich aufgrund der unterschiedlichen kulturbezogenen Wahrnehmungen und Verständnisse, die konfliktgeladen sind. Daher war das Ziel dieser Untersuchung, diese Unterschiede nicht auszublenden, sondern ihren Stellenwert in der Kommunikation der Realität entsprechend zu betrachten.

6.2 Ausblick

Interkulturelle nachbarschaftliche Kommunikation stand nicht im Fokus der bisherigen Wissenschaft. Somit liefern die Ergebnisse dieser Untersuchung gewisse empirisch belegte Informationen für weitere Studien. Die geringe Zahl von Interviewten macht die Übertragung auf eine allgemeine Betrachtung der interkulturellen Kommunikation auf unterschiedliche Kommunikationsbereiche schwierig. Nichtsdestotrotz lässt sich aus der Studie eine Reihe von Vorschlägen herausarbeiten.

Es stellt sich die Frage, ob und wie sich das Geschlecht oder der soziale Status auf die interkulturelle nachbarschaftliche Kommunikation auswirkt. Bezüglich der interkulturellen nachbarschaftlichen Kommunikation könnte mittels einer langzeitbezogenen Feldstudie untersucht werden, ob und wie sich die nachbarschaftliche Kommunikation zu Beginn darstellt und nach einigen Jahren ändert, welche Kommunikationsprobleme langfristig in der Nachbarschaft entstehen, welche Folgen diese Probleme für das Zusammenleben in der Nachbarschaft und im Sozialraum haben.

Aufgrund der verkehrten „Etablierte-Außenseiter-Konstellation" sollte untersucht werden, wie weit diese Veränderung bei „Neu-Etablierten" zu sehen ist, wie deren Kommunikationsformen sich von der alten „Form" unterscheiden und wie sie im Alltag zu erfassen sind.

Es sollte auch erforscht werden, welche konkreten Kommunikationssituationen und Sprechakte in der nachbarschaftlichen interkulturellen Kommunikation besonders anfällig für Missverständnisse und Verständigungsprobleme sind.

Literaturverzeichnis

Auernheimer, G. (2002): Interkulturelle Kompetenz – ein neues Element pädagogischer Professionalität? In: Ders. (Hg.), Interkulturelle Kompetenz und pädagogische Professionalität. Seite 183-205. Opladen: Leske + Budrich

Auernheimer, G. (2005): Interkulturelle Kommunikation und Kompetenz. (http://www.georg-auernheimer.de/downloads/Interkult.%20Kompetenz.pdf)

Auernheimer, G. (1996): Einführung in die interkulturelle Erziehung, Primus Verlag

Baumer, T. (2002): Handbuch interkulturelle Kompetenzen, Orell Füssli Verlag AG

Beck-Gernsheim, E. (2004): Wir und die anderen. Vom Blick der Deutschen auf Migranten und Minderheiten. Frankfurt: Suhrkamp

Bericht zur sozialen Lage in Dortmund (2007), Stadt Dortmund, S. 45

Bell, G. (Nr.: 4/2004): Benachteiligte Bevölkerungsgruppen in „sozialen Brennpunkten", eine Untersuchung zweier Stadtteil in NRW, Universität Duisburg-Essen (Hrsg.), Fakultät für Gesellschaftswissenschaften

Blom/Meier (Hrsg.) (2002): Interkulturelles Management, Verlag Neue Wirtschafts-Briefe Herne/Berlin

Bolten, J. (1995): Grenzen der Internationalisierungsfähigkeit. Interkulturelles Handeln aus interaktionistischer Perspektive. In: Bolten 1995, S. 25-40

Bolten, J., Ehrhardt, C. (Hrsg.) (2003): Interkulturelle Kommunikation, Verlag Wissenschaft & Praxis

Bourdieu, P. (1991): Die feinen Unterschiede. Kritik der gesellschaftlichen Urteilskraft. Frankfurt/Main, S. 21

Bruck, P. A. (1994): Interkulturelle Entwicklung und Konfliktlösung, S. 345. In: Gerhard Maletzke, Interkulturelle Kommunikation, VS Verlag, S. 37

Bukow, W.-D., Nikodem, C., Schulze, E. Yildiz, E. (2001): Die multikulturelle Stadt, Leske + Budrich, S. 46

Diekmann, A. (2006): Empirische Sozialforschung, rowohlts, S. 373

Duden 2007, S. 983

Elias, N. (1990): Etablierte und Außenseiter, S. 14

Erll/Gymnich, M. (2007): Interkulturelle Kompetenzen – erfolgreich kommunizieren zwischen den Kulturen, Klett, S. 81

Flick, von Kardorff, S. (Hrsg.) (2005): Qualitative Forschung, 4. Auflage, rowohlts, S. 350

Fischer, V., Kallinikidou, D., Stimm-Arminyean, B. (2006): Handbuch interkulturelle Gruppenarbeit, Wochenschau Verlag

Földes, C. (Hrsg.) (2007): Studia Germanica Universitatis Vesprimiensis, Supplement, S. 10

Gliemann, K. / Caesperlein, G. (1999): Migration ohne Ortwechsel? – Die Perspektive Einheimischer im Zuwanderungsstadtteil: Konsequenzen für Integrationsprozesse und räumliche Planung. Eine Untersuchung mittels biographischer Methoden am Institut für Raumplanung Uni Dortmund

Grünhage-Monetti, M. (Hrsg.) (2006): Interkulturelle Kompetenz in der Zuwanderungsgesellschaft, WBV

Gudykunst, W. B. / Kim, Y. Y. (2003): Communicating with Strangers. An Approach to Intercultural Communication. New York: McGraw-Hill

Hall, E.T. (1973): The Silent Language. New York

Habermas, J. (1981): Theorie des kommunikativen Handelns. Zweiter Band. Frankfurt am Main: Suhrkamp

Hampten-Turner, Charles M., Trompenaars, F. (2000): Building Cross-Cultural Competence. New Haven; London: Yale University Press

Hansen, G. (1997): Einführung in interkulturelle Studien, FernUniversität-Gesamthochschule in Hagen, S. 72-73

Hansen, G. (1997): Zum Spannungsverhältnis von Integration und Segregation, FernUniversität Gesamthochschule Hagen, S. 42

Hansen, G. (2003:1): In EWE: interkulturelle Kompetenz. S. 178

Häußermann, H.; Siebel, W. (2001b): Soziale Integration und ethnische Schichtung. Zusammenhänge zwischen räumlicher und sozialer Segregation. Gutachten im Auftrag der Unabhängigen Kommission Zuwanderung. Berlin, Oldenburg

Heinz-Rommel, W. (1994): Interkulturelle Kompetenz – Ein neues Anforderungsprofil für die Soziale Arbeit, WAXMANN, Münster – New York

Heitmeyer, W. und Anhut, R. (2000): Bedrohte Gesellschaft – soziale Desintegrationsprozesse und ethnisch-kulturelle Konfliktkonstellationen, Juventa

Heringer, H. J. (2007): Interkulturelle Kommunikation – Grundlagen und Konzepte, 2.Auflage, A. Francke Verlag Tübingen und Basel

Herlyn, U. (1991):

Herman, B. / Harald, M. (2002): Interkulturelles Management, NWB Verlag, S. 32

Hinnenkamp, V. (1990): Gastarbeiterlinguistik und die Ethnisierung der Gastarbeiter, in: Eckard, J. D./Radtke, F. O. (Hrsg.), Ethnizität, Wissenschaft und Minderheiten, Opladen S. 277-298

Hinnenkamp, V. (1994): Interkulturelle Kommunikation. Heidelberg: Groos. (Studienbibliographien Sprachwissenschaft; 11: Sonderband

Hofstede, G. (2001): Lokales Denken, Globales Handeln, 2. Auflage, DTB-Verlag, München

Hofstede, G. (2001): Culture's Consequences. Comparing Values, Behaviors, Institutions and Organisations Across Nations. Second Edition Oaks; London New Delhi: Sage Publications

Hofstede, G. (1993): Interkulturelle Zusammenarbeit. Kulturen – Organisationen – Management. Wiesbaden

Hollensen, S. (2001): Global Marketing: A Market-responsive Approach. Second Edition. Essex: Prentice Hall

Hongxia, S. (2003): Kommunikationsprobleme zwischen deutschen Expatriates und Chinesen in der wirtschaftlichen Zusammenarbeit, Empirische Erfahrungen und Analyse der Einflussfaktoren, Würzburg, S. 16

Hopf, C.: in Flick, von Kardorff, Steinke (Hrsg.) (2005): Qualitative Forschung, 4. Auflage, rowohlts, S. 350

Horstmann, T. (1989): Eine Stadt für sich – Zur Wirtschafts- und Sozialgeschichte des Dortmunder Nordens im 19. Jahrhundert. In: Stadt Dortmund, Kulturbüro – örtliche Kulturförderung, Projektgruppe Nordstadt (Stadterneuerung), (Hrsg.) Nordstadtbilder. Essen

Hüsken, T. (2003): Der Stamm der Experten. Chancen und Probleme der interkulturellen Kommunikation und des interkulturellen Managements in der deutschen staatlichen Entwicklungszusammenarbeit. Sozialanthropologische Arbeitspapiere 97. Berlin: Institut für Ethnologie

Kartari, A. (1997): Deutsch-türkische Kommunikation am Arbeitsplatz, Waxmann Verlag

Kazuma, M. (1997): Referenzperspektive in Sprechakten. Ihre Funktion und Entwicklung in der deutschen und japanischen Sprache. Frankfurt am Main: Peterlang

Keller, R. (1994): Sprachwandel. Von der Unsichtbaren Hand in der Sprache. Tübingen

Kim, Y. Y. / Gudykunst, William B. (1988) (Ed.): Theories in Intercultural Communication. Newbury Park u.a.: Sage. (International and Intercultural Communication Annual, Volume XII)

Klages, H. (1968): Der Nachbarschaftsgedanke und die nachbarliche Wirklichkeit in der Großstadt. Stuttgart, S. 6

Kluckhohn, F., Strodtbeck, F.L. (1961): Variations in Value Orientations, New York, S. 11

Knapp-Potthof, A. (1997): Interkulturelle Kompetenz: eine sprachwissenschaftliche Perspektive, S. 64. In: Auernheimer (2002), Interkulturelle Kompetenz und pädagogische Professionalität, Leske + Budrich

König, R. (Hrsg.) (1973): Das Interview in der Sozialforschung, in, Handbuch der empirischen Forschung, Bd. 2, 3. Aufl. Stuttgart; Enke, S. 70

Krüger-Potratz, M. (2005): Interkulturelle Bildung. Münster, S. 24

Krummacher, M.l./ Kulbach, R./ Waltz, V./ Wohlfahrt, N. (2003): Soziale Stadt, Sozialraumentwicklung, Quartiersmanagement. Herausforderungen für Politik, Raumplanung und Soziale Arbeit, Opladen

Kumbier, D./Schulz von Thun, F. (Hrsg.), (2008), interkulturelle Kommunikation: Methoden, Modelle, Beispiele, rororo Verlag

Kutschker, M., Schmid, S. (202): Internationales Management. München Wien Oldenburg

Küsters, E. A. (1998): Episoden des interkulturellen Managements. Grundlagen der Selbst- und Fremdorganisation. Wiesbaden: Deutscher Universitätsverlag

Ladmiral, J. R./Lipiansky, E. M. (1989): La Communication interculturelle. Paris: Armond Colin (Bibliothéque Européenne des Scinces de I'éducation)

Laviziano, A.: Ethnologie und Interkulturelle Kommunikation, S. 6-7, EthnoScripts, http://www.uni-hamburg.de/ethnologie/es_7_1_artikel1.pdf

Litters, U. (1995): Interkulturelle Kommunikation aus fremdsprachendidaktischer Perspektive. Tübingen: Günther Narr Verlag

Losche, H. (2003): Interkulturelle Kommunikation. Sammlung praktischer Spiele und Übungen. Bobingen: ZIEL – Zentrum für interdisziplinäres erfahrungsorientiertes Lernen GmbH

Lüsebrink, H.-J. (2005): Interkulturelle Kommunikation, Verlag J. B. Metzlar Stuttgart/Weimar

Lüsebrink, H.-J. (Hrsg.) (2004): Konzepte der interkulturellen Kommunikation – Theorieansätze und Praxisbezüge in interdisziplinärer Perspektive, Röhrig Universitätsverlag

Maletzke, G. (1996): Interkulturelle Kommunikation: Zur Interaktion zwischen verschiedener Kulturen. Opladen, Westdeutscher Verlag VS Verlag für Sozialwissenschaften, S. 37

Martin, C. (2009): Interkulturelle Kompetenzen und deren Vermittelbarkeit durch Repatriates, Wissenschaftsedition im Rainer Hamp Verlag

Mayring, P. (1993a): Einführung in die qualitative Sozialforschung, 2. Auflage., Weinheim: Beltz

Merten, K. (1977): Kommunikation. Eine Begriffs- und Prozeßanalyse. Opladen

Moosmüller, A. (2006): Interkulturelle Kommunikation – Konturen einer wissenschaftlichen Disziplin, WAXMANN

Moosmüller, A. (2004): Das Kulturkonzept in der interkulturellen Kommunikation aus ethnologischer Sicht in: Lüsebrink (Hrsg.), 2004, Konzepte der interkulturellen Kommunikation, Röhrig Universitätsverlag

Müller-Jacquier, B. (2004): „Cross-cultural" versus interkulturelle Kommunikation. Methodische Probleme der Beschreibung von Inter-Aktion. In: H.-J, Lüsebrink (Hrsg.) (2004): Konzepte der interkulturellen Kommunikation. Theorieansätze und Praxisbezüge in interdisziplinäre Perspektive (69-114). St. Ingbert

Ottersbach, M., Yildiz, E. (2004): Migration in der metropolitanen Gesellschaft – zwischen Ethnisierung und globaler Neuorientierung, LIT Verlag

Pinto, D. (1999): Interculturele Communicatie. 2nd ed. Houten/Diegem

Planerladen e. V. (1999): Anti-Diskriminierungsprojekt im Wohnbereich. Dokumentation und Auswertung von Maßnahmen und Initiativen gegen Rassismus und Fremdenfeindlichkeit in der Dortmunder Nordstadt, S. 14

Porter, R. E./Samovar, L. A. (1991): An Introduction to Intercultural Communication. In: Samovar, Larry A./Porter, Richard E. (eds.): Intercultural Communication: A Reader. Belmont CA. S. 7 f

Robbins, S.P. (1996): Organizational Behavior. 7nd ed. Englewood Cliffs, New Jersey

Rogers, Everett M. / Hart, William B. / Miike, Yoshitaka, 2002: Edward T. Hall and The History of Intercultural Communication: The United States and Japan. Keio Communication Review 24. S. 3-26

Ropers, N. (1997): Interkulturelle Konfliktbearbeitung – Kultur als Barriere und Brücke für Friedenssicherung und Friedensstiftung, in: Vogt, W.R. (Hg.): Gewalt und Konfliktbearbeitung. Befunde – Konzepte – Handeln. Baden-Baden, 1997, S. 212

Schröer, N. (2009): Interkulturelle Kommunikation, OIdib Verlag

Schugk, M. (2004): Interkulturelle Kommunikation – Kulturbedingte Unterschiede in Verkauf und Werbung, Verlag Franz Vahlen München, S. 146

Schulz von Thun, F. (2004): Miteinander reden – 1. Störungen und Klärungen. Reinbek: Rowohlt Taschenbuch Verlag

Schumann, M. (2004): Sozialraum und Biographie – Versuch einer pädagogischen Standortbestimmung, Uni Siegen, S. 6

Schütz, A., Luxkmann, T. (2003): Die Lebenswelt als unbefragter Boden der natürlichen Weltanschauung, in interkulturelle Kommunikation, Hrsg. J. Bolten, C. Ehrhardt, Verlag Wissenschaft & Praxis, S.13

Singh, J. P. (1990): Managerial Culture and Work Related Values in India. In: Organizations Studies 11: 81-102

Sozialstrukturatlas Dortmund (2005): Stadt Dortmund, S. 10

Statistisches Bundesamt (2007): Bevölkerung und Erwerbstätigkeit; Bevölkerung mit Migrationshintergrund – Ergebnisse des Mikrozensus, S. 64

Thing-Toomey, S. (1999): Communicating across Cultures

Thomas, A. (2004): Kulturverständnis aus der Sicht der interkulturellen Psychologie: Kultur als Orientierungssystem und Kulturstandards als Orientierungshilfen. S. 151

Thomas, A. (1996): Psychologie interkulturellen Handels. Göttingen: Hogrefe

Thomas, H. (2003): Der Stamm der Experten. Chancen und Probleme der interkulturellen Kommunikation und des interkulturellen Managements in der deutschen staatlichen Entwicklungszusammenarbeit. Sozialanthropologische Arbeitspapiere 97. Berlin: Institut für Ethnologie

Urban, M./Weiser, U. (2006): Kleinräumige Sozialraumanalyse – Theoretische Grundlagen und praktische Durchführung. Identifikation und Beschreibung von Sozialräumen mit quantitativen Daten, Dresden, S.13 f

Watzlawick, P./Beavin, J.H./Jackson, D.D. (1971): Pragmatische aspecten van de menselijke communicatie. Deventer.

Watzlawick/Beavin/Jackson (2000): Menschliche Kommunikation: Formen, Störungen, Paradoxien, Hans Huber Verlag, S. 46

Weiss, M. (1998): Studienreisen nach Marokko. Angebote, Teilnehmerkreis, Reisemotive, Images. Passau. L. I. S. Verlag (Maghrebstudien 9)

Wendorf/Felbinger/Graf/Gruner/Januschat/Saphörster (Hrsg.) (2004): Discussion paper Nr. 11/04, Februar 2004. ZTG-Zentrum Technik und Gesellschaft, S. 16

Wiechelmann, S. (2008): Wider den Kulturalismus. In: Interkulturelle Kommunikation (Hrsg.) Schulz von Thun (2008), S. 323-335

Yildiz, E., Karpe, H., Ottersbach, M. (Hrsg.) (2001): Urbane Quartiere zwischen Zerfall und Erneuerung, Der andere Buchladen, Köln, S. 23

Yildiz, E. (1997): Die halbierte Gesellschaft der Postmoderne, Leske +Büdrich, Opladen

Zick, A. (2001): Interkulturelle Nähe und Distanz im Stadtteil. Eine empirische Studie über die Einstellungen von Mitgliedern ethnisch-kultureller Gruppen zum Zusammenleben im Stadtteil. In Landeszentrum für Zuwanderung NRW (Hrsg.), Dokumentation des Forums Migrations- und Integrationsforschung 2000: Praxisforschung im sozialräumlichen Kontext (S. 33-38). Solingen: Landeszentrum für Zuwanderung.

Webseiten:

1- http://www.destatis.de/jetspeed/portal/cms/Sites/destatis/Internet/DE/Navigation/Statistiken/Bevoelkerung/MigrationIntegration/MigrationIntegration.psml
2- Bevölkerung am Ort der Hauptwohnung nach Altersgruppen in Dortmund zum 31.12.2006.
   Quelle: http://134.147.231.87:8080/dosis/datenpool/datenpool/index.html
3- http://www.widerstand.info/5922/zigeuner-invasion-auf-die-dortmunder-nordstadt/
4- Quelle: http://www.spiegel.de/sptv/tvthema/0,1518,560711,00.html
5- Quelle:http://www.derwesten.de/staedte/dortmund/Der-staendige-Balanceakt-in-der-Dortmunder-Nordstadt-id154529.html
6- Quelle:http://www.pflichtlektuere.com/10/12/2009/protestmarsch-fuer-eine-bessere-dortmunder-nordstadt/
7- Quelle:http://www.presseportal.de/polizeipresse/pm/4971/1295072/polizei_dortmund
8- Quelle:http://www.derwesten.de/staedte/dortmund/Dortmund-plant-Sauf-Raum-fuer-Problemviertel-Nordstadt-id154530.html
9- Quelle:http://www.niederoesterreich-sozialarbeit.at/index-Dateien/Artikel%20Auernheimer.pdf
10- http://www.bpb.de/themen/GWGCUY,3,0,Bevoelkerungsentwicklung:Soziale_Auswirkungen.html
11- http://www.niederoesterreich-sozialarbeit.at/index-Dateien/Artikel%20Auernheimer.pdf, S. 2

Anhang

Anlage 1: Interviewleitfäden

A – Interviewleitfaden für Interviewte mit deutscher Herkunft aus der Dortmunder Nordstadt

Allgemeine Daten:
Geschlecht:
Familienstruktur:
Wohndauer im Stadtviertel:
Beruf:
Einkommensart:
Schulbildung:
Alter:

Eingangsfrage 1: Wie kommunizieren Sie mit Ihren deutschen Nachbarn? (Wie kommunizieren Einheimische untereinander?)

Nachfragen:
- Wie oft haben Sie Kontakte mit Ihren deutschen Nachbarn?
    - Art Ihrer Kontakte (Begrüßen, Unterhalten, kurzer Wortwechsel)
- Wie soll die Kommunikation zwischen Ihnen und Ihren deutschen Nachbarn funktionieren?
    - Wird freiwillig kommuniziert?
- Wo treffen Sie sich am meisten?
    - im Treppenhaus, vor der Tür, draußen, gegenseitiger Besuch zu Hause, in der Kneipe, in der Stadt usw.
- Was ist das Thema häufig in Ihren Gesprächen?
    - (Wirtschaft, Politik, nachbarschaftliche Probleme, Fußball, Ausländerfeindlichkeit usw.)
- Wie bewerten Sie die Kommunikation mit Ihren deutschen Nachbarn?
    - oberflächlich, gut, gelungen usw.
- Was tun Sie für eine gute Kommunikation?
    - (Fragen Sie nach? Rufen Sie an? Laden Sie sie ein?)
- Haben Sie Probleme mit Ihren deutschen Nachbarn?
    - Wenn ja, Definition des Problems, Problembereiche
- Was tun Sie, wenn Sie Probleme mit Ihren deutschen Nachbarn haben?
- Wie lösen Sie ihre Probleme mit Ihren deutschen Nachbarn?
    - Welche Herangehensweise haben Sie?

- - Sprechen Sie sie direkt an? Blockieren Sie alle Kontakte? Gehen Sie zum Rechtsanwalt?
- Dürfen Ihre deutschen Nachbarn Sie jederzeit ansprechen, wenn sie ernsthafte Probleme haben?

Eingangsfrage 2: Wie kommunizieren Sie mit Ihren türkischen Nachbarn? (Wie kommunizieren Einheimische mit Migranten?)

Nachfragen:
- Haben Sie türkische Nachbarn? (Familien, ältere Menschen, Familien mit vielen Kindern)
- Wie soll die Kommunikation zwischen Ihnen und Ihren türkischem Nachbarn funktionieren?
  - Wird freiwillig kommuniziert?
- Wie ist/läuft die Kommunikation mit Ihren türkischen Nachbarn?
  - Was tun Sie dafür?
  - Art Ihrer Kontakte
- Haben Sie auch Kontakte mit anderen Ethnien?
  - Wenn Sie haben, welche Art der Kontakte pflegen Sie mit diesen Menschen?
- Haben Sie Freunde oder Bekannte fremder Nationalitäten?
- Wie schätzen Sie Ihre Beziehungen zu den Nachbarn aus der Türkei ein?
  - Wer müsste etwas tun, damit sich Ihre Beziehungen zu den türkischen Nachbarn verbessern?
- Wie oft sprechen Sie mit Ihren türkischen Nachbarn? (Selten, immer, häufig)
- Was ist das Thema häufig in Ihren Gesprächen? (Allgemeine Probleme z. B. wirtschaftliche Lage, Politik, Umwelt, Ausländerfeindlichkeit usw.)
- Was tun Sie, wenn Sie Probleme mit Ihren türkischen Nachbarn haben? (Sprechen Sie sie direkt an? Blockieren Sie alle Kontakte? Gehen Sie zum Rechtsanwalt?)
- Wie verhalten sich Ihre türkischen Nachbarn gegenüber Ihnen? (freundlich, feindlich usw.)
- Unterscheidet sich Ihrer Meinung nach die türkische Auffassung von Nachbarschaften von der der Deutschen? (Wenn ja, wie?)
- Was stört Sie bei Ihren türkischen Nachbarn? (Laut, hören nicht zu, nicht belastbar, nicht kommunikationsfreudig usw.)
- Was ist bei einer nachbarschaftlichen Kommunikation für Sie wichtig? (Sprache, Werte, Nähe, Besuch usw.)
- Gehen Sie in die türkischen Teestuben? Wenn ja, die Erfahrung?
- Haben Sie Vorurteile?
- Dürfen Ihre türkischen Nachbarn Sie jederzeit ansprechen, wenn sie ernsthafte Probleme haben?

Eingangsfrage 3: Welche sozialen und wirtschaftlichen Faktoren beeinflussen Ihre Kommunikation mit türkischen Nachbarn?

Nachfragen:
- Hat Ihr türkischer Nachbar Kinder? Haben Sie Kontakte zu den Kindern? Stören die Kinder Sie? (Wenn ja, wie?) Spielen Ihre Kinder mit den türkischen Kindern zusammen?
- Wie bewerten Sie die Kindererziehung der türkischen Eltern?
- Achten Ihre türkischen Nachbarn die Hausregeln? (Wenn ja, welche? Wenn nein, welche?)
- Ist Ihr türkischer Nachbar arbeitslos? Woran liegt es?
- Bezieht Ihr türkischer Nachbar Sozialhilfe?
- Sind die Werte und Normen von Türken gleichstellend mit deutschen Werten? Sollen Ihre türkischen Nachbarn Weihnachten und Ostern mitfeiern?
- Wollen Sie bei ihren religiösen Festen mitmachen? Wenn Sie dies gemacht haben, Ihre Erfahrung.
- Haben Ihre türkischen Nachbarn Luxussachen? (z. B. teure Einbauküche, Auto usw.)
- Gibt es auch andere Ethnien, die Ihnen fremd vorkommen? Wenn ja, warum und was kommt Ihnen fremd vor?
- Mit welchen Gruppen von Migranten kann man gut zusammenleben? Gründe?
- Wie fühlen Sie sich hier in der Nordstadt unter Migranten?
    - (gut, allein, schwach usw.)
    - Besteht Statusungleichheit?

B – Interviewleitfaden für Interviewte türkischer Herkunft aus der Dortmunder Nordstadt

Allgemeine Daten:
Geschlecht:
Familienstruktur:
Wohndauer im Stadtviertel:
Beruf:
Einkommensart:
Schulbildung:
Alter:

Eingangsfrage 1: Wie kommunizieren Sie mit Ihren türkischen Nachbarn? (Wie kommunizieren Einheimische untereinander?)

Nachfragen:
- Wie oft haben Sie Kontakte mit Ihren türkischen Nachbarn?
    - Art Ihrer Kontakte (Begrüßen, Unterhalten, kurzer Wortwechsel)
- Wie soll die Kommunikation zwischen Ihnen und Ihren türkischen Nachbarn funktionieren?
    - Wird freiwillig kommuniziert?
- Wo treffen sie sich am meisten?
    - im Treppenhaus, vor der Tür, draußen, gegenseitiger Besuch zu Hause, in der Kneipe, in der Stadt usw.
- Was ist das Thema häufig in Ihren Gesprächen?
    - (Wirtschaft, Politik, nachbarschaftliche Probleme, Fußball, Ausländerfeindlichkeit usw.)
- Wie bewerten Sie die Kommunikation mit Ihren türkischen Nachbarn?
    - oberflächlich, gut, gelungen usw.
- Was tun Sie für eine gute Kommunikation?
    - (Fragen Sie nach? Rufen Sie an? Laden Sie sie ein?)
- Haben Sie Probleme mit Ihren türkischen Nachbarn?
    - Wenn ja, Definition des Problems, Problembereiche
- Was tun Sie, wenn Sie Probleme mit Ihren türkischen Nachbarn haben?
- Wie lösen Sie ihre Probleme mit Ihren türkischen Nachbarn?
    - Welche Herangehensweise?
    - Sprechen Sie sie direkt an? Blockieren Sie alle Kontakte? Gehen Sie zum Rechtsanwalt?
- Dürfen Ihre türkischen Nachbarn Sie jederzeit ansprechen, wenn sie ernsthafte Probleme haben?

Eingangsfrage 2: Wie kommunizieren Sie mit Ihren deutschen Nachbarn? (Wie kommunizieren Migranten mit Einheimischen?)

Nachfragen:
- Haben Sie deutsche Nachbarn? (Familien, ältere Menschen, Familien mit vielen Kindern)
- Wie soll die Kommunikation zwischen Ihnen und Ihren deutschen Nachbarn funktionieren?
    - Wird freiwillig kommuniziert?
- Wie ist /läuft die Kommunikation mit Ihren deutschen Nachbarn?
    - Was tun Sie dafür?
    - Art Ihrer Kontakte
- Haben Sie auch Kontakte mit anderen Ethnien?

- o Wenn Sie haben, welche Art der Kontakte pflegen Sie mit diesen Menschen?
- Haben Sie Freunde oder Bekannte fremder Nationalitäten?
- Wie schätzen Sie Ihre Beziehungen zu ihren deutschen Nachbarn ein?
  - o Wer müsste etwas tun, damit sich Ihre Beziehungen zu den deutschen Nachbarn verbessern?
- Wie oft sprechen Sie mit Ihren deutschen Nachbarn? (Selten, immer, häufig)
- Was ist das Thema häufig in Ihren Gesprächen? (Allgemeine Probleme z. B. wirtschaftliche Lage, Politik, Umwelt, Ausländer)
- Was tun Sie, wenn Sie Probleme mit Ihren Nachbarn haben?
  (Sprechen Sie sie direkt an? Blockieren Sie alle Kontakte? Gehen Sie zum Rechtsanwalt? Versuchen Sie ohne Konflikte zu lösen?
- Wie verhalten sich ihre türkischen Nachbarn gegenüber Ihnen?
  (freundlich, feindlich usw.)
- Unterscheidet sich Ihrer Meinung nach die türkische Auffassung von Nachbarschaft von der der Deutschen?
- Was stört Sie bei Ihren deutschen Nachbarn?
  (Laut, hören nicht zu, nicht belastbar, kommunikationsfreudig)
- Was ist bei einer Kommunikation für Sie sehr wichtig?
  (Sprache, Werte, Nähe, Besuch usw.)
- Gehen Sie in die türkischen Teestuben? Wenn ja, die Erfahrung?
- Haben Sie Vorurteile?
- Dürfen Ihre deutschen Nachbarn Sie jederzeit ansprechen, wenn sie ernsthafte Probleme haben?

Eingangsfrage 3: Welche sozialen und wirtschaftlichen Faktoren beeinflussen Ihre Kommunikation mit deutschen Nachbarn?

Nachfragen:
- Hat Ihr deutscher Nachbar Kinder? Haben Sie Kontakte zu den Kindern? Stören die Kinder Sie? (Wenn ja, wie?)
- Wie bewerten Sie die Kindererziehung der deutschen Eltern?
- Achten Ihre deutschen Nachbarn die Hausregeln? (Wenn ja, welche? Wenn nein, welche?)
- Ist Ihr deutscher Nachbar arbeitslos? Woran liegt es?
- Bezieht Ihr deutscher Nachbar Sozialhilfe?
- Sind die Werte und Normen von Deutschen gleichstellend mit türkischen Werten? Sollen Ihre deutschen Nachbarn Zuckerfest und Opferfest mitfeiern?
- Wollen Sie bei ihren religiösen Festen mitmachen? Wenn Sie dies gemacht haben, Ihre Erfahrung?
- Haben Ihre deutschen Nachbarn Luxussachen? (z. B. teure Einbauküche, Auto usw.)
- Wie fühlen Sie sich hier in der Nordstadt?
  - o (gut, allein, schwach usw.)
  - o Besteht Statusungleichheit?

Anlage 2: Weitere ausgewertete Interviewthemen

A - Auswertung der Interviews mit BewohnerInnen deutscher Herkunft über ihr Verhältnis zu deutschen und türkischen Nachbarn im Quartier

1. Dürfen Ihre deutschen Nachbarn Sie jederzeit ansprechen, wenn sie ernsthafte Probleme haben?

Generell scheint eine starke Hilfsbereitschaft der deutschen Nachbarn untereinander zu bestehen. Unabhängig von der Wohndauer wird fast zu 100% das Bekenntnis zu nachbarschaftlicher Hilfe abgegeben. („Also mich kann man jederzeit ansprechen." – „Natürlich, weil ich mache das genauso." – „Ja, das ist klar, selbstverständlich.") Aufgrund der Formulierung der Fragestellung – es geht dabei um **ernsthafte** Probleme – welche, überlässt man der Phantasie des einzelnen Befragten – wird deutlich, dass es sich nicht um einen oberflächlichen Kontakt (die berühmte Tasse Zucker leihen) geht, sondern um einschneidendere Ereignisse. Aus diesem Grunde schwingt trotz des Hilfsangebotes jedoch die Befürchtung mit, die angebotene Hilfe könnte „ausarten", d.h. zu regelmäßigen sozialen Hilfsdiensten (Einkauf, Pflege...) führen, die als „belastend" empfunden werden. („Solange man mich nicht in der Mittags- oder in der Nachtruhe stört." – „Wenn's nicht gleich in Arbeit ausartet." – „Bis zu einem gewissen Maß." – „Sofern ich Zeit habe.") Als Beispiele für bereits erfolgte Hilfeleistungen werden genannt: „Problemlösende Gespräche", „Werkzeug geliehen", „kleinere Reparaturen", „Müllentsorgung", „Teppichboden gelegt", „beim Umzug geholfen". Die Hilfsbereitschaft untereinander nimmt unabhängig von der Wohndauer im Haus mit der Länge des Zusammenlebens der kommunizierenden Parteien im gleichen Haus zu bzw. mit der Intensität der aufgebauten Bindung zueinander („Wenn es ein Kollege von mir ist." – „Das kommt drauf an, wie gut ich mit den Nachbarn jetzt halt..." – „Wenn man den gut kennt, schon länger zusammen wohnt so im Haus, dann doch!")

Lediglich ganz vereinzelt antworten einzelne Bewohner mit einem kategorischen „Nein". („Nee, ich hab genug eigene Probleme." – „Weil letztlich sehe ich den Vorteil von der Großstadt, dass ich mit keinem was zu tun habe.")

2. Haben Sie türkische Nachbarn (Familien, ältere Menschen, Familien mit Kindern)?

Etwa die Hälfte der befragten deutschen Bewohner hat unabhängig von der Wohndauer direkte türkische Nachbarn im Haus, meist Familien mit Kinder und Jugendlichen. Als bedeutsam erleben deutsche Nachbarn, dass die türkische Familie oft mehrere Generationen umfasst, also auch die Großeltern mit in der Familie leben. („Alteingesessene Dreigenerationsfamilien" – „Eine Familie mit, glaub ich, zwei Kindern und sonst älteren Menschen" – „Mehrere Generationen" – „Familienclan") Diese Wohnform ist in Deutschland inzwischen selten geworden, eine Person kann für sich aber die Verbindung erkennen: „Mal eher so das, was früher bei uns die typische Großfamilie war." Allein lebende Türkinnen und Türken werden eher selten erlebt, dabei handelt es sich häufig um geschiedene oder verwitwete Personen, die das Konzept des Zusammenlebens in der Familie aber wahrscheinlich durchaus für sich in Anspruch nehmen.

Neben den türkischen Nachbarn im eigenen Haus gibt es aber immer oder, falls sie dort nicht vorhanden sind, türkische Nachbarn in den Nachbarhäusern oder in derselben Straße. Es besteht auch in diesem Fall bei den Deutschen nicht immer ein Bewusstsein über die wirkliche Nationalität der Nachbarn. („Ja, wenn es keine arabischen sind, ja." – „Ja, marokkanisch, ist egal wie." – „Kurdische. Ist ein kleiner Unterschied, für die auf jeden Fall.") Im Allgemeinen bestehen „engere" Kontakte zu türkischen Hausbesitzern, Friseuren, Gemüsehändlern und Angestellten der Dönerbuden. Dreimal wird indirekte Kritik an den türkischen Nachbarn geäußert („Lärm", „Halligalli", „Abfall über die Mauer der türkischen Gaststätte zu uns geworfen"). Es gibt aber auch vereinzelt Respekt für die türkischen Nachbarn: *„Also die sind aufgeschlossen...Und vor allem sind die strebsam. Er arbeitet hier bei Thyssen-Krupp als Kranführer und nebenbei hat er noch 'ne Döner-Bude und da sind die Frau und die Tochter drin, wenn er auf Schicht ist. Das Haus hat der sich echt erarbeitet."*

Teilweise wird auch bedauert, dass die türkischen Frauen nicht an der Kommunikation mit den deutschen Nachbarn teilnehmen: *„Die Frauen sprechen nicht ein einziges Wort und das ist schade."* Ein sensiblerer deutscher Beobachter ist allerdings der Meinung, dass sich diese sozialen Strukturen, die sich möglicherweise durch tief verwurzelte Vorurteile in der deutschen Wahrnehmung festgesetzt haben, inzwischen verändern: *„Was ich so seit letztem Jahr gemerkt hab, so diese älteren, türkischen Frauen, die noch mit dem Kopftuch herumgehen, die auch schon mal jetzt versuchen zu grüßen, dass man sich so selber gesagt hat, unter denen passiert jetzt auch irgendwas. Die wollen auch so ein bisschen an uns ran, ne? Ja, das ist dann auch eine ganz gute Sache."*

3. **Haben Sie auch Kontakte mit anderen Ethnien? Wenn ja, welche Art von Kontakten pflegen Sie mit ihnen?**

Die befragten deutschen Anwohner haben überwiegend viel Kontakt mit anderen Ethnien, besonders in den Gruppen der Wohndauer von 0 bis 10 Jahren und zwischen 20 und 30 Jahren, dies mag aber zufällig sein.

Insgesamt werden 27 unterschiedliche Nationalitäten oder geographische Sammelbezeichnungen (Afrikaner, Schwarzafrikaner, Kosovo) genannt. Unter den 27 Ethnien stehen an erster Stelle Polen, die zehnmal genannt werden, je neunmal Türken und Afrikaner. Marokkaner, Jugoslawen und Griechen werden je sechsmal als Bekannte erwähnt, Portugiesen fünfmal und Russen viermal. Alle anderen Volksgruppen (Libanesen, Spanier, Tunesier, Araber, Tamilen, Italiener, Kurden, Koreaner, Simbabwer, Schweizer, Kubaner, Argentinier, Chilenen, Bengalen, Kosovaren, Rumänen, Albaner, Vietnamesen, Kroaten) werden zwischen ein- bis dreimal als Bekannte genannt.

Auslöser für häufigere Kontakte sind meist soziale Aktivitäten, die in irgendeiner Art organisiert sind. („Wir sind hier eine Gemeinde von 2000 Katholiken aus 30 Nationen, d.h. wir haben sehr viel Kontakt auch mit anderen Nationalitäten, tamilischen Leuten, Spätaussiedlern aus Polen. Das sind die Hauptkontakte. Daneben gibt es noch die kroatische Mission und den Kontakt zu den Portugiesen." – „Bei uns gibt es eine koreanische Gemeinde, da hat man schon mal so 'n bisschen Kontakt mit." – „Vor allem darüber, weil ich relativ viel Musik nebenbei mache, und ja, da sind öfter Leute, also gerade in einer Salsa-Band, wo ich mitspiele. Sind öfters Leute aus Kuba, Argentinien, Chile." – „Und zwar habe ich ja zwei Straßenfeste betreut und da ist der Anteil an türkischen Mädchen oder auch Jungs viel größer gewesen als der deutscher Kinder. Polnische Kinder waren auch dabei und das ist eine besondere Ebene. Auf der Ebene des Bastelns und Werkens gibt es keine kulturellen Grenzen oder Hürden, die zu nehmen sind. Überhaupt nicht. Da ist auch ein schöner Kontakt zu den Müttern draus entstanden. Die sind sehr am ‚Basteln' interessiert. Die basteln wirklich leidenschaftlich und daraus ist auch etwas entstanden, wo ich das Gefühl habe, hier bin ich jetzt mehr aufgenommen. Denn die sieht man wieder bei Edeka. Die erinnern sich, dass man zusammen gebastelt hat. Das ist noch mal ein ganz wichtiger Punkt... Weil für mich ist da auch eine Grenze überschritten worden, die ich bisher nicht nur, weil ich es nicht wollen, sondern vielleicht aus meiner eigenen Initiative so überwunden habe. Die Hürde ist genommen und das war ganz, ganz schön." – „Ja, ich habe Kontakt noch mit, ja, über politische Arbeit, mit afrikanischen Leuten..." – „Ja, Polen, Rumänen, Marokkaner, Tunesier. Eine Familie kenne ich schon sehr lange durch deren Kinder und meine Kinder. Teilweise gleichzeitig aus der Schule, dem Kindergarten also ist eine große Freundschaft entstanden.") Andere regelmäßige Kontakte kommen über geschäftliche Belange zustande: „Beim Marokkaner halt mir Minze hole für meinen Pfefferminztee..." – „...zum libanesischen Gemüsehändler..." – „... in 'ne Gaststätte".

Die Definition von Freundschaft, die an dieser Stelle von einem deutschen Anwohner gegeben wird – „Das heißt, dass man sich gegenseitig verabredet. Dass man sich trifft. Dass man zusammen Tee trinkt. Dass man zusammen kocht. Dass man zusammen über Gott und die Welt spricht und vor allen Dingen über die Kinder. Und auch über mich." –, erlaubt eine gute Überleitung zur nächsten Frage.

4. Kontakte zu NachbarInnen mit türkischem/kurdischem Migrationshintergrund

37% der Befragten haben NachbarInnen mit türkischem oder kurdischem Migrationshintergrund im Haus, 39% in der Straße. 2% können darüber keine Aussage machen, über 14% liegen keine diesbezüglichen Angaben vor und 8% haben weder im Haus noch in der Straße entsprechende NachbarInnen.

Die Kommunikation oder auch der Anspruch, der in Bezug auf die Kommunikation mit NachbarInnen erhoben wird, die einen türkischen oder kurdischen Migrationshintergrund haben, unterscheidet sich in vielen Aspekten. Einige Befragte sind allerdings der Meinung, dass die Kommunikation zu allen NachbarInnen, unabhängig vom ethnischen Hintergrund, gleich sein sollte und von Kriterien, die weiter oben ausgeführt sind, wie zum Beispiel Sympathie, geleitet werden sollte. I 58 (53-jähriger Sozialpädagoge, momentan als Gastronom tätig und seit zwei Jahren im Haus wohnhaft): „Eigentlich wie mit den deutschen, wenn ich einen leiden kann, dass man auch mal so 'n bisschen hintergucken kann und dann mal auch mal über Sachen reden kann, die meinetwegen den Glauben betreffen oder sonst was, aber da einfach auch mehr Austausch stattfindet und nicht nur irgendwie bei irgendwelchen Freundschaftsfesten, wo so was so und so nicht stattfinden wird."

Diesen Anspruch sieht auch ein anderer Befragter realisiert. I 91 (49 Jahre, selbstständig tätig, seit 35 Jahren im Haus wohnhaft): „Also, die Kommunikation verläuft genauso wie mit deutschen Nachbarn. D.h. also, man begrüßt sich, man fragt nach, man unterhält sich über den Gesundheitszustand, über's Wetter, Fußball, Urlaubszeiten usw. Oder über die Kinder. Ist eben halt unterschiedlich.

„F: Dann kennen Sie schon recht viele von Ihren Nachbarn, das Leben usw.?

A: Richtig! Ja, wir leben aber auch hier teilweise, wie gesagt, schon viele, viele Jahre zusammen. Damit hängt das natürlich zusammen. Man kennt die Kinder, deren Kinder. Kinder sind inzwischen groß geworden, dann haben wir eben selber Kinder, das ist eben der Lauf der Dinge."

I 82 (selbstständiger Einzelhandelskaufmann, 36 Jahre, seit seiner Geburt im Viertel): „Ich sag mal, ergibt sich automatisch. Ich bin da genauso offen wie zu den deutschen Nachbarn und wenn ich die auf der Straße sehe, die türkischen Nachbarn, grüße ich ganz genauso. Und man kommt auch im Grunde, wie mit den Deutschen, auch schnell ins Gespräch. Vielleicht nicht immer so weitgehend, aber eigentlich sehe ich da für mich kein Problem."

An vielen Stellen wird aber auch deutlich, dass ein enger oder intensiverer Kontakt mit den türkischen oder kurdischen NachbarInnen gar nicht gewünscht wird. Ziel es vielmehr, möglichst problemlos nebeneinanderher zu leben. I 59 (33 Jahre, Werkzeugmechaniker, seit zwölf Jahren im Haus wohnhaft) bringt das in einem kurzen Satz auf den Punkt: „Solange es keine Probleme gibt, da können wir fröhlich aneinander vorbeileben."

Ähnlich klingen die Aussagen von I 63 (35-jähriger Lagerarbeiter, seit sieben Jahren im Haus wohnhaft): „Also, da wird keine großartigen Gedanken gemacht, ne, solange die mich in Ruhe lassen, lass ich se auch in Ruhe, ne."

Es scheint auf beiden Seiten Barrieren zu geben, denn auch, wenn ein anderer Umgang gewünscht wird, scheint dieser nicht aufgebaut zu werden. Häufig wird mehr Kontakt gewünscht, aber es wird nicht die Initiative ergriffen, diesen Kontakt aufzubauen. Inwiefern dabei Mechanismen der Ausgrenzung eine Bedeutung haben oder auch Ängste, sich auf etwas Neues einzulassen, ist nicht immer auf den ersten Blick ersichtlich:

I 92 (Pastor, 36 Jahre, seit einem Jahr im Viertel wohnhaft): „Freiwillig hatte ich bisher keinen Kontakt. Ich habe irgendwie den Eindruck, man lebt eher so nebeneinander her. Schön wäre es natürlich, man würde sich ein wenig kennen und auch grüßen und freundlich miteinander umgehen."

Allerdings sind auch hier Unterschiede bedeutsam, die im deutsch-deutschen Verhältnis ebenfalls wirksam sind, etwa Sympathie, Länge der Wohndauer, gemeinsame Interessen oder andere Gemeinsamkeiten. Zudem wird auch der Wandel beschrieben, der dazu führt, dass generell weniger nachbarschaftliche Kontakte gepflegt werden als in den vergangenen Jahrzehnten. I 7 (Sozialarbeiter, 34 Jahre, seit 30 Jahren im Viertel wohnhaft): „Es ist wenig Kommunikation, ja. Also ich würde da differenzieren, zwischen den Alteingesessenen, also grade speziell, sag ich mal, das Haus oder der Wohnblock, wo ich wohne, da hat so eine ziemliche Verschiebung irgendwie stattgefunden. Also ich sag mal, in meiner Kindheit bis Jugendalter haben da sehr viele Familien mit Kindern gewohnt in dem Wohnblock und da hatte ich auch sehr viel Kontakt zu türkischen Kindern und Jugendlichen. Die sind dann aber alle so peu a peu weggezogen. Dadurch ist auch dieser Kontakt irgendwie immer weniger geworden. Und die meisten türkischen Familien, die dort jetzt leben, sind mir eigentlich, also sind neu zugezogene und insofern ist da auch weniger Kontakt."

5. Haben Sie FreundInnen oder Bekannte fremder Nationalitäten?

Unabhängig von der Wohndauer haben doppelt so viele deutsche Anwohner Freunde und Bekannte unter den ausländischen Mitbewohnern des Viertels als Anwohner, die diese Frage verneinen. Zu den Gründen gehören vielfach neu entstandene Verwandtschaftsbande durch Beziehungen, besonders oft in der Wohndauer von mehr als zehn Jahren. („Mein Schwippvetter ist aus Nigeria." – „Ich war mehrere Jahre mit einer Griechin zusammen." – „Die Schwägerin ist Französin." – „Meine Freundin ist mit einem Afrikaner verheiratet.")

Wenn engere oder freundschaftliche Kontakte bestehen, werden diese genauso wie die Kontakte zu deutschen Bekannten und Freunden erlebt, auch werden keine sensiblen Themen ausgeklammert: *„Aber auch so mit meinen türkischen Bekannten, Freunden oder mit meinen marokkanischen Bekannten und Freunden ist die Kommunikation genau gleich. Wir können halt über Gott und die Welt reden. Wir haben auch viele kritische Themen, wo wir uns zum Beispiel auch sehr stark über das Christentum oder über den Islam auseinandersetzen und wo wir dann auch kritisch über solche Sachen reden. Ich habe auch mich damit beschäftigt, mit dem Islam."* – *„Das sieht dann so aus, dass wir ganz normale Sachen machen, ins Kino gehen, abends tanzen gehen. Normale Sachen eben."*

Ein Anwohner (Wohndauer zwischen 20 und 30 Jahren) macht deutlich, dass er das soziale Klima der Dortmunder Nordstadt genau aus diesem Grunde sogar schätzt: *„Also ich glaube auch, dass ein ganz internationales Umfeld um mich rum ist. Jetzt aktuell habe ich einen griechischen Anwohner hier am Borsigplatz jetzt auch noch kennengelernt. Ja doch, es ist schon Multikulti."*

6. **Wie schätzen Sie Ihre Beziehung zu den Nachbarn aus der Türkei ein? (Wer müsste etwas tun, damit sich ihre Beziehungen zu den türkischen NachbarInnen verbessern?)**

Unabhängig von der Wohndauer ist die große Mehrheit (27) der befragten deutschen Anwohner der Meinung, dass beide Seiten, also Deutsche und Türken gleichermaßen, dazu beitragen müssten, den Kontakt zueinander zu verbessern, 14 deutsche Personen finden, dass dies vorwiegend die Aufgabe der Türken sein sollte, lediglich drei Anwohner wollen darin eine Aufgabe der Deutschen sehen.

Neun Personen sind mit den Kontakten so zufrieden, wie diese sind. Es scheint bei der größeren Mehrheit durchaus ein Konsens darüber zu bestehen, dass die interethnischen Kontakte defizitär sind und die Veränderung von den Deutschen ausgehen müsste: „Das Aufeinanderzugehen, wenn es stattfinden soll, müsste von beiden Seiten ausgehen." – „Aber dabei ist es uns egal, aus welchem Land sie kommen, bei uns zählt der Mensch und nicht die Nationalität oder auch, wo er herkommt." – „Ich würde das eher als gegenseitiges Akzeptieren bezeichnen."

Die Personen, die die Initiative zur Verbesserung bei den Deutschen sehen, begründen das so: „Ja, wer hat denn die ausländischen Mitbürger, die wir jetzt hier haben, wer hat sie eigentlich reingeholt? Das war doch nur der Adenauer. Weil die Drecksarbeiten, die da nach dem Krieg waren, wollten die Deutschen gar nicht machen." – „Ja, eigentlich wir Deutschen, weil die wohnen da nur und sind froh, dass sie da wohnen dürfen, sag ich jetzt mal, und eigentlich haben wir dann halt, dass wir den ersten Schritt machen, die sind ja fremd hier."

Die Initiative wird den Türken zugewiesen, weil man von deutscher Seite vereinzelt glaubt, es liege an diesen, ihre Sprachkompetenz zu verbessern: „Ja klar, das kann nicht sein, dass einer dreißig, vierzig Jahre in Deutschland ist und kann immer noch nicht vernünftig Deutsch sprechen." – „Also ich meine, es müssten höchstens die Leute was tun, die kein Deutsch können. Gut, jemand, der einen nicht versteht, mit dem kann man nicht viel kommunizieren, das ist das Problem." Es wird den Türken bei den Interviews vorgeworfen, dass sie keine Integration wünschen: „Ich würde mir wünschen, dass die aus ihrem Ghetto rauskommen."

Die Frage zur Beziehung von Nachbarn aus der Türkei lädt deutsche Anwohner auch ein, Kritik am Verhalten türkischer Bewohner zu üben. Mehrfach wird als Kritikpunkt das Verhalten von Türken gegenüber ihren Frauen oder zu deutschen Frauen genannt bzw. die Prägung der türkischen Frau erwähnt. („Dieses Verhalten zur Frau darf gar nicht so sein, habe ich das Gefühl, bei jüngeren ist es anders." – „Also türkische Frauen, die haben entweder einen Kinderwagen, die pflegen keinen Kontakt zu Deutschen." – „Insbesondere als Frau würde ich mir wünschen, dass gerade die türkischen Männer eine gewisse Akzeptanz dieser westlichen Kultur gegenüber aufbringen. Ich habe häufig das Gefühl, sie nehmen mich als deutsche Frau überhaupt nicht für voll und nehme ihnen das sehr übel.")

i. Sprachliche Probleme

In der mangelnden sprachlichen Kompetenz sehen viele Deutsche einen Hinderungsgrund für die Aufnahme einer intensiveren nachbarschaftlichen Beziehung. Häufig wird erwartet, dass die Sprache gut oder sogar „perfekt" beherrscht wird. Am Thema „Sprache" wird auch Ablehnung deutlich, die zum Teil hinter der angeblichen oder tatsächlichen mangelnden Sprachkompetenz versteckt wird: „Sie sollte vielleicht Deutsch lernen, damit man doch mal Kontakt mit ihr aufnehmen könnte. So jetzt wie mit den Nachbarn nur hallo, guten Tag, aber so wie ich sagte, mit den Kindern spreche ich. Die können perfekt Deutsch und also kann ich mich auch mit denen unterhalten. Sind natürlich noch sehr klein, ne. Sind sechs und acht, aber man kann mit denen schon so 'n bisschen reden." *(I 48, Gebäudereiniger 43)*

Ebenso fordert I 68 (Drucker, 55): „In erster Linie müsste die Sprache beherrscht werden – einigermaßen zumindest.

F: Das ist schon ein großes Problem?

A: Das ist das größte Problem.

F: Hat sich eigentlich in dem Kontakt zu den türkischen Leuten etwas verändert im Laufe der langen Zeit, in der Sie hier leben?

A: Nein, nein – die ich kenne, nicht."

Ebenso rigoros fordert I 89 (Selbstständiger, 49) das Engagement von Türken: *„Wer müsste etwas tun? Also ich meine,* **es müssten höchstens die Leute was tun, die kein Deutsch können**. *Also mit allen anderen klappt alles bestens. Das andere ist eine Sprachbarriere. Gut, jemand, der einen nicht versteht, mit dem kann man nicht viel kommunizieren, das ist das Problem. Ansonsten, aber die meisten sprechen Deutsch."* (Hervorhebung durch den Autor)

„Ich denke einfach mal, die Leute haben sich ein bisschen auch hier anzupassen und nicht wir an sie, weil, wenn se schon in Deutschland leben, sollen sie sich hier auch anpassen. Wenn wir in Türkei leben, müssen wir uns auch denen anpassen, also so denk ich mir das."

 # „Dann meinen Sie, die türkischen Nachbarn müssen eigentlich was dafür tun, damit sich das verbessert?"

~ „Ja klar, das kann nicht sein, dass einer dreißig, vierzig Jahre in Deutschland lebt, und kann immer noch nicht vernünftig Deutsch sprechen." (I 63, Lagerarbeiter, 35)

Die Bereitschaft, sich auch ohne große Sprachkenntnisse mit den NachbarInnen auseinanderzusetzen und Kontakte aufzubauen, ist nur bei einigen der Befragten vorhanden:

„Wie oft sprechen Sie mit Ihren türkischen Nachbarn auf der Straße? Selten?"

~ *„Selten, würde ich auch sagen. Weil beide nicht aufeinander zugehen können manchmal und weil beide 'nen bisschen die Jalousie runtermachen. Diese Diskrepanz, die muss ab abgebaut werden zwischen den einzelnen Kulturen im Allgemeinen. Dann kriegen wir es vielleicht auch irgendwann mal hin, dass wir uns beide gegenseitig, beide Kulturen akzeptieren. Wir müssen uns nicht mögen, wir machen alle Fehler, aber wir müssen auch Fehler zugeben können. Das muss von beiden kommen."* (I 40, Asphalteur, 42)

ii. Interkulturelle Probleme

Probleme in der Kommunikation tauchen aus unterschiedlichen Gründen auf. Zum einen gibt es Konflikte aufgrund der verschiedenen Kommunikationsstile. In der deutschen Kultur ist ein sehr direkter Sprachstil vorherrschend, d.h. dass beispielsweise auch Kritik sehr deutlich und unverblümt geäußert wird. Dies wird als Offenheit und Ehrlichkeit verstanden, Eigenschaften, die in der deutschen Kultur geschätzt werden und ein hohes Ansehen genießen. Dahingehend wird in der türkischen/kurdischen Kultur sehr viel indirekter kommuniziert, Kritik wird auch geäußert, aber sehr viel indirekter, oftmals auch eingebettet in lobende Worte, die das Gewicht der Kritik abfedern und deutlich machen, dass die Beziehung, die zu der Person besteht, der gegenüber die Kritik geäußert wird, nicht verletzt werden soll. Eine von deutscher Seite sehr offen geäußerte Kritik wird deshalb eher als Angriff verstanden, als Beleidigung oder Verletzung der Integrität der kritisierten Person. Dies wiederum verstehen die Deutschen nicht, die den Anspruch haben, Äußerungen danach unterscheiden zu können, ob die Person oder die Sache kritisiert wird. Deshalb wird Kritik häufig durch Äußerungen wie „Das ist jetzt aber nicht persönlich gemeint" begleitet. Die türkischen/kurdischen KommunikationspartnerInnen sind häufig empört darüber, dass ihr Gegenüber so unhöflich ist und die Grundregeln des Anstands, die eigentlich unter NachbarInnen zu erwarten sind, nicht einhalten, und reagieren dementsprechend aufgebracht, was wiederum von deutscher Seite nicht verstanden wird. „Äh, eigentlich kann es so bleiben, ich hab nur manchmal das Gefühl, dass, wenn ich irgendwie unseren deutschen Nachbarn was sage, die fühlen sich nicht so schnell angemacht. Also die *(TürkInnen, Anm. Autor)*, die fühlen sich schneller angemacht. Jetzt sieht das so aus, als ob ich ausländerfeindlich wäre oder so, das eigentlich schon weniger oder so, aber irgendwie ist das jetzt so 'n bisschen spannend, die Situation. Das ist aber auch erst seit ein paar Jahren, früher war das lockerer."

iii. Verhalten im Konfliktfall

Bei Auseinandersetzungen und Konflikten zwischen Deutschen und ihren türkischen Nachbarn nehmen die meisten Personen (etwa 70) für sich in Anspruch, sich genauso zu verhalten wie in einem Streitfall mit deutschen Nachbarn: *„Ich würde versuchen, ganz normal,* *wie mit jedem anderen Menschen auch, das sachlich anzusprechen und ihm zu sagen, wo das Problem ist, ich würde nicht versuchen, jetzt ihn wie 'ne Mimose zu behandeln, weil er auch ein Mensch ist wie du und ich, sondern ganz normal ihn so behandeln, wie jeder Mensch gerne behandelt werden möchte. Und es ist klar, werd ich auch immer gucken, wie die Person auf mich reagiert, wenn ich ihm das nun halt sage, wo mein Problem ist. Aber ich werd halt nicht versuchen, ihn, wenn ich noch mal kurz einen Schwenk machen kann auf den Karikaturenstreit, werd ich versuchen, ihn nicht nur, weil er halt dem Islam angehört, zu diffamieren, sondern ich werd ihn auch respektieren in seinem religiösen Glauben, werd ihm aber trotzdem mal ganz sachlich meine Kritik sagen und versuchen, dementsprechend auch das ganz normal, wie mit jedem anderen Menschen auch, zu klären."* (I 3, Student, 30)

230 Personen machen keine Angaben. Die Konflikte werden von der überwältigenden Mehrheit der 70 Personen durch direkte Kommunikation zur Sprache gebracht. Dabei geht es im Wesentlichen um Probleme, die durch den engen Kontakt vieler Parteien in älteren Mietshäusern naturgemäß entstehen (Lärm, Müll, Putzordnung): *„Es gibt hier mit jedem neuen Nachbarn Probleme, weil die Häuser sehr hellhörig sind. Also hatte ich natürlich auch mit den türkischen Nachbarn ganz am Anfang direkt über mir Probleme. Da bin ich hochgegangen. Ganz einfach."*

F: „Ging einfach um Lautstärke in der Wohnung..."

A: „Die sind nicht laut, aber die Häuser sind so hellhörig, dass man noch nicht mal husten darf. Und wenn man das nicht weiß, dann ist das natürlich..."

F: „Aber das war regelbar?"

A: „Ja, das war regelbar."

F: „Durch gemeinsame Absprache?"

A: „Nein – es hat einen freundlichen Austausch gegeben. Die haben mitgekriegt, dass es auch über ihnen sehr laut ist und dadurch nimmt man mehr Rücksicht. Also es gibt keine Absprachen mit ‚das und das darf nicht und das soll nicht', sondern man nimmt Rücksicht." (I 75, Sozialarbeiterin, 45)

Wenn die Gespräche keine gütliche Einigung erbringen, versucht man, eine Regelung durch eine Beschwerde beim Hauswirt oder bei der Polizei zu erreichen, erst im Extremfall wird ein Rechtsanwalt eingeschaltet. Es scheint in der Nordstadt im Allgemeinen keine Berührungsängste der deutschen zu ihren türkischen Nachbarn zu geben, wenn es um ein Problem geht. Lediglich einige wenige Personen scheuen die direkte Konfrontation und versuchen, sich mit dem Problem abzufinden oder „wegzusehen" bzw. „wegzuhören". Das scheint jedoch nichts mit der Nationalität des Problemverursachers zu tun zu haben, sondern eher mit der Persönlichkeit des sich gestört Fühlenden.

iv. Auffassungen über Nachbarschaft

Dieser Abschnitt leitet über in den Komplex der kulturellen, religiösen oder mentalen Unterschiede, so wie die deutschen Anwohner sie mutmaßen, bzw. der Vorurteile/vorweggenommenen Urteile. 31 Personen beantworten die Frage entweder von vornherein nicht oder geben an, darüber kein Urteil fällen zu können. 17 Personen glauben, dass sich die türkische Auffassung von Nachbarschaft von der deutschen unterscheidet. Mehr als die Hälfte (53 Personen) sieht starke Unterschiede in dieser Auffassung.

Vor allem wird vermutet, dass Türken einen **stärkeren familiären Zusammenhalt** als Deutsche haben: *„Das glaube ich ja jetzt wieder gar nicht, dass da die Welten so verschieden sind. Ich glaube, dass die soziale Kontrolle unter den türkischen Familien und Nachbarn noch eine Qualität hat, die den Deutschen eigentlich schon abgegangen ist. So würde ich das mal ausdrücken. Dass ich das nicht an jeder Stelle in Ordnung finde, kann ich gerne auch dazu sagen. Natürlich finde ich das nicht gut, wenn die Mädchen so unter Druck gesetzt werden. All die Geschichten, die man kennt. Die ich nicht nur aus der Zeitung, sondern aus Erzählungen kenne. Das finde ich nicht in Ordnung. Aber eine gewisse soziale Kontrolle würde ich mir wünschen. Allerdings, wenn ich darüber nachdenke, vielleicht entgleitet denen das auch allmählich. Ich glaube, da ist ein unglaublich großer Generationsunterschied inzwischen aufgetreten, mit dem sie selber auch nicht mehr klarkommen. Sonst würde das von dem Geschäftsmann auch nicht mehr passen. Also dass der selber so schimpft... Aber grundsätzlich denke ich, die Nachbarschaft und das Familienleben werden da teilweise noch größer geschrieben als bei uns. Den Zusammenhalt, das beneide ich manchmal sehr. Auch das Einengen, das habe ich ja gerade schon gesagt, das meine ich natürlich nicht. Sagen wir mal, das Positive daran. Das gefällt mir."* (I 100, Diplompädagogin, 38)

So auch I 61 (Hausfrau und Mutter, 32): *„Ja, also die Türken, die sind so, wie so eher die Familienmenschen, die sind eher und... Jetzt weiß ich gar nicht, wie ich das beantworten soll. Kann ich die Frage noch mal lesen. Das unterscheidet sich nicht sehr viel, sag ich mal, also Türken, muss ich sagen, sind gastfreundlicher wie die Deutschen, so, das wollt ich damit sagen."*

Elf weitere Personen geben an, dass ihrer Meinung nach Türken „Familienmenschen" sind, während 23 Personen betonen, dass Türken offener mit ihren (deutschen) Nachbarn umgehen, sie sein „offener", freundlicher/gastfreundlicher", „hilfsbereiter", „kontaktbereiter". Stellvertretend die Stimme von I 25 (Hausfrau o. Altersangabe*): „Ich glaube, die türkischen Nachbarn sind, ja, offener. Ja, legen schon Wert auf gute Nachbarschaft eigentlich. Was für uns ungewöhnlich ist, wenn gesagt wird „Ah, kommt mal auf 'nen Kaffee oder auf 'nen Tee vorbei". Da weiß man nicht so: „Ist das jetzt ernst gemeint? Kann man da wirklich einfach hingehen, um Tee zu trinken oder Kaffee zu trinken?" Ist für uns Deutsche, denke ich eher, ja, man traut sich da nicht so, ne!"*

Zwölf Personen sehen Türken eher als „abgekapselt", „distanziert" im Kontakt, wie I 9 (Elektromeister, 65): *„Glauben Sie, dass sich die Einschätzung der türkischen Nachbarn von Nachbarschaft von Ihrer deutlich unterscheidet?"*

A: „Ja."

F: „In welcher Form?"

A: „In der Richtung, dass grundsätzlich ein abgekapseltes Nebeneinanderleben da ist."

F: „Glauben Sie, dass das von den türkischen Nachbarn ausgeht? Oder auch von Ihnen?"

A: „Es geht von beiden Seiten aus."

Bei der Negativbeurteilung der türkischen Nachbarschaft wird als Kritikpunkt zweimal Lärm genannt, etwa von I 20 (Elektromaschinenbauer, 45): *„Nein, im Grunde genommen unterscheidet sich der Begriff überhaupt nicht. Das Problem ist, dass Nachbarschaft, dass türkische Nachbarschaft sich anders gestaltet als deutsche Nachbarschaft. Das heißt, türkische Nachbarschaft geht dahin, generell zu helfen. Der Unterschied in den beiden Nachbarschaften ist schlichtweg einfach die unterschiedliche Lebensart. Das heißt, meine türkischen Nachbarn generell haben einen anderen Lebensrhythmus. Weil, sag ich mal, ab 20 Uhr beginnt da das Leben. Das heißt also, der Besuch kommt, und geht und das zieht sich dann meistenteils bis zwei oder drei Uhr in der Nacht hin. Das ist das Problem dabei im Endeffekt. Und solange das nicht ausartet und allzu laut wird, stört uns das nicht weiter."*

7. Kritikpunkte an den türkischen Nachbarn und die eigenen Werte in Bezug auf die Nachbarschaft

Wie es schon im vorangegangenen Absatz angeklungen ist, gibt es einige Punkte, die Deutsche an Türken nicht mögen. 62 der befragten deutschen Anwohner geben zu dieser Frage immerhin keine Antwort oder verneinen Kritik jedweder Art.

Der häufigste Kritikpunkt ist die **Lautstärke** (16 Personen) außerhalb der „Ruhezeiten", beim Sprechen, Autofahren, bei Musik, Hochzeiten. Fünfmal wird geäußert, dass Türken sich bemühen sollten, **besser Deutsch zu sprechen**, 8 Personen bemängeln **mangelnde Rücksichtnahme innerhalb der Hausgemeinschaft** (Putzplan, Schuhe im Hausflur, Müll, „komische" Gerüche beim Kochen) und zwei Personen beschweren sich über „machohaftes" Auftreten von türkischen Jugendlichen: *„Was mich stört, ist oft ein flegelhaftes Benehmen der Jugendlichen und vor allen der Jungs. Bei denen habe ich schon oft beobachtet, dass sie wirklich sehr frech sind, also gar nicht kommunikativ. Wenn sich jemand gestört fühlt und man es den Jugendlichen sagt, bekommt man nur Pöbeleien als Antwort. Das kenne ich. Was mich auch stört, ist manchmal der Krach, der mit den Autoradios erzeugt wird. Ich habe das mal erlebt, dass mitten in der Nacht ein Jugendlicher mit seinem Auto vorgefahren ist und den Motor angelassen hat und superlaute Musik angemacht hat, so dass die ganze Straße wach wurde davon, und hat sich dann bestimmt eine Stunde mit dem Bekannten draußen unterhalten und es hat auch niemand den Mut gehabt... Es hat niemand da mal für Ruhe gesorgt oder demjenigen Bescheid gegeben."* (I 94, Arbeitsloser, 29)

Auch im Zusammenhang mit Drogenkonsum/Drogenverkauf in der Nordstadt werden türkische Jugendliche genannt (I 13). Ansonsten werden „Zwangsehen" kritisch thematisiert (von

I 2), es geht um „Empfindlichkeit" („sich schnell auf den Schlips getreten fühlen" bei I 28) und die islamischen Kleidungssitten für Frauen. I 40 fühlt sich von der religiösen Intoleranz des Islam bedroht.

Zu den eigenen Werten in Bezug auf Nachbarschaft befragt, geben 58 Personen keine Auskunft oder wissen dazu nichts zu sagen. Besonders wichtig ist den Deutschen die Sprache, als Grundlage der Kommunikation (24 Personen): *„Also wichtig ist, dass die Leute miteinander reden. Wenn's schöne Sachen gibt und genauso, wenn's Probleme gibt. Es ist nicht wichtig, ob einer den Flur freitags oder dienstags putzt und es ist auch nicht wichtig, ob einer dreimal in der Woche einkauft oder nur einmal. Sondern wichtig ist, dass die Leute, wenn Sie was haben, worüber Sie sich freuen, den anderen Teil teilhaben lassen. Und wenn Sie Probleme haben, den anderen das auch anvertrauen können."*

F: „Ist für Sie wichtig, dass Deutschkenntnisse vorhanden sind?"

A: „In jedem Fall, in jedem Fall. Aber nicht wegen mir. Sondern weil das halt für die Kinder so wichtig ist, dass die Eltern zumindest die Kinder verstehen. Oder in der Lage sind, sie zu verstehen. Nicht mal so sehr in der Lage sein müssen, Ihre Kinder zu korrigieren, weil das wird kaum möglich sein sprachlich. Aber zumindest müssen die Kinder sehen, dass ihre Eltern auch Deutsch lernen. Weil man weiß, Kinder eifern den Eltern immer nach, und weil es halt für die Kinder wichtig ist."

F: „Also für die Kinder wäre die Sprache auch für Sie in der nachbarlichen Kommunikation wichtig?"

A. „In jedem Fall und wenn die Kinder in der Schule sind, gerade hier im Dortmunder Norden, sprechen sie in der Schule auch Türkisch. Sie gehen in türkischen Geschäften einkaufen. Sie haben türkische Freunde und Freundinnen. Sie sind also kaum gezwungen, Deutsch zu sprechen außerhalb der Schule. Es sei denn, wenn sie in der Nachbarschaft deutsche Leute haben, mit den sie dann auch reden würden und die mit denen." (I 86, Hausfrau, 60)

Auch wenn „Sprache" an sich kein moralischer Wert ist, ist ihr Stellenwert hoch. Siebenmal wird von Deutschen als notwendiger Wert **„Respekt"** genannt, dreimal **„Ehrlichkeit"** und zweimal **„Rücksichtnahme"**. Für die nachbarschaftliche Kommunikation erscheint I 84 (Hausfrau und Mutter, 29) besonders wichtig: *„Also schon, dass man sich grün ist und so. Ich finde das sehr schön, dass ich eine etwas nähere Beziehung zu meiner italienischen Familie hier oben drüber habe. Dass man, wenn man irgendetwas braucht, da hingehen kann, sich was ausleiht und sich unterhält. So auch über Probleme. Ja, so eigentlich eher freundschaftlich sollte es sein, finde ich."*

F: „Ja das wäre die Frage. Was ist für Dich für eine nachbarliche Kommunikation wichtig? Ob das der Besuch ist? Suchst Du Dir speziell die Menschen aus und wie reagieren Sie darauf?"

A: „Natürlich. Nach meinem persönlichen Geschmack irgendwie. Man kann ja nicht mit jedem klarkommen und es muss alles auf gegenseitigen Respekt rauslaufen und wie man sich versteht. Man versteht sich ja nicht mit jedem."

F: *„Ja aber zum Beispiel bei der Sprache ist es für Dich wichtig, dass Sie Deutsch, Bruchstücke Deutsch können? Oder ist es für Dich nicht so wichtig? Es ist für manche nicht so wichtig, die sagen: „Ja, ich kann auch keine andere Sprache, das steht jetzt nicht in Vordergrund. Für mich ist jetzt nicht so wichtig, das Sie auch die eigenen Sprache, die ich spreche, ebenfalls sprechen.'"*

A: *„Also mit englischsprachigen Leuten kann ich auch so kommunizieren, weil ich selber Englisch kann. Mit türkischen könnte ich jetzt nicht kommunizieren, wenn die halt kein Deutsch könnten. Aber das hieße nicht, wenn die jetzt kein Deutsch könnten, dass wir nicht irgendwie nachbarschaftlich leben könnten. Die könnten trotzdem sich mit Händen und Füßen verständigen, wenn die irgendwas bräuchten oder so, könnte ich denen auch Salz leihen."*

F: *„Ja, das ist die Frage. Was ist für Dich wichtig bei einer nachbarschaftlichen Kommunikation?"*

A: *„Einfach nur Freundlichkeit. Die müsste schon da sein und der Versuch, sich zu verständigen."*

Diese Aussage und die Meinung von I 94 (Arbeitsloser, 29*)* (*„Bei meiner nachbarlichen Kommunikation, in erster Linie erst mal, wie man miteinander spricht. Besuchen würde ich nur, wenn sich eine Freundschaft entwickelt hat. Ich würde nicht regelmäßig Besuche durchführen, nur weil man Nachbar ist."*) bestätigen, dass die nachbarschaftliche Kommunikation im Idealfall von einer freundlichen Haltung getragen wird, aus der sich eine Freundschaft entwickeln kann, wenn „man sich grün ist", also gegenseitige Sympathie vorhanden ist. Die Sprache oder mangelnde Sprachkenntnisse sind nicht wirklich die Barrieren, die sie zu sein scheinen, findet zumindest I 84. (s.o.)

8. Kontakte in türkischen Kneipen oder türkischen Teestuben

Daraufhin befragt, ob sie typisch türkische Kneipen oder Teestuben besuchen, äußern sich 16 Deutsche gar nicht und das Gros von 65 Personen gibt an, dies nicht zu tun. Die Personen, die noch keine dementsprechende Erfahrung gemacht haben, geben unterschiedliche Gründe an: Fünf Personen trauen sich als Frau nicht in türkische Kneipen/Teestuben: *„Türkische Teestuben besuche ich nicht. Die sind zu ungemütlich. Sie sind zu laut, sie sind nur von Männern besetzt und warum sollte ich dahin gehen?"* (I 86, Hausfrau, 60) Etwa 15 Personen trauen sich nicht hinein, weil sie sich unerwünscht fühlen: *„Teestuben, Cafés nicht! Durch meinen Beruf war ich öfters in türkischen Geschäften, sehr häufig sogar, auch in türkischen Großhandelsdings. Und fühlte mich zwar freundlich aufgenommen, aber trotzdem als Fremdkörper."* (I 22, Großhandelskaufmann, 39) So empfindet auch I 1: *„Waren Sie schon mal in türkischen Teestuben oder ähnlichen Einrichtungen?"*

„Nein. Wo sich ausschließlich oder fast ausschließlich türkische Leute treffen? Nein, nein, nein, da hab ich nichts zu suchen, da hab ich nichts zu suchen. Gehen die denn schon mal in deutsche Kneipen? Nein, auch nicht. Also nur wir? Ich kann Ihnen auch sagen, warum.

Können Sie auch reinschreiben: Weil mein Gehalt zu niedrig ist. Zuhörer: ‚Also das Biertrinken ist zu teuer.'" (Ingenieur ohne Altersangabe)

22 Personen haben schon einmal oder mehrmals eine türkische Kneipe/Teestube besucht. Diese Erfahrungen waren zum Teil positiv wie bei I 58:

„Im Moment keine Zeit, sonst schon."

„Und was haben Sie da früher für Erfahrungen gemacht?"

~ *„Eigentlich ganz nette, ja, gibt viele Zeitvertreibe da. Mein Backgammon ist zum Beispiel ganz gut geworden dadurch."* (Sozialpädagoge, 53)

Einige wenige Personen fühlen sich eher fehl am Platz, wenn sie alleine eine türkische Kneipe/Teestube betreten: *„Mhm, in einem türkischen Café, ja."*

F: „Und wie war das?"

A: „Doch, war ganz gut, außer, ja, okay, außer dass ich angeguckt wurde, als wäre ich 'ne Außerirdische, sonst war es ganz gut, ja." (I 5, Schülerin, 19) Fünf Personen geben an, gern in ein solches Lokal zu gehen, wenn ein Türke/eine Türkin sie mitnimmt: *„Ja, mehrfach."*

„Und wie war das?"

„Ja, ich bin natürlich da der weiße Elefant. Wenn ich da einfach ungebeten reinkomme. Nimmt mich natürlich ein türkischer Kollege mit, bin ich auch sofort integriert." (I 30, Elektriker, 48)

9. Vorurteile

Diese Frage dient dazu, herauszufinden, ob Deutsche ein Bewusstsein über ihre eigenen Vorurteile gegenüber Türken haben. Direkt dazu befragt äußern 45 Personen sich überhaupt nicht, während 39 behaupten, keine Vorurteile zu haben. 12 Personen geben an, Vorurteile zu haben, aber eher in einem philosophisch-erkenntnistheoretischen Sinne: *„Weiß ich nicht, vermutlich hab ich immer, hat jeder Vorurteile. Wer das von sich behauptet, er hätte keine, der hat vermutlich definitiv welche. Ich glaub schon, klar."* (I 46, Biologe, 43) Ebenso I 51: *„Ich hab (lacht) Vorurteile, interessantes Thema. Ich hab sicherlich Vorurteile, versuche dann aber auch immer, diese Vorurteile bei mir zu entdecken, um sie dann auch ein Stück weit, also im Urteil, zu berücksichtigen und das Ganze noch mal zu betrachten, ja."* (Betriebswirtin, 42)

Die wenigen Personen, die es „wagen", über ihre Vorurteile gegenüber Türken zu sprechen, erwähnen siebenmal die unterschiedliche Erziehung zur Autonomie bei den türkischen Jungen und Mädchen bzw. das patriarchalische Verhalten der türkischen Männer gegenüber ihren Frauen und das Auftreten türkischer Jugendlicher in der Gruppe: *„Vorurteile nicht. Also,* *ich hab schon einige Kritik an bestimmten, an vielen Sachen – aber generell Vorurteile so nicht."*

F: „Kannst du die Kritik benennen?"

A: „Es ist ja teilweise – wie man mitkriegt, wie die untereinander, Verhältnis Jungens-Mädchen, also was erziehungsmäßig ist, wie die Jungens teilweise zu Machos – das hat ja viel mit der Familienstruktur zu tun – gemacht werden. Also, da gibt's schon einige Sachen." (I 68, Drucker, 55) Ebenso I 80 (Mediengestalterin, 44): *„Ja."* (lacht)

F: „Kannst du das konkretisieren?"

A: „Ja, so Männer-, Frauenrollen, da hab ich eigentlich immer Vorurteile. Also bei Kopftuch- oder verschleierten Frauen, die dann hinter dem Mann herlaufen. Da denke ich dann: ‚Aha'."

F: „Das ist patriarchal geprägt?"

A: „Ja."

F: „Gibt es auch was, was du schätzt an den Beziehungen zu den Nachbarn aus der Türkei?"

A:" Einfach, dass ich ein bisschen das Gefühl hab, dass die sogar noch ein bisschen mehr Hausgemeinschaft haben als wir: noch mehr zusammen feiern, zusammensitzen als jetzt in unserem deutschen Haus, sage ich jetzt mal."

Ansonsten werden das Essverhalten aufgrund der islamischen Speisegesetze, der Kinderreichtum und das sich in einem Ghetto isolierende Verhalten von Türken je einmal genannt. Inwieweit tatsächlich ein aussagekräftiges Bild über die Vorurteile der befragten Deutschen entstanden ist, kann insofern nicht beurteilt werden, es ist aber zu vermuten, dass der Wunsch, sich bei einer Befragung selbst positiv darzustellen, bei den Antworten durchaus Bedeutung hatte.

10. Hilfestellung für türkische Nachbarn bei Problemen

Zu dieser Frage antworten 14 Personen überhaupt nicht, während zwei Personen rigoros ablehnen, türkischen Nachbarn in irgendeiner Weise zu helfen: *„Sollen mich ansprechen, aber ganz ehrlich, nein. Wo gibt's denn so was, die brauchen mich doch nicht ansprechen, wenn ich Probleme habe. Wenn ich Durst hab, die geben mir doch keinen aus."*

„Wenn die türkischen Nachbarn Probleme haben?"

~ *„Ach, wenn die türkischen Nachbarn Probleme haben. Dann schmeiß ich se aus der Bude raus."* (I 66, Oberinspektor, 54)

Alle anderen Personen erklären sich damit einverstanden, ausländischen Nachbarn die gleiche Hilfe angedeihen zu lassen wie deutschen hilfsbedürftigen Nachbarn auch: *„Ich würde da genausowenig ein Problem sehen wie beim deutschen Nachbarn, natürlich."* (I 46, Biologe, 43)

„Das dürfen Sie genauso wie die Deutschen. Auf jeden Fall." (I 100, Diplompädagogin, 38)

Auch wenn grundsätzlich Hilfsbereitschaft besteht, bezweifeln doch fünf Personen, dass türkische Nachbarn überhaupt einen deutschen Nachbarn um Hilfe bitten könnten, es sei denn, es ginge um ein Problem mit der deutschen Sprache: *„Ich glaub nicht, dass sie das tun würden, aber ja natürlich, wenn ich helfen kann, dann mach ich das gerne, aber ich glaube nicht, dass... Ich glaub, das wird einfach in Familienstrukturen geregelt, also ich glaub nicht, dass ich derjenige wäre, der als erstes angesprochen würde. Ich wurde einmal angesprochen, doch, aber das war 'ne Kindergartensache, es ging um den Streit mit denen unten."* (I 45, Fotograf, 32)

„Sicher darf der das. Aber machen die nicht. Glaub ich nicht. Hier der Ali war schon mal bei mir drüben, wie er Probleme mit den Nebenhäusern hatte. Sagt er, kennst du den Hauswirt, gab ich ihm die Telefonnummer, dann hat er da angerufen, aber das war es auch. Zwar wie ich letzte Mal da oben war wegen den Unterschriften, sagt er, musst du mal kommen mit deiner Frau nach Aplerbeck, da hat er die Döner-Bude, kommst schön essen und im Sommer können wir uns hinten mal schön hinsetzen. Das hat aber der Grieche damals auch alles gesagt, was hat der auf den Putz gekloppt, der wollte uns alle nach Griechenland einladen, aber das ist alles hier: Blabla." (I 10, Elektroinstallateur, 67)

Ebenso I 37 (Altenpflegerin, 56): *„Das haben schon welche, weil sie 'nen Brief nicht übersetzen konnten. Ich kann zwar kein Türkisch, also ich hab denen das aber dann mit meiner Sprache, dass sie von den deutschen, sagen wir mal, Gerichten was gehabt haben. Dann sind sie zu mir, haben geschellt und ich sollte ihnen das dann vorlesen und ich hab ihnen das dann erklärt, was da ungefähr in diesen Briefen steht. Das mach ich ja."*

11. Welche sozialen und wirtschaftlichen Faktoren beeinflussen Ihre Kommunikation mit türkischen Nachbarn?

Diese Frage wird mehrfach von den Befragten nicht verstanden und muss erläutert werden; dazu wird vom Interviewer oft der Hinweis auf „Arbeitslosigkeit" verwendet. Fast drei Viertel aller Befragten (73 Personen) beantworten diese Frage überhaupt nicht, während 16 Personen der Meinung sind, dass die sozialen und wirtschaftlichen Faktoren die Kommunikation mit türkischen Nachbarn in keiner Weise beeinflussen. Diese Frage ruft genau wie die nach den Vorurteilen leichtes Unbehagen hervor.

Drei Personen glauben, dass der Islam der Türken die Kommunikation beeinflusst (es ist nicht klar, ob positiv oder negativ), zwei Personen führen die „Sprachbarriere" als Einflussfaktor an: *„Wüsste ich jetzt so nicht."*

„Vielleicht die Sprache, ist ja ein sozialer Faktor."

~ *„Ja, das ist das Einzige."* (I 61, Hausfrau und Mutter, 32)

Eine Person empfindet die Mischung der Wohngebiete, so sie denn vorhanden ist, als sozialen Faktor (I 47). Die interessantesten Äußerungen beziehen sich bei dieser Frage auf die wirtschaftlichen Verhältnisse der Türken, jedenfalls so, wie deutsche Nachbarn sie empfinden. Zwei Befragte glauben, dass die Türken wirtschaftlich besser gestellt seien als sie selbst: *„Die haben mehr Moos als wir."* (I 40, Asphalteur, 42)

Genauso I 41: *„Das ist eben das, sehr viele sind arbeitslos, auch Hartz-IV-Empfänger und da ist leider nicht nachzuvollziehen, was man so sieht. Woher haben die dann diese Autos, die sie fahren? Wieso können die den ganzen Tag in der Teestube sitzen, fahren solche Autos, die sich kein normaler Mensch hier in unserem Umkreis erlauben kann wegen der wirtschaftlichen Lage? Nur, das würde ich jetzt nicht sagen, das sind so Sachen, die wir uns hier so auch mal denken, nicht?"* (Kauffrau, 57)

Auf das Thema **„Arbeitslosigkeit"** als Beispiel angesprochen, wird im Allgemeinen von Deutschen vermutet, dass sie die Kommunikation **nicht** belastet. Lediglich eine Person glaubt, dass die Türken Arbeitsplätze okkupieren: ~ *„Den Satz hab ich jetzt nicht verstanden."*

„Ob es bestimmte wirtschaftliche Faktoren oder soziale gibt, die das halt beeinflussen, zum Beispiel."

~ *„Nein, nein."*

„Dass mehr Arbeitslosigkeit da ist, also die Arbeitslosenrate geht hoch."

~ *„Ach so, die Arbeitslosenrate geht hoch, nur die Türken haben Arbeit. Ja klar, ich sehe doch nicht ein, hör mal, wenn die arbeiten und ich hab keine Arbeit, das sehe ich nicht ein. (Wirt: ‚Hermann, du bist an die siebzig, was willst du noch mit Arbeit?')"*

~ *„Dafür hat der Durst, äh der hat kein' Durst und ich hab Durst."* (I 66, Oberinspektor, 54)

Den Zusammenhang erklärt I 75 (Wirtschaftsassistent, 42) deutlich: *„Oh, jetzt kommst du aber mit den harten Geschossen an. (lacht) Jetzt muss ich aber mal richtig zurückgreifen. Ich denke, dass sich sicherlich dadurch, dass durch meine finanzielle Situation oder auch die meiner türkischen Mitbewohner sicherlich auch aufs soziale Umfeld auswirkt. Das ist vollkommen klar. Wenn nicht genug zum Futtern dann da ist, dann entsteht Essensneid. Das wissen Psychologen genauso wie sonst jemand, der da drunter leiden muss. Im Endeffekt ja, ein deutliches Ja."*

Die Knappheit der Arbeitsplätze wird aber nicht den Türken oder anderen Menschen mit Migrationshintergrund zur Last gelegt, vielleicht weil auch Türken von Arbeitslosigkeit betroffen sind und dies den deutschen Befragten bekannt ist. Eher verbindet die drohende Möglichkeit der Arbeitslosigkeit über nationale Schranken hinweg: *„Konkrete Nachfrage: Denkst du, dass Arbeitslosigkeit diesen Kontakt mit türkischen Leuten verändert?"*

A: „Ja, ich denke, dass, wenn die Menschen von der Arbeitslosigkeit betroffen sind, da natürlich dann auch es zu Fragen kommt, gerade auch was Bürokratie angeht, wo den türkischen Mitbürgern dann auch konkret vielleicht geholfen werden, indem man dann vielleicht Tipps geben kann, eigene Erfahrungen vielleicht weitergeben kann und da vielleicht dann auch Hilfestellungen möglich sind."

F: „Das heißt, Arbeitslosigkeit könnte schon dazu führen, dass sich diese Kontakte erweitern – unter Umständen?"

A: „Auf jeden Fall, da ja dann mehr Zeit zur Verfügung ist, wo auch ein gemeinsamer Umgang da stattfindet."

F: „Wobei – du hast vorhin gesagt, andererseits schafft dir die Arbeit auch natürlich Kontakte mit Leuten aus anderen verschiedenen Ethnien. Das ist wahrscheinlich ein bisschen – entnehme ich jetzt – zwiespältig."

A: „Ja, ja – das ist natürlich jetzt eine andere Art von Kontakt. Ich meine, auf der Arbeit findet natürlich ein anderer Kontakt mit den ausländischen Mitbürgern statt, als wenn man sich jetzt auf der Straße trifft und vielleicht dann von Arbeitslosigkeit betroffen ist und da Gemeinsamkeiten dann austauscht". (I 69, Gabelstaplerfahrer, 42) Es scheint eher so zu sein, dass das Thema „Arbeitslosigkeit" in Bezug auf die türkischen Nachbarn im Allgemeinen Verständnis, wenn nicht gar Solidarität auslöst.

12. Haben Ihre türkischen NachbarInnen Kinder? Haben Sie Kontakt zu den Kindern? Stören die Kinder Sie? Wenn ja, inwiefern? Spielen Ihre Kinder mit den türkischen Kindern zusammen?

Zu dieser Frage geben etwa 30 Prozent keine Antwort und zwei Personen haben dazu keine Meinung. Fast 70 Prozent aller Befragten geben aber an, dass die türkischen Nachbarn Kinder haben und diese sie nicht stören bzw. das es **keinen Unterschied zu deutschen** Kindern gebe: *„Eigentlich nicht mehr oder weniger wie zu deutschen Kindern auch. Also, wenn ich so die Kinder auf der Straße treffe und sie halt so rumalbern und ich das auch witzig find, denen dann ein Lächeln schenke oder kurz ein' Satz wechsele. Das ist also kein Unterschied zu den Deutschen."* (I 22, Großhandelskaufmann, 39)

In der Nordstadt scheint die generelle Toleranz gegenüber Kindern gleich welcher Nationalität durchweg hoch zu sein; auch bei den Anwohnern, die selbst keine Kinder haben oder deren eigene Kinder schon groß sind: *„Du sagtest, Deine türkischen Nachbarn haben viele Kinder. Hast Du Kontakt zu den Kindern?"*

A: „Nein."

F: „Stören Dich die Kinder möglicherweise?"

A:" Nein, ich hab das so als Kompromiss gesehen, in dem Haus. Die Kinder sind zwar sehr laut und ich hab mir gedacht, ja gut, hier sind Kinder, ich studier Soziale Arbeit, ich find das gut, Kinder bringen Leben ins Haus, wenn die dann die Treppe herunterpoltern, war schon okay. Dafür konnte ich bei mir auch immer, ich hatte laute Musik laufen, auch um 24.00 Uhr noch okay, hat sich keiner beschwert bei mir." (I 3, Student, 26) Genauso I 48: *"Ja, ja, da auch mit unterhalten, ganz normal, weil die können auch perfekt Deutsch und ist in Ordnung, ja."*

"Stören Sie die Kinder auch mal?"

~ *"Nein, Kinder können nicht stören, nein, die können nicht stören. Ich hab ja selber zwei, da können keine Kinder stören."*

"Spielen die auch mit den türkischen Kindern?"

~ *"Nein, die sind sechzehn und siebzehn und wohnen in Castrop bei ihrer Mutter. Ja, ja."* (Gebäudereiniger, 42)

Die deutschen Nachbarn, die eigene Kinder haben, geben bis auf eine Ausnahme an, dass ihre eigenen (kleineren) Kinder mit türkischen Kindern spielen: *"Ja, meine Tochter spielt, sie versucht dann auch die Sprache nachzusprechen. Und wenn ich die dann darauf anspreche, sagt sie, lass das Mama, ich lern gerade Türkisch."* (I 50, Hausfrau, 26) *"Meine Tochter oder mein Sohn damals, als sie noch klein waren, haben mit türkischen Kindern gespielt. Haben auch Freundschaften geschlossen. Auf jeder Geburtstagfeier waren auch Türkische mit eingeladen und ich habe mich voll auf die türkischen Kinder ausgerichtet, mit dem Kochen und dem Backen, habe mir immer was einfallen lassen, was die Kinder auch durften, was wir Deutsche vielleicht ja nicht so gerne gegessen haben. Aber es gerne angenommen haben, ausprobiert haben und es klappte super."* Dies meint auch I 83 (Gebäudereinigerin, 48)

Lediglich ältere männliche Jugendliche scheinen für die deutschen Nachbarn vereinzelt ein Problem darzustellen (dreimal genannt): *"Ja, durch die Schule. Und die ist leider so, dass hier letztens also wirklich verbale Ausschritte gegen meine Verkäuferin und mich stattgefunden haben, also die sind fürchterlich, vor allen Dingen die Jungens. Ja, die sind sechzehn, ja, fängt schon eigentlich mit zwölf, dreizehn an. Die sind derartig fürchterlich, das gibt es nicht. Denn wir haben Angst vor, wenn um halb elf die Pause kommt, das können wir, wir holen uns unseren Nachbarn, damit der hier steht und nur hier anwesend ist. Ja, wir haben hier letztens, hab ich 'nen Coca-Rahmen im Rücken gehabt, meine Verkäuferin 'nen Papierkorb. Sie können das nicht aushalten hier drin, was hier für 'n Krach ist, das können sie nicht mehr arbeiten nennen. Da komm' die ja nicht, mit zehn, zwanzig, dreißig, da sollten sie mal beim Bäcker drüben fragen, bei dem..., der hat die auch. Die stehen oben auf der Theke und klauen dem die Sachen aus der Theke. Wir haben x-mal die Polizei gerufen, ja. Das können Sie nicht normal klären, mir ist letztens von einem wirklich hier ein Mord angedroht worden, der ist mit dem Messer auf mich los."* (I 41, Kauffrau, 57)

I 32 meint, das Verhalten der türkischen Jugendlichen sei durch die Erziehung beeinflusst: *"Ich hab ja nur einen Sohn und da ist das schon ein bisschen mehr so Gruppenverhalten, ne. Die sind nicht so untereinander, weil, ja, die türkischen Jugendlichen, mein Sohn ist jetzt 17, die türkischen Jugendlichen sind so untereinander und die Deutschen eben, ne. Da ist so mehr so Gangbildung, ne. Da ist man nicht so gemischt zusammen, hab ich so den Eindruck, dass das so ist."* (Kaufmann, 44)

13. Wie bewerten Sie die Kindererziehung türkischer Eltern?

Fast die Hälfte aller befragten Deutschen will sich zu dieser Frage kein Urteil erlauben (27) oder verweigert eine Antwort (16). Drei Personen empfinden die Erziehung der türkischen Kinder genauso wie die der deutschen, während neun Personen der Ansicht sind, es komme auf den Einzelfall an, je nach Familie und sozialer Herkunft ungeachtet der Nationalität. Ansonsten sind die Ergebnisse sehr unterschiedlich.

14 Personen sind sich darin einig, dass sie die **geschlechtsspezifisch unterschiedliche Erziehung** türkischer Jungen und Mädchen ablehnen: *„Ich muss ehrlich sagen, ich kenn mich da jetzt nicht so aus. Was ich immer so mitbekomme, gehört habe ich das, dass bei den Türken die Jungen höher angesehen sind als die Mädchen, in ihrem Stand, und ich denke mal, da fängt es vielleicht an, dass man die Jungen dann so ein bisschen hofiert oder in irgendeiner Art, ja, das spüren lässt, dass sie irgendwo was anderes sind, was tolles sind für die. Und dass das sehr oft, Kinder haben da so einen 7. Sinn für, dass das von den Kindern dann oft ausgespielt wird. Dass die Eltern da vielleicht noch nicht einmal so selbst dran schuld sind, sondern mit ihrer Art und Weise das Kind so ein bisschen da hinlenken."* (I 27, Arzthelferin, 39)

Drastisch äußert sich hierzu I 81: *„Ich finde immer, die Jungs werden zu Machos herangezogen. Die dürfen alles und die Mädchen dürfen immer weniger. Also ich würde sagen, die sollten da mal ein bisschen umdenken. Okay, von dem Nachbarn, den ich jetzt kenne, ist es nicht so. Ja gut, der hat auch nur Mädchen. Ich weiß nicht wie es wird, wenn er einen Jungen hat. Der jetzige soll ein Junge werden. Ich weiß nicht, ob er die auch als Machos erzieht. Also, für die Jungs, das sind die Herrengötter für die Männer, für die Türken, bei der türkischen Familie. Die Jungs dürfen quasi alles und die Mädchen gar nichts. Und das sollte man ein bisschen ändern."* (Gebäudereinigerin, 48)

Auch I 57 ist dieser Meinung: *„Schlecht, das weiß ich daher, weil meine Tochter Grundschullehrerin ist und 70% ihrer Kinder sind Türken und da wird denn, von einem Siebenjährigen wird ihr gesagt: ‚Du bist 'ne Frau, du brauchst mir nichts zu sagen.' Ist das korrekt? Ich mein, gut, die kommen bei meiner Tochter da richtig an, die gibt denen ‚Frau', ne. Ja, ja, zu Hause hab ich meine Mama und mein Papa, der ist irgendwie auswärts arbeiten, oder so. Meine Mama hat mir auch nichts zu sagen."*

\# *„Also es geht um das Geschlechtsspezifische."*

~ *„Ja, natürlich. Ich krieg das hier ja oft mit, die Mädels, gleiches Alter, sag ich mal, oder ein Jahr Unterschied, die Mädels kriegen für zwanzig Cent so 'ne Kette und der Junge, der darf sich dann hier, was weiß ich, ein Gewehr oder sonst was aussuchen, das kann ruhig drei, vier, fünf Euro kosten, find ich so ungerecht, das hab ich auch schon ein paar Mal gesagt. Ich sag: ‚Warum kriegt die Kurze denn nichts?' ‚Ist ein Mädchen.'"* (Verkäuferin, 52)

Ansonsten sind die Bewertungen des Erziehungsstils der türkischen Nachbarn sehr unterschiedlich: die Bewertungen schwanken zwischen „zu streng" und „zu liberal", „besser" oder „schlechter als die Deutschen".

14. Beachtung der Hausregeln durch die türkischen Nachbarn

Zu dieser Frage äußern sich 30% der Befragten überhaupt nicht, während 14 Personen sich nicht in der Lage sehen, das zu beurteilen. Über 30% (33 Personen) bejahen, dass ihre türkischen Nachbarn sich an die gültigen Hausregeln halten und sechs Personen meinen, dass es keinen Unterschied dazu gebe, wie die Deutschen die Hausregeln einhalten.

Knapp 20% der befragten Deutschen äußern sich dahingehend, dass die Türken die Regeln im Haus nicht nur nicht einhalten, sondern auch gröblich verletzen. Drei Personen sind der Meinung, dass die Türken „lässiger" mit den Hausregeln umgehen als die Deutschen. Dies empfinden sie jedoch nicht als negativ. Der größte Konfliktstoff zwischen deutschen und türkischen Mietparteien scheint das Kapitel **„Lärm"** zu sein: *„Ja, ne, Regeln akzeptieren die gar nicht. Hab ich im Haus wohnen gehabt, also morgens um sieben war schon, wenn die dann runtergingen und die Kinder mussten dann mit oder so. Es wurde rumgeschrien ohne Ende, schon morgens um sieben Uhr im Hausflur. Das war ganz normal für die Menschen und ich hab dann ab und zu die Tür aufgemacht und gesagt: ‚Leute, hier wohnen auch noch andere Menschen.' Aber es ist ziemlich oft vorgekommen, also kann ich davon ausgehen, dass die Rücksichtnahme viele überhaupt nicht kennen oder meinen, das ist alles in Ordnung, wie sie es machen, und ja, und Erziehung bei Jungs speziell Narrenfreiheit."* (I 44, Arbeiterin, 43)

Genauso I 57: *„Mh, nein, nein. Ja, ich hab das Glück, im Erdgeschoss zu wohnen, und wenn mein türkischer Nachbar dann nachts irgendwie meint, er müsste um halb eins noch sein Auto ausladen, ne, dann fall ich aus 'm Bett, ja, ja, da nimmt der keine Rücksicht drauf. Oder Holz hacken, das kann man auch morgens um sieben machen, das kann man auch abends um zwölf noch im Keller machen."* (Verkäuferin, 52)

Ein anderer Problempunkt: **„Putzen bzw. Sauberkeit"**: *„Wenn sie aber anfangen, nachts um eins oder um zwei am Balkon rumzurödeln und die Sachen dann draußen einzuordnen, oder wenn sie nachts um eins, das ist jetzt wirklich nicht gelogen, wenn sie nachts um ein Uhr anfangen, auf dem Balkon zu grillen, im Herbst, weil es Fisch ist und der stinkt, wenn sie es in der Wohnung machen würden, tut mir leid, das, irgendwie. Oder wenn einer hier Rasen mäht, oder das Geläuf da säubert und schmeißt dann die ganzen Äste von der Tanne oder dem Gebüsch bei mir unter den Balkon. Dann pack ich das normalerweise ins Auto, fahr es zur Kippe, zahl einen Zehner dafür, den bekomm ich von der Verwaltung wieder, das ist Grünschnitt. Nein, das wird einfach dann irgendwo... Oder der andere drüben, wir hatten früher Efeu hier an der Wand gepflanzt, warum der den ganzen Efeu abgesenst hat, weiß der Geier. Und der lag dann vier Wochen da unten in der Einfahrt rum. Wenn der Wind kommt, dann haben wir den wieder bei uns in der Garage liegen, dann müssen wir fegen. Das ist, das Verständnis, für die heißt im Endeffekt, ich hab hier eine Wohnung gekauft und die Wohnung beginnt an meiner Wohnungstür und endet an meiner Wohnungstür. Dass der Hausflur oder das Treppenhaus mit zu der Wohnung gehört, dass ich also die auch benutze, wenn ich* *sie benutze aber auch pflegen muss, das ist nicht drin. Alles was hinter der Tür passiert, das ist Eigentum, das ist prima, top. Nur wenn's draußen nass ist oder wenn's draußen matschig ist und die Kinder kommen vom Fußballspielen und trampeln sich im Hausflur die Schuhe ab, bis sie oben sind, da wo sie hingehen, und das ganze Treppenhaus ist voller Modder, ich mein, den tragen sich die anderen auch in die Wohnung rein. Aber das ist das, was mich am meisten stört."* (I 20, Elektromaschinenbauer, 45)

15. Die Lebensumstände der türkischen Nachbarn (Arbeit, Sozialhilfe, Arbeitslosengeld)

Ein Viertel der befragten Deutschen beantwortet diese Frage in keiner Weise, während mehr als ein Drittel (36 Personen) nichts über die näheren Lebensumstände der türkischen Nachbarn weiß. Sieben Personen kennen Türken, die Arbeit haben, und solche, die arbeitslos sind, machen sich aber in der Regel keine Gedanken zur Nationalität der Arbeitslosen: *„Ja, doch, der Vater von der Familie, die ich jetzt vergessen hatte. Genau, mit der ich auch so 'n Alltagskontakt hatte. Der ist 'ne Zeitlang arbeitslos gewesen, hat dann aber wieder Arbeit gefunden, ja."*

„Haben Sie sich Gedanken darüber gemacht, woran das liegen kann?"

~ *„Nee, ich meine, gibt ja ganz viele Arbeitslose, ich bin ja selber arbeitslos, insofern mach ich mir jetzt nicht speziell darüber Gedanken, warum jetzt er, vielleicht als Türke, gerade arbeitslos ist, spielt keine Rolle. Wenn, dann mach ich mir über Arbeitslosigkeit allgemein Gedanken, aber die betrifft mich dann ja auch oder Bekannte, Freunde, Freundinnen, die ich habe."* (I 56, Physiotherapeut, 46)

Sechs Personen kennen (nur) arbeitslose Türken: *„Größtenteils hier. Die leben alle von Hartz IV und Kindergeld."*

„Woran liegt das?"

~ *„Das ist kein Problem der Ausländer, es gibt nicht genug Arbeit für alle. Es leben ja auch genug Deutsche von Hartz IV."* (I 41, Kauffrau, 57)

Ein gutes Drittel der befragten Deutschen kennt (nur) Türken/Türkinnen, die Arbeit haben und bewertet dies positiv: *„Nein, alle Leute, die ich kenne, die türkischstämmig sind, bzw. auch alle anderen Leute, die ich kenne, die einer ausländischen Nationalität angehören, Bosnier oder Marokkaner, die studieren alle bzw. arbeiten hier neben dem Studium sogar noch und sind auch alle ganz ehrbare, normal Bürger."* (I 2, Student, 30)

Etwas weniger enthusiastisch, aber dennoch positiv wertet I 3: *„Nein, die gehen alle arbeiten und verdienen sich 'nen dicken Mercedes. Weil, er geht malochen, auf Arbeit ja, Nachtschicht und alles und da wohnt nur seine Familie im Haus und alle zahlen Miete. Was weiß ich. Wahrscheinlich bezahlen die davon das Haus, auf jeden Fall sind alle von der Familie in dem Haus, die halten zusammen und die gehen arbeiten und er hat 'nen dicken Wagen vor der Tür stehen. Und wie gesagt, er hat ein Haus, was weiß ich, vielleicht hat er noch* *mehr Häuser, ich weiß es nicht. Er geht malochen und das ist so. Die haben so lange Zeit vielleicht nicht renoviert, aber jetzt haben sie irgendwann mal angefangen, alles umzubauen und das sieht voll modern aus."* (Student, 26)

16. Die Gleichberechtigung deutscher und türkischer Normen

Auf diese Frage antwortet ein Fünftel der Befragten überhaupt nicht und sieben Personen wollen diese Frage nicht beurteilen können. Ein weiteres Drittel ist der Meinung, dass deutsche und türkische Werte gleichberechtigt nebeneinanderstehen: *„Ja, wenn se hier sind, dann sollen se auch gleichgestellt sein."* (I 52, Bauschlosser, 63)

So auch I 14 (Bauzeichner, 30): *„Ja, ich halte sie auf jeden Fall, denke ich mal, für teilweise sehr unterschiedlich und anders, aber auf jeden Fall, wenn ich objektiv darüber nachdenke, auf jeden Fall für gleichwertig. Wenn ich sie auch nicht im Einzelnen immer verstehe."*

Ein Sechstel (16 Personen) ist der Ansicht, dass die Werte nicht gleichberechtigt sind oder sein sollten: *„Nein, aus dem einfachen Grund, ich hab das Gefühl, die Ausländer kriegen mehr im Arsch reingestopft wie wir Deutschen selbst, die werden auch bevorzugt auf de Ämter und besser behandelt wie wir Deutschen. Entschuldigung, das ist aber so, ich empfind das so. Die kriegen alles und ich krieg gar nichts."* (I 62, Altenpflegerin, 45) Ebenso äußert I 53 (Taxifahrer, 65) solche Ressentiments: *„Normal nicht, nee. Nee, gar nicht."*

\# *„Können Sie das noch ein bisschen genauer erklären?"*

~ *„Tja, weil, die haben ja jetzt schon große Schnauzen hier, die Türken. Da kann ich se jetzt nicht sagen, die haben das Gleiche wie wir auch. Das geht nicht, woll, die sind hier in Deutschland. Mein, gut, wenn der jetzt den deutschen Pass hat oder was, das wäre ja was anderes, aber so."*

\# *„Also sollen sie sich eher anpassen?"*

~ *„Anpassen, genau."*

Rund ein Drittel der befragten Deutschen vertritt die Meinung, dass ein Vergleich der türkischen und deutschen Werte nicht möglich ist, da die Kulturen (zu) unterschiedlich sind, als dass man sie wirklich vergleichen könnte: *„Das ist eine schwierige Frage aus dem einfachen Grunde, weil: Normen und Werte gelten immer nur für eine soziale Gruppe. Ich denk mir, dass der Türke innerhalb von Deutschland seine Normen und Werte hat und diese auch als normal betrachtet. Das Problem ist nur, dass alle Normen und Werte doch auch in gewisser Weise in einer Gesellschaft abgestimmt sein sollten. Also sprich, dass gewisse Sachen wie die Zwangsehe, doch auch vielleicht als Normen und Werte in der türkischen Gemeinschaft als normal gelten, aber auch aus der Majorität heraus, also sprich aus der deutschen Gesellschaft her nicht als normal gelten. Und dementsprechend ja eigentlich auch der Gesetzgeber dieses als Straftatbestand festsetzen möchte im Strafgesetzbuch. Also es ist eine sehr schwierige Frage mit Normen und Werten, weil aus soziologischer Sicht müssen wir doch klipp und klar sehen, dass jede einzelne Gemeinschaft, die vielleicht zu einer Gesell-*

schaft gehört, sich eigene Normen und Werte geben kann. Denken Sie doch bitte nur an die jugendlichen Subkulturen wie die Graffiti-Sprayer und so." (I 2, Student, 30)

So urteilt auch I 15 (Heilerziehungspfleger, 22): *„Nein."*

F: *„Kannst du auch erklären, warum?"*

A: *„Weil ich glaube, dass es ab und zu eben genau an dieser Spalte hapert, also dass wir einmal hier durch einen sehr individualistischen Charakter geprägt sind und diese Menschen durch einen stark kollektivistischen Charakter sich stark in ihrer Gruppe wahrnehmen und ich hier in dieser säkularisierten Gesellschaft mich stark als Individuum wahrnehme und dann als Bestandteil in den Gruppen. Und ich glaube, das kollidiert dermaßen miteinander, dass das einfach auch Werteunterschiede sind, die irgendwie koordiniert werden müssen, die man aber nicht vereinheitlichen kann."*

17. Teilnahme an religiösen Festen der anderen Glaubensgemeinschaft

Auf die Frage, ob Türken bei Deutschen und Deutsche bei Türken religiöse Feste mitfeiern sollten, antworten 15 Personen überhaupt nicht und eine Person kann das nicht beurteilen. Ein Drittel aller befragten Deutschen (33 Personen) ist der Meinung, dass man nicht an religiösen Festen der anderen Kultur teilnehmen sollte. Bei den meisten mit dieser Meinung steckt allerdings dahinter, dass sie sich selbst als Atheist oder als nicht an Religion interessiert bezeichnen, so dass diese Deutschen selbst auch nicht an christlichen Festen teilnehmen oder diese feiern: *„Das liegt in deren Ermessen, ich mein, ich hab mit Weihnachten auch nicht viel am Hut, ne."*

„Wollen Sie bei ihren religiösen Festen mal mitmachen?"

~ *„Hab ich kein Interesse dran, also ich bin in Sachen Religion ... hab ich eh so 'n... so 'n eigenen Standpunkt, allgemein."* (I 63, Lagerarbeiter, 35)

Auch gibt es vereinzelt die Meinung, dass jeder seine Religion für sich in seiner Gemeinschaft ausüben sollte: *„Haben Sie das Gefühl, dass die türkischen Menschen etwa bei christlichen Festen mitfeiern sollten?"*

A: *„Nein, das bleibt jedem selbst überlassen, was die Religion betrifft. Natürlich muss jeder feiern, wann er möchte oder was er möchte."*

F: *„Würden Sie denn gerne bei den religiösen Festen der türkischen Leute mitmachen?"*

A: *„Nein, will ich auch nicht."* (I 4, Studentin, 33)

Das Interesse der Deutschen an den religiösen Festen der Muslime ist mit über 50% sehr groß. Allgemein gilt aber der Konsens, dass die beiden Religionen unterschiedlich sind und in ihrer unterschiedlichen Ausübung respektiert werden sollten. Daher ist das Interesse der

Deutschen eher als kulturelle denn als religiöse Neugier zu werten: *„Fände ich ganz schön! Einfach mal, um zu sehen, was denen wichtig ist. Also, ich weiß, wir gehören hier zur Münsterstraße zur St. Josephs Kirche. Und da gibt's, ich glaube (nachdenkend), jedes Jahr oder alle zwei Jahre immer dieses gemeinsame Fest ‚Kirche und Moschee'. Wobei wir dann mit der Moschee in der Kielstraße zusammenarbeiten. (überschwänglich) Und ich war auch schon mal da und hab die Moschee auch besichtigt. Und fand ich halt sehr interessant. Da waren dann eben auch türkische Leute, die man ansprechen konnte und dann eben so Fragen, die uns wichtig waren, so zu stellen, warum ist das so, warum wird das so gemacht und – fand ich halt sehr interessant. Und andersrum habe ich's eben auch erlebt, dass viele türkische junge Leute, auch Jugendliche, zu uns in die Kirche gekommen sind und dann eben auch geguckt haben, wie sieht's da aus, was machen die, wie läuft da ein Gottesdienst ab. Fand ich ganz interessant. Doch."* (I 25, Hausfrau ohne Altersangabe)

Ebenso I 100 (Diplompädagogin, 38): *„Sagen wir mal, wenn die das wollen, finde ich das total lustig. Kann ich also aus der Weihnachtsbastelaktion bestätigen. Wir hatten ja fast nur türkische Kinder und Frauen, die mit Begeisterung Weihnachtsbäume gebastelt haben, und die kannten auch alle en' Tannenbaum. ‚Ich will Tannenbaum.' Ja also, das war ganz bezeichnend. Ich habe dann aber auch mal gefragt: ‚Was ist denn das, feiert Ihr das eigentlich?' ‚Nee, aber das finden wir so schön mit dem ganzen Glitzerzeugs.' Und dann hängen sie's auf oder stellen sich einen Weihnachtsbaum auf. Die sollen das feiern, wenn die da Bock drauf haben. Die müssen das aber nicht. Aber jetzt habe ich vergessen, die Ausgangsfrage noch mal."*

„Sind die Werte und Normen von Türken gleichzustellen mit deutschen Werten? Wollen Sie bei ihren religiösen Festen mitmachen? Wenn Sie das gemacht haben, Ihre Erfahrung?"

~ *„Ich würde das unglaublich gerne mal tun. Aber die Möglichkeit hat sich noch nicht ergeben."*

Die Deutschen, die sich für das Mitfeiern der religiösen Feste der anderen Ethnie aussprechen, würden sich allesamt über eine Einladung freuen und sie gerne wahrnehmen. Die Teilnahme sollte von einem „Insider" (Muslim lädt Christen zu islamischem Fest ein und umgekehrt) arrangiert werden, aber nicht Pflicht sein oder erzwungen werden. Diejenigen Deutschen, die zu türkischen Festen (mit eher nichtreligiöser Bedeutung wie Hochzeiten) eingeladen worden waren, fanden die Erfahrung positiv.

18. Besitz von Luxusgütern bei türkischen Nachbarn

Ein Drittel der Deutschen beantwortet diese Frage nicht und zwölf Personen wissen nichts dazu zu sagen. Ein Zehntel vermutet, dass Türken die gleichen Luxusgüter besitzen – oder eher nicht besitzen – wie sie selbst: *„Na, ich denk mal, die ist genauso eingerichtet wie wir auch, ne. Also nein, unterscheidet sich nicht von..., dass ich jetzt sagen würde, na ja, was ist typisch Türkisch, nein, also die haben 'ne ganz normale Einrichtung."*

„Nein? Oder das die einfach so richtig teure Sachen haben?"

~ *„Ach, ich denk mal normal."* (I 67, Hausfrau, 59)

Ein rundes Zehntel der Befragten ist der Meinung, dass die türkischen Nachbarn (auch) keine Luxusgüter besitzen. Mehr als ein Drittel vermutet, dass türkische Nachbarn Luxusgüter besitzen. Dabei wird fast ausnahmslos von „dicken Autos" wie Mercedes und BMW gesprochen, die auch schon von jungen Türken gefahren werden: *„Ja, was mir wiederholt so aufgefallen ist, das sind dann aber keine Nachbarn, das sind einfach meine Mitmenschen, die hier in der Stadt mit mir leben, und dass sehr viel sehr junge, kommt es mir so vor, sehr junge türkische, meistens männliche, dass sie schon sehr dicke Autos fahren. Da frag ich mich, wie die das machen. Und das ist also nicht nur so eine Minderheit, das fällt mir sehr oft auf."*

„Woher die das Geld haben?"

~ *„Ja, woher die das Geld haben, sich so ein Auto leisten zu können. Na ja gut, sie haben auch türkische Läden, Väter, die reiche Geschäftsmänner sein können, und das muss dann halt so sein, ne. Ich will denen ja nicht irgendwas unterstellen. Nur, man macht sich halt Gedanken."* (I 47, Elektriker, 50)

Beispielhaft auch I 53 (Taxifahrer, 65): *„Ja, mitgekriegt, also teure Autos haben sie schon und gute Autos, schöne Autos. Teure Autos, das haben sie. Ja, das stimmt."*

Durch die Bank wird Neid von den Befragten verneint. Ansatzweise wird sogar nach einer Erklärung gesucht: *„Ja klar und sie legen größeren Wert darauf, als ich zum Beispiel und viele andere deutsche Leute, die ich kenne. Es erinnert mich etwas an die Nachkriegszeit, also als der wirtschaftliche Aufschwung war. Der eine hat ein' Mercedes, der andere muss auch. Die Frauen sind ganz wild auf Einbauküchen, je moderner desto besser. Obwohl sie eigentlich nicht in der finanziellen Lage sind, sich das zu leisten. Aber irgendwie kriegen sie das immer wieder hin und es geht wohl eher darum, dass man ja auch repräsentieren muss, was man da hat oder was man geschafft hat. Und da fehlen andere Werte. Es fehlen meiner Meinung nach die Werte nach mehr eigener Bildung für die Eltern, die ja stagnieren in ihrem fast nur türkischen Bekanntenkreis. Es fehlt die Kommunikation zwischen den Eheleuten, weil die Männer ja Ihre Freizeit in den Moscheen verbringen. Also von denen, die jetzt gläubiger sind, und bei den anderen Familien im Haus, wo das nicht so ist, da gibt es sogar Männer, die bei der Hausarbeit helfen. Aber im Grunde genommen haben die Männer zu Ihren Frauen nur die Kommunikation, die familiär ist. Es geht da nicht um, was weiß ich, Kunst, Kultur, soziale Probleme. Sondern nur um die Familie, das Einkommen, was können wir kaufen, wieviel Geld haben wir und wo kriegen wir Geld her. Leider."* (I 86, Hausfrau, 60)

19. Fremdheitsempfinden gegenüber anderen Ethnien

Diese Frage wird von 13 Personen überhaupt nicht beantwortet und 10% der Befragten wissen keine Antwort. Etwa 30% empfinden Gefühle der Fremdheit gegenüber einigen Ethnien/Volksgruppen/Gruppen. Zehn Personen haben Ressentiments gegenüber Osteuropäern/Russen/Weißrussen/Polen: *"Ne, so egal ist mir das jetzt nicht, wer so neben mir wohnt und hier so in der Ecke wohnt, also egal ist mir das nicht."*

F: *"Gibt es dabei Gruppen, wo Sie sich überhaupt nicht vorstellen können, mit zusammenzuleben?"*

A: *"Ja, mit diesen, mit diesen Weißrussen, also da möchte ich jetzt nichts mit zu tun haben."*

F: *"Können Sie auch sagen, warum?"*

A: *"Weil die teilweise so Schläger sind und klauen, ne."* (I 8, Industriekauffrau, 65)

Ähnlich I 5 (Schülerin, 19): *"Hm, Russen, ja."*

F: *"Was kommt Ihnen da so besonders fremd vor, dass Sie damit nicht klarkommen?"*

A: *"Ja, ich find, die meisten die ich kennengelernt habe, trinken immer soviel Alkohol und sind ziemlich aggressiv, deswegen, ja. Okay,. man darf jetzt auch nicht verallgemeinern, deswegen darf man eigentlich das so nicht sagen."*

Diese harten (Vor-)Urteile sind eher die Ausnahme. Fremdheitsgefühle ohne Aggression wecken Afrikaner (dreimal), Türken (zweimal), Singhalesen, Sinti und Roma, Amerikaner (je einmal). Ansonsten werden Machos gleich welcher Couleur (zweimal) und Fundamentalisten (viermal) abgelehnt: *"Ich glaub, das sind einfach Radikale in jeder Hinsicht."*

F: *"Also, ich meinte schon eine Volksgruppe, also jetzt nicht eine politische Gruppe, sondern, weiß ich nicht, Menschen aus irgendeinem Land..."*

A: *"Na ja, Fundamentalisten, christliche Fundamentalisten, muslimische Fundamentalisten."* (I 16, Studentin, 22) Aber auch Akademiker erzeugen Ablehnung (einmal).

Runde 50% aller Befragten empfinden keine Fremdheit gegenüber anderen Ethnien, sondern bejahen zum Teil auch deren Andersartigkeit: *"Alles, was mir fremd ist, ist mir lieb. Weil die Vielfalt, die wir hier auf der Erde haben, die find ich klasse. Und wenn ich im Fernsehen immer nur deutsche Menschen mit deutscher Kultur und sonst irgendwelche Kacke sehen würde, dann kriegte ich einen übern Kopf da."*

F: *"Das würde dich abnerven?"*

A: *"Das würde mich abtörnen, dann krieg ich einen Hass, wenn ich solche Leute sehe, die so einen Scheiß verbreiten, dann krieg ich 'nen Hass."* (I 72, Wirtschaftsassistent, 42)

Ebenso positiv I 99: *"Ja, ich denke, manches, was unsere Tamilen, die hier so sind, eben an Sitten und Gebräuchen haben, ist mir als Deutschem sehr fremd. Aber es ist auch spannend, das zu erleben. Das sage ich schon und es ist eben auch interessant, sich da ein bisschen auszutauschen. Das Leben ist halt hier im Stadtteil sehr bunt."*

F: „Und mit anderen Ethnien?"

A: „Das war's erst mal. Ich habe mal eine afrikanische Familie besucht, da ist mir sehr stark aufgefallen, dass dort viele Familienmitglieder eben sehr engen Kontakt haben. Also an dem Tag waren mindestens zehn Personen in der Wohnung, die irgendwie alle zur Familie gehörten und für die das einfach selbstverständlich war, dass sie da aus allen Ecken am Wochenende zusammenkamen. Ich war da zum Essen eingeladen worden und die Frau, der die Wohnung gehörte, sagte: ‚Das ist hier normal, ich koche immer große Portionen, weil die alle kommen.' Das ist uns eher ein bisschen fremd." (Pastor, 36)

Bei den Deutschen, die andere Ethnien nicht als fremd empfinden, ist die Haltung überwiegend, die „anderen" als kulturelle Bereicherung zu empfinden.

B - Auswertung der Interviews mit <u>BewohnerInnen türkischer Herkunft</u> über ihr Verhältnis zu türkischen und deutschen Nachbarn im Quartier

1. Haben Sie Probleme mit türkischen NachbarInnen? Wenn ja, Definition des Problems, der Problembereiche

Fast die Hälfte der Interviewten (49 Personen) gibt an, im Rahmen der nachbarschaftlichen Beziehungen mit türkischen Nachbarn keine Probleme zu haben. Die Inhalte der nachbarschaftlichen Probleme sind hier nicht definiert, weshalb es auch kein Ziel dieser Frage ist, dies herauszufinden. Die Bezeichnung „Schweigen" oder „ernsthafte Probleme" wird von türkisch- und kurdischsprachigen Menschen tatsächlich nicht in Frage gestellt.

76 (weiblich, verheiratet, Hausfrau, Maschinenbauingenieurin, seit eineinhalb Jahren im Quartier): *„Im Moment habe ich keine Probleme mit meinen türkischen Nachbarn, also keine ernsthaften Probleme."*

52 (weiblich, 41 Jahre alt, Hausfrau, verheiratet, seit zwölf Jahren im Quartier): *„Nein, wir haben bislang überhaupt keine Probleme gehabt. Ich muss ehrlich sagen, dass ich das Schweigen bevorzugen würde. Aber wir haben bislang keine Probleme gehabt. Unsere Kinder sind auch schon groß. Deswegen gab es wegen denen auch keine Probleme. Weder in unserer Umgebung noch in der Nachbarschaft im Haus gab es zum Glück keine Streitigkeiten. Unser Verhalten hat einen ganz normalen Verlauf."*

16 Interviewte haben die nachbarschaftlichen Probleme mit ihren türkischsprachigen Nachbarn genau beschrieben und in ihrem Interview genau angegeben: Nicht eingehaltene Hausregeln (Türen schließen, Treppen putzen usw.), Kinderlärm, Transportieren von Gegenständen außerhalb der erlaubten Zeiten, nicht wahrgenommene Pflichten im Haus...

94 (männlich, verheiratet, 38 Jahre alt, seit zehn Jahren im Quartier): *„Ja, direkt nicht, nur diese Regeln, was in Deutschland gemacht werden muss, tun sie nicht. Sie leben genauso wie in der Türkei. Im Haus ab 22 Uhr ruhig zu werden und so was. Auch Hausordnung, sa-*

gen wir mal, passen sich sowieso nicht an. Solche Schwierigkeiten haben wir jeden Tag, ja. Sie achten überhaupt nicht."

89 (männlich, verheiratet, 44 Jahre alt, selbstständig): *„Natürlich, das kommt schon mal vor. Jeder muss, wenn er dran ist, seine Treppen putzen. Dafür gibt es einen Zeitplan. Jeder hat Pflichten. Man macht es nicht heute, weil man keine Zeit hat, man verschiebt es auf morgen, auf übermorgen und manchmal macht man es dann gar nicht. Natürlich kommen so Kleinigkeiten vor, aber wir machen das nicht zum Thema, weil... Es ist ein Nachbar, er hat es diesmal nicht gemacht, dann machen wir es eben und das nächste Mal, wenn wir es nicht machen, machen die das. Wir versuchen, die Fehler des Anderen zu verdecken. Also generell versuchen wir das nicht mit Streit, sondern mit reden zu lösen. ‚Ihr wart eigentlich diese Woche dran, warum ist das passiert? Das hätte nicht passieren sollen.' ‚Ich hatte zu tun.' Oder: ‚Mein Kind war krank.'' Oder dies oder das. Wir sind dann gezwungen, das mit Verständnis hinzunehmen."*

2. Was tun Sie, wenn Sie Probleme mit Ihren türkischen NachbarInnen haben? Wie lösen Sie Ihre Probleme mit den türkischen NachbarInnen? (Sprechen Sie sie direkt an? Blockieren Sie alle Kontakte? Gehen Sie zum Rechtsanwalt?)

Es geht hier darum, zu untersuchen, wie die türkischen und türkischsprachigen Menschen sich beim Entstehen nachbarschaftlicher Probleme mit ihren Nachbarn aus demselben Kulturkreis verhalten und ob die Lösungsvorschläge ethnisch- und kulturorientiert sind.

53 Interviewte türkischer oder kurdischer Herkunft haben angeben, dass sie bereit sind, die auftretenden Probleme auf friedlicher Grundlage zuerst mit „Reden" zu lösen, bevor ein Konflikt weiter eskaliert. Sie wollen erst den Nachbarn ansprechen, um das Problem zu klären bzw. zu lösen. Die weiteren Schritte sollen nach dem Ergebnis dieser Aktion geplant werden. In der Antwort der Interviewten war nicht davon die Rede, dass sie zur Lösung der Probleme sofort andere Methoden jenseits friedlicher Kommunikation bevorzugen würden.

1 (männlich, verheiratet, 33 Jahre alt, arbeitet als Koch und seit drei Jahren im Quartier): *„Natürlich, wenn ich ein Problem habe und ich deren Nummer habe, telefonieren wir. Wenn ich ein Problem habe, reden wir. Wenn sie können, sind sie auch hilfsbereit. Wenn es ein Problem geben würde, würde ich mich mit ihnen hinsetzen und darüber reden. Wenn ich einen gemacht Fehler habe, würde ich mich entschuldigen. Ich würde es mit Reden lösen. Wenn man ein Problem hat, sollte man das mit Reden lösen. Wenn es was zu entschuldigen gibt, sollte man sich entschuldigen und sagen, dass es nicht noch einmal vorkommen wird."*

4 (männlich, geschieden, 36 Jahre alt, Student und seit 22 Jahren im Quartier): *„Ich glaube, bei meinen türkischen Nachbarn würde ich direkt da hingehen und das mündlich erledigen. Ich würde das jetzt nicht schriftlich machen. Ich würde das auch bei meinen deutschen Nachbarn nicht schriftlich machen, ehrlich gesagt. Bei uns im Haus herrscht wirklich eine, auch wenn es eine oberflächliche ist, aber da herrscht eine Kommunikation zwischen uns allen. Ich verstehe mich mit allen gleich gut."*

59 (weiblich, verheiratet, 38 Jahre alt, seit 20 Jahren im Quartier und Hausfrau): *„Wahrscheinlich würden wir im Guten miteinander reden. Also das und jenes ist passiert... Wahrscheinlich, weil wir uns immer begegnen würden und von Angesicht zu Angesicht kommen würden."*

94 (männlich, verheiratet, Angestellte, 38 Jahre alt, seit zehn Jahren im Quartier): *„Gehe ich da hin und sage mal, die sollen ruhig werden. Dann werden Sie ruhig. Ich bedrohe sie nicht wie die Deutschen mit Polizei anrufen und so, aber sie haben soviel Verständnis, wenn ich sage, ich muss arbeiten. Denn fast alle sind arbeitslos hier."*

24 Interviewte haben in ihrem Interview erklärt, dass sie bei entstandenen Problemen sofort den Kontakt abbrechen wollen und nicht versuchen würden, den Nachbarn anzusprechen. Nach Aussagen der Interviewten haben sie mindestens einmal versucht, einen Konflikt zunächst verbal beizulegen. Ein gescheiterter Schritt führt nach gewisser Zeit zu der Entscheidung, den Kontakt völlig abzubrechen oder die Nachbarn zu ignorieren.

3 (weiblich, verheiratet, 39 Jahre alt, arbeitslos, seit 13 Jahren im Quartier): *„Ehrlich gesagt, können wir sie nicht lösen. Die Beziehung zu türkischen Nachbarn ist mit sehr vielen Problemen beladen. Ich versuche, mit ihnen darüber zu reden, aber sie zeigen kein Verständnis. Ich sage ihnen, dass sie damit aufhören sollen, sie sollten bitte auch etwas an uns denken, aber..."* Genauso 7 (weiblich, verheiratet, Hausfrau, 42 Jahre alt, seit neun Jahren im Quartier): *„Wenn ich Probleme habe, breche ich den Kontakt ab, das ist besser. Man muss sich nicht mit dem Anwalt und so quälen."*

73 (weiblich, verheiratet, 35 Jahre alt, SGB II-Empfänger, seit sechs Jahren im Quartier): *„Ignorieren tu ich's. Eigentlich, muss ich sagen, ich bin ehrlich, ich ignoriere Leute, mit denen ich also nichts zu tun haben will, ignoriere ich ganz einfach."*

3. Dürfen Ihre türkischen NachbarInnen Sie jederzeit ansprechen, wenn sie ernsthafte Probleme haben?

78 Interviewte geben an, dass ihre Nachbarn mit türkischem oder kurdischem Hintergrund sie jederzeit bei Problemen ansprechen können. Diese Hilfsbereitschaft wird bereits in der Praxis auf verschiedene Art geleistet. Nach Aussagen der Interviewten beinhaltet diese Hilfestellung etwa den Einbau einer Satellitenschüssel, Übersetzungen, Beratung bei einigen Themen, Kinderbetreuung... Das wird auch mit dem Verständnis akzeptiert, dass *„der Nachbar immer auf die Asche des anderen Nachbarn angewiesen"* ist. Deswegen zeigen die Interviewten mehr Hilfsbereitschaft gegenüber ihren Nachbarn aus demselben Kulturkreis. Es wird aber betont, dass das für alle Nachbarn allgemein gelte. 2 (männlich, ledig, 26 Jahre alt, arbeitslos, im Quartier geboren): *„Sicher, manchmal kommen sie, wollen Salz oder so. Oder sie benötigen Hilfe mit der Satellitenschüssel. Der Nachbar braucht immer den Nachbarn."*

6 (männlich, verheiratet, 40 Jahre alt, Kaufmann, seit 25 Jahre im Quartier): *„Sie tun es, sie sollen es auch tun. Ich möchte auch keine Trennung machen, der Nachbar, egal wer das ist, ob Deutsche oder Türken oder eine andere Nation. Es ist nur wichtig, dass es Menschen*

sind. Als Mensch und das, was unsere Kultur mit sich bringt, sind wir immer offen und hilfsbereit. Bei uns gibt es ein Sprichwort, welches besagt, dass der Nachbar immer auf die Asche des anderen Nachbarn angewiesen ist."

46 (weiblich, geschieden, 46 Jahre alt, arbeitslos, seit zwölf Jahren im Quartier): *„Sie können kommen, natürlich würden wir auch die ganz großen Probleme verstehen und zuhören. Darüber hinaus würde ich alles tun, was in meiner Macht liegt, um zu helfen. Bei diesem Thema bin ich geduldig."*

Einige wenige Interviewte begründen die Intensität ihrer Hilfeleistung sogar mit ihrer Kultur. 78 (weiblich, verheiratet, 61 Jahre alt, seit 30 Jahren im Quartier, Hauswirtschaftlerin): *„Wir erzählen uns gegenseitig unsere Probleme. Natürlich akzeptieren wir. Bei den Türken ist das sehr oft so, dass, wenn jemand Probleme hat, er um Rat nachfragt."*

4. Haben Sie auch Kontakte mit anderen Ethnien? Wenn ja, welche Art von Kontakten pflegen Sie mit ihnen?

21 Befragte beantworten diese Frage nicht. 11 Interviewte geben an, dass sie zu keinen anderen Ethnien Kontakt haben. Sie leben in ihrer eigenen Community. 31 Interviewte haben Kontakt zu anderen Ethnien und beschreiben ihre Kommunikation als „gut" oder als „sehr gut". Sie treffen sich, besuchen sich und helfen sich gegenseitig. Die aus der Türkei übertragenen Spannungen beeinflussen die nachbarschaftlichen Beziehungen kaum.

66 (männlich, verheiratet, 62 Jahre alt, Rentner, Grundschule abgeschlossen): *„Ja, habe ich. Es gibt einen Afrikaner, einen Griechen im Haus. Sehr gut. Der Grieche zum Beispiel, seine Mutter und keiner ist heute zu Hause. Er hat mir den Schlüssel gegeben. Der Maler war da. Wenn was ist, gibt er mir den Schlüssel. Ich öffne die Tür und kann dann da rein- und rausgehen. Es gibt noch den anderen, den Afrikaner. Ein junger, großer, stabiler. Er ist auch gut, aber (schnell) ist faul. Aber wir kommen damit aus. Ich sage es ihm. Auf den Briefkasten hat er was draufgeschrieben, ich hab es selbst geschrieben und habe geholfen."*

16 Interviewte haben nur eingeschränkte Kontakte zu den Menschen aus anderen Ethnien. Sie sehen sich im Flur, begrüßen sich auf der Treppe.

2 (männlich, ledig, 26 Jahre alt, im Quartier geboren, ohne Beruf, Hauptschulabschluss): *„Ja habe ich, aber auch mit denen grüßen wir uns nur. Sonst machen wir gar nichts."* Genauso 21 (weiblich, verheiratet, 40 Jahre alt, Näherin, arbeitet als Reinigungskraft): *„Ich habe jugoslawische Freunde, portugiesische, aber wir grüßen uns nur und besuchen uns nicht."*

Vier Befragte erklären, dass die Kommunikation mit den Bewohnern aus anderen Kulturkreisen besser sei als mit den Nachbarn deutscher Herkunft. Man verständige sich besser, weil diese auch „auf ihrer Seite" als Migranten bezeichnet werden. So etwa 93 (männlich, ledig, 20 Jahre alt, im Quartier geboren, Informationstechniker, Fachabitur): *„Araber, Marokkaner, Kollegen habe ich also. Die sind auch gut. Miteinander, Türken und Marokkaner. Verstehen sich gut."*

97 (männlich, verheiratet, 39 Jahre alt, seit vier Jahren im Quartier, übt Hausmeistertätigkeit aus, Soziologiestudium in der Türkei abgeschlossen): *„Ja, zwar selten. Man könnte sich vielleicht etwas besser mit ihnen verständigen, da sie selber Migranten sind. Man steht sich nahe. Sie haben dasselbe erlebt oder weil sie selber Migranten sind. Da gibt es Griechen, Spanier, Portugiesen."*

5. Was tun Sie, wenn Sie Probleme mit deutschen Nachbarn haben? (Sprechen Sie sie direkt an? Blockieren Sie alle Kontakte? Gehen Sie zum Rechtsanwalt?)

Mehr als die Hälfte der Befragten (51 Personen) bevorzugt es, zunächst ein Gespräch mit den deutschen Nachbarn zu führen, um die vorhandenen Probleme zu lösen. Wie bei derselben Fragestellung an ihre Landsleute scheint das auch für die Nachbarn deutscher Herkunft zu gelten. Sie führen gerne erst ein Gespräch, um die Konflikte beizulegen. Für die Mehrheit der Interviewten türkischer oder kurdischer Herkunft spielt die ethnische Herkunft keine Rolle bei der Lösung von Problemen. Die Interviewten beschreiben in ihren Interviews, dass sie entstandene Konflikte tatsächlich durch Reden gelöst haben.

1 (männlich, verheiratet, 33 Jahre alt, seit drei Jahren im Quartier, Koch und arbeitet in einem Restaurant): *„Es ist egal, welche Nationalität. Man grüßt sich immer und fragt, wie es einem geht. Manchmal geht man zusammen etwas trinken. Dann redet man."*

2 (männlich, ledig, 26 Jahre alt, im Quartier geboren, ohne Beruf, Abschluss der 10. Klasse): *„Weil ich eigentlich ein direkter Mensch bin, rede ich sie direkt an. Wenn ich keine andere Lösung sehe, gehe ich dann zum Staat, also zur Polizei."*

6 (männlich, verheiratet, 40 Jahre alt, seit 25 Jahren im Quartier, Kaufmann): *„Meiner Meinung nach ist der Dialog das Wichtigste. Man muss sich treffen und verständigen. Es gibt einige, die man sehr schlecht trifft. Da ich Geschäftsmann bin, haben wir in Hörde ein Haus. Wenn wir dort anfangen möchten, zu bauen oder dergleichen, erlaubt uns das Haus, das nebenan ist, obwohl wir eine Genehmigung haben, nicht, dort durchzukommen. Ein paar Mal hat er die Polizei gerufen. Jedes Mal, wenn die Polizei kam, wurde er für schuldig befunden. Man sagt auch über ihn, dass er etwas geistig gestört ist. Deswegen kann man nicht mit ihm reden. Man sollte alles erst mit reden versuchen zu lösen. Aber wenn es nicht geht, muss man, wie gesagt, gerichtliche Wege einleiten."*

59 (weiblich, verheiratet, vier Kinder, 38 Jahre alt, seit 20 Jahren im Quartier, Hausfrau, hat Abitur in der Türkei gemacht): *„Das müsste ein sehr großes Problem sein, wenn es soweit wäre, dass es nur über einen Rechtsanwalt geht, dann würden wir das auch tun. Aber bei so kleinen Problemen braucht ja auch nicht einen Rechtsanwalt. Das wird dann mit Reden gelöst."*

66 (männlich, verheiratet, drei Kinder, 62 Jahre alt, seit 1973 im Quartier, Rentner, Grundschule abgeschlossen): *„Entstehen nicht. Sie entstehen nie. Und wenn sie dann auftauchen, verständigen wir uns. Also wenn es an dem einen Tag auftaucht, wenn so was passiert, am zweiten Tag wird das schon angesprochen. Durch das Reden verständigen wir uns dann."*

74 (weiblich, verheiratet, zwei Kinder, 32 Jahre alt, seit acht Jahren im Quartier, Apothekenhelferin, arbeitslos): *„Unter den Kindern gab es mal Probleme. Dann haben wir uns, die beiden Mütter, zusammengesetzt und haben darüber geredet."*

75 (männlich, verheiratet, 33 Jahre alt, seit elf Jahren im Quartier, hat Fachabitur, arbeitet bei Siemens als Servicetechniker): *„Bis heute war es so, wenn meine Nachbarn zu mir gekommen sind und mich direkt angesprochen haben, habe ich versucht, die Probleme ohne Konflikte zu lösen."*

78 (weiblich, verheiratet, fünf Kinder, 61 Jahre alt, seit 23 Jahren im Quartier, Hauswirtschafterin im Altenheim, Rentnerin): *„Es sind keine Probleme aufgetaucht. Versuchen, es zu lösen, irgendetwas würden wir schon tun. (lacht) Es versuchen, untereinander zu lösen. Wie ich es bei Türken gemacht habe. Genau das Gleiche. Wenn ein deutscher Nachbar sagen würde, dass wir die Türen zu fest zuschlagen würden, dann würde ich aufpassen."*

93 (männlich, ledig, 20 Jahre alt, im Quartier geboren, Informationstechniker, hat Fachabitur): *„Nein, ein Problem gab es noch nicht. Bis jetzt. Zum Beispiel trennen den Kontakt oder besuchen gehen also. Man könnte das lösen also. Durch Gespräche oder Geschenke, also ich weiß jetzt nicht."*

Nur drei Interviewte geben aber an, dass sie beim Entstehen der Probleme mit den Deutschen den vorhandenen Kontakt abbrechen wollen oder sich distanzieren würden. 40 (weiblich, verheiratet, 33 Jahre alt, seit 15 Jahren im Quartier, arbeitslos): *„Genau wie ich es bei den Türken gemacht hätte, ich würde mich von ihnen distanzieren."*

20 (weiblich, verheiratet, 43 Jahre alt, seit fünf Jahren im Quartier, Hausfrau): *„Distanz halten."*

6. Wie verhalten sich Ihre deutschen NachbarInnen Ihnen gegenüber (freundlich, feindlich)?

82 Personen sagen, dass ihre deutschen Nachbarn sich ihnen gegenüber „gut" oder „normal" verhalten. Mehr als zwei Drittel bewerten das nachbarschaftliche Verhalten ihrer deutschen Nachbarn als gut. Das bedeutet aber nicht, dass es keine Probleme zwischen ihnen gibt, sondern, dass die „kleinen Probleme" nicht als „Problem" gesehen werden. Sie finden ihre deutschen Nachbarn „nett", „hilfsbereit", „respektvoll".

1 (männlich, verheiratet, 33 Jahre alt, seit drei Jahren im Quartier, Koch und arbeitet in einem Restaurant): *„Die verhalten sich mir gegenüber gut."*

2 (männlich, ledig, 26 Jahre alt, im Quartier geboren, ohne Beruf, Abschluss der 10. Klasse): *„Das sind sehr sympathische Menschen. Die verhalten sich mir gegenüber gut."*

11 (weiblich, verheiratet, 36 Jahre alt, seit 27 Jahren im Quartier, Hauptschule beendet, übt Gelegenheitsjob aus): *„Sie sind sehr nett. Zum Beispiel, offen gesagt, diskriminieren sie einen nicht, weil man Ausländer ist. Als Beispiel: Mein Sohn hat einmal seinen Schlüssel zu*

Hause vergessen, da er draußen vor der Tür stand, hat ihn meine Nachbarin reingebeten, aber da mein Sohn sehr schüchtern ist, ist er nicht reingegangen. Diese Nachbarn sind sehr hilfsbereit in dem Sinne."

19 (männlich, ledig, 30 Jahre alt, im Quartier geboren, hat Realschulabschluss, selbstständig und führt ein Wettbüro): *„Wir haben gegenüber vor uns also sehr viel Respekt, jeder gegenseitig und die Kommunikation ist gegenseitig eigentlich super."*

35 (weiblich, verheiratet, 60 Jahre alt, arbeitslos und seit 36 Jahren im Quartier): *„Die sind gut, sehr gut. Ich habe so kleine Söckchen gestrickt und habe es einem Deutschen gegeben. Er war der Hausmeister. Er hat uns nie gegrüßt. Und als ich ihm das Söckchen gab, welches ich gestrickt hatte, hat er sich sehr gefreut. Jetzt hebt er die Hand, sagt ‚Guten Tag'."*

Neun Interviewte finden die deutschen Nachbarn in der nachbarschaftlichen Kommunikation nicht so warm, wie sie es bei den türkischen Nachbarn gewohnt sind. Das wird damit begründet, dass die Nachbarn deutscher Herkunft gegenüber den Nachbarn mit Migrationshintergrund Vorurteile haben.

24 (weiblich, verheiratet, geschieden, 47 Jahre alt, Hausfrau, arbeitslos): *„Ehrlich gesagt, sind die Deutschen hier kalt."*

45 (geschieden, 46 Jahre alt, seit zwölf Jahren im Quartier, Arzthelferin): *„Ehrlich gesagt, ändert sich das. Manchmal trifft man sehr gute Deutsche, manchmal Deutsche, die die Ausländer nicht wollen. Also wir erleben beides. Ich erlebe das und wenn man beides erlebt… Hier hat man die Möglichkeit, mit Menschen zu diskutieren, die ein unabhängiges Denken haben. Man kann sich mit ihnen austauschen. Aber im Endeffekt, wenn du dich mit Menschen zusammensetzt, die die Ausländer nicht akzeptieren und nicht wollen, besteht das Leben aus Kampf, Anstrengung, Reden. Dafür vergeuden wir viel Zeit. Und am Ende kannst du machen, was du willst. Auch wenn er ‚Ja' sagt, ändert er seine Meinung später wieder."*

68 (männlich, verheiratet, 43 Jahre alt, seit 25 Jahren im Quartier, Stahlbetonbauer und hat Fachabitur): *„Ja, so arrogant und vorur…,. die haben sehr viele Vorurteile uns gegenüber. Die kennen uns noch nicht einmal, die nehmen uns noch nicht einmal wahr, einfach mal."*

98 (weiblich, verheiratet, ein Sohn, 37 Jahre alt, seit drei Jahren im Quartier, Schneiderin und hat Mittlere Reife): *„Ehrlich gesagt, sind die älteren Nachbarn viel wärmer, aufmerksamer. Auch wenn wir uns nur im Stehen unterhalten, wenn wir uns begegnen, sind sie freundlich, nett. Aber wir haben eine deutsche Familie im Haus, mit Kindern. Warum, weiß ich nicht, die sind immer unfreundlich. Auch wenn ich ‚Guten Morgen' sage, sie haben bisher nicht darauf geantwortet. Sie haben noch nie gegrüßt, obwohl ich sie gegrüßt habe. Vielleicht kommt es daher, dass sie Vorurteile haben oder sie haben eine andere Welt- oder Menschenanschauung."*

7. Unterscheidet sich Ihrer Meinung nach die türkische Auffassung von Nachbarschaft von der der Deutschen?

Neun Befragte sagen hierzu, dass es keinen Unterschied zwischen beiden Kulturen in Bezug auf die Nachbarschaft gibt.

1 (männlich, verheiratet, 33 Jahre alt, seit drei Jahren im Quartier, Koch und arbeitet in einem Restaurant): *„Also bei der Nachbarschaft sollte man nicht diskriminieren. Ob Türke oder Deutscher oder von anderen Nationen. Es ist egal, in welchem Land man sich befindet. Man muss alle Nachbarn gleich behandeln."*

9 (weiblich, verheiratet, 31 Jahre alt, seit 30 Jahren im Quartier, Bürokauffrau, bekommt Arbeitslosengeld, hat Abitur): *„Eigentlich nicht viel, es ist das Gleiche. Ich habe auch deutsche Nachbarn, mit denen ich mich normal unterhalte und die auch mich besuchen und es gibt auch türkische."*

16 (weiblich, verheiratet, 32 Jahre alt, seit 20 Jahren im Quartier, Ausbildung im Bereich Kosmetik, arbeitet in ihrem Beruf): *„Nein, sie unterscheidet sich nicht. Natürlich, wenn du Deutsch kannst... Mir sind die Türken näher. Die Deutschen sind auch gut, da ich aber kein Deutsch kann und nur Kontakt zu Türken habe, sind die mir näher. Wenn ich Deutsch könnte? Sicher, dann würde ich mit ihnen reden."*

55 (weiblich, verheiratet, 32 Jahre alt, seit 20 Jahren im Quartier, Studentin): *„Eigentlich nicht. Weil, die Menschen sind im Grunde genommen gleich. Ich denke mal, zwischen deutschen Nachbarn wird es genauso sein, dass sie sich auch freuen, wenn jemand mal einen Kuchen backt und was mitgibt oder nett, freundlich grüßt. Das ist alles, was jeder gerne hat. Nur, ich glaube, beim Ausländischen ist..., die Mentalität geht, glaube ich, mehr in die Familienstruktur. Zum Beispiel habe ich ausländische Familien beobachtet, sie geben auch ihre Kinder den Nachbarn, weil, die sind so aufgewachsen. Bei den türkischen Familien, genau. Das ist in meiner Heimat Türkei so, seine Kinder in der Nachbarschaft lässt oder dass immer jemand da ist, der auf die Kinder aufpasst. Das ist automatisch so, man kennt die Nachbarn sehr gut. Man weiß alles über sie. Und hier ist das so, man ist nur auf den Staat fixiert."*

78 Befragte sind der Auffassung, dass der Begriff „Nachbarschaft" in beiden Gesellschaften anders verstanden und wahrgenommen wird. Der Unterschied lässt sich laut den Befragten an verschiedenen Erwartungen und Fähigkeiten festmachen.

66 (männlich, verheiratet, drei Kinder, 62 Jahre alt, seit 1973 im Quartier, Rentner, Grundschule abgeschlossen): *„Natürlich, weil wir Türken sind, Menschen aus dem gleichen Land sind, gibt es schon so Unterschiede. Ja, so mit der Sprache. Wir können uns besser verständigen. Weil sie Deutsche sind. Unsere Kultur ist auch ein wenig anders. Bei der Kultur gibt es auch Unterschiede Also wie soll ich dir das sagen. Sie sind auch gut. Im Grunde genommen ändert sich da für mich nichts. Es ändert sich nichts. Weil die türkisch sprechen, können wir uns viel besser verständigen. Und auch auf Deutsch. Es gibt eigentlich nichts weiter zu sagen. Bei den Türken ist das so, dass man sich gegenseitig besucht und sich miteinander unterhält. Die kommen, du gehst. Also, ich gehe nicht, aber meine Frau geht da hin. Aber*

die Deutschen sind nicht so. Der frühere Nachbar, der kam schon zu mir. Der hieß (schwierig auszusprechen) Bernd, Bernard, ja, Bernhard. Kurt. Der kam. Wir saßen zusammen. Und ich ging auch nach oben zu ihm. Wir haben gemütlich miteinander geplaudert und auch Scherze gemacht. Der war sehr gut. Aber diese sind ein wenig kalt. Weil sie wohl alt sind. Die sind neu hier. Aber zum Beispiel der Grieche, da ist es genauso, der ist auch gut. Wir gehen zueinander und unterhalten uns. Meine Frau ging auch da hin. Jetzt ist seine Mutter auch nicht da. Mit dem Deutschen von früher waren wir wie bei den Türken. Der war nach meiner Meinung besser als Türken!"

75 (männlich, verheiratet, 33 Jahre alt, seit elf Jahren im Quartier, hat Fachabitur, arbeitet bei Siemens als Servicetechniker): *"Natürlich kann man schon Unterschiede erkennen. Wir haben eine andere Kultur. Die Deutschen empfangen die Gäste anders. (Seine Frau: ‚Bei den türkischen Nachbarn kann man die Tür anklopfen, reingehen und schwatzen, aber bei den Deutschen kann man das nicht.'). Man weiß nicht, was sie denken. Vielleicht gefällt es ihnen nicht, vielleicht sagen sie: ‚Ah, sie sind wieder da.' Es ist auch bekannt, dass die Deutschen nicht enge Beziehungen haben wollen. Wie sagt man noch? Sie sind sehr anonym in ihren Beziehungen. Das ist meine Meinung. Sie besuchen sich untereinander nicht oft. Sie treffen sich mehr in der Kneipe, nicht zu Hause wie wir. Ich kenne das von meinen Freunden."*

85 (weiblich, Witwe, 65 Jahre alt, seit 1974 im Quartier, Hausfrau, Grundschule abgeschlossen): *"Ja, sie sind unterschiedlich. Die Deutschen wollen nicht viele Menschen um sich, die wollen nicht viel reden, die wollen nicht viele Geräusche. Die Türken sind laut und sie sind immer viele, dann versuchen die Deutschen, vor dir zu flüchten. ‚Das ist eine Menschenmenge. Ich kann hier nicht bleiben unter den Türken.' Die würden uns dann lassen und nach draußen gehen."*

88 (weiblich, verheiratet, vier Kinder, 37 Jahre alt, seit vier Jahren im Quartier, Hausfrau und bekommt Arbeitslosengeld): *"Auf jeden Fall sind sie unterschiedlich. Einen Menschen, den man länger kennt, wenn er kann: ‚Komm, lass uns Tee trinken.' Auch wenn sie Kinder haben, laden wir sie gerne ein. Wenn es schon spät geworden ist und die Kinder schlafen, sagen wir: ‚Lass sie schlafen, wir wecken sie, wenn ihr losfahrt.' Solche Sachen kommen sehr oft bei uns vor. Bei den Deutschen, auch wenn man nichts zu tun haben, wenn es eine angemessene Uhrzeit ist, sagt kein Deutscher: ‚Komm rein, lass uns Tee trinken.' Wie ich schon gesagt habe, die sind sich gegenüber auch so."*

95 (weiblich, ledig, 19 Jahre alt, geboren im Quartier, Auszubildende): *"Was heißt unterscheiden? Die machen sich da eigene Regeln rein, also Deutsche gehören zu Deutschen und Türken gehören zu Türken, aber ich sehe das nicht so. Also, es ist besser, wenn alle zusammen mal miteinander was unternehmen, anstatt dass dann einer sagt: ‚Nee, ich will dahin und ich will dahin.' Also so, wie ich das sehe, Nachbarschaft bei Türken ist das so, dass man mit der ganzen Familie sich trifft, mit den Nachbarn und so, dass man dann von Haus zu Haus geht und dass man mal da kocht und mal da isst. Und bei den Deutschen ist das dann halt, dass sie einmal in der Woche dann Essen machen und dann einen Tag dann den ganzen Tag dasitzen und trinken und sonst was. Eigentlich ist das ja gleich, nur dass sie sich dann halt trennen. Dass die Deutschen dann auf einer Seite sind und die Türken auf einer Seite sind. Sonst ist das ja alles gleich. Die machen alle das Gleiche. Die Nachbarschaften werden nur untereinander ausgelebt. Türken leben ihre Nachbarschaft mit türkischen Leuten*

aus und die Deutschen leben ihre Nachbarschaft mit den Deutschen aus. Die Bedeutung ist schon die gleiche. Die machen eigentlich alle das Gleiche, nur dass das dann halt getrennt wird von der Nationalität her."

Der Unterschied wird nicht nur mit der unterschiedlichen Mentalität, sondern auch mit Sprachdefiziten erklärt. 64 (weiblich, ledig, wohnt bei den Eltern, Schülerin und besucht Gesamtschule): *„Ich denke, dass, wenn es einen Unterschied gibt, dann wegen der Sprache. Wenn du die Sprache kannst, dann kannst du mit jedem, passt dich an. Aber wenn du die Sprache nicht kannst, dann kannst du auch nicht in Dialog treten und wendest dich eher deinen Leuten zu. Ist es denn nicht so?"*

99 (weiblich, verheiratet, 33 Jahre alt, seit neun Jahren im Quartier, Hausfrau, Grundschule in der Türkei abgeschlossen, Hartz-IV-Empfängerin): *„Ja! Wenn du die Sprache kannst, kannst du Kontakte knüpfen, aber wenn du das nicht kannst, dann kannst du nur mit Händen und Füßen dich äußern. Es gibt nichts Schlimmeres hier, als die Sprache nicht zu können. Wir sind hierhergekommen, haben aber leider die Sprache nicht gut gelernt. Und das ist ein großes Problem. Ja."*

Einige der Befragten empfinden das türkische Nachbarschaftsverständnis als besser als das mit Deutschen. So 3 (weiblich, verheiratet, 39 Jahre alt, seit 13 Jahren im Quartier, Schneiderin, arbeitslos): *„Die Türken haben ein besseres Nachbarschaftsbild. Die Deutschen sind nicht sehr nahe und offen. Zum Beispiel wohnt hier nebenan wieder ein deutscher Nachbar, den sehen wir nur beim Rein- und Rausgehen. Der wohnt nicht im selben Haus, der wohnt im Haus nebenan. Er hat einen Hund und lässt ihn immer plötzlich raus. Dann bekommt mein Kind Angst. Dann sagt man, dass er den Hund erst mal festhalten soll. Man kann ja nicht direkt die Tür aufmachen und den Hund laufen lassen. Wenn der Hund dann so plötzlich rausspringt, erschreckt sich das Kind. Dann sagt er immer, was das soll, warum wir den vor Hunden Angst haben. Wir haben keine Angst vor Hunden, aber wenn der Hund so plötzlich kommt, erschrecken wir uns. Die haben kein Verständnis dafür."*

4 (männlich, geschieden, 36 Jahre alt, seit 22 Jahren im Quartier, Student): *„Die Türken haben ein besseres Nachbarschaftsbild. Die Deutschen sind nicht sehr nahe und offen."*

6 (männlich, verheiratet, 40 Jahre alt, seit 25 Jahren im Quartier, Kaufmann): *„Meiner Meinung nach schon, weil bei uns die Nachbarschaft sehr wichtig ist. Man sagt ja, man soll sich erst Nachbarn suchen, dann die Wohnung. In der Hinsicht sind uns die Nachbarn sehr wichtig. Nicht nur die direkt nebenan wohnenden Nachbarn, sondern 40 Türen weiter tragen wir, nach der türkischen Kultur, Verantwortung. Wir müssen uns verstehen, unterstützen, zusammen reden, weil wir zusammen wohnen. Besonders bei Türken ist die Verbindung zu den Nachbarn stärker. Wir können uns gegenseitig alles erzählen, ausleihen, helfen. Bei den Deutschen ist das nicht so stark vorhanden. Aber auch bei uns nimmt das ab, weil die Städte immer größer werden, weil die Technik sich so schnell erweitert und die Anonymität wächst. Das alles sind Gründe, warum das bei uns auch abnimmt."*

8 (weiblich, verheiratet, 37 Jahre alt, seit neun Jahren im Quartier, Bibliotheksassistentin): *„Natürlich sind sie unterschiedlich, weil die Türken, wenn im Haus etwas fehlt, zum Nachbarn gehen können und ihn fragen können. Die Deutschen haben das nicht. Es gibt ein*

‚mein' und ‚dein', sie sind sehr egoistisch. Ohnehin, wenn man sich nichts ausleihen kann, wenn man nichts zusammen teilt, kann man das nicht als Nachbarschaft betrachten. Dass man sich zusammen hinsetzt, miteinander redet, miteinander etwas teilt. Das kann man alles nicht machen mit den Deutschen. Die Kulturunterschiede sind zu groß. Ja, ich habe Vorurteile. Weil, ich weiß nicht, die sind generell kinderlos, sie kümmern sich nicht um ihre Kinder, sie sind einsam, die Türken sind immer zahlreich. Der Unterschied generell zwischen den Türken und Deutschen ist... Die Deutschen wollen, dass die Ausländer immer integriert werden und sich den Deutschen anpassen. Wir tun alles, was in unserer Macht steht. Es gibt auch einige, die das nicht so gut schaffen, aber die Mehrheit gibt sich Mühe. Zum Beispiel wenn die Kinder in der Schule nicht gut sind, versuchen wir zu helfen. Aber die Deutschen wollen immer, dass man sich anpasst. Ausländische Kinder laden deutsche Kinder ein, aber warum laden deutsche Kinder keine ausländischen Kinder ein? Weil sie sehr geizig sind und eine andere Erziehung bekommen haben. Warum müssen immer Ausländer integriert werden? Warum nicht die Deutschen. Zum Beispiel wenn wir in die Stadt gehen und die Mehrheit Deutsche sind, weil wir Schwarze haben, werden wir schlecht behandelt, sie ziehen ein Gesicht. Darüber rege ich mich auf. Man kann das nicht alles in Worte fassen, man muss das erleben. Egal wo, es ist immer pessimistisch. Es heißt immer: ‚Schon wieder Ausländer.' Das alles sollte nicht immer von den Ausländern erwartet werden. Sie selber sollten auch etwas tun, aber die sagen: ‚Das ist unser Land, wir haben es nicht nötig, die müssen integriert werden.' Auf jeden Fall tun die Ausländer alles, was in ihrer Macht liegt. Ich bin gegen den Druck."

30 (weiblich, verheiratet, 56 Jahre alt, seit 27 Jahren im Quartier, Hausfrau, arbeitslos): *„Bei den Türken ist die nachbarschaftliche Beziehung weiter, aber ich denke, dass es bei den Deutschen besser ist, also ich weiß es nicht. Ich weiß nicht, sie sind ruhiger, sie mischen sich nicht in Sachen ein, sie machen nichts. Wir Türken sind, wie soll ich sagen, wir stehen mehr auf Tratschen."*

37 (weiblich, ledig, 34 Jahre alt, seit 16 Jahren im Quartier, Krankenschwester, berufstätig): *„Das hängt jetzt von unseren Sitten, Gebräuchen und von unserer Warmherzigkeit ab. Ich selber habe keine großen Erwartungen von den Deutschen, da ich sie kenne und hier aufgewachsen bin. Ich kenne sie. Ihnen gegenüber verhalte ich mich so und meinen Landsleuten gegenüber so."*

49 (weiblich, verlobt, 23 Jahre alt, im Quartier geboren, Schneiderin, arbeitet als Schneiderin): *„Die Deutschen sind immer distanziert, die Türken sind immer herzlicher, sie sehen sich öfter untereinander."*

51 (weiblich, verheiratet, 30 Jahre alt, seit drei Jahren im Quartier, Hausfrau, Mittelstufe in der Türkei abgeschlossen): *„Meiner Meinung nach ist sie anders. Wir sind untereinander sehr herzlich, warm zueinander. Die Deutschen hingegen sind eher so formell zueinander bzw. ihre Gastfreundschaft ist nicht so wie bei den Türken. Wenn zum Beispiel ein neuer Nachbar im Haus ist, würde ich schon erwarten, dass man sich vorstellt bzw. versucht, Kontakt zu knüpfen, was nur bei den Türken passiert. Bei den Deutschen ist das nicht so. Sie grüßen einen nur. Bei uns ist es so, dass man, wenn man sich sieht, zu sich einlädt oder fragt, ob man Zeit auf einen Tee hat. Bei denen aber gibt es so was nicht."*

56 (weiblich, allein stehend, 32 Jahre alt, seit 2,5 Jahren im Quartier, Hartz-IV-Empfängerin): *„Natürlich ist sie anders. Also, die Türken sind schon wärmer. Wahrscheinlich liegt es auch an der Sprache, da wir beide die gleiche Sprache sprechen, haben wir dann auch schneller einen Dialog miteinander. Man kann leichter sagen: ‚Kannst du auf das Kind aufpassen?' Oder: ‚Komm doch mal vorbei.' Also die Zurückhaltung."*

83 (weiblich, verheiratet, ein Kind, 36 Jahre alt, seit 17 Jahren im Quartier, Hausfrau): *„Von manchen Deutschen unterscheidet sie sich sehr. Manchmal haben wir türkische Freunde, manchmal sind Türken und Deutsche mehr Dings... Natürlich sind die Türken anders. Die Türken öffnen jedem die Tür, aber die Deutschen können das nicht. Wenn ein deutscher Nachbar bei uns an die Tür klopft, öffnen wir sofort und bitten ihn rein. Das bei einem Deutschen, also... Weder von den schlechten noch von den guten Deutschen kann man das erwarten, generell. Das wissen sie bestimmt auch, sie können nicht wie ein Türke sein. Jemandem, der durch unsere Tür geht, bieten wir einen Kaffee oder Tee an, das von einem Deutschen... Natürlich, wenn man bei ihnen anklopfen würde, würden sie auch ‚Bitte schön' sagen, aber wie ein Türke könnten sie nicht werden."*

87 (weiblich, ledig, 17 Jahre alt, im Quartier geboren, Schülerin der Oberstufe): *„Ja, finde ich schon. Also für die Türken würde ich sagen, dass die Nachbarschaft wie eine Familie ist. Also helfen oder solche Sachen. Also, die Familie spielt eine sehr große Rolle und jeder muss jeden kennen, damit man überhaupt weiß, mit wem habe ich es zu tun oder so. Bei den Deutschen weiß ich nicht, also... Das weiß ich wirklich nicht, aber... Also, ich glaub auch so, dass es nicht so tief ist wie bei den Türken, dass das so familiär ist oder so, aber vielleicht ist es bei denen auch so. Aber, wie soll ich das sagen? Also bei den Türken, wie gesagt, der Vater von mir, also mein Vater, kennt den Vater meiner Freundin... Aber vielleicht ist es bei den Deutschen so, dass halt nur die Kinder sich untereinander kennen, nicht die Eltern und so."*

9 Interviewte empfinden hingegen die deutsche Haltung zur Nachbarschaft besser als die eigene. So 20 (weiblich, verheiratet, 43 Jahre alt, seit fünf Jahren im Quartier, Hausfrau): *„Ja, sehr. Freundlichkeit, zum Beispiel Sprache. Die Deutschen sind freundlicher. Ja, da ist ein großer Unterschied. Ausländische Nachbarn sind unfreundlich, die Deutschen freundlicher."*

25 (weiblich, verheiratet, 36 Jahre alt, im Quartier geboren, Hausfrau, Förderschule abgeschlossen): *„Wie soll ich sagen? Die Deutschen wirken auf mich wärmer, die Türken sind distanzierter. Also so... wie soll ich sagen? Wir können uns nicht verständigen."*

50 (männlich, verheiratet, 31 Jahre alt, seit 2,5 Jahren im Quartier, arbeitet als Kellner): *„Eigentlich ist die Person abhängig, aber die Deutschen scheinen etwas besser zu sein. Sie sind zwar etwas kühl, aber generell gab es bis her keine Probleme."*

14 Befragte finden die Nachbarschaften kulturbedingt unterschiedlich. Etwa 2 (männlich, ledig, 26 Jahre alt, im Quartier geboren, ohne Beruf, Abschluss der 10. Klasse): *„Ja, sehr unterschiedlich."*

Genauso 5 (weiblich, verheiratet, 32 Jahre alt, seit 15 Jahren im Quartier, Hausfrau, arbeitslos): *"Sie unterscheidet sich. Wenn zum Beispiel bei uns im Haus nur Türken wohnen würden, wäre die Beziehung etwas näher, warum auch immer, aber mit den Deutschen existiert immer eine gewisse Distanz. Zum Beispiel traue ich mich nicht, deren Wohnung zu betreten. Ich weiß es nicht. Da ist ein Misstrauen vorhanden. Zum Beispiel hat die Erika mich so gern, dass sie mich manchmal drückt und küsst. Aber ich weiß nicht, ich kann ihre Wohnung nicht betreten. Sie hat einen Sohn, der Single ist, aber nein. Vielleicht ist es auch, weil sie Alkohol trinken. Manchmal ist Erika auch sturzbesoffen. Da gibt es auch die Diana... Ich weiß es einfach nicht. Früher gab es einen Daniel im Garten. Mit ihm hatten wir einen sehr engen Kontakt. Der hat mir viel Deutsch beigebracht. Das war sehr gut. Der nannte mich immer Hatice ‚abla', der war sehr gut. Ich habe ihm immer gesagt, dass ich ihn mit meiner Schwester verheiraten werde. Manchmal schrie er nach oben: Was hast du heute gekocht, ich habe Hunger?' ‚Komm hoch, Daniel, lass uns zusammen essen.' Wie gesagt, wir hatten einen sehr engen Kontakt."*

7 (weiblich, verheiratet, 42 Jahre alt, und seit neun Jahren im Quartier, Hausfrau): *"Ja, sie ist unterschiedlich. Weil unsere Kulturen nicht zusammenpassen. Vielleicht werden die Kinder der dritten Generation sich besser anpassen. Aber sagen, wir meine Einstellung, meine Kultur unterscheidet sich sehr von der der Deutschen."*

26 (weiblich, geschieden, 47 Jahre alt, seit 29 Jahren im Quartier, Hausfrau und arbeitslos): *"Natürlich sind die Deutschen und die Türken unterschiedlich. Wir haben unsere eigene Kultur und sie haben ihre Kultur, natürlich sind wir unterschiedlich. Jeder hat seine Kultur, oder?"*

43 (weiblich, verheiratet, 51 Jahre alt, seit 30 Jahren im Quartier, Rentnerin): *"Ja, weil die Deutschen, die wollen eigentlich ein Leben für sich alleine, die wollen also sich nicht so einmischen. Sobald sie zu Hause sind, wollen sie mit keinem was zu tun haben, das lassen sie auch, das ist auch bemerkbar durch das Verhalten, das sie an den Tag legen, dass sie einfach miteinander nichts zu tun haben wollen und nicht in Form von Besuchen und das merkt man schon. Also das ist schon ein Unterschied zu den Migranten."*

8. Was stört Sie bei Ihren deutschen NachbarInnen (laut, hören nicht zu, nicht belastbar, nicht kommunikationsfreudig...)?

Hier werden verschiedene Irritationsursachen genannt, etwa Musik, lautes Verhalten. So 2 (männlich, ledig, 26 Jahre alt, im Quartier geboren, ohne Beruf, Abschluss der 10. Klasse): *"Die schreien sehr oft und sind meist zu laut. Sie machen viel Musik. Natürlich nicht immer. Sie machen nicht immer Musik, aber trotzdem sind sie meistens zu laut."*

Ebenso 19 (männlich, ledig, 30 Jahre alt, im Quartier geboren, hat Realschulabschluss, selbstständig und führt ein Wettbüro): *"Also an den deutschen Nachbarn stört es mich, wenn die Hunde hier auf den Boden vor meiner Tür scheißen. Oh, da werde ich dann pingelig."*

62 (weiblich, verheiratet, ein Kind, 33 Jahre alt, seit 22 Jahren im Quartier: Einzelhandelskauffrau, arbeitslos): *„Das Einzige, was mich an dieser einzigen Familie stört, ist, dass sie ziemlich immer schreien, laut sind. Die Kinder auch anschreien. Immer laut gegenseitig, die Großen sich auch anschauen (unterbricht sich), anschreien. Die Kinder anschreien ist das Einzige, denke ich mal, was mich stört. Die sind ziemlich sehr laut."*

83 (weiblich, verheiratet, ein Kind, 36 Jahre alt, seit 17 Jahren im Quartier, Hausfrau): *„Manchmal kommt das vor. Es geht dann wieder um die Kinder. Es kommen und gehen große Jungs. Natürlich haben wir manchmal Probleme. Dass sie rumschreien, manchmal schreien sie rum. Die Familien schreien ihre Kinder an. Die Kinder schreien. Zum Beispiel wenn unsere Kinder 14 Jahre alt sind, hören sie noch auf uns. Die Kinder der Deutschen hören nicht mehr. Was soll ich sagen, dass sie bis an die Haustür mit dem Fahrrad fahren, ihr Lärm, wir fühlen uns schon gestört. Manchmal streiten wir uns auch deswegen. Wie ich schon gesagt habe, wegen den Kindern kommt es dann doch schon mal vor. Es gibt gute und schlechte Tage."*

86 (männlich, allein stehend, 35 Jahre alt, seit 26 Jahren im Quartier, Studium abgebrochen, freischaffender Künstler, Kabarettist, Schriftsteller): *„Was mich gestört hat etwa Ende der 80er-, Anfang der 90er-Jahre, für einige, die müssen uns ja erst mal richtig kennenlernen. Also, die wussten nicht, dass, wer aus der Türkei kommt, nicht unbedingt ein Türke sein muss. Es gibt andere, wie etwa Kurden und die sprechen eine andere Sprache als die Türken. Und das wussten die Deutschen nicht und das war ganz neu für diese Menschen. Die waren erstaunt, das zu hören. Man kommt aus der Türkei, aber man ist kein Türke, man ist kein Kurde oder man ist nicht Sunnit, sondern Alevit. All diese Begriffe, die waren für die Deutschen sehr fremd. Also, was mich gestört hat, ein konkretes Beispiel: Ich bin ein Mensch, sagen wir mal, auf einer türkischen Hochzeit bin ich von einer deutschen Dame gefragt worden, sie sagte zu mir: ‚Ich wusste gar nicht, dass die Türken tanzen.' Unsere Leute waren da am Tanzen. Das war für die Frau ganz was Neues. Und das hat mich bisschen gestört also. Wer Arme und Füße hat, kann tanzen. Die Nationalität ist da unwichtig."*

40 Personen sagen, dass es eigentlich keine weiteren Störfaktoren gibt. 9 (weiblich, verheiratet, 31 Jahre alt, seit 30 Jahren im Quartier, Bürokauffrau, bekommt Arbeitslosengeld, hat Abitur): *„Eigentlich nichts. Die sind auch sehr freundlich und hilfsbereit."*

Ebenso 32 (weiblich, verheiratet, 62 Jahre alt, seit zwölf Jahren im Quartier, arbeitslos): *„Nein sie stören mich nicht. Ich bin sehr zufrieden mit den Deutschen."*

Einige Personen sind der Meinung, dass die Deutschen den Türken Desinteresse oder Vorurteile entgegenbringen: 43 (weiblich, verheiratet, 51 Jahre alt, seit 30 Jahren im Quartier, Rentnerin): *„Dass sie so reserviert sind, so kühl und dass die einfach so dieses Desinteresse, das stört mich sehr, ehrlich, das stört mich sehr."*

46 (männlich, ledig, 20 Jahre alt, im Quartier geboren, macht Abitur): *„Sie haben Vorurteile, aber das haben alle Nationalitäten."*

47 (weiblich, verheiratet, 52 Jahre alt, seit 32 Jahren im Quartier, Schneiderin, arbeitet als Schneiderin): *„Was die Türken angeht, ja. Zum Beispiel. kommen sie in meinen Laden: ‚Du*

bist keine Türkin.' – ‚Warum hast du kein Kopftuch?' ‚Warum das?' Die machen mir immer die Türken schlecht. Ich versuche ihnen das immer zu erklären: ‚Die Türken sind nicht so.' ‚Nicht jede trägt ein Kopftuch.' ‚Seht euch die Türkei an.' ‚Türkei ist ein ganz modernes Land.' Das erzähle ich ihnen. Ich zeige den Deutschen Bilder von mir, die 30, 40 Jahre alt sind, wie modern es ist. Das sehen sie dann und: ‚Ah', sie sind schockiert."

Ein paar Mal wird auch „Ausländerfeindlichkeit" thematisiert: So von 60 (männlich, 68 Jahre alt, Rentner, seit 45 Jahren im Quartier): *„Ach – das kann schon sein. Es gibt schon welche. Das ist aber normal. Das passiert auch sogar unter uns selbst zum Beispiel. Die Menschen... Jeder Mensch mag vom Gefühl her einen nicht. Es kann schon welche geben, die man nicht mag. So Gott weiß, ich habe keine Beschwerden gegenüber meinen deutschen Nachbarn. Ich habe wirklich auch nichts Störendes bis jetzt gehört. Aber da kennt mich zum Beispiel einer überhaupt nicht, ich habe es mit eigenen Ohren gehört, so: ‚So und so Türke' wird gesagt. Das sind Leute, die mich nicht kennen. Einer, der mich kennt, würde so was nicht sagen. Warum? Weil ich auch kein Mensch bin, der einem was Schlechtes wünscht, ihn verletzt. Weil ich keiner bin, der einem das Haar krümmt. Wenn ich nichts Schlechtes mache, warum sollte der andere mir Schlechtes wünschen? Aber einer, der es nicht weiß, der ein Ausländerfeind ist, der sagt das. Wir hören das. Ich selbst habe es wirklich schon ein paar Mal mit eigenen Ohren gehört."*

68 (männlich, verheiratet, 43 Jahre alt, seit 25 Jahren im Quartier, Stahlbetonbauer und hat Fachabitur): *„Für die sind wir gleichgültig. Also denen ist es scheißegal. Die nehmen uns noch nicht einmal wahr."*

Ebenso 88 (weiblich, verheiratet, vier Kinder, 37 Jahre alt, seit vier Jahren im Quartier, Hausfrau und bekommt Arbeitslosengeld): *„Uns gegenüber verhalten sie sich, als ob wir schuldig wären, die Türken mischen alles auf. Zum Beispiel vor ein paar Monaten hat ein türkisches Kind einem polnischen Kind im Kindergarten ein Spielzeug gegen das Bein geworfen. Das kann schon mal vorkommen. Es hätte auch ein deutsches Kind einem türkischen Kind ein Spielzeug vor das Bein werfen können. Die haben sofort gesagt: ‚Das sind die Terroristen von morgen.' Die Oma des Kindes hat ganz offen geredet. Bei einer ganz banalen Sache gibt es solche Anschuldigungen und Vorurteile. Das sind Themen, die mich stören. Sonst gab es bisher keinen Streit oder ähnliches. Die zeigen ihre Vorurteile mit dem Reden. Vorurteile? Vielleicht, von dem, was ich gelesen habe, sind sie sich gegenüber... Die familiären Beziehungen sind nicht ganz gut. In manchen Bereichen kann ich das beobachten. Aber man merkt das. Es gibt Frauen, die ständig ihren Partner wechseln. Da gibt es 30- bis 40-Jährige, die eine Familie haben, die sehe ich mit einem besseren Bild. Wenn ich Menschen sehe, die eine Familie haben, die nicht oft ihren Partner gewechselt haben oder die nicht von ‚meinem Freund' erzählen, sondern von ‚meinem Partner', vielleicht kommt es wegen meiner eigenen Kultur, finde ich diese Art besser. Wenn sie lange zusammenwohnen, ist das auch nicht schlecht. Also 10 Jahre mit demselben Partner, die müssen nicht verheiratet sein. Wenn sie lange zusammenleben, sehen sie sich als verheiratet."*

9. Kontakte in Kneipen

48 Personen haben diese Frage überhaupt beantwortet. Zehn Interviewte haben gesagt, dass sie noch nicht in einer (deutschen) Kneipe waren. Besonders den türkischen Frauen ist der Gedanke unangenehm: 98 (weiblich, verheiratet, ein Sohn, 37 Jahre alt, seit drei Jahren im Quartier, Schneiderin, Mittlere Reife): *„Nein, noch nie. Also, wir waren ein paar Mal mit den Freunden in einem Café, also mit türkischen Freunden, wir setzen uns zwar hin, aber weiter hinaus... Wir haben Angst, viele Ausländer, die hier leben, verschiedene Kulturen, wie gesagt, zum Teil liegen die Ursachen auch in der Sprache. Diejenigen, die hier geboren und aufgewachsen sind, können da rein- und rausgehen, wo sie möchten, sie haben Freunde, sie können gehen. Aber für uns, für die erste Generation, ich gehöre auch zur ersten Generation, für uns ist das anders. Wir kennen die Sprache nicht genau, die Kultur nicht genau. Natürlich haben auch wir ein gewisses Vorurteil. Das sind distanzierte Menschen, die Deutschen, das wurde immer gesagt, wir kennen das so, wir haben auch Vorurteile. Und deshalb können wir nicht viel... Wir gehen aus den Grenzen unserer Gesellschaft nicht hinaus. Wir haben Angst davor, dass wir uns nicht mitteilen können, dass wir uns blamieren."*

90 (weiblich, 45 Jahre alt, seit zwölf Jahren im Quartier, Hausfrau): *„Cafés besuche ich schon, aber generell bin ich noch nie in eine Kneipe gegangen. Du gehst da hin und bestellst etwas, keiner nimmt den anderen wahr. Das ist nicht so. Ich würde auch mal gern eine Kneipe besuchen, aber wie soll ich das sagen? Mein Ehemann arbeitet nachts, wir haben keine Zeit, sonst kann man sich zusammen hinsetzen und ein Bier trinken. Aber ich möchte auch nicht, dass es zur Gewohnheit wird, ich finde es nicht so anziehend."*

Ebenso 88 (weiblich, verheiratet, vier Kinder, 37 Jahre alt, seit vier Jahren im Quartier, Hausfrau und bekommt Arbeitslosengeld): *„War ich nicht. Ich wollte es, glaube ich, nie. Ich dachte bestimmt, dass ich mich dort nicht wohlfühlen würde. Meistens ist das mit Alkohol. Wenn es ein Ort wäre, wo man nur Kaffee oder Säfte trinkt, könnte es sein."*

17 türkische Interviewte haben (deutsche) Kneipen besucht und sich dort gut gefühlt: 2 (männlich, ledig, 26 Jahre alt, im Quartier geboren, ohne Beruf, Abschluss der 10. Klasse): *„Ja, ich besuche sie. Ich habe keine Vorurteile. Nein, überhaupt nicht."*

53 (weiblich, verheiratet, 23 Jahre alt, im Quartier geboren, Hausfrau): *„Ja. Nein, ich hatte gute Erfahrungen."*

54 (weiblich, verheiratet, zwei Kinder, 23 Jahre alt, im Quartier geboren, Hausfrau, selbstständig), *„War ich. Ich bin ein paar Mal hingegangen. Gut, war nicht schlecht. Da ich mit meinem Mann dort war, war es eine schöne Sache. Unsere Türken trauen sich nicht, da reinzugehen. Aber wenn man seine Grenzen kennt, trinkt er dann das, was er mag, und geht dann."*

Vier Personen waren in Kneipen, haben aber keine guten Erfahrungen gemacht. So etwa 8 (männlich, ledig, 20 Jahre alt, im Quartier geboren, Realschulabschluss, macht Karosseriebauausbildung): *„Ja. Das auf jeden Fall. Ich hab schon schlechte Erfahrungen gemacht, aber das lag wohl an den Kellnern. Ja, das war... Ich war recht normal angezogen, ich erwähne jetzt keinen Namen von dem Café, und saß ich da mit meiner Freundin und da hatte* *derjenige mein Getränk gebracht, der Kellner, aber auch direkt die Rechnung. ‚Trinken Sie aus und gehen Sie bitte schnell wieder.' Hab ich gefragt: ‚Warum?' ‚Ja, einfach nur so.' Und ich gehe normalerweise oft in Cafés und man kriegt sein Getränk und wenn man noch mal was möchte, kriegt man wieder sein Getränk, bis man selbst die Rechnung verlangt. Der meinte zu mir einfach nur: ‚Und gehen Sie schnell wieder.' Keine Ahnung, woran das lag. Seitdem gehe ich da auch nicht mehr hin. Vorurteile? Nein, für mich sind das einfach nur nette Menschen. Also, für mich sind das genauso Menschen, wie ich einfach nur ein Mensch bin. Das ist für mich so, ich sehe da nichts anderes."*

12 Personen waren nicht in einer Kneipe, aber sie gehen gerne in Cafés: So 99 (weiblich, verheiratet, 33 Jahre alt, seit neun Jahren im Quartier, Hausfrau, Grundschule in der Türkei abgeschlossen, Hartz-IV-Empfängerin): *„Ja, wir gehen da hin. Also ich gehe ab und zu mit meinem Mann da hin oder mit den Kindern nach Kaufhof. Oben ist eine Cafeteria. Samstags gehe ich mit meinen Kindern dorthin und wir frühstücken dann miteinander. Ab und an gehe ich mit meinem Mann aus und wir essen dann im türkischen Restaurant. Schlechten Erfahrungen? Nein! Vorurteile? (betont) Nee! Nein."*

10. Dürfen Ihre deutschen NachbarInnen Sie jederzeit ansprechen, wenn sie Probleme haben?

79 Personen haben gesagt, dass ihre Nachbarn sie jederzeit ansprechen können. Dabei spielt der ethnische Hintergrund keine Rolle.

97 (männlich, verheiratet, 39 Jahre alt, seit vier Jahren im Quartier, Soziologe, arbeitslos): *„Natürlich können sie, für mich wäre das kein Problem. Unsere Tür ist jederzeit offen."*

95 (weiblich, ledig, 19 Jahre alt, geboren im Quartier, Auszubildende): *„Klar, ich würde denen gerne helfen. Mir wäre das egal, ob die Türken was sagen würden oder nicht. Das ist ein Mensch, egal ob Türke oder sonst jemand."*

93 (männlich, ledig, 20 Jahre alt, im Quartier geboren, Informationstechniker, hat Fachabitur): *„Die Deutschen? Die können zu uns kommen, wann sie wollen, das ist kein Problem für uns."*

41 (weiblich, verheiratet, 50 Jahre alt, seit 34 Jahren im Quartier, arbeitslos): *„Natürlich, meine Tür steht offen."*

40 (weiblich, verheiratet, 33 Jahre alt, seit 15 Jahren im Quartier, arbeitslos): *„Sie dürfen kommen, aber wie gesagt, ich habe zu keinem Deutschen so einen festen Kontakt, dass er mich ansprechen würde."*

Sieben Interviewte haben geäußert, dass sie nicht gerne von deutschen Nachbarn aufgrund eines Problems angesprochen werden möchten, aber dass die Sprache dabei das Hindernis wäre und es nicht etwaige Vorurteile sind.

99 (weiblich, verheiratet, 33 Jahre alt, seit neun Jahren im Quartier, Hausfrau, Grundschule in der Türkei abgeschlossen, Hartz-IV-Empfängerin): *„Nein. Wegen der Sprache können wir nicht richtig in Beziehung treten. Sie hat ein sehr freundliches Gesicht, aber wegen der Sprache klappt das nicht. Wir reden schon miteinander, aber es entsteht keine wirkliche Kommunikation wegen der Sprache. Wenn ich die Sprache könnte, wäre das anders."*

Ebenso 21 (weiblich, verheiratet, 40 Jahre alt, seit 27 Jahren im Quartier, Näherin, arbeitet als Reinigungsfachkraft): *„Natürlich, wenn ich etwas machen kann, dann würde ich es auch tun. Aber da ich nicht so gut Deutsch kann..."*

11. Haben Ihre deutschen NachbarInnen Kinder? Haben Sie Kontakt zu den Kindern? Stören die Kinder Sie? Wenn ja, inwiefern? Spielen Ihre Kinder mit den deutschen Kindern zusammen?

53 Befragte sagen, dass die Kinder deutscher Nachbarn sie nicht stören.

98 (weiblich, verheiratet, ein Sohn, 37 Jahre alt, seit drei Jahren im Quartier, Schneiderin und hat Mittlere Reife): *„Ja also, mit den Kinder, bei gutem Wetter, wir haben hinten einen Garten, gehen wir mit meinem Sohn raus, dann haben wir Kontakt zu den Kindern. Einen Kontakt mit den Kindern aufzubauen, ist einfacher als mit den Erwachsenen. Sie haben nämlich keine Vorurteile. Sie sind einfacher, sie denken banaler. Mit ihnen einen Kontakt aufzubauen, ist viel einfacher. Stören nicht."*

94 (männlich, verheiratet, zwei Kinder, 38 Jahre alt, seit zehn Jahren im Quartier, Studium in der Türkei abgeschlossen, Angestellter): *„Ja, hatten wir, jetzt nicht mehr. Kontakt habe ich, ja. Nein, also wir hatten Kontakt, Kinder sind Kinder, ist egal welche Staatsangehörigkeit. Meine Kinder sind da gewesen, öfter mit ihnen gespielt. Wir haben keine Probleme gehabt."*

Sieben Personen finden sich durch die Kinder der deutschen Nachbarn gestört. So 83 (weiblich, verheiratet, ein Kind, 36 Jahre alt, seit 17 Jahren im Quartier, Hausfrau): *„Ja, deren Kinder verhalten sich ganz anders. Das Einzige sind die Kinder. Das stört uns wirklich. Zum Beispiel hat mein deutscher Nachbar drei erwachsene Söhne, natürlich haben die wiederum drei Freunde, die an die Tür kommen und die zusammen spielen. Dann kommen die türkischen Kinder rein, unsere Kinder sind dann zurückhaltender. Unsere Töchter ziehen sich dann zurück. Zum Beispiel geht mein Sohn zu denen hin und spielt mit ihnen, aber meine Tochter zieht sich zurück. Meine Tochter kann keinen Fußball treten und wenn sie es auch macht, passt es nicht. Das passt uns auch nicht. Wir selber wollen das nicht. Natürlich würde nichts passieren, aber als Eltern möchten wir das nicht."*

65 (männlich, ledig, 18 Jahre alt, im Quartier geboren, Hauptschule, arbeitet bei einer Leihfirma): *„Ja, die Eltern passen nicht so richtig auf die Kinder auf, so wie bei uns. Die Kinder. Bei denen ist das immer so, die machen immer, was sie wollen. Die Eltern kümmern sich nicht soviel bei den Deutschen. Also, ich sehe das so, wenn ich draußen die Kinder sehe. Die laufen einfach durch die Straßen und so. Das sind kleine Kinder. Die kann ein Auto überfahren oder weiß ich nicht. Die sind dreckig oder so. Also, die passen nicht soviel auf*

wie bei uns jetzt. Ich kenne das von meiner Straße, also von den kleinen Kindern, den türkischen. Das ist (betont) richtig streng, ja, im Gegensatz von den Deutschen."

12. Wie bewerten Sie die Kindererziehung deutscher Eltern?

24 Interviewte finden die Kindererziehung der deutschen Nachbarn gleich gut oder teilweise gut.

76 (weiblich, 26 Jahre alt, seit 1,5 Jahren im Quartier, Maschinenbauingenieurin): *„Eigentlich, meiner Meinung nach, finde ich, dass die Deutschen ihre Kinder besser diszipliniert erziehen. Sie achten darauf, wann die Kinder ins Bett müssen. Zweitens möchten wir unsere Kinder nicht viel weinen lassen, es kann daran liegen, dass wir viel Mitleid haben. Wir versuchen, alles für unsere Kinder zu machen, das ist aber von einer Seite nicht richtig."*

Der gleichen Meinung ist auch 67 (verheiratet, ein Kind, 36 Jahre alt, weiblich, Friseurin, seit 20 Jahren im Quartier): *(tief einatmend) „Wie soll ich es sagen, ich weiß es nicht. (betont) Es gibt einiges, was ich gut finde, und auch einiges, was ich schlecht finde. Gibt es also. Zumindest bestimmen sie die Essens- und Schlafzeiten zur richtigen Zeit. Wenn es sein muss, können sie ihre Autorität zeigen und ‚Nein' sagen. Aber manche verhalten sich sehr kalt zu ihren Kindern. So als ob sie das Kind nicht wie ein Kind sehen, verhalten sie sich zu ihm, als ob es ein Großer wäre. Sie erwarten von ihm nicht altersentsprechendes Verhalten, sondern so wie von einem Großen. Und manchmal können sie sich sehr hart verhalten."*

54 (weiblich, verheiratet, zwei Kinder, 23 Jahre alt, im Quartier geboren, Hausfrau, selbstständig): *„Ganz gut. Die Deutschen haben so Grenzen. Zum Beispiel ist das bei uns nicht so. Wir sagen entweder sofort ‚Ja'. Die geben richtig genau 'ne Grenze beim Essen, also bei Mahlzeiten, beim Schlafengehen. Ich find das super. Was ich bei unseren nicht so oft sehe, bei unserer Generation überhaupt nicht."*

15 Interviewte finden die Kindererziehung der Deutschen grundsätzlich besser. So etwa 88 (weiblich, verheiratet, vier Kinder, 37 Jahre alt, seit vier Jahren im Quartier, Hausfrau und bekommt Arbeitslosengeld): *„Gut, ich kann sogar sagen, dass sie besser ist als unsere. Das schätze ich sehr an ihnen. Sie verhalten sich entschiedener, das kommt mir so vor. Wenn sie ihrem Kind etwas nicht erlauben, diskutieren sie nicht lange darüber, ohne dem Kind etwas vorzumachen oder es anzulügen. Das bewundere ich sehr an ihnen. Es kommt mir einfach besser vor. Bei verschiedenen Themen unterscheidet es sich. Mir gefällt überwiegend die deutsche Erziehung besser."*

Das findet auch 82 (männlich, verheiratet, 65 Jahre alt, seit 26 Jahren im Quartier, Tischler, Rentner): *„Die Kindererziehung ist besser als bei uns. Die Kinder... Unsere Kinder sind etwas, wie soll ich sagen, unsere Kinder werden nicht gut erzogen. Ob in den Kindergärten oder in den Schulen, ich weiß nicht, ob sie mehr ausländisch werden oder wie das wird. Ihre Kinder, wenn sie auf ein Alter zugehen, wenn sie Blumen pflücken oder etwas anderes, dann hält die Mutter sie fest und sagt: ‚Mach das ja nicht. Die Polizei kann kommen und kann dich dann bestrafen!'. Das wissen sie. Unsere sind nicht so streng. Das kann ich beobachten."*

3 (weiblich, verheiratet, 39 Jahre alt, seit 13 Jahren im Quartier, Schneiderin, arbeitslos): *„Die Kindererziehung der Deutschen ist besser nach meiner Meinung. Die deutschen Kinder sind nicht wie die türkischen Kinder disziplinlos. Das heißt, dass sie wissen, wann sie rauskönnen, wie man in der Wohnung läuft, wie man ins Haus rein- und rausgeht. Unseren türkischen Kindern können wir das nicht beibringen. Schon ganz früh, mit vier Jahren habe ich schon angefangen, meiner Tochter beim Treppensteigen, wenn wir meine Schwägerin besuchten, beizubringen, dass hier eine alte Tante wohnt, dass man hier leise sein soll. Sie könnte ja krank sein. Ich habe das immer meinen Kindern langsam beigebracht. Ich wohne seit fünf Jahren in diesem Haus. Meine anderen türkischen Nachbarn können das ihren Kindern nicht beibringen. Es kann nachts um zwölf Uhr sein, trotzdem schreien die Kinder. Wann auch immer, die machen das nie."*

Elf Interviewte betrachten die Erziehung der deutschen Familien hingegen eher kritisch. So 95 (weiblich, ledig, 19 Jahre alt, geboren im Quartier, Auszubildende): *„Also von unseren Nachbarn ist das sehr, sehr, sehr, sehr, sehr schlecht, weil die dann immer durch die Wohnung schreien so, die kriegen dann alles mit und sehr rumpöbeln und sonst was. Die Kinder kriegen das halt auch mit. Die Kinder lernen auch die Wörter und so man hört das sogar manchmal draußen auf dem Hof. Man hört dann, dass sie die Eltern auch anschreien und so und das geht nicht, klar. Weil, sonst ist das alles okay. Ich weiß zwar nicht, wie die Deutschen dann aufwachsen und so. Auch von meiner Freundin, ich habe auch eine deutsche Freundin, die ist auch ganz anders erzogen worden, die kennt so was gar nicht, dass man das nicht darf und dies nicht darf. Wenn man zum Beispiel als Türkin sagt: ‚Ich kann nicht dahin, ich darf nicht dahin', dann sagt sie: ‚Warum, sind deine Eltern doof oder so?' Hat aber damit nichts zu tun, die kennen das halt nicht. Die wissen nicht, wie das ist, wenn man so erzogen wird, wenn die Eltern so drauf sind. Eigentlich müsste man Deutsch und Türkisch mischen. Dann kommt was Gutes raus. Also wenn man nur Türkisch ist, ist das einerseits gut, aber andererseits ist das schlecht, weil man zuviel verboten kriegt als Mädchen. Als Junge ist das sehr gut. Die können machen, was sie wollen oder so, weil, als Mädchen ist das dann wieder so, man wird halt runtergemacht, wird immer hinterher gelabert und so, da würde ich eher sagen, Deutsche und Türkische mischen so, bisschen von den Deutschen was, bisschen von den Türken was."*

43 (weiblich, verheiratet, 51 Jahre alt, seit 30 Jahren im Quartier, Rentnerin): *„Die Kindererziehung der Deutschen... Also, ich sehe auch die Kinder hier im Haus, die haben ein ganz anderes Leben. Die Mutter ist besoffen, das Kind möchte etwas essen... Also die tun mir auch leid. Ich würde ihnen auch gerne helfen. Aber man kann nicht immer etwas verhindern. Ich weiß nicht genau... Vielleicht ist es die Generation, das Leben, es verschlechtert sich alles. Es ist kein Respekt mehr vorhanden."*

Vier Interviewte finden die Erziehung der türkischen Familien sogar besser als die bei den Deutschen: 49 (weiblich, verlobt, 23 Jahre alt, im Quartier geboren, Schneiderin, arbeitet als Schneiderin): *„Meiner Meinung nach sind die Deutschen zu frei, locker bei diesem Thema. Wenn ihre Kinder 18 Jahre alt sind, wünschen sich die Deutschen, dass ihre Kinder ausziehen. Einerseits ist das gut, so lernen sie, auf eigenen Beinen zu stehen. Meiner Meinung nach ist die Erziehung der Türken besser. Aber zu strenge Erziehung ist auch nicht gut. Zu lockere Erziehung ist auch nicht gut. Man muss die Mitte finden."*

So auch 81 (weiblich, verheiratet, vier Kinder, 34 Jahre alt, seit neun Jahren im Quartier, Hausfrau, Grundschule absolviert): *„Es gibt welche, die gut erziehen. Es gibt auch welche, die schlecht erziehen. Die Türken erziehen ihre Kinder besser. Ab einem bestimmten Alter dürfen die deutschen Kinder sich von dem Elternhaus trennen. Das ist aber bei uns nicht der Fall. Die Deutschen sind zu locker."*

13. Achten Ihre deutschen NachbarInnen die Hausordnung? Wenn ja, inwieweit? Wenn nein, in welchen Punkten nicht?

56 Interviewte haben gesagt, dass die Einhaltung der Hausordnung bei deutschen Nachbarn besser funktioniere. Die Erklärung dafür ist zum Teil sehr differenziert:

89 (männlich, verheiratet, drei Kinder, 44 Jahre alt, Eisenflechter und betreibt einen Kiosk): *„Darauf achten sie. Sie halten sich sehr fest daran. Sie wollen selber nicht gestört werden. Da sie das nicht wollen, stören sie selber auch keine anderen. Zum Beispiel war eine Zeitlang ihr Sohn krank, zwei, drei Nächte hat das Kind immer geweint. Morgens, wenn ich aus dem Haus gehe, treffe ich sie immer, und da habe ich sie gefragt, nein, sie hat es mir selber gesagt: ‚Ich glaube, wir haben Sie gestern Abend etwas gestört. Das Kind ist krank. Es hat ständig geweint. Wir haben Sie gestört, verzeihen Sie.' ‚Das ist normal', habe ich gesagt. Ein Kind kann weinen, es kann krank sein. Ich kann ja nicht sagen, warum es geweint hat.' ‚Gute Besserung', habe ich dann gesagt. Wir sind sogar einen Tag später zu ihnen hin. Wir hatten Schokolade für das Kind dabei. Das Kind hatte starkes Fieber. Wir haben uns dann hingesetzt, sie haben sogar Kaffee gekocht. Wir saßen im Garten. Sie achten sehr auf diese Regeln. Sie wollen selber nicht gestört werden und sie stören keinen."*

67 (verheiratet, ein Kind, 36 Jahre alt, weiblich, Friseurin, seit 20 Jahren im Quartier): *„Bezüglich Hauregeln. Wie ich schon sagte, gab es manche, die haben sehr darauf geachtet, sei es das Putzen der Treppen, das Achten der Ruhezeiten. Es gab auch welche, die viel Krach gemacht haben und gesagt haben: ‚Ist mir doch egal.' Solche gab es auch. Nach meiner Meinung, okay, die Deutschen achten da mehr darauf. Warum, sagen Sie? Weil, wenn ein Türke ein paar Mal es nicht macht, sie ihn ermahnen können. Die können dann sagen: ‚Du warst an der Reihe, warum hast du nicht geputzt?' Oder: ‚Warum hast du diese Ecke nicht geputzt?' Bei uns Türken ist das nicht so. Wir können sagen: ‚Ach, ist egal, wenn nicht geputzt wurde. Wahrscheinlich ist er krank.' Oder: ‚Ach, egal, nächste Woche mache ich das.' Aber bei den Deutschen ist das nicht so. Deutsche können da noch härter sein, noch disziplinierter in dieser Sache sein. Die erwarten es schon, dass es gemacht wird."*

17 (weiblich, verheiratet, 43 Jahre alt, seit fünf Jahren im Quartier, Hausfrau): *„Ja, in der Hinsicht sind die Deutschen besser, besser als wir."*

Neun Interviewte sagen aber, dass auch einige Nachbarn deutscher Herkunft die Hausregeln nicht einhalten. Die Aussagen sind als Hinweis darauf zu verstehen, dass es auch Personen gibt, die sich in jeder Kultur außerhalb der zugeschriebenen Rollen verhalten: 25 (weiblich, verheiratet, 36 Jahre alt, im Quartier geboren, Hausfrau, Förderschule abgeschlossen): *„Das habe ich noch nie gesehen, dass sie die Treppen putzen. Nein, sie halten sich nicht daran."*

29 (weiblich, verheiratet, 52 Jahre alt, seit 33 Jahren im Quartier, Hausfrau, arbeitslos): *„Ja, überhaupt nicht. Manchmal sagen sie morgens früh: ‚Das ist hier unser Arbeitsplatz' und fangen an um 8.00 Uhr, 8.30 Uhr Staub zu saugen im Flur. Das ist zwar deren Arbeitsplatz, aber es ist mein Erholungsort. Mein Mann ist krank. Die Türen knallen. Es kommen sehr viele Kinder, sie hören Musik, sie gehen ein und aus, sie schreien rum... Zum Beispiel der Garten, im Hinterhof stellen sie im Sommer einen Tisch auf. Wir können das Fenster nicht öffnen. Mein Mann ist an Bronchitis erkrankt. Sie setzen sich in den Garten, die ganzen Frauen frühstücken. Wir können kein Fenster öffnen und nicht auf dem Balkon sitzen. Sie machen nie sauber. Wir möchten uns auch nicht bei der Wohngesellschaft beschweren, weil wir Nachbarn sind. Einen Nachbarn braucht man immer, heißt es. Darum achten wir nicht auf Kleinigkeiten. Wir haben das einmal gesagt, aber die nehmen das nicht wahr. Das steht noch so. Ich fühle mich sehr belästigt. Die Türen werden nie abgeschlossen. Es ist angeblich renoviert worden, aber das Gebäude ist ungepflegt. Es ist sehr dreckig."*

Acht Interviewte sagen, dass die älteren Nachbarn deutscher Herkunft die Regeln eher einhalten als die Jugendlichen deutscher Herkunft: 43 (weiblich, verheiratet, 51 Jahre alt, seit 30 Jahren im Quartier, Rentnerin): *„An die Hausregeln halten sie sich. Da sind alte Menschen, da gab es junge Leute, die haben die Musik immer angemacht, sie waren am Studieren, sie kamen am Wochenende, ich habe ihnen das erklärt, die haben das gut aufgenommen, ich habe keine Probleme."*

65 (männlich, ledig, 18 Jahre alt, im Quartier geboren, Hauptschule, arbeitet bei einer Leihfirma): *„Nö. Eigentlich mehr die Türken. Aber kommt mehr darauf an, ob da mehr Jugendliche sind. Es kommt immer auf die jugendliche Menge an. Ja, die machen immer Musik laut oder machen an Wochenende, bevor sie in die Disko gehen, trinken sie dann... Deutsche. Und Türken auch. Kommt drauf an. Wenn es ältere Leute sind, zum Beispiel ein Paar, dann sind sie ruhig. Aber Jugendliche, die sind laut und so."*

Einige Interviewte sind der Meinung, dass alle Nachbarn gleichermaßen die Regeln einhalten: 98 (weiblich, verheiratet, ein Sohn, 37 Jahre alt, seit drei Jahren im Quartier, Schneiderin und hat Mittlere Reife): *„Nicht nur die Deutschen, alle achten darauf. Nein, aber auch bei den Deutschen gibt es welche, die da oberflächlich sind. Diejenigen, die auch Regeln missachten. Natürlich. Sie sind schon regelbewusster, das stimmt. Aber nicht alle. Besonders nicht diejenigen, die in diesem Gebiet leben."*

93 (männlich, ledig, 20 Jahre alt, im Quartier geboren, Informationstechniker, hat Fachabitur): *„Die machen das auf die gleiche... Wir vereinbaren uns mit dem Nachbarn, einmal diese Woche wir... Zum Beispiel beim Putzen machen eine Woche wir, eine Woche die. Eine Absprache. Das ist gleich, wir beachten auch, die beachten auch."*

Fünf Interviewte meinen sogar zu beobachten, dass die Türken die Regeln mehr als die deutschen Nachbarn einhalten: 85 (weiblich, Witwe, 65 Jahre alt, seit 1974 im Quartier, Hausfrau, Grundschule abgeschlossen): *„Die Türken sind da besser. Meine Schwiegertochter hatte eine Mieterin, sie hat nie... Sie hat gesagt: ‚Ich bin Deutsche', aber sie sah nicht so aus, sie hat weder Treppen geputzt, noch... Sollten wir jede Woche an ihre Tür? Wenn sie einmal geputzt hat, dann hat sie wieder zwei Wochen nicht geputzt. Sie war sehr dreckig. Die Mutter war in meinem Alter. Und die haben trotzdem nicht darauf geachtet. Mein Sohn* *und meine Schwiegertochter nannten ihr die Putztage, aber nein, sie nahm das nicht so ernst. Und jetzt sind sie ausgezogen."*

14. Sind die Werte und Normen von Deutschen gleichberechtigt gegenüber türkischen Werten?

Fast alle Interviewte sind der Meinung, dass die Werte und Normen der Deutschen sich von den türkischen Werten sehr unterscheiden.

Fünf Interviewte empfinden die Werte und Normen der beiden Kulturen als gleichwertig oder wissen nicht ganz genau, worin der Unterschied liegt: 93 (männlich, ledig, 20 Jahre alt, im Quartier geboren, Informationstechniker, hat Fachabitur): *„Also, von meiner Seite aus sind sie gleich. Ich weiß es nicht, ich meine, die sind gleich. Zum Beispiel untereinander verstehen sie sich gut, was die machen, machen wir auch. Das ist gleich. Zueinander nicht. Untereinander alle sind gleich. Von Nachbarn aus also. Das war früher, jetzt weiß ich nicht so genau, diese Nachbarn sind gut also, die Deutschen sind gut."*

61 Interviewte haben angegeben, dass die Normen und Werte der beiden Kulturen nicht gleich sind. Die angegebenen Gründe sind sehr differenziert und werden an vielen Themen und kulturellen Bereichen festgemacht, etwa Tradition, Pflichten, Aussichten, Erziehung, Freundschaft, Zeitverständnis, Familienleben, Lebensweise, Sexualität. 5 (weiblich, verheiratet, 32 Jahre alt, seit 15 Jahren im Quartier, Hausfrau, arbeitslos): *„Nein, sind sie nicht. Ich weiß es nicht genau, aber das Familienleben. Wir beschützen unsere Familie mehr. Die Deutschen sind in allen Bereichen lockerer. Wie gesagt, die Nachbarin lässt das kleine Kind einkaufen gehen, das Kind quält sich, die ganzen Sachen zu tragen. Wenn ich das Kind sehe, tut es mir leid und ich helfe dem Kind. Ich würde meinem Kind nie so viele Sachen tragen lassen. Wir beschützen unsere Kinder zu extrem. Das ist auch nicht gut."*

10 (weiblich, ledig, 30 Jahre alt, im Quartier geboren, Studentin): *„Nein, ich denke nicht. Wir haben viel höhere Wertvorstellungen, die Türken, als die Deutschen und wir üben sie auch aus."*

44 (weiblich, ledig, 38 Jahre alt, im Quartier geboren, Sozialarbeiterin, berufstätig): *„Nein, also ich denke, dadurch dass wir Migranten sind, haben wir eine ganz andere Biografie genossen, ist einfach so. Das kann man einfach auch so nicht darstellen. Was uns zum Beispiel wichtig ist, Ehre, Anstand, Höflichkeit. Da unterscheiden wir uns stark drin. Und ich denke, dass das der deutschen Kultur eigentlich nicht so wichtig ist und dass jeder für sich einfach so hin lebt und sagt: ‚Ja okay.' Dass Familie nicht so einen Status hat. Wenn es, sage ich jetzt mal, meiner Schwester schlecht gehen würde, dann würde ich ihr klar helfen. Und da denke ich nicht, dass das unbedingt bei der deutschen Kultur so wäre, weil die deutsche Kultur ist ja mehr so Hilfe zur Selbsthilfe, obwohl das auch in der türkischen Kultur so ist. Aber da unterscheiden sich ganz viele. Da sind ganz viele verschiedene Facetten, da spielen die eigenen Biografien mit, da spielt die Erziehung mit, da spielen sehr viele verschiedene Rollen spielen mit. Wie steht man selber in der Gesellschaft, was möchte man gerne ändern? Und ich denke, dass das alles wichtig ist."*

59 (weiblich, verheiratet, vier Kinder, 38 Jahre alt, seit 20 Jahren im Quartier, Hausfrau, hat Abitur in der Türkei gemacht): *„Ich vermute nicht. Sie sind es nicht. Welche Werte und Normen denn? Für uns sind zum Beispiel die Älteren sehr wichtig. Man fragt öfter nach ihnen. Ihr Respekt wird nicht in Frage gestellt. Sie haben eher im Kopf, ihr Leben zu leben. Ihre Kinder sind viel freier, lockerer. Ihre Töchter... Bei uns ist das nicht so extrem. Wir passen da mehr auf, dass die Töchter in frühen Jahren Freunde haben, im Prinzip gilt das auch für die Söhne. Das ist eigentlich egal. Bis zu einem bestimmten Alter wird so was nicht als gut gesehen bei uns. Und für mich ist das auch das Richtige."*

Elf Interviewte betrachten die Werte und Normen der türkischen Kultur als höherwertig als die der Deutschen: 100 (33 Jahre alt, Hausfrau, verheiratet, seit neun Jahren im Quartier): *„Nein, nein. Wir haben mehr Werte, auf die wir Wert legen. Dass es dann so ist, dass es auch so gehalten wird. Und bei den Deutschen sehe ich so was nicht. Also, die nehmen das nicht so, ich denke, nicht so ernst, glaube ich. Weiß ich nicht, die sehen eher so oberflächlich aus für mich..."*

31 (weiblich, Witwe, 58 Jahre alt, seit zehn Jahren im Quartier, arbeitslos): *„Wir legen Wert auf unsere Religion und die Deutschen auf Gegenstände."*

46 (männlich, ledig, 20 Jahre alt, im Quartier geboren, macht Abitur): *„Nein, da unterscheiden sie sich sehr. Zum Beispiel legen die Türken, die Türken, die ich hier kennengelernt habe, mehr Wert auf Sitte, Ehre, guten Ruf. Sie legen mehr Wert auf solche Sachen. Die Deutschen legen mehr Wert auf... Sie wollen alle selber glücklich werden. Die sind nicht ganz... Sie sind toleranter, aber in manchen Sachen übertreiben es, unsere Türken. Auch für mich ist die Ehre und Sitte wichtig, aber nicht so wichtig, dass ich jetzt einen Sittenmord begehen würde."*

Manchmal wird die Religion als relevanter Unterschied angegeben: 76 (weiblich, verheiratet, zwei Kinder, 26 Jahre alt, seit 1,5 Jahren im Quartier, hat in der Türkei die Universität absolviert, Maschinenbauingenieurin): *„Das sind religiöse Werte. Das sind zwei unterschiedliche Religionen."*

15. Sollen deutsche NachbarInnen Zuckerfest und Opferfest mitfeiern? Wollen Sie bei ihren religiösen Festen mitfeiern? Wenn Sie dies schon gemacht haben, berichten Sie von Ihren Erfahrungen?

Vier Interviewte gaben an, dass sie es gut fänden, wenn ihre deutschen Nachbarn ihre religiöse Feste wie das Zuckerfest oder das Opferfest mitfeiern müssten. Diese Musserwartung wird damit begründet, dass die Interviewten auch die religiösen Feste ihrer deutschen Nachbarn mitfeiern: 1 (männlich, verheiratet, 33 Jahre alt, seit drei Jahren im Quartier, Koch und arbeitet in einem Restaurant): *„Wir haben zwei religiöse Feste im Jahr, den Ramadan und das Opferfest. Natürlich müssten sie mitfeiern. So wie wir Ende des Jahres ihr Weihnachten feiern, sie beschenken. Aber bei unseren Festen sagen sie nichts. Denen gefällt es, wenn man ihnen ‚Ein frohes Fest' wünscht."*

Auch dieser Meinung ist 82 (männlich, verheiratet, 65 Jahre alt, seit 26 Jahren im Quartier, Tischler, Rentner): *„Natürlich, wir feiern ihre Feste seit 30 bis 40 Jahren mit. Die haben Weihnachten, Ostern und wir feiern mit. Wir gehen nicht arbeiten, am Mittag hören wir auf mit arbeiten und feiern ihre Feste. Wenn die unsere Feste auch mitfeiern würden, wäre man sich näher und man hätte einen besseren Zusammenhalt. Die müssten auch wissen, wann unsere Feste sind. Ungefähr wissen sie, wann unsere Feste sind, dann sollten sie... Was weiß ich... Seit 30 Jahren wissen sie nicht, dass wir hier sind. Seit 30 Jahren haben wir uns ihnen angeschlossen, haben hier gearbeitet. Als wir hierhergekommen sind, sahen die Autobahnen aus wie diese Straße hier. Damals gab es keine Unterführungen, keine Tunnel, gar nichts gab es da, in Dortmund, in Stuttgart überall. Ich habe überall gearbeitet."*

Drei Befragte sagen, dass sie keine Erwartungen haben, dass die Nachbarn die Feierlichkeiten mitmachen, sondern nur ihr Verständnis zeigen sollen: 11 (weiblich, verheiratet, 36 Jahre alt, seit 27 Jahren im Quartier, Hauptschule beendet, hat keine feste Beschäftigung): *„Da sollte sich jeder frei entscheiden. Ich würde keinen dazu zwingen. Nein, auf gar keinen Fall. Darum erwarte ich auch nicht, dass sie unsere Feste mitfeiern, aber natürlich erwarte ich Toleranz. Genauso, wie wenn sie ihre Feste feiern, erwarte ich, wenn Ramadan und Opferfest ist, dass sie das akzeptieren, wenn wir viel Besuch bekommen. Ich habe das bisher auch noch nicht erlebt, aber ich habe schon von solchen Nachbarn gehört, die sich gestört fühlen, wenn ihre türkischen Nachbarn viel Besuch bekommen."*

37 (weiblich, ledig, 34 Jahre alt, seit 16 Jahren im Quartier, Krankenschwester, berufstätig): *„Nein, nein, im Endeffekt habe ich Respekt vor jeder Religion und Herkunft. Und sie müssen mir auch mit Respekt begegnen. Und sie tun es, daher... Nein, weil in ganz Europa es die Religionsfreiheit gibt, würde ich nicht ihre Feste mitfeiern und wenn sie meine nicht feiern, würde ich es mit Respekt hinnehmen."*

19 Befragte sagen, dass ihre deutschen Nachbarn ihre religiösen Feste nicht mitfeiern sollen. Das wird unterschiedlich begründet: 74 (weiblich, verheiratet, zwei Kinder, 33 Jahre alt, seit acht Jahren im Quartier, Apothekenhelferin, Hausfrau, hat Abgangszeugnis der 10.Klasse): *„Nein, das wünsche ich mir nicht. Also, sie müssen nicht daran teilnehmen. Jeder hat seinen eigenen religiösen Glauben. Jeder ist dabei frei. Das ist ihnen überlassen, ob sie daran teilnehmen wollen oder nicht. So wie sie uns nicht zwingen, dass wir Weihnachten feiern, einen Weihnachtsbaum aufstellen oder solche ähnlichen Sachen. Wir können sie auch nicht dazu zwingen. Aber wenn sie das machen, ist das auch ganz schön. Ich möchte nicht daran teilnehmen. Ich habe auch noch nie daran teilgenommen. Aber wenn mein Kind zufällig zu Weihnachten dort ist, ist das auch ganz schön. So hat sie dies auch gesehen und gelernt, wie das ist. Also, ich bin auch nicht dagegen bei dieser christlichen Familie."*

94 (männlich, verheiratet, zwei Kinder, 38 Jahre alt, seit zehn Jahren im Quartier, Studium in der Türkei abgeschlossen, Angestellter): *„Also, ich finde das überflüssig. Ich möchte auch nicht unbedingt Weihnachten mit ihnen mitfeiern. Das ist ein ganz anderer Glaube, eine ganz andere Atmosphäre, ein ganz anderes Leben. Genauso, wenn man meine Hausordnung, wenn ich sage, Schuhe ausziehen, verstehen sie das nicht, warum ich das sage. Brauche ich ihnen nicht zu erzählen, das sie genauso dann wie Weihnachten feiern. Wenn ich mitfeiern möchte, dann kriege ich auch gar nichts mit. Also, das kann ich alles nur mitmachen, nachmachen, aber dieses Gefühl habe ich nicht, das sie da haben. Das mit dem Gefühl zusammenpasst. Feiertage, sagen wir mal, wenn jetzt so Werte sind, ist das ganz anders, bei*

jeder Seite. Die können uns nicht verstehen, warum wir Schafe oder Kühe opfern, und ich verstehe nicht, warum sie vor einem Tannenbaum sitzen und warten den ganzen Tag, singen usw., aber für beide ist es wertvoll, für beide Gesellschaften. Ich habe Verständnis, dass sie das machen. Aber keiner kann von mir verlangen, dass ich das mache, oder ich kann es von keinem verlangen. Es sollte freiwillig sein. Wenn zum Beispiel Weihnachtszeit ist, wenn sie nach Hause gehen, alle anderen Mitarbeiter wünschen sich ‚Frohe Weihnachten', ihr feiert sowieso nicht. Ich wünsche dir auch schöne Feiertage. Das muss man auch nicht sagen, weil bei den Opferfeiertagen wünschen sie auch nicht ‚Schöne Opferfeiertage'. Einige machen absichtlich, einige machen so. Das ist nur gegenseitig, wenn wir uns gut verstehen, einfach zu respektieren, das war's."

46 Interviewte haben in unterschiedlicher Art ausgedrückt, dass eine Teilnahme der Deutschen Sinn machen oder man sich über eine Teilnahme sehr freuen würde. Sie sehen das als ein Mittel, um die Kultur der anderen kennenzulernen und ein interkulturelles Verständnis zu entwickeln. Der größte Teil dieser Interviewten sieht die religiösen Feste als etwas an, das die Menschen aus verschiedenen Kulturkreisen miteinander verbinden könnte. Ein tolerantes Verhalten gegenüber andersdenkenden Menschen könnte dadurch ermöglicht werden. So etwa 98 (weiblich, verheiratet, ein Sohn, 37 Jahre alt, seit drei Jahren im Quartier, Schneiderin und hat Mittlere Reife): *„Im Allgemeinen sind religiöse Sachen immer etwas, das verbindet. In der Türkei ist das auch so. Also sogar einen Verwandten, der sehr weit entfernt ist, rufst du an und sprichst mit ihm. Die Menschen werden in Erinnerung gebracht oder Menschen, die man nicht kennt oder die man lange nicht gesehen hat, ruft man an Feiertagen an oder sie besuchen dich, ihr seht euch oder du gehst zu ihnen hin. Also generell verbinden religiöse Sachen. Sie bringen einen näher. Wenn man das aus der Sicht betrachtet, ich glaube nicht. Also ich glaube nicht an seine Existenz. Ich habe keinen religiösen Glauben. Aber eine Wahrheit gibt es, auch wenn ich nicht glaube, glauben tausende von Menschen daran und religiöse... Vielleicht kann das verbindend sein. Also wenn sie bei ihren religiösen Festen etwas entwickeln könnten, also wenn viele aus verschiedenen Nationen daran teilnehmen würden. Weil, sie haben da eine unterschiedliche Wertvorstellung. Bei religiösen Sachen ist das... An solchen Tagen können die Menschen näher sein. Da sind sie nicht so konservativ. Es könnte vielleicht zusammenbringend oder zusammenschweißend wirken. Bei deren religiösen Festen, wenn da die Türken zusammenkommen würden und daran teilnehmen würden oder bei den religiösen Festen von Arabern oder bei Festen von anderen Nationen, wenn die Deutschen da teilnehmen würden, vielleicht könnte das näherbringend sein. An religiösen Festen teilgenommen? Nein, aber mein erster Versuch, die Frau meines Onkels ist eine Deutsche, ihre Familie wohnt in Bonn. Letztes Karnevalfest haben sie uns eingeladen und ich bin mit drei Kindern, mit meinen Neffen und meinem Sohn zusammen da hingefahren. Wir haben dann zusammen, ihre eigenen Kinder kommen auch, sie machen das jedes Jahr. Zur Zeit des Karnevals kommen ihre eigenen Kinder auch, dann kommen sie alle zusammen. Sie essen zusammen, reden zusammen, nehmen an Karneval teil, also so einen ersten Versuch hatte ich. Für mich war es sehr schön. Für die Kinder war es auch gut. Also wenn man zusammen etwas macht, verbindet das einen. Und an manchen Tagen kommen einige Menschen zusammen, bei religiösen Festen kommen die Menschen zusammen, so könnte auch eine Anfreundung von verschiedenen Nationen stattfinden."*

59 (weiblich, verheiratet, vier Kinder, 38 Jahre alt, seit 20 Jahren im Quartier, Hausfrau, hat Abitur in der Türkei gemacht): *„Warum sollte das nicht sein? So würden sie unsere Werte kennenlernen. Natürlich nehmen wir daran teil, zum Beispiel mit Kindern zu St. Martin. Ob*

wir wollen oder nicht, automatisch nehmen wir daran teil in der Schule. An Karneval können unsere Kinder so Sachen machen."

89 (männlich, verheiratet, drei Kinder, 44 Jahre alt, Eisenflechter und betreibt einen Kiosk): *"Natürlich würde ich das wollen. Je mehr die Menschen miteinander reden und Kontakt aufbauen, desto mehr können sie sich kennenlernen. Natürlich gibt es Vorteile, wenn man die religiösen Feste mitfeiert. Im Endeffekt hat man die Möglichkeit, ihre Gedanken, ihre Wertvorstellungen kennenzulernen."*

16. Besitzen Ihre deutschen NachbarInnen Luxusgüter (z.B. teure Einbauküche, Auto etc.)?

Der Fragenkomplex, der sich mit dem Vergleich des Sozialstatus' im Vergleich mit den türkischen und deutschen Nachbarn, auch mit dem Besitz von wertvolleren Prestigeobjekten (Auto, Einbauküche), beschäftigt, wurde interessanterweise von vielen türkischen und türkischsprachigen Personen neutral beschrieben.

31 Befragte haben diese Frage mit „Nein" beantwortet. Nach Aussage der Befragten werden die Luxussachen der Nachbarn ganz angemessen beschrieben. 11 (weiblich, verheiratet, 36 Jahre alt, seit 27 Jahren im Quartier, ungelernt und arbeitslos): *"Also, bei denen, die bei mir im Haus leben, denke ich nicht. Das sind keine Menschen, die sehr viel Wert auf Luxus legen."*

Oder „Luxus" wird als Definitionsfrage betrachtet. 31 (weiblich, Witwe, 58 Jahre alt, seit zehn Jahren im Quartier, Hausfrau und arbeitslos): *"Normal, man kann es nicht als Luxus definieren".*

83 (weiblich, verheiratet, 36 Jahre alt, seit 17 Jahren im Quartier, Hausfrau, Grundschule in der Türkei abgeschlossen): *"Nicht ganz, es gibt einige, die luxuriös leben, und einige die, nicht luxuriös leben. Ich glaube nicht, dass meine Nachbarn luxuriöser leben als ich. Vielleicht eher ich, aber die nicht"*

41 (weiblich, verheiratet, 50 Jahre alt, seit 34 Jahren im Quartier, arbeitslos): *"Nein, ich war einmal bei einer Nachbarin, ich dachte immer, dass sie eine sehr gut eingerichtete Wohnung hat, aber es war nicht so. Sie hatte Möbel aus Holz. Nichts weiter. Ich war bei ihnen zu Hause."*

19 Befragte geben an, dass ihre deutschen Nachbarn mehr als sie über Luxusgüter verfügen. Das wird allgemein als ein besserer „Lebensstandard" beschrieben.

88 (weiblich, verheiratet, 34 Jahre alt, seit vier Jahren im Quartier, Hausfrau, Hauptschule abgeschlossen und bekommt Arbeitslosengeld): *"In finanzieller Hinsicht schon. Da sie weniger Kinder haben oder weil sie keine sprachlichen Schwierigkeiten haben, können sie bessere Berufe ausüben. Sie haben ein besseres Einkommen und wenn sie es ausgeben, ist das natürlich grenzenloser, freier. Und das macht sich bemerkbar. So wie wir das sehen... Wir müssen mehr aufpassen, wenn wir etwas einkaufen, weil wir nicht sehr viel Einkommen ha-*

ben. Und zur Hälfte gehören wir der Türkei an. Obwohl wir nicht sehr oft in Urlaub fahren, denkt man sich, dass man etwas für den Urlaub beiseitelegen muss."

66 (männlich, 62 Jahre alt, seit 44 Jahren im Quartier, verheiratet, Stahlarbeiter, Rentner, Grundschule abgeschlossen): *„Ja natürlich. Deren Lebenssituation ist doch wohl besser, höchstwahrscheinlich. Deren Einkommenssituation ist besser. Ja natürlich. Ich habe vorhin gesagt, ich habe 32 Jahre gearbeitet und bekomme ein Gehalt von 630 Lira. Wenn man länger arbeitet, bekommt man mehr. Und außerdem wissen wir auch nicht, von welchen Kanälen sie noch Nutzen ziehen, was uns gegeben wird und was nicht, wir erfahren davon nichts. Ja, welche Rechte es gibt, das wissen wir nicht."*

36 (weiblich, verheiratet, 56 Jahre alt, seit 32 Jahren im Quartier, arbeitslos): *„Ja, sie haben. Sie haben in ihren Wohnungen Luxussachen, sie haben Gold, sie haben Ringe, sie haben alles."*

Zwölf Interviewte haben sogar die „Luxussachen" ihrer deutschen Nachbarn mit ihren eigenen verglichen und finden sich besser ausgestattet als ihre Nachbarn.

76 (weiblich, verheiratet, zwei Kinder, 26 Jahre alt, seit 1,5 Jahren im Quartier, Maschinenbauingenieurin): *„Luxussachen? Ja, natürlich. Meiner Meinung nach legen die Türken mehr Wert auf die Autos. Ohne zu überlegen, nehmen Sie einen Kredit auf und kaufen ständig Autos. Die Deutschen, die schon in der Rente sind aus unserem Haus, haben auch gute Autos."*

24 (verheiratet, 56 Jahre alt, Hausfrau, arbeitslos, seit 30 Jahren im Quartier): *„Nein. Unsere Türken sind luxuriöser."*

19 (männlich, ledig, 30 Jahre alt, im Quartier geboren, hat Realschulabschluss, selbstständig): *„Ja klar, natürlich. Luxus gibt es überall. Jetzt momentan in den Gebieten kannst du ja nicht sagen, dass sie Luxus haben. Der Luxus ist relativ. Ja, weniger, sag ich mal. Also, ein Türke leistet sich eher einen Mercedes oder BMW als ein Deutscher."*

Nach Aussagen der Interviewten kann man eher schlecht argumentieren, dass die türkisch- und kurdischsprachigen Personen einen feststellbaren Sozialneid haben. Dies kann daran liegen, dass sie selbstverständlich davon ausgehen, dass die Deutschen eine bessere Grundlage haben. Wahrscheinlich handelt es sich weniger um nicht bestehenden Sozialneid als um die Tatsache, dass es für Türken als „unfein" gilt, Sozialneid zuzugeben.

Centaurus Buchtipp

Elisabeth Heite

Bürgerschaftliches Engagement älterer Menschen im Stadtteil

Gleiche Beteiligungschancen und Mitgestaltungsmöglichkeiten für alle?

Gender and Diversity, Band 5
2012, 130 S., br.,
ISBN 978-3-86226-132-6, € **18,80**

Im Zeichen der demografischen Entwicklung gewinnt bürgerliches Engagement, insbesondere auch älterer Menschen, an Bedeutung. Angesichts sich abzeichnender Herausforderungen sind ihre Potentiale und Zeitressourcen gefragt. Sie erfreuen sich einer besseren Gesundheit, verfügen über eine höhere formale Bildung und mehr zu erwartende Lebensjahre als Generationen von älteren Menschen vor ihnen. Bürgerschaftliches Engagement ist nicht nur eine Ressource, die dem Gemeinwohl dient, für die älteren Bürgerinnen und Bürger selbst stellt es in vielerlei Hinsicht einen Gewinn dar und sichert ihre gesellschaftliche Teilhabe. Jedoch sind auch im Alter Mittel, Möglichkeiten und Chancen ungleich verteilt. Bürgerschaftliches Engagement Älterer ist nicht voraussetzungslos. So gilt es Faktoren zu ermittelt, die für ihr Engagement von Bedeutung sind und sozialer Ungleichheit entgegenwirken.

www.centaurus-verlag.de

Gender and Diversity

Nicole Majdanski
Männer „doing" Gender!
Väter in Elternzeit
Band 9, 2012, 135 S.,
ISBN 978-3-86226-192-5, **€ 19,80**

Marlene Alshut
Gender im Mainstream?
Geschlechtergerechte Arbeit mit Kindern und Jugendlichen
Band 8, 2012, 191 S.,
ISBN978-3-86226-191-8, **€ 20,80**

Garnet Katharina Hoppe
Selbstkonzept und Empowerment bei Menschen mit geistiger Behinderung
Band 6, 2012, 130 S.,
ISBN 978-3-86226-163-5, **€ 18,80**

Katja Nowacki (Hrsg.)
Pflegekinder
Vorerfahrungen, Vermittlungsansätze und Konsequenzen
Band 4, 2012, 278 S.,
ISBN 978-3-86226-124-6, **€ 24,80**

Nele Cölsch
Potential and limitations of peace education in Israel
A case study on parents´ perspectives on the Hand in Hand school in Jerusalem
Band 3, 2011, 120 S.,
ISBN978-3-86226-072-0, **€ 23,80**

Saskia Hofmann
Yes she can!
Konfrontative Pädagogik in der Mädchenarbeit
Band 2, 2011, 135 S.,
ISBN 978-3-86226-050-8, **€ 18,80**

„Das Anti-Gewalt-und Kompetenztraining ‚Yes, she can' zeigt Möglichkeiten auf, wie präventiv im Rahmen von Mädchengewalt gearbeitet werden kann."
Soziale Arbeit 8/2011, DZI

Marianne Kosmann, Harald Rüßler (Hrsg.)
Fußball und der die das Andere
Ergebnisse aus einem Lehrforschungsprojekt
Band 1, 2011, 164 S.,
ISBN 978-386226-050-8, **€ 18,80**

„Kluge Ansätze – kluge Aufsätze."
Stefan Erhardt, in: Der tödliche Pass. Magazin zur näheren Betrachtung des Fußballspiels, Heft 62 Oktober 2011, S. 73.

Informationen und weitere Titel unter www.centaurus-verlag.de

MIX
Papier aus verantwortungsvollen Quellen
Paper from responsible sources
FSC® C105338

If you have any concerns about our products,
you can contact us on
ProductSafety@springernature.com

In case Publisher is established outside the EU,
the EU authorized representative is:
**Springer Nature Customer Service Center GmbH
Europaplatz 3, 69115 Heidelberg, Germany**

Printed by Libri Plureos GmbH
in Hamburg, Germany